THIERRY LENTZ

1815

*Der Wiener Kongress
und die Neugründung Europas*

Aus dem Französischen von Frank Sievers

Pantheon

Die Originalausgabe erschien 2013 unter dem Titel
Le congrès de Vienne. Une refondation de l'Europe 1814 – 1815
bei Perrin, Paris.

Der Verlag weist ausdrücklich darauf hin, dass im Text enthaltene externe Links vom Verlag nur bis zum Zeitpunkt der Buchveröffentlichung eingesehen werden konnten. Auf spätere Veränderungen hat der Verlag keinerlei Einfluss. Eine Haftung des Verlags ist daher ausgeschlossen.

Verlagsgruppe Random House FSC® N001967

Erste Auflage
Pantheon-Ausgabe März 2016

Copyright © 2013 by Perrin, Paris
Copyright © 2014 der deutschsprachigen Ausgabe by Siedler Verlag,
in der Verlagsgruppe Random House GmbH,
Neumarkter Str. 28, 81637 München
Umschlaggestaltung: Jorge Schmidt, München
Satz: Ditta Ahmadi, Berlin
Karten: Peter Palm, Berlin
Druck und Bindung: CPI books GmbH, Leck
Printed in Germany
ISBN 978-3-570-55299-5

www.pantheon-verlag.de

Inhalt

	Vorwort zur deutschen Ausgabe	7
	Prolog: Nach vollendetem Sieg	13
I.	Wien, Gastgeber der Welt	31
II.	Die Frage des europäischen Gleichgewichts	47
III.	Ein Treffen unter Europäern	65
IV.	Die »großen« Vier	79
V.	Talleyrands Aufbegehren	107
VI.	Die Organisation des Kongresses	129
VII.	Vergnügungen und Festivitäten	147
VIII.	Am Rande des Krieges	177
IX.	Die deutsche Frage	197
X.	Die Wachtposten in Nord und Ost	221
XI.	Ein neues Italien	239
XII.	Eine letzte Krise	263
XIII.	Der gerettete Kongress	287
XIV.	Letzte Verhandlungen	311
	Epilog: Die Schlussakte und ihre Folgen	333
	Postskriptum: 1919. Der letzte Auftritt des Wiener Kongresses	361
	Dank	365
	Anmerkungen	367
	Register	423
	Bildnachweis	431

Vorwort zur deutschen Ausgabe

NACH NAPOLEONS NIEDERLAGE beriefen die Siegermächte einen »allgemeinen Kongress« ein, um das durch zweiundzwanzig Kriegsjahre verheerte und erschütterte Europa neu zu ordnen. Acht Monate dauerte die Versammlung, sie endete mit der Unterzeichnung der sogenannten »Schlussakte« am 9. Juni 1815. Unter der Leitung der vier Hauptmächte – England, Russland, Österreich und Preußen – machten sich mehrere hundert Repräsentanten bestehender wie auch bereits von der Landkarte verschwundener Staaten ans Werk, um für den Kontinent ein neues Gleichgewicht auszuloten. Zu dessen Kontrolle hoben sie das sogenannte »Europäische Konzert« aus der Taufe.

Auch wollten sie die Einflussgebiete neu definieren sowie die Prinzipien der Legitimität und der Souveränität wiederherstellen. Darüber hinaus sollte das Völkerrecht modernisiert werden, man lud die Fürsten sogar ein, ihren Ländern eine Verfassung zu geben; ganz hinter die Errungenschaften der Französischen Revolution und des Kaiserreichs wollte man nicht zurückkehren.

Aber diese Wiener Zeit war auch geprägt vom Wunsch nach Frieden. Auf glanzvollen Festen, an reich gedeckten Tischen und in den Alkoven, deren Geheimnisse das eine oder andere Mal gelüftet wurden, suchte man das »süße Leben«. »Der Kongress arbeitet nicht, er tanzt«, höhnte der Fürst von Ligne, zu Unrecht. Viele Darstellungen des Wiener Kongresses kaprizieren sich auf diesen Nebenaspekt und gehen damit an der Hauptsache der größten diplomatischen Versammlung aller Zeiten vorbei. Denn diese war weit mehr als ein großer Wirbel von Festen und Bällen, Schauspiel und Konzerten.

Die Verhandlungen verliefen nicht ohne Zwischenfälle, Auseinandersetzungen und schwere Krisen, es drohte sogar ein neuerlicher Krieg. Dennoch gelang es den Souveränen und Bevollmächtigten schließlich, ihre Arbeit angesichts der Bedrohung durch Napoleons Rückkehr zügig abzuschließen. Die Zeremonie zur Unterzeichnung der Verträge wurde einige Tage vor der Schlacht von Waterloo abgehalten – Napoleon hatte, wenn man so sagen darf, den Kongress »gerettet«. Und die Ergebnisse waren höchst bemerkenswert: Nicht zuletzt bescherte er Europa ein ganzes Jahrhundert ohne großen Krieg, was bis dahin – und bis heute – ohne Beispiel geblieben ist.

DER WIRBEL DER AUF DEN WIENER KONGRESS folgenden Ereignisse, die beiden Weltkriege und die heutige friedliche Ausrichtung des geeinten Europa täuschen leicht darüber hinweg, dass diese Konferenz, auf der alle europäischen Staaten und nicht wenige Interessengruppen zugegen waren, eine gigantische Arbeit verrichtet hat, die durch die unerwartete Rückkehr Napoleons noch erschwert wurde. Deshalb verdient es die Geschichte dieser höchst außergewöhnlichen diplomatischen Versammlung erzählt und analysiert zu werden.

Je tiefer ich mit meinen Recherchen drang, desto mehr sah ich mich in meiner Ansicht bestätigt, wie bedeutsam dieser Kongress für die Neuordnung Europas und dessen Schicksal im weiteren Verlauf des 19. Jahrhunderts gewesen ist. Die alten Klagen, die den Sieg des »Ancien Régime« über die »Revolution«, der konservativen über die progressiven Denker oder der »Monarchen« über die »Nationen« betonen, verfehlen seine wirkliche Bedeutung. Aus diesem Grunde habe ich eine *europäische* Geschichte des Wiener Kongresses zu schreiben versucht, indem ich mich der Frage nach den wirkmächtigen geopolitischen Kräften gewidmet und das größtmögliche Panorama an Akteuren aufgefächert habe. Die Geschichte der Diplomatie in Europa seit 1815 zeigt, weshalb sich die Kriege des 19. Jahrhunderts, so grausam und gewaltsam sie auch gewesen sein mochten, nicht in einen allgemeinen Krieg auswuchsen.

Vorwort zur deutschen Ausgabe

Das auf dem Wiener Kongress ausgehandelte Europäische Konzert war in dieser Hinsicht ein »Sicherheitsrat« *avant la lettre*. Funktionieren konnte es nur, solange die Supermacht jener Zeit schlechthin, nämlich England, ihre Rolle darin verantwortungsvoll spielte. Doch als sich London kaltherzig aus den europäischen Angelegenheiten zurückzog, da diese kaum mehr seine direkten Interessen betrafen, geriet das europäische Gleichgewicht ins Wanken. Das war vor nunmehr einhundert Jahren, und gewiss gibt uns dieses Faktum auch für die Gegenwart zu denken, da sich eine andere Supermacht anzuschicken scheint, ähnlich zu verfahren.

Doch zurück zur Geschichte des Wiener Kongresses: Meine Arbeit hat mich auch darin bestätigt, dass es eine spezifisch *französische* Sicht auf dieses Ereignis gibt. Die Historiker meines Heimatlandes wollten aus den auf dem Kongress erwirkten Ergebnissen allzu oft herauslesen, dass dessen alleiniges Ziel darin bestand, Frankreich zu erniedrigen, aus der großen Politik zu bannen und von den anderen Mächten fortan aufs Strengste überwachen zu lassen. Diese Sicht der Dinge ist sicher nicht ganz falsch, muss aber im richtigen Kontext gesehen werden: Nach fünfundzwanzig Kriegsjahren, für die Frankreich nach Meinung der Sieger der Hauptverantwortliche war, erschien es nurmehr logisch, die Gelüste der Grande Nation zu zügeln. Was dann auch geschah, allerdings mit einem durchaus visionären Ziel: Man wollte Frankreich in seine Grenzen verweisen, ohne es aber gänzlich zu zerstören oder seine Vorherrschaft durch eine andere zu ersetzen. Aus diesem Grunde nahm der Wiener Kongress an zahlreichen anderen Stellen der Landkarte Korrekturen vor, um das Machtgebaren Russlands, Preußens, Österreichs und Englands einzudämmen und ein Gleichgewicht der Kräfte zu erreichen, das auf dem einzigen damals allgemein akzeptierten Prinzip gründete: der monarchischen Legitimität. Man kann mit Gewissheit sagen, dass die Unterhändler Europas zu anderen Gelegenheiten, sei es vor oder nach diesem großen diplomatischen Treffen, mit weit weniger Umsicht und Besonnenheit agiert haben.

Vorwort zur deutschen Ausgabe

Ein Aspekt der »französischen« Sichtweise des Wiener Kongresses ist dabei einer genaueren Betrachtung wert: Viele französische Historiker halten die Konflikte zwischen Frankreich und Deutschland der Jahre 1870, 1914 und 1939 für eine direkte Folge der Gebietsneuordnungen von 1815. Sie sehen darin einen »Verrat« an den allgemeinen Interessen Europas, da Preußen durch das Vorrücken an die französische Grenze ein allzu prominenter Platz eingeräumt worden sei. Dies sei der Grund für die drei nachfolgenden Katastrophen. Ich werde diese Theorie ausführlich darstellen und versuchen, sie ins rechte Licht zu rücken.

Fast sechzig Jahre liegen zwischen dem Wiener Kongress und dem Frieden von Frankfurt, der nach dem Deutsch-Französischen Krieg von 1870/71 geschlossen wurde. Die Diplomaten von 1815 müssten schon ein bemerkenswertes, beinahe teuflisches Gespür für Zukünftiges gehabt haben, wenn sie jene nächsten Kriege zwischen Frankreich und Preußen vorausgeahnt oder gar vorbereitet hätten. Es ist kaum übertrieben zu behaupten, dass sich die französische Geschichtsschreibung des 20. Jahrhunderts, was die Geschichte Deutschlands zwischen 1815 und 1870 betrifft, einem fröhlichen Vergessen hingegeben hat. Denn diese Geschichte war nicht vorherbestimmt. Und wer hätte nach der Unterzeichnung der Schlussakte 1815 und der Schaffung des Deutschen Bundes erahnen können, dass Preußen die Oberhand gegenüber Österreich gewinnen und sich das »dritte Deutschland« (die deutschen Staaten ohne Preußen und Österreich) am Ende nicht für Wien, sondern für Berlin entscheiden würde?

Auch aus persönlichen Gründen freue ich mich, dass mein Buch nun einem deutschen Publikum vorliegt. Da ich aus eben jenem Lothringen stamme, das im Frieden von Frankfurt vom Deutschen Reich annektiert wurde, interessiere ich mich seit jeher für die Beziehung zwischen Frankreich und Deutschland. Und auch für deren Krisen in der zweiten Hälfte des 19. Jahrhunderts, bei denen es den Anschein hat, als habe sich Deutschland den ja eigentlich preußisch-französischen Konflikt ganz und gar

Vorwort zur deutschen Ausgabe

zu eigen gemacht. Denn wer sich die Landkarte Europas vor der Französischen Revolution anschaut, wer sich mit der Diplomatie, den Anwandlungen und Ängsten der deutschen Staaten im Süden und Westen befasst und deren Interessen mit denen Frankreichs abgleicht, wird feststellen, dass diese Beziehung fast zwangsläufig auf eine wenn nicht innige Freundschaft, so doch zumindest auf eine Interessensgemeinschaft hätte hinauslaufen müssen.

Die Konflikte, die nach dem Wiener Kongress zwischen unseren beiden Nationen auftraten, wurzelten kaum in dieser Geschichte. Und so versuchten die Diplomaten des Wiener Kongresses schlicht, das Bedürfnis nach Sicherheit mit dem Wunsch nach einem ausgewogenen Gleichgewicht zu vereinen. Dabei beschlossen sie Frankreich zu beschneiden, und zugleich Preußen Gebiete zuzusprechen, die es kaum würde beherrschen können. Doch sie hatten nicht mit dem Geschick der Berliner Politik – ich denke da natürlich vor allem an Bismarck – und der Visionslosigkeit der Entourage Napoleons III. gerechnet.

Die Diplomaten wählten jene Lösung, die ihnen *damals*, 1815, als die beste erschien. Ja, ich glaube sogar, dass es angesichts der damals herrschenden Machtverhältnisse und Einflussbereiche gar keine andere Lösung gab.

Ich bin, im Jahre 1959 geboren, ein Kind der deutsch-französischen Versöhnung, deren Schwierigkeiten, Anstrengungen und Erfolge ich mein Leben lang habe beobachten können. Unsere beiden Völker sind einander näher und können mehr voneinander lernen, als sie bisweilen glauben. Ich habe von meiner bescheidenen Warte aus versucht, die Geschichte des Wiener Kongresses neu zu schreiben, deren sie umrankende Legenden völlig unnötigerweise Rivalitäten geschürt haben. Und ich habe versucht, die verzerrte Sichtweise auf die Geschichte dieses Kongresses zu berichtigen. Ich freue mich, dass nun auch deutsche Leser diese Einschätzung der Dinge beurteilen können.

Paris, im Juli 2014

PROLOG
Nach vollbrachtem Sieg

AM 31. MÄRZ 1814, einem Donnerstag, erschienen am späten Vormittag vier Reiter an der Barrière de Pantin im Nordosten von Paris, von der aus sie in die Stadt einzogen. Gefolgt von einigen hundert Generälen und Offizieren, durchquerten sie im Schritt Saint-Martin und ritten dann die Boulevards hinab zur Place de la Concorde, auf der einundzwanzig Jahre zuvor Ludwig XVI. seinen letzten Gang zu seinem Henker Charles-Henri Sanson getan hatte. Schließlich nahmen sie am Fuße der Champs-Elysées Stellung ein.

Trotz des dräuend schweren Himmels waren die Pariser in Scharen erschienen, um der Parade beizuwohnen, die Napoleons Bezwinger im Herzen dessen eigenen Reiches abhielten. Wenngleich die meisten Anwesenden vermutlich am liebsten »die Augen geschlossen und sich die Ohren zugehalten«[1] hätten, war das Spektakel, das sie sahen, »einfach überwältigend«,[2] der Aufzug der Truppen untadelig und die Ordnung der Parade makellos. Das Defilee dauerte über vier Stunden, in denen die Menge die Kosaken bewundern durfte, die Dragoner und Husaren der Kaiserlichen Garde Russlands, die österreichischen Infanteristen sowie die Königlich-Preußische Garde. Mit herausgestreckter Brust und geradem Rücken stießen diese bald Hochrufe aus, wenn sie vor jenen vier Reitern vorbeizogen: dem Zaren von Russland, Alexander I.,[3] seinem Bruder Großfürst Konstantin, König Friedrich Wilhelm III. von Preußen und dem Oberbefehlshaber der verbündeten Streitkräfte, Karl Philipp Fürst zu Schwarzenberg.

Soldaten wie Zuschauer hatten nur Augen für den Ersten unter ihnen, einen jungen Mann »adeligen Ansehens« und »leutseliger, hoffärtiger Manieren«,[4] der, eingeschnürt in seine grüne Uniform, elegant die graue Stute bestieg, die ihm Napoleon in

PROLOG *Nach vollbrachtem Sieg*

Zar Alexander I.
(1777 – 1825)

Erfurt offeriert hatte: »Das schöne Gesicht Alexanders, die gute Seele, die darin zu lesen war, eroberten die Herzen und heischten Beifall. Glücklich sah er aus; Rührung gesellte sich in seine Züge, deren Bewegungen Ausdruck unbändiger Freude waren«, fasste Madame de Chastenay ihr Entzücken in Worte.[5]

Der Empfang, den Paris dem Zaren an jenem Tag der Niederlage bereitete, wirkte zuweilen wie ein Krönungszeremoniell, etwa zwischen dem Boulevard des Italiens und der Place de la

PROLOG *Nach vollbrachtem Sieg*

Concorde, wo sich die Royalisten versammelt hatten, um den Herrschern und deren Gefolge Beifall zu klatschen: »Überall ertönten Jubelrufe«, notierte das *Journal des débats* am nächsten Tag. »Die Menschen stürzten sich Seiner Majestät dem Zaren von Russland vor die Füße, drückten ihn an der Hand, den Knien, den Gewändern, stellten sich sogar seinem Pferd in den Weg, und die Herzensgüte, mit der dieser Monarch all die Anerkennung und Respektsbekundungen entgegennahm, hinterließ in allen Herzen einen unvergänglichen Eindruck.«[6]

Es war gerade zwei Monate her, dass Paris – gewiss noch nicht in diesem Maße von royalistischen Elementen infiltriert – auf ähnliche Weise Napoleon I. zugejubelt hatte, als dieser sich zum später als »Campagne de France« bezeichneten Feldzug aufmachte, um die französischen Gebiete zu verteidigen.

Alexander genoss seinen Triumph ganz ohne Überheblichkeit. Überzeugt, dass ihn allein die Vorsehung zum Retter Europas auserkoren hatte, gab er sich bescheiden und großmütig, und offenbar gelang es ihm auch, die Augenzeugen dieses Siegesmarsches seiner guten Absichten zu versichern. Als die Parade endete, begab er sich sogleich ins Hôtel de Talleyrand in der Rue Saint-Florentin, das er den Tuilerien oder einem der anderen Paläste als Quartier vorgezogen hatte. Am Nachmittag wurde in der Stadt eine Proklamation ausgehängt, in der er zwar seine unbeugsame Haltung gegenüber Napoleon unterstrich, zugleich aber sein Versprechen erneuerte, sich nicht in die Wahl der künftigen französischen Regierung einzumischen.[7] Die alliierten Truppen hatten Order, die bestehende Amtsgewalt zu respektieren – zwar war das Kaiserreich im Begriff zusammenzubrechen, der Staat jedoch nicht – und sich gegenüber der Bevölkerung anständig zu benehmen.

Tatsächlich ging die Besetzung der Stadt ohne größere Zwischenfälle vonstatten. Bereits wenige Tage darauf war in Paris wieder Ruhe eingekehrt, trotz des »Unterschiedes zwischen den Vierteln der Innenstadt, in denen eine gewisse Ausgelassenheit herrschte und deren Geschäfte dank der Einkäufe der alliierten Offiziere gute Umsätze machten, und den Vorstädten, über denen völlige Stille lag«.[8] Noch eine Woche, dann würde alles wieder seinen gewohnten Gang gehen: »Diese Stadt bietet einen einzigartigen Anblick«, sollte Metternich einen Tag nach seiner Ankunft seiner Mätresse in einem Brief mitteilen. »Alles ist ruhig, so als hätte es nie einen Krieg gegeben. Die Boulevards sind voller Menschen – Galante, Husaren, maskierte Damen und Kosaken, Cabriolets und Fuhrwesen; alles trifft und mischt sich aufs Schönste – alle kennen und grüßen einander voller Herzlichkeit. Feldwebel mit weißer Kokarde und der Graf von Artois in der Uniform der Nationalgarde; unter den Fenstern des Kaisers Napoleon ruft das Volk *Vive le roi*; meine Liebe, man darf sich über nichts mehr wundern.«[9]

DA DER ZAR kaum Einsprüche durch den preußischen König zu fürchten hatte, welcher sich als sein Verbündeter ansah, nutzte er die zehn Tage bis zur Ankunft des Kaisers Franz I. von Österreich und seines Kanzlers Metternich, des englischen Außenministers Castlereagh und des wichtigsten preußischen Ministers Hardenberg, um das Augenmerk der Koalition auf zwei heikle und zukunftsweisende Fragen zu lenken.

Zunächst betraf das Napoleon. Obwohl sich alle Mächte einig waren, dass dieser die politische Bühne verlassen musste, gingen die Meinungen über sein genaues Schicksal weit auseinander. Unter dem Schutz seiner letzten versprengten Armeen stehend, hatte Napoleon durchaus noch militärische Argumente bei der Hand. Es war eine Sache, ihn aus dem Ränkespiel der Politik zu bannen, und eine ganz andere, dies ohne weitere Schlachten zu erreichen oder gar die Allianz auf die Zerreißprobe zu stellen.

Österreich hatte nicht vergessen, dass der legitime Nachfolger des Besiegten der Enkelsohn seines eigenen Kaisers war: Die Thronbesteigung Napoleons II. mit einer Regentschaft der ehemaligen Erzherzogin Marie-Louise, Napoleons Frau, würde den

PROLOG *Nach vollbrachtem Sieg*

Interessen der Habsburger sehr entgegenkommen. Die Engländer wiederum meinten, je größer die Entfernung zwischen Napoleon und Europa, umso besser für den gesamten Kontinent. Schon spielten sie mit dem Gedanken, ihn auf eine Insel zu verbannen ... zum Beispiel auf St. Helena, eine tief im Südatlantik verborgene Besitzung der Ostindienkompanie.[10]

Die Preußen wären nicht böse gewesen, wenn Napoleon ein Unglück zustoßen würde oder man ihn rundweg erschießen ließe, ob mit oder ohne vorherigen Prozess. Der Zar, den all diese unterschiedlichen Wünsche nicht bekümmerten, nahm die Sache einfach selbst in die Hand. Freundschaftliche Gefühle empfand er gewiss nicht für diesen Mann, über den er nach dem Brand von Moskau gesagt hatte: »Entweder er oder ich.« Aber wie schwer die Fehde zwischen ihnen auch gewesen sein mochte, bedachte Alexander doch, dass sie durch die Waffe beendet worden war. Nun wollte er die erlittenen Verletzungen vergeben und vergessen und sich in ritterlicher Großmut üben.

Napoleon seinerseits sah nunmehr ein, dass er um eine Abdankung nicht umhinkommen würde. Zum Aushandeln der genauen Bedingungen entsandte er seinen Außenminister Caulaincourt nach Paris, der als ehemaliger Gesandter in St. Petersburg Alexander gut kannte. Die beiden schätzten und respektierten einander. Bereits in ihren ersten Gesprächen kamen sie überein, dass Napoleon, der über ein Drittel der Gebiete Europas geherrscht hatte, eine gewisse Souveränität weiterhin zugestanden werden musste, auf welche Weise auch immer sie nun zu beschränken sei. Es fielen die Namen einiger Mittelmeerinseln, auf denen der Besiegte »unterkommen« könne. Um zu verhindern, dass die Wahl am Ende auf Korsika hinauslief, schlug der Zar beinahe en passant Elba als mögliches Exil vor, eine Position, die Caulaincourt dankbar aufgriff und sogleich zu der seinen machte. Sie im Folgenden zu verteidigen sollte ihm ein Leichtes sein, da Alexander sein Ehrenwort als Staatsmann gegeben hatte und sich Caulaincourt verpflichtet fühlte.

Nach einigen heftigeren Diskussionen und dem Überlaufen des Korps von Auguste de Marmont, in das Napoleon seine letzten militärischen Hoffnungen gesetzt hatte, wurde ein Vertrag geschlossen, der aus Höflichkeit gegenüber dem Besiegten »Vertrag von Fontainebleau« genannt wurde, obwohl er in Wahrheit in Paris gezeichnet worden war. Nach diesem Vertrag durfte Napoleon im Gegenzug für seine Abdankung die Bezeichnung »Kaiser« behalten und »übernahm« die Insel Elba, die ihm auf Lebenszeit als souveränes Fürstentum übergeben wurde. Außerdem sollte er jährlich »zwei Millionen Franc Unterhalt aus dem Grand Livre de France«, der französischen Staatskasse, erhalten.[11]

Am 15. April 1814 unterzeichnete der Zar den Vertrag, tags darauf Friedrich Wilhelm III. und Franz I., obwohl der Vater von Marie-Louise und sein Kanzler Bedenken hatten, Napoleon auf eine Insel zu verbannen, die nur wenige Kilometer vor der Küste Italiens lag: »Die Welt wird über die Wahl Elbas schimpfen. Und die Welt wird recht damit haben«,[12] schrieb Metternich. Talleyrand wiederum, der den Vorsitz der provisorischen Regierung innehatte, opponierte dagegen, dass die Zahlungen an »Buonaparte« und dessen Familie der französischen Staatskasse auferlegt wurden. Sein Einwand wurde jedoch abgelehnt, und Talleyrand hatte den Vertrag in der bestehenden Form zu ratifizieren. Was er in einer geschraubten Erklärung auch tat, die auf den 11. April rückdatiert und erst Ende Mai in nicht minder gewundenen Worten von Ludwig XVIII. bestätigt wurde.

Die Briten waren ebenfalls nicht ganz einverstanden. Castlereagh verweigerte aufgrund einer fehlenden formellen Anweisung seines Premierministers Lord Liverpool die Unterschrift. Erst am 27. April 1814 ratifizierte Georg August, der als Regent die Geschäfte seines an Demenz erkrankten Vaters Georg III. übernommen hatte,[13] mit einigen Vorbehalten den Vertrag von Fontainebleau.

Eine Woche zuvor hatte sich Napoleon auf die Reise in sein neues Reich gemacht, das bis dahin eine Unterpräfektur des

PROLOG *Nach vollbrachtem Sieg*

Département Méditerranée gewesen war. Am 4. Mai erreichte er Portoferraio auf Elba, eine Gemeinde von 3000 Seelen, die ihm fortan als Hauptstadt seines neuen Herrschaftsgebietes dienen sollte. Tags zuvor war Ludwig XVIII. in Paris eingetroffen. Seine Restauration hatte Talleyrand in mehreren Schritten und mit stillschweigender Zustimmung der Verbündeten organisiert. Der Zar hatte sich wie versprochen nicht in die Angelegenheit eingemischt – bereits seine zweite wegweisende Entscheidung – und die Bestrebungen des hinkenden Fürsten nur unter der Hand unterstützt. Seit dem 31. März lenkte dieser die Geschicke in Frankreichs Hauptstadt. Dank seines »kühnen Scharfsinns und seiner Kaltblütigkeit«, gepaart mit einem »überaus selbstsicheren Auftreten«,[14] gelang es ihm am 3. April, im Senat die Absetzung des Kaisers zu erzwingen.

Die provisorische Regierung verfolgte von Anfang an das Ziel, den Bruder Ludwigs XVI. auf den Thron zu hieven.[15] Bereits am Tag der Abdankung hatte Talleyrand mehrere ehemalige Würdenträger des Kaiserreichs zur Aushandlung »allgemeiner Punkte einer Konstitution mit dem Ziel der Thronbesteigung Ludwigs XVIII.« eingeladen. Der Senat hatte einen Verfassungsentwurf ausgearbeitet, der vorsah, dass »das französische Volk Louis Stanislas Xavier de France aus freiem Willen auf den Thron beruft«. Wenngleich der König diesen Text missbilligte und umstandslos durch seine eigene *Charte constitutionnelle* ersetzen ließ, waren dennoch Tatsachen geschaffen worden: Die Frage, ob Marie-Louise, deren Sohn (Napoleon II., der König von Rom) oder der Herzog von Orléans, dessen Name bereits gerüchteweise kursierte, die Herrschaft übernehmen könnte, hatte sich damit erledigt – ganz zu schweigen von einem Regime republikanischer Prägung, das niemand ernsthaft erwogen hatte.

Einen Monat nach Napoleons Abdankung konnte der »restaurierte« König das, wie er selbst sagte, neunzehnte Jahr seiner Herrschaft einläuten.[16] Die Siegermächte zeigten sich erleichtert, dass das unberechenbare »Volk der Revolution« stillgehalten, ja im Grunde all diese Umwälzungen resigniert über sich hatte ergehen lassen. Sie sahen in dem Monarchen einen Partner, mit dem man verhandeln konnte, vor allem da er keinerlei territorialen Ansprüche stellte und ein Verfechter des Gleichgewichts der Kräfte in Europa war.

In der Tat hatte Ludwig bereits während des Direktoriums erklärt, er strebe nichts weiter an, als König eines starken Frankreich in dessen traditionellen Grenzen zu sein,[17] womit er sich auf der Linie der königlichen Diplomatie nach Ludwig XVI. bewegte, wie Vergennes sie in einem Brief von 1777 charakterisiert hatte: »Wenn wir uns das heutige Frankreich ansehen, so sollte es Gebietserweiterungen eher fürchten denn anstreben. Sie würden ein zusätzliches Gewicht an den Rändern des Reiches bedeuten und in der Folge das Zentrum schwächen.«[18]

Militärisch lag Frankreich am Boden. Die Sieger hätten ihm schwere Strafen auferlegen und es für lange Zeit zu einer Macht zweiten Ranges degradieren können. Doch trotz ihrer Ressentiments hielten sie sich von dieser Lösung fern. Dank der Bereitschaft zur Zusammenarbeit, die die neue französische Regierung signalisiert hatte, würde der westliche Teil des Kontinents rasch auf eine Weise neugestaltet werden können, dass ein stabiles Gleichgewicht entstand. Frankreich, das in seine vorrevolutionären Grenzen gewiesen wurde, sollte zwar an den Verhandlungen teilnehmen dürfen, musste sich jedoch bereits im Vorfeld damit abfinden, in eine Reihe mittelgroßer Mächte eingebunden und von diesen aufs Strengste überwacht zu werden.

Der erste Schritt zu einem solchen Kompromiss war der Waffenstillstand vom 23. April 1814, den Talleyrand ausgehandelt hatte. Der Bruder des Königs, Graf von Artois, der bis zu dessen Rückkehr als *lieutenant-général du royaume* fungierte, nahm an. Und Worten folgten sogleich Taten: Frankreich zog sich aus allen Festungsanlagen und Häfen zurück, die es seit dem 1. Januar 1792 eingenommen hatte, und verzichtete damit auf so gut wie alle Eroberungen der Revolutions- und der nachfolgen-

PROLOG *Nach vollbrachtem Sieg*

den Kaiserzeit, mit Ausnahme von Avignon und Mulhouse, der Grafschaften Comtat und Montbéliard und eines Teils von Savoyen mit Annecy und Chambéry. Prägnant fasst Emmanuel de Waresquiel die Ergebnisse des Waffenstillstands zusammen: »Der Kompromiss vom April [1814] dreht sich einzig um diese Gleichung: alte Dynastie, alte Grenzen.«[19]

Für Frankreich waren das enorme Verluste; doch schien eine andere Lösung kaum denkbar. Damit war der Weg für die rasche Aushandlung eines Friedensvertrags bereitet, der schon am 30. Mai 1814 unterzeichnet wurde.[20] Talleyrand gelangen einige kleinere Gebietsanpassungen, so wurden ihm Philippeville, Mariembourg, Sarrelouis und Landau zugesprochen. Die von den Engländern besetzten Kolonien hingegen konnte er nicht zurückerlangen[21] – wobei man hier, verglichen mit den eingangs gemachten Zugeständnissen, ohnehin um Kleinigkeiten stritt. Dafür gelang dem Unterhändler der Franzosen ein unerwarteter Coup: Frankreich wurden keinerlei finanzielle Entschädigungsleistungen auferlegt. In einem gesonderten Übereinkommen wurde lediglich festgelegt, dass 25 Millionen Franc für den Rückzug der alliierten Truppen zu zahlen waren, der bereits in den kommenden Tagen begann. Für Preußen bedeutete das den Verlust der immensen Summe von annähernd 170 Millionen Franc, die Napoleon nach seinem Sieg 1806 eingefordert hatte. Zudem verzichtete es auf die Herausgabe der Kunstwerke, die die Franzosen seit Beginn der Revolution beschlagnahmt und nach Paris verbracht hatten. Diese Klauseln waren angesichts der klaren Niederlage, die Frankreich erlitten hatte, ein wahrhaft unverhoffter Erfolg.

Durch die territorialen Zugeständnisse hatte Talleyrand sein Land vor noch weitaus schlimmerer Abstrafung bewahrt: »Um die damals getroffenen Absprachen unparteiisch zu beurteilen, gilt es sich vor Augen zu führen, woran Frankreich zu jener Zeit war und in welchen Zustand Napoleons Fehler es zurückgeworfen hatte«, erklärte er in seinen Memoiren. »Seit zwanzig Jahren mussten die Völker zusehen, wie ihre Länder von den französischen Armeen besetzt und verwüstet wurden; wie alles aus ihnen herausgepresst worden war; wie ihre Regierungen beschimpft und mit tiefster Verachtung behandelt wurden; wie keine Schmähung ausgelassen wurde; und wären sie entschlossen gewesen, sich zu rächen, ihren leidenschaftlichen Hass zu stillen, mit welchen Mitteln hätte Frankreich sich dagegen zur Wehr setzen können? [...] Wenn ich an die Zeit zurückdenke, als diese Verträge 1814 geschlossen wurden, an all die Schwierigkeiten, denen ich begegnete, die Rachegelüste, die ich in einigen meiner Verhandlungspartner aufkeimen sah und die zu besänftigen meine Aufgabe war, so erwarte ich voller Zuversicht das Urteil, das die Nachwelt über mich fällen wird.«[22]

Man kann den Fürsten von Benevent in der Tat nur bewundern für seine Arbeit und für die Ergebnisse, die er erzielte. Es lässt sich nicht anders sagen: Dieser Frieden ist, um mit Chateaubriand zu sprechen, »ohne Beispiel geblieben«.[23] Und gewiss, der Verfasser vom *Geist des Christentums* hätte sein Urteil nicht revidiert, hätte er von den schweren Repressalien erfahren, die den Verlierern im Versailler Vertrag von 1919 und im Potsdamer Abkommen von 1945 auferlegt wurden.

Doch sosehr Talleyrand auch durch sein Verhandlungsgeschick bestach, ohne die Besonnenheit und Weitsicht der Sieger, die teils gegen den Willen der eigenen Bevölkerung und zumeist gegen die Vorstellungen ihrer eigenen Feldherrn handelten, wäre ein solches Ergebnis nicht denkbar gewesen. Es ist kein Zufall, dass sich der Zar bei seinem Einmarsch in Paris bescheiden gab und so die Preußen in ihrem Rachedurst zügelte. In diesem Punkt trafen sich Alexander und seine englischen und österreichischen Verbündeten. Castlereagh lag es am Herzen, »die Grundlage für einen Frieden zu schaffen, bei dem die Ehre und die Interessen aller Mächte Europas, einschließlich Frankreichs, geachtet würden«.[24] Metternich war derselben Ansicht. In seinen Memoiren erläuterte er die beiden Möglichkeiten, die sich den alliierten Mächten boten: »Der Frieden mit Frankreich konnte nur unter

PROLOG Nach vollbrachtem Sieg

zwei Gesichtspunkten angegangen werden: Entweder würde er von dem Begehren diktiert, sich an Frankreich zu rächen, oder er wäre von dem Ziel beseelt, zwischen den verschiedenen Mächten ein möglichst ideales politisches Gleichgewicht herzustellen.«[25] Die Sieger entschieden sich für die zweite Lösung.

Dies taten sie jedoch nicht aus reiner Großmut, wie der englische Historiker Charles Webster treffend bemerkt: »[…] einer der Gründe für die Zurückhaltung der Alliierten lag ohne Zweifel in ihrer Uneinigkeit darüber, auf welche Weise Europa neu gestaltet werden sollte.«[26] Diese Uneinigkeit ist bereits aus dem Vertrag des Ersten Pariser Friedens herauszulesen. Wann immer es nicht um die Geschicke Frankreichs geht, wird der Text rasch unpräzise. Zwar werden zahlreiche Punkte festgelegt: die Besetzung Maltas durch die Engländer, die Unabhängigkeit Hollands, ein »föderales Bündnis« zwischen den deutschen Staaten, die Aufteilung Italiens zwischen Österreich und den »souveränen Staaten« und die Aufteilung der linken Rheinseite zwischen Preußen und den anderen deutschen Reichen, doch bleibt all dies im Vertrag schemenhaft.

Noch schwerer wiegen die Aspekte, über die sich der Vertrag ausschweigt. Was war mit der Zukunft Polens, das seit jeher als Zankapfel zwischen Russland, Preußen und Österreich galt? Was mit Sachsen, Napoleons letztem Verbündeten, das die preußisch-russischen Armeen besetzt hielten? Was mit dem Napoleoniden Joachim Murat, der noch immer in Neapel auf dem Thron saß, oder mit den päpstlichen Staaten? Und es gab zig weitere Streitpunkte, die im Vertrag nicht einmal erwähnt waren. Auf diese Fragen wollten Napoleons Bezwinger offenbar erst zu einem späteren Zeitpunkt und ausführlicher nach Antworten suchen.

DIE ARBEIT, DIE ZU TUN, und die Entscheidungen, die zu treffen waren, ließen eine größere Zusammenkunft unvermeidbar erscheinen, ähnlich jenen diplomatischen Versammlungen der vorigen Jahrhunderte, die Gabriel Bonnot de Mably in seinem berühmten Werk *Principe des négociations* von 1757 zu der Sentenz veranlassten: »Ein Krieg, an dem mehrere Mächte teilgenommen haben, kann niemals in einer einzelnen Verhandlung beendet werden.«[27]

Die Idee eines Kongresses hatten der Zar, der österreichische Kaiser und der preußische König bereits nach der Völkerschlacht bei Leipzig im Herbst 1813 aufgeworfen. Sie wurde in den Artikel 32 des Ersten Pariser Friedens vom 31. Mai 1814 aufgenommen: »[...] alle Mächte, die an diesem Krieg teilgenommen haben«, sollten Repräsentanten nach Wien entsenden, »um auf einem allgemeinen Kongress die Verfügungen zu treffen, welche die Bestimmungen des gegenwärtigen Vertrags ergänzen sollen«.

Derartige Friedenskongresse wurden seit dem ersten Drittel des 17. Jahrhunderts abgehalten. Sie hatten die wenigen und eher kurzen Treffen unter Monarchen abgelöst, die nur selten in die Tiefe gingen und nie ins Detail. Genau dies sollten die Gesandten auf dem Kongress tun. Sie sollten die Verhandlungen nach Maßgabe ihrer Herrscher bis in die kleinsten Einzelheiten führen, so dass diese das Abkommen zuletzt nur noch abzusegnen brauchten.[28]

Eine erste derartige Zusammenkunft, die 1630 in Regensburg stattfand, scheiterte. Zwar hatten sich dort der deutsche Kaiser, die katholischen Kurfürsten, die Gesandten Sachsens und Brandenburgs, Frankreichs, Spaniens und Englands sowie Venedigs und der Toskana auf eine Beilegung ihrer Streitigkeiten geeinigt, doch hatte Kardinal Richelieu Ludwig XIII. von der Unterzeichnung des Vertrags abhalten können.[29] Aber obwohl Regensburg gescheitert war, hatte sich ein solches – damals noch nicht »multilateral« genanntes – Treffen als durchaus sinnvoll erwiesen. So war der Kardinal selbst der Meinung, auf diese Weise ließe sich ein »guter Frieden« erreichen und »in Zukunft für Ruhe sorgen«.[30]

Fortan gab es nach jeder größeren Umwälzung Europas eine derartige Versammlung: Genannt seien hier der westfälische

PROLOG Nach vollbrachtem Sieg

Friedenskongress (1643–1648), der den Dreißigjährigen Krieg beendete,31 der Friede von Nimwegen (1678), in dem der Papst und der englische König die Vermittlerrolle in den Friedensverhandlungen zwischen Frankreich, Spanien, den Vereinigten Provinzen und Österreich spielten, der Friede von Rijswijk (1697), den die Franzosen und Engländer schlossen, der Friede von Utrecht und der Rastatter Friede (1713–1715), die den Spanischen Erbfolgekrieg beendeten, und der Friede von Teschen (1779), in dem Frankreich und Russland die Übernahme einiger bayrischer Gebiete durch Österreich verhinderten.32

Seit der Französischen Revolution wurden verschiedentliche Versammlungen, etwa in Rastatt, Lunéville, Amiens oder Erfurt, ebenfalls als »Kongress« bezeichnet, obwohl dort nicht alle kriegführenden Parteien anwesend waren und auch keine allgemeinen Themen verhandelt wurden. Dem Umfang nach waren die Kongresse in Westfalen und Utrecht am ehesten mit den anstehenden Verhandlungen in Wien und den Herausforderungen, vor denen Europa stand, vergleichbar. Sie sollten als Maßgabe zur Vorbereitung und Organisation des Kongresses dienen.

BEI DER NEUGESTALTUNG EUROPAS sollten nach Ansicht der vier großen Siegermächte deren Minister federführend sein, was bereits in den Geheimartikeln des Ersten Pariser Friedens festgeschrieben worden war. Die Minister sollten sich in eigens einberufenen Konferenzen verständigen und ihre Entscheidungen sodann dem allgemeinen Kongress vorlegen, der sie möglichst ohne lange Diskussion gewissermaßen durchwinken sollte. Anders gesagt: Wenn sich die großen Vier schon vor Beginn des Kongresses einigen konnten, würden sie dort nur noch auf wenig Gegenwehr stoßen, da die kleineren und mittleren Mächte kaum eine andere Wahl hätten, als sich dem Willen der Großen zu beugen.

Derartige Vorverhandlungen hatten schon lange vor Napoleons Sturz begonnen. Als sie in Paris wiederaufgenommen wur-

PROLOG Nach vollbrachtem Sieg

den, zeichnete sich ein größerer Dissens zwischen dem »Zweiergespann« Russland-Preußen und einer sachbetonten Allianz aus England und Österreich ab. Es galt also, die Zügel anzuziehen, um zähe und langwierige Verhandlungen während des Wiener Kongresses zu vermeiden, in denen die Parteien sich womöglich gegenseitig blockierten. Aus diesem Grund meinte Castlereagh, ein »Gipfeltreffen« fern der französischen Hauptstadt könne derlei unvermeidbaren Schiedsverfahren vorbeugen.

Prinzregent Georg August hatte den Zaren zu sich nach London geladen, um den gemeinsamen Sieg zu feiern. Sein Außenminister konnte ihn aber überzeugen, auch den Landesherren der beiden anderen Großmächte eine Einladung auszusprechen. Friedrich Wilhelm III. schloss sich gern seinem engsten Verbündeten an, Franz I. hingegen zog es vor, sich von Metternich vertreten zu lassen. In Begleitung einiger Minister und Generäle genossen sie einen triumphalen Empfang. Sie wurden auf ausladenden Soireen gefeiert, in Oxford mit der Ehrendoktorwürde ausgezeichnet, wohnten überwältigenden künstlerischen Darbietungen bei und wurden mit Lobreden und Auszeichnungen geradezu überschüttet. England erwies sich als würdiger Gastgeber und tat alles, um den Sieg gebührend zu feiern, an dem es selbst einen nicht geringen Anteil hatte, wenn auch eher dank seiner Hilfszahlungen denn durch die Stärke der eigenen Armeen.

Wie die Pariser verfiel auch die Londoner Bevölkerung bei jedem Auftritt Alexanders I. in Begeisterungsstürme. Wer keinen Einblick hinter die Kulissen hatte, durfte annehmen, alles sei zum Besten bestellt in der besten aller Welten: einer Welt, die sich Napoleons und damit aller Sorgen entledigt hatte.

Doch hinter der schmucken Bühne sahen die Dinge anders aus. Am Rande des offiziellen Programms hatten ernsthafte Gespräche eingesetzt, in denen die lange Liste der Streitpunkte erörtert wurde. Während hinsichtlich der Angliederung Belgiens an das künftige Königreich der Niederlande, der Schaffung eines »Deutschen Bundes« mit noch undefinierten Grenzen oder einer

PROLOG *Nach vollbrachtem Sieg*

Stärkung des Papstes in Mittelitalien Eintracht herrschte, waren Auseinandersetzungen über die Zukunft Polens und Sachsens und die Präsenz russischer Truppen in Holstein an der Tagesordnung.

Und als genügten diese diplomatischen Verwicklungen nicht, maßte sich der Zar seinen Gastgebern gegenüber an, sich als den großen, wenn nicht gar einzigen, Sieger dieses zweiundzwanzig Jahre währenden Krieges zu betrachten. Er provozierte, wo er konnte, verstieß beileibe nicht nur gegen das Protokoll, gab sich dem Prinzregenten gegenüber herablassend und weigerte sich, dessen Mätresse vorgestellt zu werden, spielte sich gegen Lord Liverpool auf und zog es vor, im Hotel zu nächtigen, anstatt im eigens für ihn hergerichteten St. James's Palace zu residieren.

Mehr als einmal stand man am Rande eines diplomatischen Zwischenfalls. Etwa als Alexander einige britische Abgeordnete zu überzeugen versuchte, die polnische Frage dem Parlament vorzutragen, womit er sich über Castlereagh hinwegsetzte. Oder als er Prinzessin Charlotte, die Tochter des Prinzregenten, in ihrem Ansinnen unterstützte, die Verlobung mit dem jungen Prinzen von Oranien-Nassau, dem Sohn des künftigen Königs der Niederlande, zu lösen, damit dieser Alexanders Schwester Anna heiraten konnte.[33] Der Zar trieb es dermaßen weit, dass die britische Oligarchie ihrem Gast eine schlechte Erziehung bescheinigte: »ein dummer, eitler Mann«.[34] Lord Holland bekundete, man fiele auf die Schmeicheleien Alexanders mitnichten herein: »Er begeisterte sich für *liberale Gedanken*, wie er es nannte. Aber er hatte aus ihnen noch keine *klaren Gedanken* geformt, weder in seiner Unterhaltung noch in seinem Kopf.«[35]

Castlereagh, der dem Zaren seit langem misstraute, ergriff die Gelegenheit, um seinem Prinzregenten Georg August, Premierminister Liverpool und den noch zögerlichen Regierungskollegen vor Augen zu führen, welche Gefahr Russlands Machtansprüche darstellten. Dies blieb nicht ohne Wirkung. Schließlich kam auch dem dänischen Diplomaten Bernstorff zu Ohren, was er dann in einer Korrespondenz festhielt: »Wie mir versichert wurde, hat der Prinzregent, den die anmaßende Überheblichkeit Russlands empört, den Beschluss gefasst, diesem Treiben Einhalt zu gebieten.«[36]

Damit war der Weg frei für die Bildung einer Achse Castlereagh-Metternich. Letzterer schien ein Mann zu sein, mit dem sich reden ließ, ohne dass man sich in »Nichtigkeiten« verlor, und dessen realistische Vorstellungen von der Zukunft Europas mit denen des britischen Kabinetts durchaus in Einklang zu bringen waren. Der Prinzregent, den der österreichische Kanzler nicht nur mit seinen guten Manieren, sondern auch mit seinen Ideen für sich eingenommen hatte, nannte Metternich den »Schiedsrichter Europas«[37]: ein Beiname, der Metternich fortan schmücken sollte und der sich bis heute mit ihm verbindet. Der Kanzler wiederum bescheinigte seinem englischen Kollegen Castlereagh, »das Herz am rechten Fleck« zu haben. Er verstehe sich blendend mit diesem »besonnenen Kopf« und freue sich auf die gemeinsame Arbeit.[38]

Wenngleich ihre persönliche Beziehung nie von Herzlichkeit geprägt war, ist ihre politische Annäherung doch den Londoner Vorgesprächen zu verdanken. In enger Absprache trafen sie ihre Vorkehrungen, um sich gegen Alexanders Machthunger zu wappnen. Sie teilten Hardenberg ihre Befürchtung mit, Russland könne in seiner Gier versuchen, sich eine ähnliche Vormachtstellung zu verschaffen, wie sie zuvor Frankreich innegehabt hatte. Nur konnte der preußische Kanzler, der durchaus einsichtig und entweder vernünftiger oder unsentimentaler als Friedrich Wilhelm war, nicht gegen den Willen seines Monarchen handeln.

Angesichts dieser enttäuschenden Absage beschlossen England und Österreich, vorsichtshalber der französischen Diplomatie die Tür zu öffnen, indem sie Talleyrand – der nach wie vor in Paris weilte, denn so weit hatte man wiederum auch nicht gehen wollen, ihn nach London einzuladen – nun über die »unerfreu-

PROLOG *Nach vollbrachtem Sieg*

lichen Eskapaden«[39] des Zaren unterrichteten. Ganz nebenbei versicherten sie ihn ihrer friedlichen Absichten, obwohl in der britischen Hauptstadt ein Vertrag unterzeichnet worden war, der für jede der vier Großmächte weiterhin ein stehendes Heer von 75 000 Mann vorsah. Offiziell diente dieses Abkommen dazu, das besiegte Frankreich unter Kontrolle zu halten, doch könne es ebenso gut von Nutzen sein, wenn sich die Situation mit Russland weiter verschlechtere.

Um die neue Linie im Land bekannt zu machen, berichtete der englische Minister im Unterhaus von seiner Kontaktaufnahme mit Frankreich. Dort kündigte er das Ende der »Uneinigkeiten« an, »die allzu lange zwischen den beiden Ländern bestanden haben und eine ständige Quelle der Rivalität und der kriegerischen Auseinandersetzung gewesen sind«. Und er machte keinen Hehl aus seiner Freude über die »freundschaftliche Gesinnung, die aus den neuesten Entwicklungen resultiert«.[40]

Castlereagh und Metternich konnten ihrer Verlegenheit angesichts der letztlich gescheiterten Londoner Gespräche nicht öffentlich Ausdruck verleihen, ebenso wenig den Sorgen, die ihnen der anstehende Kongress bereitete, auf dem viele Fragen noch einmal grundlegend würden erörtert werden müssen. Zumindest in dieser Hinsicht aber war der Zar ihnen zu Diensten. Während der Erste Pariser Frieden vorsah, dass der Kongress »binnen zwei Monaten« zu beginnen habe, also Ende Juli 1814, bat Alexander um Aufschub. Er wollte auf seiner Reise nach Wien Halt in St. Petersburg machen, der russischen Hauptstadt, in der er seit zwei Jahren nicht mehr gewesen war. So wurde der Beschluss gefasst, den Kongress erst im Herbst beginnen zu lassen. Eine Verzögerung, die nicht unbedingt verlorene Zeit bedeutete. Denn obwohl sich möglicherweise in Polen oder auch in Deutschland ein nicht gewünschter Status quo hätte festigen können, erlaubte das größere Zeitfenster weitere Beratungen, die Vorbereitung künftiger Allianzen und die Planung des größten diplomatischen Treffens aller Zeiten.

PROLOG *Nach vollbrachtem Sieg*

Der Zar und der preußische König verließen London am 27. Juni 1814. Drei Tage später machte sich Metternich auf den Heimweg, mit einem Abstecher über Paris, wo ihn Ludwig XVIII. und Talleyrand zu Gesprächen erwarteten.

Der Kongress würde also kommen – und was für ein Kongress!

1.
Wien, Gastgeber der Welt

DASS DIE WAHL DES ORTES für den allgemeinen Kongress auf die habsburgische Hauptstadt fiel, zeigt augenfällig, wie stark die österreichische Diplomatie inzwischen wieder geworden war. Innerhalb weniger Jahre war Metternich das Kunststück gelungen, seinen Herrn aus der Rolle eines Verbündeten Napoleons zu lösen und ihn zum wichtigsten Protagonisten der gegnerischen Kräfte zu machen.

Österreich hatte dank seiner Mobilmachung schwere Gewichte in die militärische Waagschale der Koalition gelegt und darüber hinaus erreicht, dass das Oberkommando der verbündeten Streitkräfte seinem Feldmarschall Karl Philipp zu Schwarzenberg übertragen wurde. Plötzlich sah sich Franz I. fast umstandslos als einen der großen Sieger, so dass es nur folgerichtig war, den Kongress in Wien abzuhalten – trotz Preußens zaghaften Versuchs im Sommer 1814, diesen nach Berlin zu holen.

Wien hatte zahlreiche Vorzüge: Es lag im Herzen Europas und war über gut ausgebaute Verkehrswege von allen großen Städten des Kontinents aus zu erreichen. Es besaß die nötige Infrastruktur, um Herrscher, Diplomaten und deren Gefolge zu beherbergen. Und auch um das gesellschaftliche Leben und die abendliche Unterhaltung der Delegierten brauchte man sich hier nicht zu sorgen.

Wien bot ein angenehmes Klima und eine gute Lage: »Die physische Lage von Wien ist sehr gesund, und die Gegend ringsrum fruchtbar, und reich an Naturschönheiten jeder Art«, heißt es in einem Reiseführer der Zeit. »Es sind wenige Hauptstädte, die ihr hierin gleich kommen. Gegen Norden hat es die mit schattenreichem Gehölze bewachsenen Inseln der in mehreren Armen sich vorbei schlängelnden Donau; gegen Westen den schönen

Anblick des mit seinen Gebäuden gekrönten Kahlenberges, von dem sich eine Kette mittelmäßiger, mit schmuckem Grün bekleideter Berge gegen Süden hin zieht; gegen Osten eine fruchtbare, weit ausgespannte Fläche nach dem gesegneten Ungarn; gegen Süden einen durch abwechselnde Scenen von Hügeln, Vertiefungen, Landhäusern und Fluren begrenzten Horizont […]. Der beste Standpunkt, um die ganze Stadt sammt allen Vorstädten, so viel es möglich ist, mit Einem Blicke zu übersehen, ist die Terrasse vor dem oberen Belvedere […].«[1]

Die Stunde des österreichischen Kaisers

DOCH NICHT NUR WIEN stand endlich wieder auf der politischen Weltbühne, sondern auch der Gastgeber des Kongresses. Zwar war Franz I. in Europa immer ein Herrscher von Gewicht gewesen, doch hatte Österreich seit seiner Thronbesteigung zwei äußerst schwierige Jahrzehnte zu bestehen gehabt.

Ehe der Sohn Leopolds II. 1804 zum Kaiser von Österreich gekrönt wurde, regierte er seit Juli 1792 unter dem Namen Franz II. als letzter Kaiser das Heilige Römische Reich Deutscher Nation. Seine Regentschaft stand von Anfang an unter schlechten Vorzeichen. Dem plötzlichen Tod seines Vaters, der am 1. März 1792 nach nur zweitägigem Leiden einer Rippenfellentzündung erlag, folgte die Kriegserklärung Frankreichs am 20. April desselben Jahres. Der mit gerade einmal zweiundzwanzig Jahren naturgemäß unerfahrene Franz, dem zudem ein etwas wunderlicher Charakter nachgesagt wurde, war von seinem Onkel Joseph II., der selbst kinderlos war, auf den Thron vorbereitet worden. Dennoch fühlte sich Franz von der frühen Regentschaft übermannt: »Der junge Franz zeigte sich zutiefst getroffen von dieser Verkettung tragischer Ereignisse, und die Melancholie, die ihn seit frühester Kindheit plagte, wurde dadurch noch schlimmer.«[2]

Die Stunde des österreichischen Kaisers

Franz I. Kaiser von Österreich
(1768 – 1835)

Reserviert, unsicher, vom Hundertsten ins Tausendste kommend, dem Volke gegenüber gleichgültig, trat Franz von Anfang an als Gegner jedweder Neuerung auf. Allein die Treue zum Herrschergeschlecht, so seine Vorstellung, könne den Zusammenhalt des Reiches garantieren – dieses aber wurde bereits in alle Richtungen auseinandergerissen.

Indem er die Reformen bremste, die Joseph II. angestoßen hatte, verhinderte er eine aufgeklärte Herrschaftsform in seinem Land, die zu einer Änderung des Feudalrechts, einer Anerkennung der verschiedenen Nationalitäten und einer behutsamen politischen Liberalisierung hätte führen können. Stattdessen kleidete sich Franz in das Gewand des Alleinherrschers und regierte mit einer kleinen, handverlesenen Entourage. Er wollte alles wissen und alles entscheiden – ließ sich aber doch zumeist von seinen engsten Beratern leiten. So fiel auch das Porträt, das der preußische Generalleutnant Knesebeck von ihm zeichnete, nicht gerade schmeichelhaft aus: »Dieser Kaiser der tausend Capricen, welche man auf den ersten Blick für Standhaftigkeit zu halten geneigt ist, der über eine Arbeitskraft ohnegleichen verfügt, dabei aber ohne jedes Genie und ohne jede Übersicht ist, verliert sich andauernd in Einzelheiten und folgt allein seinem eigenen Willen, ohne irgendeinen Widerspruch zu dulden, während er, ohne es zu merken, unter dem Einfluss seiner Entourage steht, und glaubt tatsächlich, indem er auf diese Weise handelt, zu regieren.«[3] In die gleiche Kerbe schlug Napoleon, wenn er über Franz sagte, er sei »immer der Meinung desjenigen, der zuletzt gesprochen hatte«.[4]

Nach außen hin gab sich Franz als verbissener Gegner der Französischen Revolution, spätestens seit der Hinrichtung Ludwigs XVI. und Marie-Antoinettes, seiner Tante. Für ihn waren die Revolutionäre »Feinde der Menschheit«, und er hegte keinen Zweifel daran, gegen dieses Frankreich schwerste militärische Geschütze auffahren zu müssen, ganz gleich zu welchem Preis. Um sich den Rücken im eigenen Land freizuhalten, ordnete er an, alle österreichischen und ungarischen »Jakobiner« auszuschalten. »Dieser krankhaft unentschlossene und zugleich borniere Mann« wollte sein Reich zu einer »Bastion des Konservatismus« machen.[5] Angestachelt von seinen Ministern Johann Philipp von Stadion und Freiherr von Thugut, welcher den Beinamen »Kriegsbaron« trug, trieb Franz sein Land in vier schwere Krisen: den 1801 unterzeichneten Frieden von Lunéville; den dem französischen Sieg bei Austerlitz 1805 folgenden Frieden von Pressburg; das Ende des Heiligen Römischen Reiches 1806; und die 1809 verlorene Schlacht von Wagram und den folgenden Frieden von Schönbrunn.

Durch die Besessenheit Franz' I. verlor Österreich stets weiter an Bedeutung. Für Napoleon war es eine Macht zweiten Ranges, deren Rolle er darin sah, Russland im Osten und das Osmanische Reich im Süden in Schach zu halten, und der er mit der Schaffung der Illyrischen Provinzen sogar den Zugang zum Meer versperrte. Erst nach der schweren Niederlage von 1809, der Ernennung des Rheinländers Metternich[6] zum Außenminister und dessen späterem Aufstieg in die Hof- und Staatskanzlei richtete Franz seine diplomatische Linie wieder mehr nach »österreichischen Traditionen« aus, um »gewandter und angemessener auf äußere Umstände« reagieren zu können.[7] Dabei ging er sogar so weit, dem »Menschenfresser« von Paris die Hand seiner Tochter anzubieten und seine Truppen in den Feldzug gegen Russland zu schicken.[8] In Metternich fand er einen loyalen, treuen und auf respektvolle Art unabhängigen Mitarbeiter – eine Kombination, die ihm überaus zupass kam. Nun, da der Kongress nahte, erwiesen sich der Kaiser und sein Kanzler als ein starkes politisches Gespann. Beide vertraten ähnliche Meinungen und verfolgten ähnliche Ziele, ohne dass dieses oder jenes dem einen oder dem anderen zuzuordnen gewesen wäre.

Während sich Franz I. kraft seines Erbes als den größten Herrscher auf Erden betrachtete, war er im Privaten ein einfacher Mann, der sich mit großer Aufmerksamkeit und Zuwendung um seine Familie kümmerte. Nichts erfreute ihn mehr, als für einige Augenblicke dem starren Korsett des Hoflebens »à l'espagnole« zu entfliehen. Er genoss das friedfertige Leben, gab sich mit einigem Geschick handwerklichen Tätigkeiten hin – in seiner Werkstatt zimmerte er eigenhändig Vogelkäfige – oder ordnete mit großer Sorgfalt seine Bibliothek.[9] Auch konnte er Stunden in den Gewächshäusern zubringen, die er sich im Park von Schönbrunn, seinem Herrschaftssitz am Rande der Stadt, hatte errichten lassen.

Aus drei Ehen waren dreizehn Kinder hervorgegangen,[10] von denen sieben noch lebten und die er mit – allerdings seltenen – Anfällen von Zärtlichkeit, das ein oder andere Mal sogar mit einem Lächeln bedachte. Gern flanierte er ganz schmucklos mit der königlichen Familie durch den Schlossgarten, der für die Öffentlichkeit zugänglich war, und ließ sich auf ein Schwätzchen mit den anderen Spaziergängern ein. »Dieser Gutmütigkeit und Umgänglichkeit verdankte er die Bewunderung des Volkes, das sich an seinem strahlenden Wiener Dialekt erfreute.«[11]

1. Wien, Gastgeber der Welt

Durch den Sieg von 1814 stieg seine Beliebtheit weiter. Ihren vorläufigen Höhepunkt erreichte sie bei seiner Rückkehr aus Paris am 16. Juni 1814: »Die Straßen waren mit Menschen bedeckt. – Endlich verkündete fernes Vivatrufen die Annäherung des Hofes. Die gedrängten Massen bewegten sich unruhig«, schrieb die anwesende Schriftstellerin Caroline Pichler. »Unendlich war der Jubel, als jetzt der Kaiser selbst an der Seite seines Bruders, des damaligen Großherzogs von Florenz, von der Generalität umgeben, erschien. Rührend, freudenvoll und erhebend war dieser Moment durch seine eigentümliche Wichtigkeit und durch die Betrachtung dessen, was zum Glück und ruhigen Wohlsein der Völker geschehen war und sich für die Zukunft hoffen ließ.«[12]

Franz I. nutzte die Gunst der Stunde, um in der wirtschaftlich und finanziell instabilen Nachkriegszeit die nationale Einheit unter der Monarchie zu stärken. Dankbar nahm er ihm gewidmete Gedichte und Oden entgegen, freute sich über lobrednerische Artikel und gestattete ausdrücklich, dass ihm zu Ehren opulente Gemälde in Umlauf gebracht wurden.[13] Und er erteilte erste Anweisungen, um die österreichische Hauptstadt auf das »Fest des Friedens«[14] vorzubereiten.

Gute Wiener Geschäfte

WIEN ZÄHLTE zur damaligen Zeit etwas mehr als 250 000 Einwohner. Kleiner als London (1 Million), Paris (630 000), Neapel (430 000) oder Moskau (300 000), war es zumindest die größte Stadt Mitteleuropas und des deutschsprachigen Raums.[15] Nachdem Rudolf I. (1273 – 1291) die Stadt zum Sitz der Habsburger erkoren hatte, wurde sie unter Karl VI. im 18. Jahrhundert im barocken Stil modernisiert, wobei das Stadtbild erhalten blieb. Nach Karl wurden nur noch kleinere bauliche Maßnahmen durchgeführt: der Bau einer Universität (der heutige Sitz der Akademie der Wissenschaften), die Auflassung des Friedhofs am Stephansdom und die Fassadenreinigungen Anfang des 19. Jahrhunderts.

Architektonisch stand Wien damit im Vergleich zu den anderen europäischen Hauptstädten hintan. Es wirkte wie ein zusammenhangloser Ballungsraum, durchschnitten von zwei Donauarmen und einem Kanal, bestehend aus einem dichten Zentrum und vierunddreißig Vororten, die wie Dörfer aneinandergereiht lagen. Astolphe de Custine schilderte, wie er die Stadt bei seiner Ankunft wahrnahm: »Wien wirkt auf mich konturlos, ebenso wie seine Bewohner. Es stellt sich kein erster Eindruck ein wie in den großen Städten Italiens, hinter deren Toren sich mir eine neue Welt eröffnet [...]. Die Straßen sehen aus wie in Paris, will heißen: wie überall.«[16]

Überrascht zeigten sich die Besucher hingegen von der Sauberkeit der Stadt (Abfälle wurden vornehmlich in der Donau entsorgt, und die zumeist gepflasterten Straßen wurden regelmäßig gefegt und abgespritzt), der Beleuchtung (jeden Abend wurden 4000 Laternen entzündet), der Vegetation und den Parks und Gärten. Auch schien der Ort alles andere als überbevölkert, vielleicht mit Ausnahme der Innenstadt, in der sich ein vierstöckiges oder gar höheres Gebäude an das nächste reihte: »Die Steine türmen sich«, mäkelte Custine, »und die Menschen wohnen wie in eine Druckerpresse gezwängt.«[17] Zumindest ließ sich in Wien angenehm und gefahrlos flanieren, vorzugsweise im Prater, im Augarten oder auf den Festungsmauern, die 1683 noch die Türken von der Invasion abgehalten hatten, nicht jedoch die napoleonischen Armeen, welche 1805 und 1809 gleich zweimal siegreich in die Stadt eingezogen waren.[18]

Es gab in Wien zahlreiche Villen und Palais. Neben fünfundzwanzig Fürstenhäuser residierten einhundertfünfzig adelige Familien in der österreichischen Hauptstadt. Hier konnten die wichtigsten Delegationen Unterkunft finden: Für die Engländer waren zweiundzwanzig Zimmer am Minoritenplatz vorgesehen, für die Franzosen der Palais Kaunitz, die Russen würden im Palais des Fürsten von Paar nächtigen, die Preußen in weitläufigen Appartements.[19] Die anderen Teilnehmer würden es sich in ihren jeweiligen Gesandtschaften, den besten Gasthöfen am Platze oder möblierten Wohnungen ebenfalls angenehm einrichten können.

Den Souveränen blieb die Sorge der Unterkunftssuche selbstredend erspart. Franz I. würde ihnen seine eigenen Gemächer in der Hofburg – auch kurz »Burg« genannt – überlassen, einem Ensemble aus miteinander verbundenen Gebäuden, das seit dem 13. Jahrhundert beständig erweitert und unter der Regentschaft Maria Theresias prunkvoll verziert worden war.[20] Riesige Empfangsräume erwarteten hier den Gast, und Zimmer, die mit karmesinrotem Damast spaliert waren. Zar Alexander würde mit seiner Gemahlin Elisabeth und Schwester Katharina die zweite Etage der Amalienburg im nördlichen Teil des Gebäudekomplexes bewohnen, Friedrich Wilhelm III. von Preußen und Friedrich I. von Württemberg zwei Etagen im sogenannten Schweizertrakt, Maximilian I. Joseph von Bayern und Friedrich IV. von Dänemark ein Gebäude mit Blick auf die Metternichsche Hof- und Staatskanzlei am Ballhausplatz.

Hier, in unmittelbarer Nähe des Palais, würde das Herz des Kongresses schlagen. Hier sollten die wichtigsten Treffen stattfinden, insbesondere die Sitzungen jener Kommission, die aus den Leitern der Delegationen der vier Hauptmächte bestand. Metternich ließ dafür den großen Sitzungssaal, einen in Weiß und Gold gehaltenen Raum im Rokoko-Stil,[21] instandsetzen und ausschmücken. Bei seinem Aufenthalt in Paris hatte er gleich auch einige Möbel bei Jacob-Desmalter in Auftrag gegeben, Goldschmiedearbeiten bei Biennais und Bronzen bei Thomire, mit anderen Worten: das Beste vom Besten.[22]

Den übrigen Gästen öffneten die Hauseigentümer gegen bald nahezu unerschwingliche Mietzinsen ihre Türen. Während der gesamten Dauer des Kongresses befleißigte sich Wien, seinen Ruf als günstiges Pflaster zu konterkarieren. »Wir sind hier bei braven Leuten, aber die Preise sind horrend«, bemerkte Jean-Gabriel

Eynard, der Sekretär der Schweizer Delegation. Die drei möblierten Zimmer, die er bewohnte, kosteten ihn die stolze Summe von 600 Gulden im Monat, wozu weitere 200 Gulden als Miete für eine Kutsche und 200 Gulden für Lohn und Brot eines Bedienten kamen.[23] Eine Beschwerde aus der Feder des Korrespondenten des *Journal des débats* ließ sich so an: »Die Vermieter tun sich gütlich an den hohen Mieten, die wir zu zahlen haben.«[24] Im selben Artikel enthüllte der Federfuchser, dass Castlereagh für seine Gemächer am Minoritenplatz 500 Pfund Sterling im Monat zu zahlen habe und Großherzog Karl Ludwig Friedrich von Baden 17 000 Gulden für sein Palais. Ein anderer Zeitzeuge nahm folgendes Kalkül vor: »Würde der Kongress nur vier Monate dauern, so wäre der Preis eines vermieteten Hauses allein durch die Miete vollständig eingeholt.«[25] Der Kongress aber dauerte nicht vier, sondern acht oder gar neun Monate, da die einzelnen Delegationen lange vor der offiziellen Eröffnung in Wien eintrafen.

Profiteure dieses Geldsegens waren auch die Wiener Bankhäuser. Arnstein u. Eskeles, Moritz von Fries, Herz & Co., den Gebrüdern Smitmer oder Geymüller & Co. waren Hunderte von Kunden von ihren ausländischen Kollegen anempfohlen worden, die sie mit offenen Armen empfingen. Angefangen bei den Delegationen, die mit prallgefüllten Taschen anreisten und ihre Währungen gegen Gebühr umtauschen mussten: 60 000 Dukaten von Friedrich VI. von Dänemark, die bei Arnstein u. Eskeles hinterlegt wurden, 20 000 Taler von Friedrich Wilhelm von Württemberg, 100 000 Rubel vom Zaren, die auf einem bei Fries eröffneten Konto landeten.[26] Für Friedrich Wilhelm III. und Kardinal Consalvi wurden von der preußischen bzw. römischen Staatskasse gar unbegrenzte Kredite eingerichtet. In die größten Schwärmereien versetzte die Menschen jedoch das Budget des englischen Ministers Castlereagh, für den die Londoner Regierung offenbar phantasmagorische Summen bereitgestellt hatte: »An der Börse wird verlautbart, England habe bei Geymüller für seinen Minister einen Kredit über eine Million Pfund Sterling eingerichtet, der

1. Wien, Gastgeber der Welt

von der Kaiserkasse ausgezahlt wird. Der Umtauschwert des Pfundes beträgt gerade 8 Gulden und 30 Kreuzer, was einen zusätzlichen Verlust von 30 Kreuzern bedeutet [Anm.: ein Gulden sind 100 Kreuzer], eine hohe vertraglich abgesicherte Summe, die das Bankhaus einstreicht, wenn man bedenkt, dass der Wechselkurs zuletzt 9 Gulden betrug.«[27]

Wenngleich die Vorgehensweise möglicherweise übertrieben dargestellt ist, lässt sich auf alle Fälle sagen, dass das System, mit dem die österreichischen Banken operierten, äußerst profitabel war. Das musste ihnen niemand noch einmal ausdrücklich erklären, und so zeigten sie sich während der gesamten Dauer des Kongresses von ihrer großzügigsten Seite, empfingen ihre Kunden nahezu jeden Abend, luden sie zum Diner und in ihre Salons ein. Bei Bankier Herz etwa saßen Anfang Februar 1815 Metternich, Castlereagh, Wellington und der englische Gesandte Stewart gemeinsam zu Tisch.

Es war noch nicht einmal ein offenes Geheimnis, dass ein Teil des Geldes gewissen »diplomatischen Annehmlichkeiten« diente, was damals schlicht zur Kunst der Verhandlung gehörte. Heute würden wir sagen, es handelte sich um Schmiergeld, zur damaligen Zeit war dies jedoch nichts Ungewöhnliches. Die öffentliche Meinung, die zugegebenermaßen weniger gut unterrichtet war als heute, stieß sich jedenfalls nicht daran. Zugleich beeinflussten solche Schmiergelder die letztlich getroffenen Entscheidungen nur geringfügig. Doch konnten einige Unterhändler und Vermittler ihr Kapital auf diese Weise beträchtlich aufbessern. Paul de Barras vermerkte in seinen – nicht immer ganz zuverlässigen – Memoiren, Talleyrand habe von verschiedenen Gesprächspartnern insgesamt über 19 Millionen Franc eingestrichen, eine Summe, die mit Vorsicht zu betrachten, aber nicht ganz unwahrscheinlich ist.[28] Dass immer nur die Reichen noch reicher werden, sehen wir auch im Falle Metternichs, der hohe Summen vom preußischen König (500 000 Taler)[29] und vom Genfer Delegierten Anton Giulio Brignole Sale (2 Millionen Taler) erhalten haben soll, um ihren Wünschen förderlich zu sein. Die Million, die der Zar ihm angeboten haben soll, um die Frage Sachsens und Polens im Sinne Russlands zu regeln, hat Metternich hingegen offenbar abgelehnt.[30] In seinem Tagebuch notierte Friedrich von Gentz, der Sekretär des Kongresses, insgesamt 17 000 Dukaten erhalten zu haben, darunter ein Neujahrsgeschenk des französischen Gesandten (24 000 Gulden), ein »hübsches Geschenk« der Wiener Bankhäuser für das Verfassen einer favorablen Abhandlung über die deutschen Juden und »ein Geschenk von 1000 Dukaten« für die Erwirkung eines Ehrenrangs für Karl Ludwig Friedrich von Baden.[31] Die Wiener Polizei vermeldete mehrere kaum verschleierte Kapitalbewegungen: Der Pole Adam Czartoryski, ein Berater des Zaren, habe nur im Sinn, sich zu bereichern, der Zar selbst habe bei Fries 80 000 Dukaten abgehoben, die vorrangig dazu dienen sollten, »einen der großen Minister für sich zu gewinnen«, und der preußische Kanzler Hardenberg und der französische Diplomat Dalberg spielten mit enormen Summen ungewisser Provenienz, ein Laster, dem auch der schwedische Delegierte Löwenhielm frönte.[32]

Die Polizei auf Kriegsfuß

IM SOMMER 1814 putzte sich die ganze Stadt für den Kongress heraus, der zwar vermutlich kürzer als der Westfälische Friedenskongress dauern würde, diesen aber in der Zahl der Delegationen deutlich übertraf. Nach den Londoner Konferenzen kümmerte sich Metternich persönlich auf seinem »Sommersitz« in Baden, einer mondänen Thermalstadt fünfundzwanzig Kilometer vor Wien, um die Vorbereitungen. Er ließ sich über alle Einzelheiten Bericht erstatten, um gut informiert in die Verhandlungen zu gehen. Der »Magistrat«, der Stadtrat der österreichischen Hauptstadt, dessen Vorsitz seit 1804 Stephan von Wohlleben innehatte, war vorübergehend politisch herabgestuft worden, so dass nunmehr der Kanzler und Franz Hager Freiherr von Allentsteig, seit März 1812 Präsident der Obersten Polizei- und Zensur-Hofstelle, das Kommando in der Stadt übernahmen.

Die Aufrechterhaltung der öffentlichen Ordnung sowie vor allem die Bespitzelung der Bevollmächtigten und die Kontrolle über die Schwarzen Cabinete, die Stellen der geheimen Postüberwachung, durften nicht dem Zufall und schon gar nicht Amateuren überlassen werden.[33] Der österreichische Staat verwendete große Summen für diese Angelegenheiten: Während Hager dafür 1812 noch 33 000 Gulden und im nächsten Jahr 53 000 Gulden ausgegeben hatte, stiegen die Ausgaben 1814/1815 auf 64 000 bzw. 67 000 Gulden. Ein hoher Preis, den Hager und seine rechte Hand, der Oberpolizeidirektor Franz Siber,[34] zahlten, um mithilfe Dutzender Agenten, Spitzel und notfalls falscher Diplomaten – die allgegenwärtig waren und sogar in der Hofburg selbst saßen – Stapel um Stapel an Dokumenten in ihren Büros anzuhäufen. Jeden Abend hatten diese dem Kaiser und ihrem Kanzler Bericht[35] zu erstatten und straften damit die Reiseführer der Zeit Lügen, die das »musterhafte« Verhalten der Polizei gegenüber den Besuchern der Stadt lobten, welche ihre Mittel in keiner Weise missbrauchte.[36] Im Gegenteil, die findigen Wiener Spitzel, die bei den Diplomaten sogenannte »geheime Durchsuchungen« durchführten, waren bald derart gefürchtet, dass die Delegationen ihre Unterkünfte in »uneinnehmbare Festungen«[37] verwandelten.

Die Behörden sorgten sich wenig darum, wie der Kongress in der Bevölkerung aufgenommen würde, fürchteten aber Diebe und Betrüger. Zusätzlich zu den sechshundert Polizisten der Stadt konnte Siber auf zahlreiche Militäreinheiten zurückgreifen, die in Wien patrouillierten und die Sicherheit der Besucher garantieren sollten. Das Oberkommando erhielt Feldmarschall Ferdinand Friedrich August von Württemberg. Ganz ließen sich Zwischenfälle, die dann auch in den Klatschspalten der Zeitungen landeten, natürlich nicht verhindern: Die spektakulärste Meldung war sicherlich der Diebstahl von Geld und Juwelen im Wert von

Die Polizei auf Kriegsfuß

200 000 Gulden, den der große Kammerherr Rudolf von Wrna meldete.[38] Jedoch waren solche Vorkommnisse glücklicherweise selten, und selten schwerwiegend, so dass Wien seinen Ruf als sehr sichere Stadt aufrechterhalten konnte.

Die habsburgische Hauptstadt wies eine nicht unkomplizierte gesellschaftliche Hierarchie auf. Sie bestand aus einer Hofkaste, die noch immer von der Frankophilie der Aufklärung geprägt war, einem germanophilen Bürgertum und einem Proletariat, das religiösen Ritualen frönte. Ihre Bewohner galten als wohlgemute Menschen, die das Spiel, das Theater und natürlich die Musik liebten. »Die Wiener hatten eine große Leidenschaft für alle künstlerischen Darbietungen, und jeder wollte stets Zuschauer und Schauspieler zugleich sein«,[39] wie ein Historiker es formuliert. Schon in gewöhnlichen Zeiten gab es täglich Bälle, Konzerte und Theatervorstellungen. Nun, nach Ankunft der Delegationen, sollte die Stadt ein »noch fröhlicheres und lebhafteres Bild«[40] abgeben.

Zwei große Säle standen Wien für derartige Unterhaltungen zu Gebote: das Nationaltheater in der Hofburg mit deutschem Schauspiel und das Kärntnertor-Theater mit Oper und Ballett. Hinzu kamen einige Säle, die von Privatiers betrieben wurden. Sehr beliebt waren das Theater an der Wien und das Leopoldstädter Theater, auch Kasperltheater genannt. Ersteres, 1800 erbaut und für seinen modernen Stil gerühmt, zeigte mit Vorliebe Stücke, in denen Kavalkaden in Szene gesetzt wurden. Auf dem Spielplan in der Leopoldstadt standen vorrangig Märchenspiele und sogenannte »Zauberstücke«. Wie ein preußischer Besucher anmerkte, waren »die Theater gut ausgestattet, die Musik gut und die Stücke sehr gut gespielt«, zudem »die Preise all dieser unterschiedlichen Vorführungen sehr moderat«[41].

Im Redoutensaaltrakt der Hofburg, der am Josefsplatz gelegen ist, wurden die offiziellen Hofbälle wie auch öffentliche Soireen abgehalten, die bald die Bezeichnung »Redouten« erhielten. Eine Vielzahl an Vergnügungsorten in der Wiener Innenstadt und in den Vororten ergänzte das Angebot. Jeden Abend wurde getanzt, und die Besucher konnten sich »einen Eindruck von der Frische und Schönheit der Wiener Damen machen, vor allem aber von der heiteren Leichtigkeit, die im Bürgertum herrscht«.[42]

In der musikalischen Hauptstadt Europas konnten die Besucher zahlreiche Konzerte von höchster Qualität genießen, zur schönen Jahreszeit sogar unter freiem Himmel. Die Wiener waren stolz auf die Musiker und Komponisten ihrer Stadt, sie verehrten Haydn und Mozart und sprachen viel von der Originalität der Beethovenschen Kompositionen. Wer einen ruhigeren Zeitvertreib bevorzugte, fand sein Glück in einem der vielen Lesezimmer, in der Wiener Hofbibliothek, die 30 000 Druckwerke und 20 000 Handschriften umfasste, in den Gemäldegalerien – die Galerien des Fürsten von Liechtenstein und des Herzogs Albert Kasimir von Sachsen-Teschen waren rund um die Uhr für die Öffentlichkeit zugänglich –, in den Museen und einem hervorragenden »Salon« für Naturkunde. Oder er besuchte die Kaiserliche Schatzkammer, in der die Kronen des österreichischen Kaisers,[43] prunkvolle Waffen, welche die Habsburger seit Jahrhunderten sammelten, und sogar eine Heilige Lanze und Kreuzpartikel vom »wahren Kreuz Christi« ausgestellt waren.

Die Not des Geldes

VOR DIESER VERPFLICHTENDEN KULISSE war es Kaiser Franz sehr daran gelegen, sich auch als Gastgeber des Kongresses auf der Höhe zu zeigen. Die Staatskasse, um die es ohnehin schon alles andere als blendend bestellt war, belastete der Kongress mit zusätzlichen 500 Millionen Gulden. Wie ganz Europa hatte Österreich unter den Folgen der Kriege zu leiden. Die Wirtschaft stagnierte, die öffentlichen Finanzen erholten sich nur mit Mühe vom Staatsbankrott von 1811, als das Papiergeld achtzig Prozent an Wert verloren hatte.[44] »Österreich war schwer gebeutelt«,[45] sollte Metternich jene Jahre später umschreiben. »Die Innenpoli-

Die Not des Geldes

tik konzentrierte sich gänzlich auf die Finanznot des Staates, auf die gewaltigen Schulden, die die Gebietsverluste und die verlorenen Kriege nur noch gewaltig vermehrt hatten«, erklärt ein deutscher Historiker. »Die so ausgelösten Krisen und Unruhen bestimmten das innere Klima; die psychologische Folge war eine wachsende Glaubwürdigkeitskrise zwischen Regierung und Volk. Der Handlungsspielraum von Staat und Regierung blieb unter dieses Umständen innen- wie außenpolitisch, dauernd begrenzt.«[46] Doch blieb ihr gar nichts anderes übrig, als sich für ihre Gäste in hohe Unkosten zu stürzen, in der Hoffnung, dass die fürstlichen Feste, Paraden und Feuerwerke, die öffentlichen Bälle und die kostenlose Verteilung von Nahrungsmitteln den schwierigen Alltag vergessen machten, ja vielleicht sogar zu einem wirtschaftlichen Aufschwung führten.

Zur Deckung der Kosten wurden sogenannte »Anticipations-Scheine« ausgegeben, das heißt: Der Kongress lebte auf Kredit. Für den öffentlichen Mehraufwand sollten alle Wiener Berufsstände aufkommen, indem per Dekret vom 16. Dezember 1814 die Erwerbssteuer um fünfzig Prozent angehoben wurde. Nicht ein Geschäftsmann sollte sich in all den Monaten, die der Kongress dauerte, über seine berufliche Lage beschweren. Die Geschäfte waren stets voller Menschen und blieben von acht Uhr morgens bis zehn Uhr abends geöffnet: »Mein lieber Gott, was für eine wunderbare Stadt! Geschäfte, soweit das Auge blicken kann! Man muss sich den Hals verrenken, will man das alles sehen und erleben«,[47] rief Emily Castlereagh, die Frau des britischen Außenministers, entzückt aus. Nur einige Adelsfamilien, die sich von der Menge belästigt fühlten, verließen murrend ihre Palais und bezogen ihre Zweitresidenzen vor den Toren der Stadt.

Den Kaiser selbst neckten die Wiener liebevoll, er wohne in einer Papiermühle, immer fein in der Nähe seiner Notenpresse.[48] Die benötigte er in der Tat dringend, um die »müßigen kleinen Souveräne [und] die Delegationen der kleineren Mächte, die sich keine andere Beschäftigung wussten, als ihre Eitelkeit zu pflegen und ihre Langeweile zu verwalten«,⁴⁹ bei Laune zu halten. So schulterte er die verschiedensten Ausgaben: Unterkunft und Bewirtung der Souveräne, tägliche Mahlzeiten für 40 Tische, Transport und Vergnügungen (man ließ 300 Kaleschen anfertigen und kaufte 1200 Pferde; allein für eine Schlittenfahrt wurden fünfzig reich verzierte Schlitten hergestellt), ganz zu schweigen von den Kosten für Sicherheit, Ausrüstung und neue Uniformen für die Armee, die Anwerbung von 1500 zusätzlichen Domestiken und anderen damit zusammenhängenden Ausgaben.

Die Frau des dänischen Gesandten Bernstorff zeigte sich begeistert: »Es waren in der Burg ungeheure Veranstaltungen zu dieser Bewirtung getroffen [...]. Jeder Souverän sah sich in eine Lage versetzt in welcher er keine der Bequemlichkeiten seines eigenen Hofes vermissen konnte; Wohnung, Hofstaat, Equipage, alles war kaiserlich, alles von jener soliden Pracht, wie sie den Fürsten des österreichischen Hauses stets eigen [...] ist.«⁵⁰ Metternich wurde ebenfalls üppig ausgestattet, um die Empfänge in seinem eigenen Hause gestalten zu können: Wie seine europäischen Kollegen wusste auch er, dass sich vieles jenseits der eigentlichen Arbeitssitzungen entscheidet.

Trotz der hohen damit verbundenen Kosten sollte sich der Kongress für die österreichische Monarchie letztlich als Erfolg erweisen. Ihr Ansehen und die Beliebtheit ihres Kaisers Franz I., die schon während der schwierigen Zeit der Koalitionskriege im Grunde nie ernsthaft in Frage stand, wurden durch dieses Ereignis noch gestärkt: »Während [Franz'] Herrschaft für uns der Inbegriff von Zensur und Politischer Polizei ist, sind seine Untertanen mit dem Bild eines konservativen, paternalistischen Reiches sehr zufrieden, da es ihrer politischen Kultur entspricht«, stellen zwei auf dieses Gebiet spezialisierte Historiker fest. »Der höfische Glanz schmeichelt ihnen, und die auf dem Kongress abgehaltenen Festlichkeiten geben ihnen das Gefühl, in der Hauptstadt Europas zu leben, die aus fünfundzwanzig langen, entbehrungsreichen Jahren gestärkt und befriedet hervorgegangen ist.«⁵¹

II.
Die Frage des europäischen Gleichgewichts

NACH DEM ENDE des Ersten Kaiserreichs und dem Zusammenbruch der napoleonischen Kontinentalsperre verkündeten die Monarchen und Diplomaten ihre Absicht, das *europäische Gleichgewicht* oder, wie es damals hieß, das *rechte Gleichgewicht der Kräfte* wiederherzustellen. Dieses Prinzip, dessen theoretisches Fundament aus dem antiken Griechenland stammte, war im Laufe des 18. Jahrhunderts anhand des »dauerhaften Friedens« weiterentwickelt worden, ein Begriff, den das berühmte *Projekt* des Abbé Saint-Pierre (1713) und Leibniz' daran anschließende *Beobachtungen* (1716) durchgesetzt hatten.[1] Rousseau (1756), Bentham (1789) und Kant (1795),[2] um nur die bekanntesten Namen zu nennen, folgten diesem Gedanken, wie auch alle ihre gebildeteren Zeitgenossen.

In seinem *Traktat über die menschliche Natur* (1739) und seinen *Politischen Essays* (1752) führte David Hume das Konzept des dauerhaften Friedens mit dem »Gleichgewicht der Kräfte«, der *Balance of Power*, zusammen.[3] Wie so oft suchten die britischen Theoretiker vor allem nach praktischen, konkreten Lösungen, während die Kollegen auf dem Festland ihre Überlegungen auf »Werte« und »Prinzipien« stützten, über deren Inhalte sie wiederum trefflich und ausführlich streiten konnten.

Aus diesen Schriften und aus der diplomatischen Praxis war ein Korpus hervorgegangen, der das Prinzip des Gleichgewichts präzisierte und eingrenzte. Die internationale Ordnung sollte sich an der Maxime orientieren, dass der Kontinent nicht von einer Macht allein beherrscht werden dürfe, die den anderen ihre Vorherrschaft oktroyierte. Konkreter gefasst, sollte Europa also aus Staaten mit stabilen Grenzen bestehen, welche durch ein enges Geflecht von Verträgen garantiert werden sollten, und die

Staaten wiederum sollten von vernünftigen Souveränen gelenkt werden. Die Kontrolle des Status quo sollte den Akteuren selbst überlassen bleiben. Um diesen zu erhalten bzw. zu verteidigen, waren Verhandlungen das Mittel der Wahl. Sollten diese scheitern, war es gestattet, einen sogenannten »gerechten« Krieg zu führen – ein zu Beginn des 17. Jahrhunderts vom »Vater des Völkerrechts«, dem holländischen Rechtsgelehrten Hugo Grotius, säkularisierter Begriff.[4] Seiner Ansicht nach dürfe ein Staat zur Wiederherstellung des Friedens in bestimmten Fällen auf das Mittel der Gewalt zurückgreifen: um sich selbst zu verteidigen, um ein Gebiet oder Besitztum zurückzuerobern oder bei Nichteinhaltung eines Vertrages.

In seiner Abhandlung *Vom Geist der Gesetze* (1748) philosophierte Montesquieu über das Thema: »Das Völkerrecht beruht von Natur aus auf folgendem Prinzip: die verschiedenen Völker müssen sich im Frieden so viel Gutes wie möglich tun und im Krieg so wenig Übel wie möglich zufügen, ohne ihren echten Interessen zu schaden.«[5] Von dieser Warte aus betrachtet, verhält sich der Krieg also nicht antinomisch zum Prinzip des Gleichgewichts, sondern ist »eine Manifestation an der Oberfläche, die weder die Homogenität des Systems noch den Konsens in Frage stellt«[6]. Für viele Zeitgenossen war 1814 der »gerechte« Krieg zu Ende gegangen. Damit hatte die Stunde der Rückkehr zum Gleichgewicht der Kräfte geschlagen.

Das Gleichgewicht als Ziel und Herausforderung

DAS GLEICHGEWICHTSPRINZIP hatte sich sowohl im Denken als auch im Handeln der europäischen Diplomatie durchgesetzt. In jedem größeren Krieg war der jeweilige Unruhestifter dergestalt zurechtgestutzt worden, dass man inzwischen von einem Allheilmittel der zwischenstaatlichen Beziehungen sprechen konnte. Als das Heilige Römische Reich in ein Mosaik aus unabhängigen Staaten zersplitterte, für die der Kaiser nur noch eine Art moralischer Instanz war, wurde das Haus Österreich nach dem Westfälischen Frieden (1648) nicht mehr als Gefahr angesehen. Ein halbes Jahrhundert später war in Utrecht und Rastatt (1713–1715) den hegemonialen Anwandlungen Ludwigs XIV. auf ähnliche Weise Einhalt geboten worden. Und auch das Ende des Siebenjährigen Krieges (1756–1763) hatte den Status quo bestätigt, der dann bis zu den Revolutionskriegen bestehen blieb. Auf diese Weise legten die großen Friedensverträge, die jeweils die Ideen des vorigen aufgriffen und weiterentwickelten, die Grundlage für ein internationales Völkerrecht – im Sinne eines Rechts der Nationen –, das vom Prinzip des rechten Gleichgewichts der Kräfte bestimmt war. Die dahinterstehende Theorie wurde in einem informellen Dialog zwischen Denkern und Staatsmännern beständig verfeinert. Sie wurde sogar an den großen universitären Instituten Europas gelehrt, die vielfach sogenannte »Diplomatenschulen« eingerichtet hatten. Hier, in Tübingen, Göttingen oder Straßburg, hatten viele Männer aus den Staaten des ehemaligen Heiligen Römischen Reichs studiert, die nun in den Delegationen auf dem Wiener Kongress vertreten waren.

In Straßburg hatte Christoph Wilhelm von Koch mit seinem Buch *Gemählde der Revolutionen in Europa* ein Loblied auf das im Westfälischen Frieden erreichte Gleichgewicht gesungen. Ein solches Gleichgewicht sei der einzige Garant für dauerhaften Frieden in Europa. Metternich besuchte Kochs Vorlesungen 1788/89.[7] Die Außenpolitik, so Koch, sei Angelegenheit der Fürsten, die zwischenstaatlichen Beziehungen seien geprägt von familiären Allianzen und der Beruf des Diplomaten müsse sich als Dienst an den Monarchen begreifen. Vermutlich studierte Metternich ebenfalls die von François de Callières Anfang des 17. Jahrhunderts erarbeitete Theorie der Verhandlungsprinzipien, eine Art Diplomatenbrevier, das in jenen Kreisen derart weit verbreitet war, dass sich unter Bevollmächtigten und Gesandten aller Länder eine wahre Denk- und Methodengemeinde herausgebildet hatte.[8]

II. Die Frage des europäischen Gleichgewichts

Wenn nach Raymond Aron die »ewigen Ziele« der Außenpolitik »Macht, Ruhm und Idee«[9] sind, so gibt das Gleichgewichtsprinzip der »Idee« den Vorrang. Die Kanzleien hatten deren theoretische Grundlage gelegt. Die Souveräne beriefen sich darauf. Die aufgeklärte öffentliche Meinung träumte davon. Und auf dem Papier besaß der Wiener Kongress dank kollektiver Mechanismen, derer es bis dahin ermangelt hatte, die Mittel und Möglichkeiten, dieser Linie zu folgen.

Napoleons Ambitionen und die unternommenen Anstrengungen, ihm Einhalt zu gebieten, sowie die daraus resultierende Zerstörung der alten Ordnung und die Arbeit, die für die Neuordnung Europas aufzuwenden war, dies alles würde diesmal, so glaubten viele, die Souveräne und ihre Minister dazu anhalten, wirklich und wahrhaftig gemeinsame Gesetze und Verfahrensweisen zu entwickeln. Tatsächlich taten nicht wenige von ihnen vor dem Kongress ihre Absicht kund, ein neues diplomatisches Eldorado schaffen zu wollen: das »Europäische Konzert«. Damit würde unter Berücksichtigung des Gleichgewichtsprinzips – ohne jedoch darüber hinauszugehen – ein neues Regelwerk geschaffen, das die Einhaltung der »Balance« und damit auch des Friedens garantierte. Abgesichert werden sollte dies durch regelmäßige Treffen der Repräsentanten aller Großmächte.[10] Im Siegeseifer meinten die optimistischsten unter ihnen sogar, der Kongress müsse sich als ein »Senat aller Könige« begreifen, dessen Beschlüsse dem »Schicksal Europas im Ganzen und für alle Zukunft«[11] dienen würden. Diese Einschätzung hieß, das Spiel der zwischenstaatlichen Beziehungen, die nach wie vor wirkenden Tiefenströmungen der internationalen Politik und die Zwietracht unter den verhandelnden Parteien zu verkennen. Aber gab es nicht in allen Epochen edelmütige, ja schwärmerische Denker, die erst in der Konfrontation mit der unsanften Realität der internationalen Beziehungen die Waffen strecken mussten?

Da die Mächte »eine in Unordnung geratene Welt richten, Tausende und Abertausende von Interessen berücksichtigen und ebenso viele Klagegründe besänftigen«[12] mussten, suchten sie – ehe sie sich in träumerischen Gedanken an eine vernünftigere, bessere Welt verloren – zunächst einmal ihren je eigenen Vorteil oder zumindest einen Ausgleich für erlittene Opfer. Erst dann würde man über Zugeständnisse reden können, allen Abbés und Kants zum Trotz. Wie Adam Czartoryski später notierte, »kamen alle Souveräne mit ihren ureigenen Interessen nach Wien«, und »jeder Diplomat vertrat uneingeschränkt seine Vorstellungen«.[13] Das ist keinesfalls verwunderlich, und es wird sich nur schwer ein Friedenskongress finden lassen – sei es vor oder nach 1814 –, der sich nicht zuerst von solchen egoistischen Tendenzen zu befreien hatte.

Unter diesen Umständen konnten der Versuch, ein Gleichgewicht zu erreichen, und die Absicht, ein »Europäisches Konzert« zu begründen, nurmehr dazu dienen, die Konflikte zu dämpfen. Sie als höchstes Verhandlungsziel auszurufen wäre vermessen gewesen. Wie Charles Coote in einer für einen englischen Historiker wenig überraschenden maritimen Metapher schrieb: »Wenn sich auch der ganze Kontinent höchst liebedienerisch gerierte«, so liege trotzdem noch sehr viel Arbeit vor ihm, denn »nach einem schweren Unwetter beruhigt sich das Meer nicht sogleich, sondern bleibt in Bewegung und gibt, wie sich leicht beobachten lässt, Anlass zur Sorge, der Sturm könnte erneut losbrechen.«[14]

Der Machthunger des Zaren und des preußischen Königs

NACHDEM DIE POLITIK der vier großen Sieger nicht mehr durch das gemeinsame Ziel, den Kampf gegen Napoleon, zusammengehalten wurde, gewannen wieder dynastische Ambitionen, das Bestreben nach territorialer Ausdehnung und alte Vorurteile die Oberhand. Jeder Herrscher hatte seine eigene Vorstellung vom rechten Gleichgewicht, die er den anderen aufzuzwingen gedachte. Blieb die »Idee« auf der Oberfläche prägend, wirkten in der Tiefe wieder die Prinzipien der »Macht« und des »Ruhmes«.

»Sie haben Napoleons Erfolgen den Krieg erklärt, nicht seinen Absichten«, warf Talleyrand in einer Unterredung in angespannter Atmosphäre Alexander I. und Friedrich Wilhelm III. im November 1814 vor.[15] In der Tat konnten sich Österreich, Russland und Preußen nicht einig sein, wenn es um die Ausdehnung ihrer Herrschafts- und Einflussgebiete, die Stärkung wirtschaftlicher Macht und die Zügelung des Machthungers ihrer jeweiligen Rivalen ging. Die Gespräche, die während der Befreiungskriege und später dann nach dem Frühjahrsfeldzug von 1814 in Paris und London geführt wurden, hatten dies nur allzu deutlich gezeigt. Diesmal jedoch würden die Streitpunkte am runden Tisch ausgehandelt und nicht mehr auf dem Schlachtfeld – die Arbeit aber würde dies keineswegs erleichtern.

Österreich und Preußen beäugten einander bar jeden gegenseitigen Wohlwollens und entzündeten sich an der Frage des darniederliegenden Rheinbunds. Die Habsburger, die beinahe widerspruchslos ihre Macht auf der italienischen Halbinsel wiedererlangten, sahen in Napoleons Abdankung die Gelegenheit, keine zehn Jahre nach der Auflösung des Heiligen Römischen Reichs ihre Vorherrschaft im gesamten deutschsprachigen Raum wiederzuerlangen. Friedrich Wilhelm III., dem der Sieg zu Kopfe gestiegen war, wollte, angestachelt von der Unterstützung, die er seitens des Zaren erfuhr, nur zu gern sein Territorium vergrößern. Ihn gelüstete es nach einer ähnlichen Schocktherapie, wie Frankreich sie 1806 ihm zugefügt hatte. Er wollte Vergeltung, mit der Zustimmung oder gar Unterstützung der anderen deutschen Staaten, darunter – *ausgerechnet* – Österreich.

Der Erste Pariser Frieden war für den preußischen König eine Enttäuschung gewesen. Dies würde auf dem Kongress zu korrigieren sein: »»Preußen schließlich war am wenigsten saturiert«, schreibt der Historiker Thomas Nipperdey, »es musste,

Der Machthunger des Zaren und des preußischen Königs

schon wenn es weiter die Rolle einer erstrangigen Macht spielen wollte, auf Vergrößerung drängen; allein für Preußen war die Organisation Deutschlands eine Sicherheitsfrage ersten Ranges.«[16]

Um aus der Zersplitterung des napoleonischen Deutschland Gewinn zu ziehen, zählte Friedrich Wilhelm vor allem auf den Zaren, mit dem er 1806 einen persönlichen, geradezu mystischen Pakt geschlossen hatte: Die beiden Männer hatten sich im Lichte der Fackeln am Grab Friedrichs des Großen gegenseitige Treue und Freundschaft geschworen. Viele europäische Diplomaten dachten mithin nicht ganz zu Unrecht: »Wenn Alexander sprach, konnte man sicher sein, dass Friedrich Wilhelm nach ihm das Wort ergreifen würde, um dieselben Ideen zu formulieren [...]. Sie hielten sich für ganz und gar untadelig und machten sogar aus ihren Ambitionen eine Tugend. Wenn nun der eine für sich Polen reklamierte und der andere Sachsen, so hießen sie die anderen glauben machen, dies geschehe allein aus den ehrenwertesten Beweggründen.«[17]

In Berlin entstand eine ganze Schule, die sich aus Philosophen wie Ernst Moritz Arndt, Militärs wie August Neidhardt von Gneisenau und Politikern wie dem in russischen Diensten stehenden Freiherrn vom Stein zusammensetzte. Sie forderten, Napoleons ehemalige Verbündete hart zu sanktionieren und eine Einheit des deutschen Raums unter preußischer Leitung herzustellen – eine Art Vor-Bismarcksches Programm, wie man anachronistisch sagen könnte. Nebenbei sollte Friedrich Wilhelm von diesem Vorgehen profitieren, indem er seine Besitzstände ausdehnte und das preußische Herrschaftsgebiet »arrondierte«. Diese Geburtsstunde einer mystischen Verklärung der Einheit der deutschen Nation sollte weitreichende und beileibe nicht immer positive Folgen haben. Stein erwog sogar eine Annexion des Elsass und Lothringens.[18]

Derart unumwunden geäußerte Ansprüche waren dem wichtigsten preußischen Unterhändler Karl August von Hardenberg ein Dorn im Auge: Er gedachte im Gegenteil eine gewisse Gespaltenheit Deutschlands beizubehalten und zugleich eine möglichst große Rolle innerhalb eines künftigen gesamtdeutschen Gebildes zu spielen. Seiner Meinung nach würde Preußen Österreich nur geduldig und Schritt für Schritt aus Deutschland verdrängen können. Selbst wenn er den König von dieser Meinung überzeugen könnte, würde dieses Kräftespiel schwer auf der preußischen Politik lasten. In diesem Punkt war keine befriedigende Einigung mit einem Österreich zu erzielen, welches wieder Dreh- und Angelpunkt der deutschen Nation zu werden trachtete.

Am ehesten noch hätten die Streitigkeiten zwischen Preußen und Österreich in einer »klassischen« Verhandlung beigelegt werden können, wie sie im Übrigen von der britischen Regierung gewünscht war. Diese sah das Bündnis zwischen Wien und Berlin als einen Garanten für das europäische Gleichgewicht an. Doch die Einmischung Russlands erschwerte diese Angelegenheit. Zar Alexander erachtete sich angesichts der Opfer, die sein Land seit 1812 erbracht hatte, als legitimen Kopf der Koalition. Das hatte er bereits in Paris deutlich gemacht, und diese Position wollte er auch zu seinem Nutzen wissen.

Alexander war zur traditionellen Politik seiner Vorgänger zurückgekehrt, die er mit einer Prise Mystizismus anreicherte, was rational denkende Männer wie Metternich, Castlereagh und Hardenberg, aber auch Talleyrand naturgemäß irritieren musste. Seit Peter dem Großen verstand sich Russland als gleichberechtigt »europäisch« und forderte seine Präsenz in den nordischen Ländern und in Polen, Zugang zum Mittelmeer und, aufgrund familiärer Bündnisse, Einfluss in Deutschland ein. Nicht wenige Zeitgenossen Alexanders waren jedoch der Meinung, das Zarenreich sei in der europäischen Welt unerwünscht.[19] Der Zar, der sich als Befreier des Kontinents ansah, verlangte aber mit Nachdruck seinen geopolitischen Lohn und gedachte das Projekt seiner Großmutter Katharina II. zu vollenden. An diese Ambitionen knüpfte er einen »wahnhaften Messianismus«, der keinen Einspruch gelten ließ und der Überzeugung unterlag, es sei »notwendig, die europäische Welt zu rechristianisieren und eine neue Weltordnung zu begründen«.[20]

Der Krieg von 1812 hatte ihn, wie er selbst zugab, persönlich verändert: »Seit dieser Zeit lernte ich Gott kennen, wie ihn die Bibel uns offenbart. Seit dieser Zeit begann ich, mich mit Seiner Weisheit, mit Seinem Gesetz zu beschäftigen, wie ich es auch heute noch tue. Ja, seit dieser Zeit bin ich ein anderer Mensch geworden, der sein Heil und seine Befreiung der Befreiung Europas aus seinen Ruinen verdankt.«[21] Im Gefühl, mit einer gleichsam göttlichen Mission betraut zu sein, konnte Alexander im Gespräch schroff, zuweilen sogar hitzig werden, was sein Gegenüber angesichts seiner für gewöhnlich »grazilen, noblen und offenen«[22] Art in größere Verwirrung stürzen konnte. Auch wusste niemand, dass Alexander unter dem Deckmantel spiritueller Suche an okkultistischen Sitzungen teilnahm. Auf vielen Gebieten vertrat er widersprüchliche Meinungen: So predigte er die Befreiung der Völker, ohne aber seine expansionistischen Bestrebungen zu kaschieren, forderte, die Restauration Ludwigs XVIII. habe mit Maß zu erfolgen, herrschte aber zugleich mit harter Hand über die Gebiete, die seine Armeen »befreit« hatten, brüstete sich nach außen hin mit seiner politischen Liberalität, herrschte aber nach innen als Absolutist, der Überlegungen zu einer künftigen Verfassung zuließ, welche wiederum nie verabschiedet wurde.

Trotz einiger Unstimmigkeiten, etwa über das »Strafmaß«, das Napoleons ehemaligen Verbündeten Bayern, Württemberg und Baden aufzuerlegen sei, schien zwischen dem Zaren und dem preußischen König zumindest hinsichtlich zweier Punkte, die die Atmosphäre in der ersten Kongressphase vergiften sollten, Einigkeit zu herrschen: Alexander reklamierte Polen für sich, Friedrich Wilhelm Sachsen.

Der britische »Uneigennutz«

WÄHREND DIE TERRITORIALEN KONTROVERSEN zu eskalieren drohten, erklärte die britische Regierung, keinerlei Gebietsansprüche auf dem Festland zu stellen, und »rühmte sich ihrer natürlichen Unparteilichkeit«[23]. Sie wollte als Mittler auftreten. Bei näherer Betrachtung stellte sich dieser Mittler jedoch als nicht gar so uneigennützig heraus, wie er von sich selbst behauptete. Die britische Vorstellung eines Gleichgewichts war schlicht anders geartet als die Russlands, Österreichs oder Preußens.

Für die kontinentalen Länder waren Grenzen, Bevölkerungsstärke und Größe der Armee die Parameter der Macht. Für die Inselstaaten hingegen galten Wirtschaft und Handel als die entscheidenden Faktoren. Ihr Bedürfnis, den Import von Rohstoffen und die kontinentalen Absatzmärkte zu sichern, hatte Vorrang vor einer als illusorisch zu nennenden Stärkung als Territorialmacht. Wenn die Briten Militär oder Marine einsetzten, wollten sie dies auf die Kontrolle der Inseln entlang der Seewege beschränken. Es ging ihnen um den permanenten Zugang zu den großen westlichen Häfen, die freie Passierbarkeit der Wasserwege, die Unabhängigkeit der Finanzplätze und die Beibehaltung niedriger Zölle. In der Hochsee wollte England vor allem seine Einfuhren aus und seinen Handel mit Amerika schützen und zu diesem Zweck die Konkurrenz vom Festland neutralisieren. Die Zerschlagung der französischen und holländischen Macht auf den Antillen und im Indischen Ozean war eines der wichtigsten Kriegsziele, das ein britischer Oligarch bereits zwanzig Jahre zuvor formuliert hatte: »Es kann kein Zweifel bestehen, dass die Kolonien der ausschlaggebende Grund für den Krieg zwischen Frankreich und England waren und für immer bleiben werden.«[24]

Kurzum, für die britische Diplomatie gehörten Politik und Geschäft zusammen, ja waren in gewisser Weise sogar ein und dasselbe. Das europäische Gleichgewicht bedeutete für England

Der britische »Uneigennutz«

vor allem eine Freiheit der Märkte, die nur durch die Neutralisierung der Großmächte innerhalb eines egalitären Konzerts zu erreichen war. Um auf dem Kontinent, der nach wie vor von entscheidender Bedeutung für seine Handelsaktivität war, die Vorherrschaft einer einzigen Macht zu verhindern, hatte sich Albion in der Vergangenheit erst gegen Spanien, dann gegen Österreich und seit nunmehr über 100 Jahren gegen Frankreich gestellt.[25]

Was die letzte Epoche der napoleonischen Kriege angeht, sollte man sich nicht von der angelsächsischen Geschichtsschreibung täuschen lassen. Diese hat lange Zeit behauptet, England – das Mutterland des Parlamentarismus, das in Wirklichkeit weit davon entfernt war, demokratisch zu sein – habe sich gegen jenen »Tyrannen« erhoben, der sich angeschickt hatte, Europa zu unterjochen. Dass die öffentliche Meinung in England dies damals glaubte und es selbst heute noch in weiten Teilen glaubt, ändert nichts an den Tatsachen: Die Frage der Wirtschaft und des Handels war für England der ausschlaggebende Punkt für seine Kriegsbeteiligung. Die Schließung der Häfen für britische Händler und der Protektionismus, der durch die Kontinentalsperre seinen Höhepunkt erreicht hatte, gefährdeten die britische Wirtschaft.[26] Somit waren die kolossalen Summen, die England in die antifranzösische Koalition steckte, nichts anderes als eine Investition in die Zukunft – natürlich nur unter der Voraussetzung, dass der Krieg gewonnen und keine andere Macht die Vorherrschaft übernehmen würde, sonst würde alles wieder von vorne beginnen.

Damit die territorialen Streitigkeiten nicht dazu führten, dass eine neue Macht die napoleonische Hegemonie nur ersetzte, beschloss die Regierung Liverpool, sich in die kontinentalen Angelegenheiten mit einer gewichtigen Stimme einzumischen. Sie entsandte einen hochrangigen Diplomaten nach Wien, ihren Außenminister Robert Stewart, Viscount Castlereagh.

Nur einige Wochen älter als Napoleon, saß der in Irland geborene Engländer mit schottischen Wurzeln bereits mit einundzwanzig Jahren im Parlament. Der Absolvent des St. John's

College in Cambridge, »ein mustergültiges Exemplar reinsten britischen Blutes«,[27] war seit 1797 Abgeordneter in mehreren Kabinetten gewesen, zunächst Schatzmeister unter Pitt, dann Kriegs- und Kolonialminister und schließlich Außenminister im Kabinett Perceval und Liverpool. Während einer kurzen Phase, in der er sich aus der Politik zurückzog, da Georg III. sein Vorhaben der Emanzipation der irischen Katholiken ablehnte, war Castlereagh Präsident des Kontrollrats der Ostindienkompanie.

»Er war ein Geschäftsmann mit Geist und Fähigkeiten, ja sogar Talent, dem aber jede echte Vornehmheit fehlte«, schrieb Adèle d'Osmond, Gräfin von Boigne, über ihn. Zwar kenne er »die Menschen und Dinge in seinem Land« bestens, wisse jedoch »nichts über die Interessen und Beziehungen der kontinentalen Mächte«.[28] Das Urteil mag nicht ganz falsch sein, in einem Punkt aber ist es doch übertrieben: Unter den englischen Oligarchen war Castlereagh dank einiger Reisen innerhalb Europas und Auseinandersetzungen mit dessen Politikern zumindest derjenige, der den Kontinent am besten – wenn vielleicht auch nicht sonderlich gut – kannte. Mit seiner Nominierung zum Außenminister im März 1812 hatte er sich zudem angeschickt, sein Büro zu reformieren, und es angewiesen, sich tiefergehend in die Einzelheiten der kontinentalen Geopolitik einzuarbeiten. Was ihn jedoch nicht hinderte, stets »britisch« zu bleiben, will heißen: pragmatisch und egoistisch, wie Henry Kissinger zu Recht urteilt: »Es ist leichter, die Ziele der englischen Politik ex negativo zu definieren und zu formulieren, wogegen sie sich wendet, als zu sagen, wofür sie steht.«[29]

Ende 1813 hatte sich Castlereagh persönlich ins Hauptquartier der Alliierten begeben. Er wollte verhindern, dass der Zar, der österreichische Kaiser und der preußische König eine Neugestaltung Europas beschlossen, ohne die Interessen jenes Landes zu berücksichtigen, das ihnen seit nunmehr zwanzig Jahren ihre Kriege finanzierte, bisweilen über jedes vernünftige Maß hinaus: Allein für den Feldzug 1813/14 waren 10 Millionen Pfund geflos-

Der britische »Uneigennutz«

sen bzw. sollten noch fließen.[30] Die »Frankfurter Erklärung« vom 1. Dezember 1813 hatte den Verdacht der Undankbarkeit in ihm aufkeimen lassen, da die drei großen Kontinentalmächte den freien Zugang zu den Meeren in ihre Kriegsziele aufgenommen hatten. Bereits im Juli hatte Castlereagh seinen Gesandten beim Führungsstab der Verbündeten, William Shaw Cathcart, vor den Gefahren einer derartigen Vereinbarung gewarnt: »Ich kann nicht umhin, Ihnen noch einmal ins Gedächtnis zu rufen, wie wichtig es ist, Zar Alexander auf die Notwendigkeit hinzuweisen, in den allgemeinen Verhandlungen energisch jedwede maritime Fragen auszuklammern, sowohl in seinem als auch in unserem Interesse. Sollte er dies nicht tun, wird er Gefahr laufen, Unfrieden zwischen jenen Mächten zu stiften, deren Einigkeit bislang für Europas Sicherheit gesorgt hat.«[31]

Da seine Verbündeten die Mahnung missachteten, ging Castlereagh gleich zu Beginn seiner Reise in die Offensive. Er wies nachdrücklich darauf hin, seine Regierung halte Wilhelm von Oranien für den geeignetsten Souverän eines vom französischen Einflussbereich gelösten Holland, und bekräftigte seine Absicht, dessen Staatsgebiet durch einen Großteil Belgiens zu erweitern, einschließlich der Hafenstadt Antwerpen, die nicht länger »eine geladene Pistole auf der Brust Englands« sein sollte – ein Ausspruch Napoleons, der zum geflügelten Wort geworden war. In der Vereinbarung von Langres vom 29. Januar 1814 setzte Castlereagh einen Plan durch, der Frankreich in seine alten Grenzen verwies und die Unabhängigkeit der Schweiz, die Bildung eines Deutschen Bundes sowie die Rückkehr der Bourbonen nach Madrid vorsah. Zudem wurde auf sein Drängen die Frage des freien Zugangs zu den Meeren auf einen allgemeinen Kongress nach dem erhofften Sieg vertagt.

Da die Frankfurter Erklärung England missfiel, wurde sie für null und nichtig erklärt, was sich Anfang März 1814 auch im Traktat von Chaumont – vor allem in den darin *nicht* genannten Streitpunkten – niederschlug: »Diese Vereinbarung war ein bemerkenswerter Erfolg Castlereaghs, der fortan zurecht von ›meinem Vertrag‹ sprechen durfte. Sie hatte die unmittelbare Auswirkung, dass das Augenmerk der Verbündeten auf ihr Hauptziel gelenkt wurde: die Abdankung Napoleons«,[32] tönt ein britischer Historiker. In der Tat legte man nun absolute Priorität auf den Fortgang des Krieges und dessen siegreiches Ende, während alle heikleren Fragen erst besprochen werden sollten, »wenn ein auf die Dauer gesicherter Friede abgeschlossen worden« sei, wie es in Artikel V des Traktats von Chaumont hieß.

Mit der Niederlage Frankreichs und dem Ersten Pariser Frieden neigte sich die Waagschale noch stärker zugunsten Englands. Frankreich wurde weit jenseits der Schelde und Antwerpens zurückgedrängt. Das Haus Oranien übernahm die Macht in den Niederlanden und sicherte sich ein Anrecht auf Belgien. Italien wurde von jeder napoleonischen Besetzung befreit, nur mit Ausnahme des Königreichs Neapel, wo Murat durch einen spektakulären Seitenwechsel seinen Thron gerettet hatte. Spanien wurde wieder die alte Dynastie, und London und Madrid unterzeichneten eine Vereinbarung, in der das Familienbündnis der Bourbonen aufgekündigt wurde.[33] Zudem erklärte England seine Absicht, Portugal dem Haus Braganza zurückgeben zu wollen. Das Land wurde übergangsweise vom britischen Gesandten William Carr Beresford verwaltet, da der portugiesische Regent – der künftige Johann VI. – noch in Brasilien weilte.[34] Nicht zuletzt nutzte England die erdrückende Überlegenheit der Royal Navy, um seine Kontrolle über die Handelsrouten zu stärken: Es besetzte Malta, die Ionischen Inseln, Mauritius, Helgoland und das Kap der Guten Hoffnung. Guadeloupe wurde Schweden zugesprochen, das es jedoch schon bald wieder an Frankreich zurückgab.

Zufrieden mit dieser ersten Neuordnung, die ihm die Kontrolle über den Seeweg nach Indien, den Zugang zur Ostsee sowie die atlantischen Verkehrswege sicherte und seine Präsenz im Mittelmeer bestätigte, konnte London nunmehr die Rolle des Schiedsrichters einnehmen, der keinerlei Ansprüche zu stellen vorgab – während es in Wahrheit bereits alle Punkte durchgesetzt hatte, die für England von Interesse waren.

Trotz ihrer persönlichen Antipathie hatten Castlereagh und Metternich zudem eine anglo-österreichische Allianz begründet, um den russischen Ambitionen Einhalt zu gebieten. Zum Zeichen seines guten Willens und um selbst freie Hand in Italien zu haben, unterstützte der Österreicher ohne Zögern das Vorhaben, ein unabhängiges und erweitertes Königreich der Niederlande zu schaffen, sowie die Aneignung der Inseln und Seewege durch England. Im Gegenzug war es ihm ohne Mühe gelungen, seinen Verhandlungspartner von der Idee eines deutschen Bündnisses zu überzeugen, das aus souveränen Einzelstaaten bestehen sollte, welche aber zugleich über gemeinsame Werkzeuge verfügten, die flexibel eingesetzt werden konnten. Castlereagh, der die Landkarte zu lesen imstande war und die indirekte Einbeziehung seines Landes in die kontinentalen Angelegenheiten nicht länger als nötig dulden wollte, anerkannte Österreichs Alleinstellung als Masse, die »politisch und institutionell neutral war und sowohl den französischen als auch den russischen Hegemonialansprüchen ein Hindernis entgegenstellen konnte«.[35] Es war die einzige Macht, die die zukünftigen Vereinbarungen zu Deutschland, Polen, Italien und indirekt gegenüber dem Osmanischen Reich garantieren konnte.

Nun wäre es aber übertrieben zu behaupten, der österreichische Kanzler habe eine klare Vorstellung davon gehabt, auf welchem Weg diese Ziele zu erreichen wären. Zwar betonte er immer wieder die Gefahr, die von Russland ausging, und er würde sich gewiss nicht erneut in die österreichische Vormachtstellung in Norditalien dreinreden lassen; hingegen wusste Metternich noch nicht so recht, welche Haltung gegenüber Preußen einzunehmen sei. Natürlich durfte es nicht die Vorherrschaft in Deutschland erhalten, den Gedanken an eine Kooperation verwarf Metternich aber nicht im Vorhinein. Zudem verstand er Friedrich Wilhelms Interesse an Sachsen. So erklärte Franz I. im

August 1814, sein Kabinett werde keinen Krieg anzetteln, nur um den Erhalt Sachsens zu erreichen.[36] Was seinen Minister jedoch nicht davon abhielt, sich mit den Gesandten des Königs Friedrich August von Sachsen zu treffen und ihnen Hoffnungen auf das Gegenteil zu machen. Wir werden im Weiteren noch einige Male sehen, wie Metternich seine diplomatischen Schritte tat, ohne dass dabei stets klar ist, was seiner Wandlungsfähigkeit und Geschmeidigkeit und was seinem Wankelmut geschuldet war.

Die Rolle Frankreichs

AUCH ÜBER DIE ROLLE FRANKREICHS in einem neuen Europäischen Konzert sollte auf dem Wiener Kongress befunden werden. Nach der Abdankung Napoleons und in seine alten Grenzen verwiesen, verfügte es noch immer über große Macht, die der Erste Pariser Frieden nur gemäßigt hatte. Die Koalitionäre hatten Frankreich nicht gänzlich auslöschen wollen, verzichteten aber umgekehrt auch nicht darauf, ihre Vorsichtsmaßnahmen zu treffen, falls sich dessen Ambitionen wieder entzünden sollten. Frankreich sollte in angemessenen Grenzen fortbestehen, mit einer friedliebenden Regierung und wachsamen Nachbarn. Die vier großen Sieger suchten dazu die Zustimmung Ludwigs XVIII., der, wie sie zu Recht glaubten, guten Willens war.

Was die Modalitäten dieser neuen Zusammenarbeit anging, waren sich die Protagonisten jedoch uneinig. Während der Zar und der preußische König nach traditionellen Mitteln griffen und nach dynastischen Lösungen suchten,[37] strebten Liverpool und Castlereagh eine politische Verständigung an – mit dem Hintergedanken einer Stärkung des anglo-österreichischen Blocks gegenüber der Allianz zwischen Russland und Preußen. Der französische König und Talleyrand wiederum sahen sich durch den Pariser Frieden bestätigt, in dem Frankreich seine Schuld gegen Europa getilgt habe, und zielten aufrichtig auf eine neue Politik

Die Rolle Frankreichs

ab, wie Vergennes sie bereits Ludwig XVI. erörtert hatte: »Frankreich, das stark ist dank des zusammenhängenden Gebiets all seiner Provinzen, dank des Reichtums seines Bodens und dank seiner Bevölkerung; das umgeben ist von Festungen, die seine Grenzen sichern, und von Nachbarn, die jeder für sich es anzugreifen nicht imstande wären; dieses Frankreich braucht keine Gebietserweiterungen und keine Eroberungen. Sein Blick und sein Einfluss sollten allein darauf gerichtet sein, die öffentliche Ordnung zu erhalten und zu verhindern, dass das Gleichgewicht, das die verschiedenen Mächte Europas bilden, gestört wird.«[38]

Ebendies teilten sie Metternich mit, als dieser auf seiner Heimreise aus London im Juli 1814 in Paris Station machte. Daran hatte der Kanzler nichts auszusetzen. Der schwedische Diplomat Hegardt sah die Angelegenheit ganz richtig: »Ich denke, dass er [Metternich] den Auftrag hat, intimere Bande zwischen Frankreich und Österreich zu knüpfen, um ein Gegengewicht gegen die Verbindung zwischen Russland und Preußen herzustellen.«[39] Im anderen Lager sprach Stein dem Zaren mahnende Worte: Frankreich sei »mit Napoleons Niedergang nicht am Boden« und würde »im Gegenteil wieder an Einfluss gewinnen« können, nicht zuletzt in der deutschen Frage.[40]

In der Tat zeichnete sich eine Übereinkunft innerhalb des Dreiergespanns London-Wien-Paris bezüglich der Notwendigkeit ab, dem »asiatischen Materialismus«[41] des Zaren in Polen Einhalt zu gebieten, und womöglich auch den Ansprüchen des preußischen Königs in Sachsen. Doch obwohl Talleyrand einem Deutschland unter österreichischer Schirmherrschaft zustimmte, ging ihm die Idee eines »österreichischen« Italien zu weit. Er bemängelte offen, dass Murat in Neapel noch immer auf dem Thron saß. Darüber müsse so bald als möglich verhandelt werden.

Metternich konnte also zuversichtlich nach Wien zurückkehren: Frankreich würde, wenn das große Schachern begann, an seiner Seite sein. Dennoch unterschätzte er den Sinneswandel, den die französische Politik durchgemacht hatte. Sie war inzwischen weit entfernt von den Usancen der vergangenen fünfundzwanzig Jahre. Ludwig XVIII. und Talleyrand suchten ihr Heil in der Nähe zu England, das ihnen der wichtigste Verbündete und der beste Garant für das künftige Gleichgewicht war. Österreich spielte für sie nurmehr eine untergeordnete Rolle. Als Castlereagh auf dem Weg nach Wien, einen Monat nach Metternich, am 27. August 1814 in Paris haltmachte, zeigte er sich höchst erfreut über den Gleichklang der Meinungen, der sich in einem zweistündigen Gespräch mit dem König und einer fünfstündigen Unterredung mit dem Außenminister abzeichnete.[42]

So konnte er Frankreichs Unterstützung gewiss sein, was die Angliederung Belgiens an das künftige Königreich der Niederlande betraf, erlangte das Versprechen einer Wiederaufnahme der Handelsbeziehungen zwischen Frankreich und Großbritannien nach zwanzig Jahren gegenseitiger Handelssperren und konnte sich der friedlichen Absichten der neuen französischen Regierung versichern. Seinerseits beruhigte er seine Gesprächspartner, was die Vorkonferenzen der großen Vier (England, Österreich, Russland und Preußen) vor der Eröffnung des Kongresses betraf. Er versprach, sich dort für Frankreichs Interessen einzusetzen. Die wenigen Punkte, in denen Uneinigkeit herrschte – etwa das Schicksal Murats oder die von England geforderte Abschaffung des Sklavenhandels –, würden das grundsätzlich gute Einvernehmen nicht ins Wanken bringen, da war man sich einig. Der britische Minister hielt es nicht für zweckmäßig, noch einmal zu betonen, dass dieses Entgegenkommen auf dem Weg zu einer Allianz in ein größeres Programm einzubinden sei. Dessen zentraler Punkt war natürlich, Frankreich unter Aufsicht zu stellen für den Fall, dass seine alten Dämonen wiederauflebten. Ludwig XVIII. und sein Minister wussten das. Castlereagh wusste, dass sie es wussten. Und er hielt es für nicht förderlich, ja für unhöflich, daran zu erinnern. Mit Frankreich als Trumpf im Ärmel reiste Castlereagh also nach Wien zu den Vorkonferenzen der großen Vier, die das Vorspiel zum allgemeinen Kongress darstellen sollten.

III.

Ein Treffen unter Europäern

SEIT DER GROSSEN, KEIN ENDE nehmen wollenden Versammlung zum Westfälischen Frieden hatte in der Verfahrensweise bei derart umfassenden Verhandlungen eine gewisse Professionalisierung eingesetzt.¹ Es hatte sich eine ganze Bürokratie aus Juristen herausgebildet, die auf das Völkerrecht spezialisiert waren und das diplomatische Vorgehen immer mehr in eine »Kunst der Verhandlung« verwandelten, es ebenso aber zu einer Art »Ingenieursarbeit« machten.² Die Theologen, die seit dem Mittelalter zur obersten Gesellschaftsschicht gehörten, waren mittlerweile vollständig aus der diplomatischen Landschaft verschwunden.

Während des 17. und 18. Jahrhunderts hatten geopolitische Konzepte, Ideen und Faktoren jene Bedeutung, die der Wille eines einzelnen Monarchen besaß, beständig verringert. Gleichzeitig war dieser noch immer maßgeblich, da die Repräsentanten der Souveräne an deren Weisungen gebunden waren und sich auch ehrenvoll daran hielten. Diese Tendenz hatte sich durch das Aufkommen eines Nationalgedankens noch verstärkt, zumindest so lange, bis das von der Revolution verkündete »Völkerrecht« die bestehende Ordnung über den Haufen warf. Nun waren es höhere, gar universelle Werte, die die Diplomaten von den Launen des Hofes zu befreien halfen.

In dieser Linie standen – jeder auf seine Art und nach seiner Kultur – der Franzose Talleyrand, der Österreicher Metternich und der Engländer Castlereagh, aber auch der Preuße Hardenberg und selbst der Russe Nesselrode. Zwar respektierten sie nach wie vor die Weisungen ihrer Souveräne, doch ermöglichte ihnen nunmehr ihr politisches Gewicht einen Dialog mit ihren Herren, in dem sie mit ein wenig Geschick das letzte Wort haben konnten, ohne sich Illoyalität vorwerfen lassen zu müssen. In Wien sollten jedoch diese Distanz und Eigenständigkeit, die die neue Ordnung ihnen gestattete, durch die Anwesenheit der wichtigsten Souveräne getrübt werden. Dies erschwerte den Ablauf des Kongresses erheblich – zumindest bis zu der Meldung von Napoleons Landung in Golfe-Juan. Jetzt verwandelte sich der Nachteil, dass die vollständig versammelten Monarchen in jede Diskussion eingriffen, in einen Vorteil: In nur wenigen Stunden konnte ein Beschluss, der den Rückkehrer zu einem »Rechtlosen« erklärte, verabschiedet und eine Koalition gebildet werden, die Napoleon daran hindern sollte, den »Weltfrieden« zu stören.

Was die Form betraf, fand die Kunst der Verhandlung nun vor allem auf dem Papier statt. Hatte bei der Erörterung der Neugestaltung Deutschlands im Zuge des Westfälischen Friedens in Osnabrück noch das gesprochene Wort Vorrang gehabt, waren die eigentlichen Friedensverhandlungen in Münster formaler abgelaufen. Dort wurde nur wenig diskutiert, sondern vor allem über Noten verhandelt, die die Delegationen einander in großer Zahl schickten. Diese Tendenz nahm bei einigen der folgenden Friedenskongresse, etwa in Nimwegen, Rijswijk, Utrecht oder Rastatt, noch zu: Die Schrift wurde dort zum wichtigsten Kommunikationsmedium zwischen den Bevollmächtigten. Gleichzeitig nahmen multilaterale Verhandlungen ab. So endeten Utrecht und Rastatt mit der Unterzeichnung eines ganzen Straußes an bilateralen Verträgen, während man in Osnabrück und in Münster noch einen einzigen Text erarbeitet hatte, an den alle Parteien gebunden waren.

Nicht zuletzt hatte sich im 18. Jahrhundert das Verhandlungsfeld erweitert. Es war nicht mehr nur von Gebieten und Eroberungen die Rede, sondern es wurden auch Fragen aufgeworfen nach Vortritt, dynastischer Legitimität – etwa nach dem Spanischen Erbfolgekrieg – oder Handelsbeziehungen.

Ein Diplomat und Historiker, der über die Entwicklung derartiger Praktiken und Prinzipien gut im Bilde war, beschrieb den gerade eröffneten Kongress so: dass »diese Art von Versammlung ein freier Verein von Bevollmächtigten ist, welche durch Noten oder in Versammlungen verhandeln, manchmal gemeinschaftlich, öfters aber abgesondert; dass ein Congreß keine obere Gerichtsbehörde ist, die über das Loos der andern Staaten entscheidet, sondern eine Art politischer Rathsversammlung, in welcher sich die regierenden Mächte beschäftigen, durch ihren Einfluß Ausgleichungen zu bewirken, oder, vermöge ihrer Herrschgewalt, bei Maaßregeln, welche die allgemeine Ordnung nahe angehen, einzuschreiten.«[3]

Dreihundert Delegationen

AM 18. JULI 1814 kehrte Metternich von seiner Londonreise nach Wien zurück. Wie seinem Herrn einen Monat zuvor wurde auch ihm ein feierlicher Empfang mit einem Parademarsch und einer Gesellschaft in der Hofburg bereitet. Am Abend wurde im Burgtheater ein Konzert gegeben, bei dem die Ouvertüre zu Beethovens *Prometheus* und eine eigens zu diesem Anlass komponierte Kantate von Johann Emanuel Weith auf dem Programm standen. Schon am nächsten Tag machte sich der Kanzler an die Arbeit, auf dass Wien Europa ein guter Gastgeber wäre. Das diplomatische Korps wurde am 19. Juli empfangen. Jeder Gesandte und jeder Geschäftsträger genoss eine persönliche Unterredung. Polizeiberichten zufolge herrschten großer Optimismus und die Zuversicht, dass alle Schwierigkeiten bereits in Paris und London aus dem Weg geräumt worden waren.

Metternich wollte höchstpersönlich »der Minister der österreichischen Gastfreundschaft«[4] und oberster Moderator eines Kongresses sein, dessen Vorsitz selbstverständlich ihm gebührte. Er nahm Quartier auf dem Lande, in Baden, zwanzig Kilometer südlich von Wien, wo er die Gesandten und Bevollmächtigten der Souveräne, seine Minister und engsten Mitarbeiter empfing. Einmal die Woche fuhr er in die Kanzlei, um Fragen zum Empfang der Delegationen und den laufenden Geschäften des Kaiserreichs zu klären. Dank seines Ansehens und des Vertrauens, das Franz I. ihm schenkte, gelang es ihm zudem, seine Gegner im Inneren auszuschalten. Für Mitte August stand eine Regierungsumbildung an. Der direkte Rivale des Kanzlers, Johann Philipp von Stadion, wurde ins Amt des Finanzministers genötigt: Damit war dessen weiteren Ambitionen zunächst ein Riegel vorgeschoben, und Stadion wurde die schwere Bürde auferlegt, eine durch den Niedergang der öffentlichen Finanzen unumgänglich gewordene Steuererhöhung umzusetzen.[5]

Unvorsichtigerweise war in den Ersten Pariser Frieden die Klausel aufgenommen worden, dass »alle Mächte, die an diesem Krieg teilgenommen haben«, zum Kongress einzuladen seien. Andererseits: Wäre wirklich eine andere Lösung denkbar gewesen? In jedem Falle würden sich nun an die dreihundert Delegationen auf den Weg nach Wien machen. Etwa einhundert davon würden politisch unabhängige Staaten oder Gebiete vertreten: die acht Unterzeichner des Pariser Friedensvertrags (Frankreich, Großbritannien, Österreich, Portugal, Preußen, Russland, Schweden und Spanien), dreiunddreißig deutsche Staaten oder freie Städte, zwölf nichtdeutsche souveräne Staaten sowie an die fünfzig mediatisierte Standesherren, die aus den verschiedenen Neuordnungen Deutschlands hervorgegangen waren. Insgesamt waren das zwar weniger Delegationen als beim Westfälischen Frieden, wo man einhundertvierundneunzig Delegationen von »Staatshoheiten« gezählt hatte,[6] doch war die Landkarte Europas seitdem um einiges übersichtlicher geworden, vor allem in Deutschland und Italien.

Eine weitere Schwierigkeit ergab sich für Metternich: Während an den Arbeitssitzungen einige Berufsdiplomaten teilnehmen sollten, die alleinige Verfügungsmacht besaßen, hatten sich auf der anderen Seite zahlreiche Souveräne kleinerer und größerer Staaten angekündigt, die zumindest zum Teil eine aktive Rolle zu spielen gedachten. Der Kanzler meinte zunächst, dies könne die Verhandlungen beschleunigen.[7] Doch wie wir noch sehen werden, musste er sich von dieser Hoffnung bald verabschieden.

In ihrer Größe unterschieden sich die einzelnen Delegationen deutlich. Mit 53 Personen wies Russland die größte Delegation auf, gefolgt von Preußen (46), Bayern (33), England (25), Württemberg (22),[8] Dänemark (17)[9] und Frankreich (15).[10] Zu den etwa fünfhundert akkreditierten Diplomaten müssen noch die Sekretäre hinzugezählt werden, außerdem zahlreiche Bediente und diverse Begleiter ohne genauer bestimmtes Mandat sowie Polizisten, die für den Personen- und Geheimschutz verantwortlich waren. (Der Repräsentant des Heiligen Stuhls, Kardinal Consalvi, und der Nuntius in Wien, Antonio Gabriele Severoli, nutzten während ihres Aufenthalts die Dienste des Generals der päpstlichen Armee, Andrea Ferrari, und zweier seiner Männer; auf diese Weise gelangten sie an zahlreiche vertrauliche Informationen und konnten sogar einen Sekretär der Staatskanzlei bestechen, der wertvolle Informationen über Metternichs geistige Verfassung und Vorhaben herausgab.)[11]

Einige kleinere Länder hatten nicht mit Bevollmächtigten gegeizt, was nicht immer ihrem realen politischen Gewicht entsprach. So hatte Sachsen-Weimar siebzehn Mann nach Wien entsandt, Oldenburg acht, Hessen-Kassel acht, Sachsen-Coburg sieben und Hessen-Darmstadt sechs.[12] Die anderen deutschen Fürstentümer beschränkten ihre Präsenz auf zwei bis drei Diplomaten oder entsandten gar einen gemeinsamen Repräsentanten. Beispielsweise war Franz von Gaertner allein als »enger Berater« von dreißig »Mediatisierten« akkreditiert, darunter elf Fürsten, ein Herzog, vierzehn Grafen, ein Baron und eine Äbtissin.

Der Repräsentant des Königs von Sachsen, der Gesandte Friedrich Albrecht Graf von der Schulenburg, war zwar zugegen, wurde aber von den vier Großmächten, die sich über die Zukunft des sächsischen Königreichs stritten, nicht anerkannt. Für Italien reisten eine Delegation der ehemaligen, 1805 von Frankreich annektierten Republik Genua unter Marquis de Brignole Sale, Repräsentanten der anderen von Napoleon besetzten Gebiete (Toskana, Massa und Modena), König Viktor Emanuel von Sardinien, der die ehemaligen französischen Départements jenseits der Alpen zurückhaben und Kontrolle über Genua erlangen wollte, sowie zwei neapolitanische Delegationen an: zum einen der Herzog von Campochiaro und Fürst Cariati, die Murats Rechte vertraten, zum anderen der sizilianische Kommandant Ruffo und der Herzog von Serra-Capriola, die als Repräsentanten Ferdinands von Bourbon-Sizilien nach Wien kamen.[13]

Am Rande der offiziellen Verhandlungen versuchten sich Hunderte von Interessenvertretern in die Debatten einzumischen: ein Emissär der französischen Feldwebel, der die Rückgabe von Dotationen aushandeln sollte, die Napoleon den eroberten Gebieten gegeben hatte (Bresson de Valensole),[14] ein Gesandter der ehemaligen Großherzogin der Toskana, Elisa Bonaparte (Aldini), Repräsentanten des Johanniterordens, der nach Malta zurückkehren wollte, Frankfurter, Hamburger und Lübecker Juden, die die von Napoleon etablierten Bürgerrechte behalten wollten, Frankfurter Katholiken, die eine deutsche katholische Kirche nach gallikanischem Vorbild gründen wollten, Gesandte der Amtsträger des ehemaligen Großherzogtums Frankfurt, die Angst hatten, ihre Anstellung zu verlieren, ein Vertrauensmann des Hauses La Tour d'Auvergne, welches das Herzogtum Bouillon zurückzuerlangen hoffte, Gesandte der Mainzer Handelskammer und des Deutschritterordens, der 1809 aufgelöst worden war, Gläubiger des Königreichs Westfalen, der Fürst Alexander Ypsilantis, der für die Unabhängigkeit Griechenlands kämpfte, der Buchhändler Cotta, der für die Unabhängigkeit der Verlage stritt, der ehemalige Vizekönig von Italien, Eugène de Beauharnais, dem im Pariser Frieden »eine angemessene Einrichtung außerhalb Frankreichs« versprochen worden war, und dergleichen mehr. Hinzu kamen die üblichen Abenteurer und Abenteurerinnen, die auch hier ihr Glück versuchten, Spitzel nicht zuletzt aus dem Umfeld Napoleons, die es nach Informationen gelüstete, Bankleute, die gute Geschäfte witterten, und Juristen, die ihre Dienste anboten.

Schätzungen zufolge weilten zwischen dem Sommer 1814 und Frühlingsende 1815 zum einen oder anderen Zeitpunkt bis zu einhunderttausend Fremde in Wien, von denen zwanzigtausend direkt oder indirekt mit dem Kongress zu tun hatten. Dieser war zumindest insofern etwas überstürzt einberufen worden, als noch nicht definitiv über das Schicksal der seit 1792 entstandenen, geänderten oder abgeschafften Gebietshoheiten beschieden worden war. So fühlte sich jedermann eingeladen, seine Stimme zu erheben und seine Interessen in die Neugestaltung Europas einzubringen.

Glänzende Abwesenheit: die Hohe Pforte

OBWOHL VIELE VERHANDLUNGSPUNKTE das Osmanische Reich direkt betrafen, war dieses auf dem Kongress der große Abwesende, nur repräsentiert von seinem Geschäftsträger Mavrojeni.[15] Der ursprünglich aus Griechenland stammende Diplomat focht zwar eisern für die Unabhängigkeit seines eigenen Landes, diente aber dem Sultan ehrerbietig und mit uneingeschränkter Loyalität. In der österreichischen Hauptstadt kannte er sich gut aus, da er zwischen 1792 und 1800 als Privatmann und seit März 1812 als Repräsentant Mahmud II. in Wien gewohnt hatte.[16] Kurioserweise erhielt er von seiner Regierung, die die Westmächte von ihren Angelegenheiten möglichst fernhalten wollte, keinerlei konkrete Weisungen. Castlereagh bedauerte dies in seiner Korrespondenz mit Robert Liston, dem englischen Gesandten in Konstantinopel, ausdrücklich.[17] Doch Liston konnte seine türkischen Ansprechpartner nicht davon überzeugen, einen offiziellen Repräsentanten zu entsenden, so dass der Sultan von Neuigkeiten aus Wien nicht selten über die englischen diplomatischen Kanäle erfuhr.

III. Ein Treffen unter Europäern

Wenngleich das Osmanische Reich auf dem Papier nach wie vor mächtig schien, sah dies im realen Kräfteverhältnis ganz anders aus. Noch stemmte es sich verzweifelt gegen die zentrifugalen Kräfte, die das Reich an den Rändern schwächten. Begonnen hatte der Zerfall der Grenzen mit den Machenschaften von Tepedelenli Ali Pascha, dem Pascha von Janina, in Epirus, von Muhammad Ali Pascha in Ägypten und Arabien, den Aufständen der Christen vor allem 1814 in Serbien, der Idee eines unabhängigen Griechenland, die innerhalb der russischen Delegation von Ioannis Kapodistrias unterstützt wurde, dem Einzug der Russen in Bessarabien, der beständigen Bedrohung durch Russland auf dem Balkan, ganz zu schweigen vom Vorhaben Katharinas II., aus Konstantinopel ein »neues Rom« zu machen, ein Vorhaben, das ihr Enkelsohn zu vollenden gedachte.

Mavrojeni, der sich der bedrohlichen Lage des Osmanischen Reiches bewusst war, stattete den großen Delegationen während des Kongresses zahlreiche Besuche ab. Er erhielt bereitwillig Auskunft. Mittels umfangreicher Korrespondenzen mit seinen Freunden in den wichtigsten europäischen Hauptstädten konnte Mavrojeni zusätzliche Informationen einholen. Englands Repräsentanten wusste er bereits hinter sich, da ihrer Meinung nach »die Türkei, wie barbarisch sie auch sein mochte, im System Europas ein notwendiges Element darstellte« (Castlereagh).

Vor allem sollte sie dem Vormarsch Russlands nach Süden Einhalt gebieten: »In der Orient-Frage«, schreibt ein Historiker, »lässt sich dieses Aufeinanderprallen von Kräften, die Europa zerreißen, als eine Art Spiel ansehen, in dem es wie beim Schach starke Figuren, aber auch Bauern gibt und in dem jeder Spieler seine eigene Strategie verfolgt, um den Gegner einzuschnüren. Die weißen Damen greifen den schwarzen, von Bauern umgebenen König an, oder im Gegenteil sie beschützen ihn. Die einen wollen diesen schwarzen König aus dem Spiel werfen, die anderen wollen ihn unbedingt in der Partie halten [...]. Die weißen Königinnen sind die Großmächte, allen voran England und Russland. England ist der selbsternannte Spielführer: Es beschützt den schwarzen König. Russland sucht beständig nach Bauern: Über kurz oder lang will es den König stürzen. Und der schwarze König ist das Osmanische Reich.«[18]

Während der ersten Phase des Kongresses konnte Mavrojeni zunächst mit einiger Beruhigung zusehen, wie die Unterhändler über die Frage Polens und Sachsens stritten: Russen und Preußen auf der einen, Franzosen, Engländer und Österreicher auf der anderen Seite. Darüber vergaßen sie erst einmal die territorialen Debatten und nationalen Bewegungen im Süden. Der türkische Gesandte versuchte sich sogar in die Angelegenheit einzumischen, indem er Alexanders Ansichten zu Polen unterstützte, um dessen Machthunger von Balkan und Orient abzulenken.[19] Doch blieb die Orient-Frage ohnehin eine Marginalie. Den Österreichern war sie herzlich egal; Metternich komplimentierte gar einen Gesandten der serbischen Unabhängigkeitsbewegung hinaus. Die Engländer wiederum wollten die Frage nicht in offenen Gesprächen verhandeln. In den Beschlüssen des Kongresses sollte das Osmanische Reich am Ende kaum Erwähnung finden, und auf Druck Londons unterzeichnete der Sultan die Schlussakte, ohne diese gutzuheißen. Der Friede von Bukarest (1812), der einen der unzähligen Kriege mit Russland beendet hatte,[20] wurde bestätigt: Moldawien und die Walachei kehrten in den Einflussbereich Konstantinopels zurück, während Bessarabien unter russischer Herrschaft blieb.[21] Die anderen Grenzen des Balkans wurden ebenfalls nicht angetastet, nur die Nachbarn des Osmanischen Reichs änderten sich: Österreich nahm in den ehemaligen Illyrischen Provinzen Frankreichs Platz ein, und die Ionischen Inseln wurden wieder eine formal unabhängige Republik, die jedoch unter den alleinigen Schutz Englands gestellt wurde, da der Zar erklärt hatte, er werde in diesem Punkt »keinerlei Ansprüche« Österreichs dulden.[22]

Die Vereinbarungen wurden trotz Mavrojenis Aktionismus ohne größere Mühen erzielt. Seit der Abkühlung der französischosmanischen Beziehungen 1808 hatte sich England zum Beschützer der Hohen Pforte in Europa erhoben und dieser die Aufsicht der Meerengen übertragen, was seinem eigenen Handel spürbar zugutekam.[23] Deshalb bemühte sich Castlereagh auch, jegliche Diskussion von diesem britischen Einflussgebiet abzulenken, was er Liston bereits im Februar 1815 mitteilte: »Ich hatte die Ehre, mit dem Zaren von Russland ein Gespräch unter vier Augen führen zu dürfen, in dem dieser mir zu meiner vollsten Zufriedenheit beteuerte, er werde gemeinsam mit den anderen Mächten, das Osmanische Reich eingeschlossen, die Erarbeitung all jener allgemeinen Garantien erstreben, zu der dieser Kongress Anlass gibt.«[24]

Da der Zar in der Frage der Nationalitäten kein Öl ins Feuer gießen wollte, deckelte er vorläufig seinen Expansionsdrang in Richtung Moldawien und der Walachei, was ihm den Zugriff auf Serbien und den Zugang zum Mittelmeer ermöglichen würde. In gewisser Weise ließ ihn der Aufstand der Serben von 1814 sogar gleichgültig. So zog er es vor, sich nützlich zu machen, indem er Ende 1815 die Beendigung der Massaker, die Einsetzung eines Paschas in Belgrad und die friedliche Heimkehr des Rebellenanführers Milosch Obrénowitsch erwirkte.

Dieser Ausgang gefiel dem türkischen Geschäftsträger, der den Krieg mit Russland zwar auf lange Sicht für unvermeidbar hielt, ihn aber zumindest in weiter Ferne sah, weil er »Blut kosten dürfte, weil die Türken von den Engländern und Franzosen Unterstützung finden würden.«[25] Doch die Auflösung des Osmanischen Reichs in seiner damaligen Form stand erst am Anfang, und der Druck der Aufstände seiner christlichen Bevölkerung in Europa und der russischen Manöver wuchs und wuchs.

Die Ankunft der Souveräne

DIE ERÖFFNUNG DES KONGRESSES, die man im Ersten Pariser Frieden auf Ende Juli terminiert hatte, war in London auf Mitte August und nun sogar auf Mitte Oktober verlegt worden. Als die Souveräne schließlich vor Ort waren, einigten sie sich auf eine weitere Verschiebung auf den 1. November. Dennoch begannen mehrere Kommissionen mit ihrer Arbeit, sowie die wichtigsten Diplomaten in Wien eingetroffen waren: Kardinal Consalvi kam am 2. September, Castlereagh am 13., Hardenberg und der spanische Repräsentant Labrador am 17., Talleyrand am 23. – einen Tag nachdem Friedrich VI. von Dänemark und Friedrich I. von Württemberg in der Hofburg Quartier bezogen hatten, wo Maximilian I. Joseph von Bayern am Morgen des 25. September eintraf.

Franz von Österreich empfing jeden Gast eine halbe Wegstunde vor den Toren der Stadt, hieß ihn an seiner Seite Platz nehmen und kutschierte ihn, gesäumt von Spalier stehenden Soldaten, bis zur Hofburg. Sodann lud er zum Abendessen mit einigen Mitgliedern der Königsfamilie und einem anschließenden Schauspiel im Theater.[26]

Mitte September wurde verlautbart, dass Bernadotte, der Kronprinz von Schweden und vormals Marschall von Frankreich, auf die Reise nach Wien verzichtete. Offiziell hieß es, er wolle nicht in eine Stadt zurückkehren, von deren aufständischen Bewohnern er 1798 in seiner Zeit als Gesandter des Direktoriums gewaltsam vertrieben worden war. In Wahrheit war er in die Mühlen der Großmächte geraten, die bereits verhindert hatten, dass er den französischen Thron bestieg, worauf der Zar eine Zeitlang gedrängt hatte. Bernadotte wäre wohl zwischen den verschiedensten Positionen zermürbt worden, für die man ihn je (miss-)brauchen konnte: ein Napoleonid, als den ihn jene, die ihn schwächen wollten, fälschlicherweise weiterhin betrachteten, als Option für den Machtwechsel in Paris, als die er sich selbst nach

III. Ein Treffen unter Europäern

wie vor sah, oder als nützlicher Gesprächspartner für die russischen Ideen zu Nordeuropa, da er sich für eine teilweise Zerschlagung Dänemarks einsetzte. Insofern sah Bernadotte es als klüger an, zur Vertretung der Interessen seines neuen Landes den Diplomaten Graf Karl von Löwenhielm zu entsenden, der in St. Petersburg und London Gesandter gewesen war.[27]

Am Nachmittag des 25. September 1814 hielten der Zar und der preußische König feierlich Einzug in Wien, bei strahlendem Sonnenschein und unter den Hochrufen der Menge: »Ein ebenso bemerkenswertes wie unerhörtes Spektakel war dieses Treffen von Souveränen, die vom Schicksal zwanzig Jahre lang auf die Probe gestellt worden waren und die nun, nachdem sie den Mann besiegt hatten, der selbst so lange Zeit siegreich gewesen war, erstaunt schienen ob dieses so teuer erkauften und unerwarteten Triumphes.«[28] Eröffnet wurde der Festzug von acht Schwadronen Ulanen und zwölf Schwadronen Kürassieren, die im Rhythmus des Militärorchesters voranritten. Zehn Bataillone Grenadiere und weitere Militärmusiken umrahmten die Kavalkade. Von den Festungsmauern ertönten eintausend Kanonenschüsse, als die Parade zur Hofburg zog.[29] Während die anderen Souveräne im Wagen in die Stadt eingefahren waren, ritten Franz, Alexander und Friedrich Wilhelm hoch zu Ross, was Maler, Graveure und sogar Karikaturisten inspirierte. (Eine Karikatur zeigt Napoleon, wie dieser den drei Souveränen hinterherläuft und dem österreichischen Kaiser zuruft: »Beau-père, ils m'ont mis dehors« (»Schwiegervater, sie haben mich hinausgeworfen«), woraufhin dieser antwortet: »Et moi, je vous ai mis dedans!« (»Und ich habe Sie hereingelegt!«))

Am Abend wurde in der Hofburg für alle Monarchen ein Festessen hergerichtet, das, wie zu hoffen ist, den preußischen Diplomaten Wilhelm von Humboldt Lügen strafte, der wähnte: »Die kaiserliche Küche und Wein soll jetzt schrecklich sein.«[30] Anschließend besuchte die Gesellschaft das Theater am Kärntnertor, wo sie die dritte und letzte Fassung von Beethovens *Fidelio*

Die Ankunft der Souveräne

sowie das berühmte Ballett *Zephyr und Flora* von Charles-Louis Didelot erleben durfte.[31]

Mit diesem denkwürdigen Tag war das »Fest des Friedens« also zumindest im Kreis der Souveräne eröffnet. Die offizielle Zeremonie fand nach den protokollarischen Empfängen und dem Bezug der Quartiere am 1. Oktober statt, mit einer Aufführung von Händels *Samson* in der Winterreitschule der Hofburg. Von nun an würden die Kaiser und Könige ihre Tage mit Empfängen, Paraden, Bällen und Besuchen zubringen, welche ihre politischen Diskussionen rahmten. Um sich über das Protokollarische nicht zu sehr die Köpfe zu zerbrechen, wurde beschlossen, den Vortritt bei den Einzügen, der Sitzordnung zu Tisch und in den Logen, bei den Ausritten und allen anderen Veranstaltungen dem Alter der Könige und Kaiser gemäß zu gestalten: Friedrich von Württemberg (*1754), Maximilian Joseph von Bayern (*1756), Friedrich von Dänemark (*1768), Franz von Österreich (*1768), Friedrich Wilhelm von Preußen (*1770) und Alexander von Russland (*1777).

Um noch einmal zu unterstreichen, dass sie die Sieger des Krieges waren, nahmen diese Staatsoberhäupter am 18. Oktober an der »Siegesfeier« zum einjährigen Jubiläum der Völkerschlacht bei Leipzig teil. Die französische Delegation war selbstredend absent. Sie wohnte weder dem *Te Deum* im Stephansdom noch der Militärparade mit 14 000 Mann am Prater bei, noch nahm sie am Mittagessen teil, zu dem die Obergeneräle und Kommandeure geladen waren.[32] Hingegen hielt sie es für schicklich, sich zu dem abendlichen Empfang Metternichs zu gesellen, den dieser trefflicherweise »Friedensfeier« getauft hatte. In der Privatresidenz des Kanzlers, einem Palast, den sein Schwiegervater Wenzel Anton Graf Kaunitz 1784 erworben hatte[33] und der im heutigen Rennweg gelegen ist, war ein von eintausend Fackeln beleuchteter Palast aus Holz errichtet worden.

Die düstere Stimmung des Zaren vermochte dies jedoch nicht aufzuhellen. So soll Alexander zu einer der geladenen Damen gesagt haben: »Der Ball ist schön. Der Saal ist groß und schön. Aber ich sehe überall Diplomatie, und diese Falschheit gefällt mir nicht [...]. Es sind zu viele Diplomaten, ich kann diese Gesichter einfach nicht ertragen.«[34] Auch die Stimmung im Allgemeinen war eher trüb. Schon raunte man, der Kongress würde, noch ehe er begonnen hatte, wieder aufgelöst und es drohe ein weiterer Krieg. Zumindest wisse »niemand, wie man den Frieden bewahren konnte«.[35]

Diese Gerüchte waren übertrieben. Doch waren die Vorgespräche in der Tat stockend verlaufen und die offizielle Eröffnung des Kongresses aus diesem Grund mehrmals verschoben worden, damit sich die Bevollmächtigten der großen Vier über die beileibe zahlreichen richtungsweisenden Fragen verständigen konnten.

IV.
Die »großen« Vier

SEIT CASTLEREAGHS ERSTER REISE auf den Kontinent im Dezember 1813 hatte sich die Idee förmlich aufgedrängt, die Leitung der Verhandlungen und der Neugestaltung des Kontinents den vier Bezwingern Napoleons zu überlassen. Dies wurde im Traktat von Chaumont vom März 1814 noch einmal bestätigt. So heißt es in Artikel 5: »Obwohl die hohen kontrahirenden Mächte sich vorbehalten, in dem Augenblicke der Abschließung des Friedens mit Frankreich, über die Mittel, wodurch sie Europa, und *wechselseitig eine der anderen*, die Aufrechterhaltung dieses Friedens am sichersten verbürgen können, mit einander zu Rathe zu gehen, so haben sie nicht desto weniger nöthig erachtet, zum Schutz ihrer europäischen Besitzungen, auf den Fall eines von Frankreich zu besorgenden Eingriffs, in die, aus gedachtem Frieden hervorgehende Ordnung der Dinge, jetzt gleich Defensivverbindlichkeiten, gegen einander, zu übernehmen.«[1] Diese Doktrin war trotz des Pariser Friedens, der Treffen in London und der Diskussionen im Sommer 1814 nie offiziell in Frage gestellt worden: »Die Leitung der Angelegenheit muss praktisch in die Hände der Großmächte gelegt werden«,[2] bestätigte Castlereagh im September 1814 Lord Liverpool. Doch musste noch überlegt werden, wie sich eine derartige Vorgehensweise vor all den anderen Repräsentanten europäischer Staaten rechtfertigen ließe, die im Vertrag zum Pariser Frieden ebenso nach Wien geladen worden waren. Daher beschlossen die Vier, diese Frage noch vor der Eröffnung des Kongresses in eigens dazu einberufenen Konferenzen zu erörtern.

Schon aus rein pragmatischer Sicht war es unmöglich, dass sich einhundert Delegationen – sei es in Plenarsitzungen oder in kleineren Ausschüssen – über allgemeine oder auch nur Detailfragen würden einigen können. Ein solcher Kongress würde Monate, wenn nicht gar Jahre dauern. Zudem entbehrte es nicht einer gewissen Logik, wenn jene Mächte, die die größten Opfer gebracht hatten, die Führung übernahmen. Diesbezüglich hatte man durchaus aus der Vergangenheit gelernt: Bei den langwierigen Verhandlungen zum Westfälischen Frieden einhundertfünfzig Jahre zuvor hatten die Repräsentanten der wichtigsten kriegführenden Staaten in jeder Phase des Kongresses Rücksprache gehalten. Dadurch zogen sich die Debatten, die regelmäßig wiederaufgenommen werden mussten, in die Länge. Der Friedenskongress dauerte fünf Jahre.

Um derartige Komplikationen zu vermeiden, gedachten die Vier radikal vorzugehen: Sie würden Lösungsvorschläge erarbeiten, die sodann den anderen Unterzeichnern des Pariser Friedens und den Repräsentanten der jeweils betroffenen Staaten vorgelegt werden sollten. Diesen bliebe somit nur noch, die Beschlüsse zu ratifizieren. Ganz konkret waren – außer den von Protokoll und Apparat vorgeschriebenen – keine Plenarsitzungen vorgesehen. Eine feierliche Eröffnung und eine Zeremonie zur Unterzeichnung der Schlussakte genügten vollkommen, so meinte man. In den Friedenskongressen des 18. Jahrhunderts war nicht anders verfahren worden. In Nimwegen (1675), Rijswijk (1697) und Teschen (1779) hatte es keine, in Utrecht (1713) eine einzige allgemeine Versammlung gegeben.

Nach diesem Plan würde also eine Handvoll Männer die Verantwortung für die Neugestaltung Europas tragen. Es lohnt sich, ehe wir uns zu den Herren im Sitzungssaal des Ballhauses gesellen, einen Blick auf die Zusammensetzung der einzelnen Delegationen zu werfen.

Metternich: der konservative Balancekünstler

EHRE, WEM EHRE GEBÜHRT: Clemens Wenceslaus Nepomuk Lothar Fürst von Metternich-Winneburg-Ochsenhausen, einundvierzig Jahre, Hof- und Staatskanzler sowie Außenminister des österreichischen Kaiserreichs, stand höchstpersönlich an der Spitze der Delegation seines Landes und führte zudem den Vorsitz des Kongresses. Zu seiner Unterstützung hatte er einige kompetente Männer um sich geschart, die nicht nur arbeitsamer waren als er, sondern teils gar brillant, wie etwa seine rechte Hand, Johann Philipp Freiherr von Wessenberg-Ampringen, einundvierzig Jahre, Kammerherr und Geheimer Rat des Kaisers, ehemaliger Gesandter in Berlin, München und London. Obwohl er sich nicht in allen Belangen mit seinem Kanzler einig war, sollte er bald eine Art Kalfakter der Verhandlungen werden, der in mehreren Kommissionen sorgfältige Arbeit leistete. »Überwacht« werden sollte er von Franz Binder von Krieglstein, neununddreißig Jahre, einem engen Mitarbeiter Metternichs und ehemaligen Gesandten in Stuttgart. Wie Wessenberg war auch er Spezialist der deutschen Landkarte und der italienischen Angelegenheiten. Zu diesem Trio gesellte sich der erfahrene Staatsrat Josef von Hudelist, sechzig Jahre, der seine Expertise in territorialen Fragen und statistischen Fragen einbrachte. Josef Pilat, Redakteur beim *Österreichischen Beobachter*, der seit dem Frankreichfeldzug im Umfeld seines Freundes Metternich tätig war, sollte sich um die Darstellung nach außen kümmern. Vor allem aber sollte er in den Wiener Zeitungen eigene Kolumnen platzieren und andere Journalisten zu Publikationen anregen. Zudem würden immer wieder je nach Bedarf Gesandte und Räte, aber auch Generäle oder Erzherzöge einbezogen werden.

Generalsekretär und treibende Kraft der Delegation, der alle Mittel der Kanzlei und des Kaiserreichs zur Verfügung standen, sollte Friedrich von Gentz werden. Der fünfzigjährige Preuße, ein ehemaliger Schüler Kants, der 1802 in österreichische Dienste

IV. Die »großen« Vier

Friedrich von Gentz
(1764 – 1832)

gewechselt war, hatte für den Wiener Hof zahlreiche Berichte und Manifeste gegen die Französische Revolution und Napoleon verfasst. Der unermüdliche Publizist und Tausendsassa genoss dank seiner Schrift *Über den ewigen Frieden* seit Beginn des Jahrhunderts großes Renommee. In dieser in Form von Artikeln erschienenen Diskussion von Kants Schrift *Zum ewigen Frieden* dachte er über die Notwendigkeit eines europäischen Gleichgewichts und die Rückkehr zu konservativen politischen Prinzipien nach, die dem Erhalt dieses Gleichgewichts dienen sollten.³ So hatte Gentz schon lange vor dem Wiener Kongress dessen Prinzipien gewissermaßen inkorporiert. Am 23. September 1814 wurde er zum Sekretär des Leitungsrats des Kongresses ernannt, eine Funktion, die er zusätzlich zu seinen Pflichten innerhalb der österreichischen Delegation zu erfüllen hatte. Er nahm an den meisten Arbeitssitzungen teil und gehörte verschiedenen besonderen Kommissionen an, verfasste die erstmals »Protokolle« genannten Sitzungsberichte, in denen er die divergierenden Mei-

Metternich: der konservative Balancekünstler

nungen einander gegenüberstellte und Noten und Denkschriften der Bevollmächtigten analysierte, ließ die Protokolle absegnen und bereitete die nächsten Sitzungen vor.

Bei alledem blieb ihm noch Zeit für verschiedenste andere Aktivitäten: für sein mondänes Leben, das Knüpfen informeller Kontakte, seine repräsentative Tätigkeit für den Fürsten Johann Karadja, Gospodar der Walachei,[4] das Verfassen einiger Denkschriften und Reden Dritter,[5] sein äußerst informatives Tagebuch und die Veröffentlichung einiger halboffizieller Artikel im *Österreichischen Beobachter*, der wichtigsten Tageszeitung Wiens. Wenngleich kein Staatsmann im engeren Sinne, so war er doch ein »geschickter Agent, ein scharfsichtiger Beobachter, hellsichtiger Kritiker und exzellenter Verfasser von Manifesten und Depeschen«.[6] Mit anderen Worten: ein unentbehrlicher Mann.

Während Gentz auf dem Kongress Metternich gegenüber stets loyal war, trug er in der Folgezeit mit seinen Schriften nicht unerheblich zu dessen Rufschädigung bei: Sein Herr sei nicht gerade arbeitsam und zudem ziemlich zerstreut. »Um 7 Uhr gehe ich zum Diner bei Metternich. Er hört mich, wie gewöhnlich, kaum an. Die ganze kurländische Hurensippschaft war da, mithin für andere Menschen keinen Sinn«, schrieb Gentz. Ein Blick in den Terminkalender des Kanzlers sollte diese Behauptungen zwar ein wenig abmildern – mehr aber auch nicht. Es ist in der Tat erstaunlich, wie viel Zeit der Präsident des größten Friedenskongresses aller Zeiten darauf verwandte, Theaterproben beizuwohnen, abendliche Gelage und Bälle zu besuchen und seine stürmische Liaison mit Wilhelmine von Sagan zu pflegen, während, wie Gentz notierte, angelegentlich das Haus brenne. Den Preußen Humboldt brüskierte dieses Verhalten: »Metternich nimmt Bagatelle ernst und das Ernste als Bagatelle.«[7] Der Betroffene, der die Kritik kannte und den Kongress im Übrigen in seinen *Memoiren* auf nur wenigen Seiten abhandelte, hielt es für geboten, darauf hinzuweisen, dass »die Feste in keiner Weise die Arbeit beeinträchtigten«.[8] Damit hatte Metternich durchaus recht: Auf dem Kongress wurden tatsächlich alle zu besprechenden Fragen erörtert, und schlussendlich musste man dem Präsidenten zugestehen, dass er seine Mission erfüllt hatte – wenngleich dies, wie wir noch sehen werden, nicht ohne Höhen und Tiefen geschah.

Über die Persönlichkeit des Kanzlers herrschte geteilte Meinung. Seine Kritiker warfen ihm eine gewisse Leichtlebigkeit vor und einen Mangel an Beherrschung, während seine Anhänger in ihm den »besten Kopf Deutschlands« sahen.[9] So die Meinung des französischen Emigranten La Garde de Chambonas, der in Wien und St. Petersburg gelebt hatte, ehe er einer der Vorreiter der polnischen Unabhängigkeit wurde. Vom »Schiedsrichter Europas« zeichnete er ein schmeichelhaftes Bild: »Er hatte sehr schöne, ebenmäßige Züge und ein anmutiges Lächeln; in seinem Gesichtsausdruck lagen Feingefühl und Wohlwollen […]. Auf den ersten Blick wollte man in ihm einen jener Männer sehen, die das Geschick mit allen Gaben der Verführung ausgestattet hat, welches sie nur zu den frivolsten Erfolgen in der Gesellschaft aufzurufen schien. Doch besah man sich seine Physiognomie, die geschmeidig und standhaft zugleich war, nur etwas aufmerksamer und ging man seinem Blick tatsächlich auf den Grund, so offenbarte sich einem sogleich sein politisches Genie, und man sah in ihm nur noch den Staatsmann, der es gewohnt war, Menschen zu lenken und hohe Geschäfte zu führen.«[10] Als einen solchen Staatsmann sah ihn auch Kaiser Franz, der Metternich trotz aller Kabalen sein unverbrüchliches Vertrauen schenkte und ihn alle Angelegenheiten leiten ließ. Selbst mischte er sich so wenig wie möglich in die Hintergrundgespräche ein, nur um Metternich am Ende der Verhandlungen ein ums andere Mal zuzustimmen.

Was der Österreicher Karl von Nostitz, der im Dienste des Zaren stand, als Flatterhaftigkeit des »ministre papillon« bezeichnete, war vermutlich in Wahrheit eine gewisse Beklommenheit ob der bevorstehenden Aufgaben, die Metternich noch nicht recht zu nehmen wusste. Noch machte er tastende Versuche, wel-

Klemens Wenzel Lothar von Metternich
(1773 – 1859)

che Mittel einzusetzen wären und wie er seine Ziele erreichen könnte. Wenn wir hier vom österreichischen Kanzler sprechen, so gilt zunächst von allem abzusehen, was Metternich in den über dreißig noch kommenden Jahren seiner Amtszeit nach dem Kongress unternehmen sollte. Bei dessen Eröffnung war der Name Metternich noch kein Synonym für Konservatismus und stand noch nicht für die Ablehnung jeder Weiterentwicklung des Europäischen Konzerts, zu dessen Entstehen er selbst beigetragen hatte. Metternich ist gewiss nie ein fortschrittlicher Denker gewesen, ganz im Gegenteil: Er stimmte Franz I. unumwunden zu, dass die Irrtümer der vergangenen dreißig Jahre rückgängig zu machen seien. Doch war nach dem militärischen Sieg der Koalition im Herbst 1814 die Frage, wie die revolutionäre Seuche aufzuhalten wäre, in den Hintergrund gerückt. Die vorrangigen Herausforderungen waren anderer Natur, weniger von ideologischem Kampf geprägt denn von der brutalen Rückkehr zu geopolitischen Rivalitäten und der Einteilung der Einflussgebiete. Nachdem der

IV. Die »großen« Vier

kleinste gemeinsame Nenner weggefallen war, musste jeder Teilnehmer selbst dafür sorgen, seine Ziele durch Gewandtheit und taktisches Geschick durchzusetzen. Diese Talente besaß Metternich unbestreitbar, was ihm den Vorwurf einbrachte, seine Politik bestehe nur aus Tricks und Kniffen, und er sei ein »Intrigenschmied«.[11] Bisweilen verstrickte er sich sogar selbst in den komplizierten Vernetzungen, die er spann, und in seinen eigenen Sinneswandlungen, fand aber doch immer wieder einen Weg hinaus, indem er sich an die Fakten und an seine ureigenen Überzeugungen hielt.

Als »notwendig europäischer und monarchischer« Geist, als den Fouché ihn einmal bezeichnete, hatte sich Metternich ein strategisches Ziel gesetzt: Er wollte Österreich eine zentrale Position innerhalb eines europäischen Gleichgewichts verschaffen. Und dafür hatte er seine Spielfiguren hemmungslos in Stellung gebracht: in Italien, wo Feldmarschall Bellegarde gemäß den Geheimartikeln des Pariser Friedens die Vereinigung der Lombardei und der ehemaligen Republik Venedig mit Österreich proklamiert hatte und sich mit Murat über die Befriedung des Südens verständigte; auf dem Balkan, wo Metternich die Wiedereingliederung der Illyrischen Provinzen in das Habsburgerreich forderte; in Deutschland, wo er sich im Gegensatz zur aggressiven Politik seiner Vorgänger mit den Monarchen im Süden gutstellte. Nun fühlte er sich sogar gewappnet, sich den russischen Avancen am Mittelmeer und in Polen zu widersetzen.

Sosehr Metternich die politischen und gesellschaftlichen Folgen der Französischen Revolution ablehnte, musste er doch anerkennen, dass Napoleons diplomatisches System seine Vorzüge gehabt hatte. Aber er wollte mitnichten zum Vorteil Österreichs darauf zurückgreifen. Ihm schwebte eine Organisation vor, in der die Macht auf mehrere starke Einzelstaaten verteilt war, die einander gegenseitig neutralisierten und etwaige Störenfriede, gleich welcher Größe, in die Ordnung zurückzwingen konnten. Ihm gefielen weder der britische Liberalismus noch der preußisch geprägte deutsche Nationalismus noch Alexanders »Mystizismus«.[12] Über den Zaren schrieb er, »dass der Charakter Alexander's eine sonderbare Mischung von männlichen Vorzügen und weiblichen Schwächen zeigte […] Das Leben Alexander's hat sich abgenützt zwischen Hingebung und Enttäuschung; seine Eingebungen waren spontan und lebhaft und – es klingt sonderbar – ihr Verlauf zeigte eine Art von Periodicität.«[13] Aufgrund der Unvereinbarkeit, die zwischen ihnen persönlich wie politisch bestand, war und blieb der Zar Metternichs ärgster Gegner, der diesem auch im Austeilen nicht nachstand: »Der russische Kaiser kann Metternich nicht leiden«, schrieb Erzherzog Johann. »Es ist genug, daß dieser den Mund öffnet, damit es nicht geschehe […].«[14] Der Kongress sollte für die beiden Männer in einen fortwährenden Streit ausarten. Immer wieder verstiegen sie sich in heftige Dispute, denen heuchlerisch-versöhnliche Umarmungen folgten. Unter diesen Bedingungen konnte sich Metternich auf lange Sicht nur an die Stabilität eines Castlereagh halten. Dazu mussten allerdings zunächst dessen illusorische Vorstellungen ausgeräumt werden, man könne Friedrich Wilhelm dazu bewegen, sich von seinem russischen Partner abzuwenden.

Castlereagh: der Pragmatiker von der Insel

DIE BRITISCHE DELEGATION wurde, wie wir bereits wissen, vom Sekretär des *Foreign Office*, des englischen Außenministeriums angeführt. Mehrere Diplomaten reisten an der Seite des dreiundfünfzigjährigen Castlereagh nach Wien: der britische Repräsentant in Holland, Richard Le Poer Trench, Earl Clancarty; der Gesandte in St. Petersburg, William Shaw, Earl Cathcart; der Halbbruder des Ministers, Charles Stewart, ehemaliger Gesandter in Portugal und seit einigen Wochen in Paris; der Gesandte in der Schweiz, Stratford-Canning. Außerdem zählte Castlereagh auf Unterstützung durch Graf von Münster, den Bevollmächtigten des Hauses Hannover und »Auge« des Prinzregenten in Wien. Die englischen Souveräne waren Hannoveraner und hielten das Kurfürstentum, das auf dem Kongress in ein Königreich umgewandelt wurde, als persönlichen Besitz.[15]

Darüber hinaus begegnete man in den zweiundzwanzig Zimmern des Appartements am Minoritenplatz 50 – in dem eine ganze Etage für Castlereagh und seine Gemahlin reserviert war[16] – häufig einmal Gästen wie dem berühmten Admiral und Abenteurer Sidney Smith, dem Schweizer Sir Francis d'Ivernois, der seit dreißig Jahren in britischen Diensten stand, hier aber als offizieller Delegierter der Stadt Genf auftrat, oder aber den Abgeordneten George Auckland, einem Mitarbeiter Castlereaghs, und Edward Clive-Herbert, einem Konservativen, der hübscherweise angereist war, um für ein paar Wochen durch Wien zu flanieren.[17] Für die Verwaltung hatte Castlereagh ein Dutzend Kräfte unter der Leitung des Staatssekretärs Edward Cooke und dessen Privatsekretär Joseph Planta engagiert. Darüber hinaus nahm er den jungen, gerade einundzwanzigjährigen Lord Clanwilliam in seine Dienste, der soeben von der Universität kam, sich aber dank zahlreicher Reisen auf dem Kontinent gut auskannte. Zudem war er der Neffe des russischen Gesandten Andrej Rasumowsky, was für flüssige Gespräche mit den Mannen des Zaren von Nutzen sein konnte.[18]

Sehr verwunderlich war, dass mit Ausnahme Clanwilliams kein Mitglied der englischen Delegation der französischen Sprache mächtig war, der damaligen Sprache der Diplomatie. Castlereagh vermochte zumindest Französisch zu lesen und in Gesprächen radezubrechen, mehr aber auch nicht. Der niederländische Repräsentant Hans Christoph von Gagern erzählte, wie Clancarty einmal eine Note auf Französisch zu verfassen versuchte: Der Engländer sei »mehr Herr seiner Ideen als der französischen Sprache«.[19] So mussten Münster und Clanwilliam als Übersetzer fungieren, was aber bald als unzureichend empfunden wurde. Daher gestatteten ihnen die anderen Verhandlungspartner, bestimmte Noten auf Englisch zu verfassen, die anschließend von Gentz und dessen Sekretären für die anderen Kongressteilnehmer übersetzt wurden. Die meisten Engländer, die in Wien weilten, sprachen auch kein Deutsch, was einen Reisenden zu dem Kommentar veranlasste: »Wird ein Engländer beim Diner mit anderen Ausländern an einen Tisch gesetzt, verbringt er das Essen meist schweigend und geht nach dem Mahl grußlos von dannen.«[20]

Die britische Delegation war mit den Verhältnissen auf dem Kontinent und den »mannigfaltigen Verwicklungen der europäischen Diplomatie«[21] nur sehr schlecht vertraut. Abgesehen von ihrem Vorsitzenden war niemand dabei, den man als »erstes Kaliber« bezeichnen könnte.[22] Im Winter wurde die Delegation noch dezimiert, da sich Cooke aufgrund eines Schwächezustands genötigt sah, auf Erholungsurlaub nach Italien zu reisen. In Ermangelung einer Schule, in der gewiefte Kenner der Geheimdiplomatie ausgebildet würden, hatte Castlereagh ausnahmslos auf Freunde aus der aristokratischen Oligarchie gesetzt. Was ihn zu mehreren Gelegenheiten reute. So stellte sich Cathcart sehr bald als Laffe heraus, der seine Arroganz nicht gerade durch seine Gesprächsbeiträge in den Kommissionen aufzuwiegen verstand: »Er fängt erst zu denken an, wenn andere Leute schon aufgehört haben«,[23] hieß es über ihn.

Charles Stewart wurde von den Wienern aufgrund seiner Eskapaden und seines Hangs zum Alkohol nur »Lord Pumpernickel« genannt. Besonders krude verlief eine Handgreiflichkeit mit einem Kutscher, der ihn beinahe mit seinem Fiaker überfahren hätte. Stewart wäre »ohne das rechtzeitige Einschreiten der Polizei aufs Schlimmste verprügelt worden«.[24] Es hieß, seine Exzellenz sei »jeden Abend betrunken, manchmal sogar schon bevor es dunkel wurde«.[25] Der englische Kriegsminister Bathurst, der die Stewarts nicht leiden konnte, fand eine staunenswerte Begründung für das Betragen gleich beider Brüder: »Die einzige Erklärung für ein derart vulgäres Verhalten ist, dass sie Iren sind und keine Engländer!«[26]

IV. Die »großen« Vier

Ein dritter Brite, der sich in Wien in schlechten Ruf brachte, war Sidney Smith, seinerseits tatsächlich Engländer. Ohne eine offizielle Funktion zu bekleiden, tauchte er auf, wo immer es ihm opportun schien, um Castlereagh zu diskreditieren, was die allerschlimmsten Folgen hatte. Smith gab sich als Repräsentant des ehemaligen schwedischen Königs Gustav IV. Adolf aus, der 1809 entthront worden war und für den er angeblich Entschädigungszahlungen eintreiben sollte. Die Forderungen wurden zurückgewiesen, was ihn jedoch nicht davon abhielt, weiter seine Spielchen zu treiben. Talleyrand schrieb über ihn: »Das einzig Bemerkenswerte an ihm ist seine Extravaganz. Diese Ansicht, die hinlänglich gerechtfertigt ist durch alles, was er sagt oder tut, vertrete ich nicht allein; alle hier denken so, selbst die Engländer.«[27]

Die Briten taten sich im Übrigen schwer mit dem mondänen Leben auf dem Kongress, da sie eher die »ländlichen Sitten der britischen Großfamilien«[28] gewohnt waren. Der fast familiäre Ton, den sie in der Unterhaltung mit den anderen Souveränen anschlugen, missfiel. Und es verstand auch niemand, weshalb Castlereagh auf den großen Soireen nicht tanzte, während er dies auf den kleineren Bällen am Minoritenplatz mitreißend zu tun pflegte. Man lachte über seine rundliche Frau Emily, die sich für einen Maskenball den Hosenbandorden ihres Gatten als Diadem in die Haare klemmte. Die Empfänge der Castlereaghs waren von äußerster Schlichtheit, auf den sogenannten »raouts« wurde sogar im Stehen gegessen.

Nachdem sich die erste Überraschung gelegt hatte, gerieten diese Sitten bald in Misskredit, und es hieß, die Engländer würden nur verächtlich auf die kontinentalen Gepflogenheiten unter Diplomaten herabblicken: »Der Lord und seine Frau bleiben einfach dort stehen, wo sie sich gerade befinden, ohne darauf zu achten, wer den Raum betritt«, berichtete der Schweizer Eynard. »Die Frauen setzen sich, wo Platz ist, und sind in alle Ecken des Zimmers verstreut; es gibt keine allgemeine Unterhaltung, an der jeder teilhaben könnte, und wenn eine Dame keine Bekanntschaften hat, kann sie eine Stunde zubringen, ohne mit irgendjemandem zu reden; in diesem zerfahrenen Zustand verharrt man von neun bis elf Uhr; dann werden zwei große gedeckte Tische in den Salon getragen; Lady Castlereagh sagt ein oder zwei Personen, sie mögen sich setzen, und nimmt ihrerseits an einem der Tische Platz, woraufhin ihr für gewöhnlich ihre Schwester und alle Engländer folgen. Der andere Tisch bleibt denen überlassen, die gerade mögen; nach dem Essen hört man eine schlechte Violine und einen Bass; man wechselt in ein anderes Zimmer, wo einige Walzer getanzt werden; und das alles geht fast wortlos vonstatten.« Zuletzt bescheinigte der Gast den Engländern zumindest, »gute Kerle, wenn auch etwas insular« zu sein, und machte sich diese Meinung zu eigen, die er auf einer Soiree gehört hatte: »Wären die Engländer weitere zwanzig Jahre ohne Kontakt zum Festland geblieben, wären sie schlimmer geworden als die Irokesen.«[29]

Metternich, der den Briten durchaus wohlgesinnt war, staunte in einem Brief an Wilhelmine von Sagan über Castlereaghs auffälligen Aufzug bei ihrer ersten Begegnung: »Lord C., der mir fast wie aus dem Gesicht geschnitten ist, [...] trägt einen blauen Frack, der betresst ist wie die Livree eines Prälaten anno 1780, dazu eine rote Kniebundhose.«[30]

Castlereagh war ohne Weisungen seiner Regierung nach Wien angereist. Seine Politik richtete er am Prinzip des Gleichgewichts aus, das er durch Frankreich und Russland gefährdet sah. Damit stand er in einer Linie mit den Memoranden der zwei Regierungen Pitt und verfolgte seine eigenen Vorstellungen vom Herbst 1813 weiter. Selbst das besiegte Frankreich unter Ludwig XVIII. stellte für ihn noch eine Bedrohung dar, einerseits aufgrund seiner politischen Traditionen, seiner militärischen Stärke und seines Abenteuerdrangs, andererseits wegen des schwachen Fundaments, auf dem die neue französische Regierung Castlereaghs Ansicht nach stand. Doch anstatt Frankreich von den Verhandlungen auszuschließen, meinte er es durch Einbindung

iv. Die »großen« Vier

Robert Stewart, Viscount Castlereagh
(1769 – 1822)

neutralisieren und gegen Russland instrumentalisieren zu können. Denn am anderen Ende Europas gab es für den englischen Außenminister angesichts der Vorhaben des Zaren unmittelbar Grund zur Beunruhigung.

Schon nach den ersten Treffen teilte er Wellington – der inzwischen Gesandter in Paris war – seine Vorstellung von der weiteren Vorgehensweise mit: »Zwei [Möglichkeiten] kommen in Betracht: ein Bündnis der beiden deutschen Großmächte, das von Großbritannien unterstützt wird und gemeinsam mit den kleineren deutschen Staaten und Holland eine Pufferzone zwischen Russland und Frankreich bildet; oder ein Bündnis aus Österreich, Frankreich und den südlichen deutschen Staaten, das gegen die Mächte des Nordens unter Russland und Preußen steht.«[31] Er war entschlossen, zunächst auf die erste Karte zu setzen, also Frankreich und Russland durch einen deutschen ›Körper‹ voneinander zu trennen, und die zweite Lösung einer Nord-Süd-Front in der Hinterhand zu behalten. Doch sah er sich schon bald gezwungen, diese zweite Karte auf den Tisch zu bringen, noch ehe er nach London zurückkehrte und seinen Platz als Leiter der Delegation Wellington überließ, »einem wahrhaften Engländer, einem Urgestein von Engländer, einem schlichten Geist, aufrecht, robust, bedächtig, zugleich hart, steif und ein wenig engstirnig«,[32] wie manche meinten, während andere »eine anständige, schöne Person, eine Gestalt ohne Arg, einen starken, edlen Körperbau, einen wohlmeinenden, ehrlichen Ausdruck und in allem, was er sagte, eine militärische Färbung«[33] sahen.

Als Wellington nach Napoleons Rückkehr in die französische Hauptstadt Wien ebenfalls verlassen musste, um zu seiner Armee zurückzukehren, übernahm Clancarty den Vorsitz und führte die letzten Verhandlungen.

Nesselrode: Stärke als schlagkräftiges Argument

METTERNICH GENOSS DAS VERTRAUEN eines Souveräns, der es vorzog, im Hintergrund zu bleiben. Castlereagh hatte dank der Abwesenheit des Prinzregenten und des Premierministers alle Freiheiten. Der junge, vierunddreißigjährige Karl Robert von Nesselrode hingegen musste sich als Leiter der russischen Delegation mit seinem Zaren abstimmen, der als »Retter Europas« für sich in Anspruch nahm, in jeder Diskussion das letzte Wort zu haben.

Nesselrode stammte aus dem Rheinland, hatte in der Position einer Ordonanz bei Zar Paul I. gestanden und war dann Gesandtschaftsrat in Paris geworden, wo er vor dem Krieg von 1812 in eine schwere Spionageaffäre verwickelt war. Durch seine Teilnahme an den Verhandlungen, die 1813/14 stattfanden, war er höchst kenntnisreich. Er wurde zum Staatssekretär des Außenministeriums berufen, ohne jedoch den Titel tragen zu dürfen. 1816 wurde er schließlich Minister.[34] Das schöne Geschlecht bescheinigte ihm »zarte, feine« Züge und fand ihn in der Unterhal-

IV. Die »großen« Vier

Karl Robert von Nesselrode
(1780 – 1862)

tung »liebenswürdig und heiter«.³⁵ Er wurde als ein »ruhiger, taktvoller Mann« beschrieben, der jedoch »bisweilen so unscheinbar wirkte, dass manchen Beobachtern seine große Intelligenz, sein Feinsinn und seine Entschlossenheit entgingen«.³⁶ Politisch hielt man ihn für einen »Realisten«. Doch war er beileibe nicht der Letzte, der den Zaren in dessen territorialen Bestrebungen bestärkte. Es gab nicht einen Punkt, in dem die Meinungen der beiden Männer grundsätzlich auseinandergegangen wären, was im russischen System ohnehin zu Ungunsten des Diplomaten geendet hätte.

Die Wiener Gräfin von Thürheim, die Eingang in die diplomatische Kreise hatte, schrieb: »Anfangs, wenn der Kaiser seine Rolle spielt, glaubt man eine Charakterfigur vor sich zu haben, wenn er sich aber gehen läßt, merkt man seine Mittelmäßigkeit […] Alexander ist ungemein fleißig, sein Staatssekretär Nesselrode behauptet, es bliebe ihm nichts zu tun übrig.«³⁷ In Sachfragen und in die aufwendige Vorbereitung der Dossiers redete ihm der Autokrat aber nicht hinein. Jedoch schien in den angespanntesten Momenten des Kongresses plötzlich wieder die »einnehmende Menschenfreundlichkeit«[38] des Zaren durch, die Talleyrand zu der an Verachtung grenzenden Bemerkung verleitete: »Nesselrode ist nichts.«[39]

Neben der unliebsamen Gegenwart seines Herrn musste sich der vorderste Unterhändler Russlands mit einer ganzen Armada starker Persönlichkeiten abstimmen, die in jeder Frage eine Meinung, wenn nicht gar persönliche Interessen hatten. Der Korfiot Kapodistrias, eine Art persönlicher Referent Nesselrodes, der General Gustav Ernst von Stackelberg, seit 1810 Gesandter in Österreich, und der Fürst Andrej Rasumowsky, der von 1801 bis 1807 Gesandter in Wien gewesen und in der Stadt geblieben war,[40] hatten allesamt eine offizielle Akkreditierung. Die russische Delegation verwandelte Rasumowskys herrschaftliches Palais in eine Hochburg der Begegnungen und Vergnügungen, der Bankette, Bälle und Veranstaltungen und empfing in großer Zahl offizielle Gäste, die am Kongress teilnahmen oder auf der Durchreise waren. Zu aller Unglück wurde das Palais am 31. Dezember 1814 bei einem Brand schwer beschädigt: 7000 Bände der Bibliothek, Skulpturen, Gemälde, Teppiche und Goldschmiedekunst von unschätzbarem Wert wurden vor den tränenschweren Augen des Eigentümers vernichtet. Die Delegation musste umziehen und gab fortan keine opulenten Empfänge mehr, was bei den angestammten Gästen einiges Bedauern auslöste.

Den professionellen Diplomaten folgte bald die Karawane des Zaren nach, die aus dem militärischen Führungsstab, Beamten und Sekretären für diplomatische Arbeiten, aber auch aus Freunden und Verwandten bestand: der Archivist Constantin Bulgakow, die Generäle Ouwarow und Tschernitschew, die Fürsten Dogoruki, Wokonski und Trubetzkoij, der Berater Nowosiltsew, der Arzt Hofreck, der Elsässer Anstett, auf den die Polizei ein Auge hatte, da sie ihn als gefährlich einstufte, der Schweizer und ehemalige Privatlehrer des Zaren La Harpe, der Pole Czartoryski,⁴¹ der französische Immigrant Richelieu, Urgroßneffe des großen Kardinals, sein Adjutant und Cousin Charles de Rastignac, der große Kammerherr Naryschkin, Offiziere, Knappen, Hofdamen und dergleichen mehr. Auch der Gesandte in Paris, der Korse Pozzo di Borgo, wurde einberufen. Zu Gast waren darüber hinaus Graf Golowkin, Gesandter in Stuttgart, der Staatsrat von Gott, der polnische Fürst Potocki, Generäle, Freunde des Monarchen und viele mehr.

Zudem musste sich Nesselrode mit den unzeitigen Eingriffen des ehemaligen preußischen Ministers Heinrich Friedrich Karl vom und zum Stein arrangieren, der in russische Dienste getreten war und dessen Ideen zu Deutschland noch die glühendsten Nationalisten schreckten. Schließlich wurde Stein von Alexander aufs Abstellgleis gestellt, allerdings erst nachdem er bereits einigen Schaden angerichtet hatte. So schrieb ein russischer Zeitzeuge: »Russland war das einzige Land, dessen diplomatisches Korps vorwiegend aus Ausländern bestand. Einige sprachen nicht einmal unsere Sprache, andere kannten von Russland kaum mehr als St. Petersburg.«⁴²

Und als wäre das nicht alles schon genug, hatte der Zar gewünscht, dass seine Gemahlin, Zarin Elisabeth, mitreise, dazu seine Schwestern Marie und Katharina, die Witwe des Herzogs von Oldenburg, und mehrere russische Fürsten und Fürstinnen. Sogar Großfürst Konstantin kam für einen längeren Aufenthalt nach Wien, wofür er seine Verantwortlichkeiten im besetzten Polen ruhen ließ. Bald begann man sich über diese bunt zusammengewürfelte Kohorte lustig zu machen: »Das in Wien anwesende russische Ministerium und die russische Congreß-Ambassade sind gottlob äußerst mittelmäßig besetzt«,⁴³ schrieb ein Bediensteter von Baron Hager. Ein anderer bedauerte: »Es verwundert sehr, mit welcher Dreistigkeit und Ungeschlachtheit sich die Russen im Gefolge des Zaren benehmen. Was für ein Gegensatz zu den höflichen Preußen und den anderen Ausländern! Sogar die ehemaligen russischen Gesandten beschweren sich über sie.«⁴⁴

Die Delegation, die schlecht vorbereitet und schlecht organisiert war, verließ sich ganz und gar auf ihren Zaren, dessen Agenda aus nicht viel mehr als einigen fixen Ideen bestand: Das Land, das für den Sieg über Napoleon die meisten Opfer gebracht hatte, sollte nun auch die größten und schönsten Früchte ernten. Für Alexander bedeutete das nichts anderes als die Schaffung eines slawischen Großreichs, das sich gleich noch an der Einverleibung Polens gütlich tun durfte.[45]

Bei ihrer letzten Lagebesprechung war die russische Diplomatie übereingekommen, dass sie, falls ihre territorialen Vorhaben scheitern sollten, unter allen Umständen England davon abhalten musste, dem Kontinent seine Interessen zu oktroyieren. Dies hatte bereits zu Zeiten der französischen Vorherrschaft zu den Grundzügen der russischen Politik gehört. Vor der Revolution war St. Petersburg zu den größten nur denkbaren Allianzen bereit gewesen, um sich Albion entgegenzustellen. Nun mussten die »Vier« aus Preußen, Österreich, Frankreich und dem Zarenreich bestehen.[46] War nicht in Tilsit Alexanders erstes Wort, von Höflichkeitsfloskeln einmal abgesehen, an Napoleon der Satz »Ich hasse die Engländer ebenso sehr wie Sie« gewesen? Und als die französische Armee bereits ihrem Untergang entgegensah, eröffnete der »alte Russe« Kutusow dem englischen Colonel Wilson, der zu seinem Führungsstab gehörte: »Ich bin mitnichten davon überzeugt, dass die völlige Zerschlagung des französischen Reichs und seiner Armee der Welt zum Vorteil geriert. Sein Erbe würden weder Russland noch irgendeine andere kontinentale Macht antreten, sondern jenes Land, das schon die Meere beherrscht und dessen Übermacht unerträglich würde.«[47] Der Offizier Michailowski-Danilewski sollte später in seinen Memoiren ähnliche Vorbehalte äußern: »An den Umtrieben Englands im Verlaufe vieler Jahre lässt sich unschwer erkennen, dass es aus den Streitigkeiten in Europa Vorteil zu ziehen hofft und, indem es noch mehr Meinungsverschiedenheiten entfacht, seinen Einfluss auf die Meere stärkt.«[48] Die Reihe der russischen

IV. Die »großen« Vier

Animositäten gegenüber den Engländern ließe sich fast beliebig fortführen.

Für seine territorialen Gelüste hatte der Zar gewichtige Argumente. Noch eher denn mit »gutem Recht« würde er seine Ziele durch seine Stärke, notfalls mit Gewalt durchsetzen: »Ich habe 200 000 Mann zwischen Oder und Weichsel. Komme, wer wolle, um mich von dort zu vertreiben.«[49] In diesem Punkt war Nesselrode mit seinem Herrn völlig einig: »Wenn Österreich nicht aus eigenem Willen aufhört, weiß ich nicht, wohin das Ganze führen wird […]. Wir haben Preußen und fünfhunderttausend Mann: Wir müssten diese Freundschaftsdienste nur bestellen […]. Ich verstehe nicht, weshalb die Welt zugrunde gehen sollte, nur weil wir noch zwei kleine polnische Festungen mehr halten.«[50] Damit war für die russische Delegation das polnische Paket geschnürt, mochten die Preußen und Österreicher – die ja Polen ehemals gemeinsam mit den Russen unter sich aufgeteilt hatten – sagen, was sie wollten. Polen selbst hatte keine andere Wahl, als Czartoryskis Beispiel zu folgen und sich demjenigen Raubtier zum Fraß vorzuwerfen, das dem Land zumindest eine formale Existenz zuerkannte.

Nachdem Alexander Polen einmal geschluckt hatte, wollte er als Nächstes Moldawien und die Walachei dem Osmanischen Reich entziehen, wozu er den Serben die Hand reichte. Letztes Ziel wäre dann gewesen, sich endlich wieder Zugang zum Mittelmeer zu verschaffen. Talleyrand sagte dazu: »Was mit dem hübschen Namen einer Wiederherstellung Polens geschmückt wird, ist nichts anderes als eine Erweiterung von Gebieten und Einfluss, die dazu benutzt werden soll, um den Norden Europas und wohlmöglich noch größere Gebiete zu beherrschen.«[51] Auf dem Balkan konnte der Zar seine Pläne nicht durchsetzen, und an der polnischen Frage sollte sich beinahe ein weiterer Krieg entzünden.

Wie seine österreichischen und französischen Kollegen war auch Castlereagh der Ansicht, Alexander sei ein Getriebener, den nur »Eroberungen und Herrschaft«[52] interessierten. Gentz sprach fast offen seine Verachtung über das Verhalten des Zaren aus und erlaubte sich in einem Bericht an seinen Kanzler die Bemerkung: »Der Zar von Russland ist zuallererst nach Wien gekommen, um sich bewundern zu lassen (was stets und immer sein erster Gedanke ist).«[53] Wenn man darüber hinaus bedenkt, dass Metternich den Autokraten gar nicht ertrug und dass Liverpool und der Prinzregent bei ihrem Gesandten anmahnten, er solle sich Alexander entgegenstellen, wird schnell ersichtlich, dass sich das Fehdefeuer beim geringsten Funken erneut entfachen konnte. Nicht zuletzt, da die Preußen einen weiteren Zankapfel im Gepäck hatten: die Zukunft des Königreichs Sachsen.

Hardenberg: der ehrgeizige Realist

IM GEGENSATZ ZU ALEXANDER hatte Friedrich Wilhelm III. kein Interesse daran, sich persönlich in die Wiener Verhandlungen einzumischen. Er wollte sein Land auf den Festen und offiziellen Feierlichkeiten vertreten und sich allerhöchstens ein Evokationsrecht vorbehalten. Angeführt wurde seine Delegation von seinem wichtigsten Minister und Staatskanzler, Karl August Freiherr von Hardenberg. Der distinguierte Herr von vierundsechzig Jahren, ein aus Hannover stammender Jurist, war 1791 in die Dienste des preußischen Königs eingetreten, dem er bis zuletzt treu ergeben war. Der Mitunterzeichner des Friedens von Basel 1795, der einst einer großen Allianz mit Frankreich nicht abgeneigt war, dann aber ein entschiedener Gegner wurde, hatte die Karriereleiter bis zum wichtigsten Ministerposten erklommen – den er im April 1806 allerdings Stein überlassen musste, nur um ihn vier Jahre später wieder zurückzuerlangen. In der Zwischenzeit ersann er eine »*Reorganisation des preußischen Staates*«, wozu er sich mit Generälen und Denkern, aber auch mit Bankiers und Industriellen austauschte. Nach 1810 leitete er erfolgreich die Reformen, dank derer Preußen sein Teil zum Sieg

IV. Die »großen« Vier

Karl August von Hardenberg
(1750 – 1822)

über Napoleon beitragen konnte. Mit einiger List war es ihm gelungen, die Spannungen zwischen Preußen und Frankreich zu mindern, während er zugleich mit großer Entschlossenheit und im Schulterschluss mit den Militärs den Gegenschlag vorbereitete. Als Lohn für seine Bemühungen und sein Geschick wurde er in den Fürstenstand erhoben.

Nun, da der »große Alte mit dem Haar aus Schnee«[54] nach Wien kam, trug er den Nimbus, von Napoleon gehasst zu werden. Trotz seiner festen Überzeugungen zu Preußens Rolle als Motor des künftigen deutschen Bündnisses war Hardenberg doch Realist und wurde von jenen, die während der schwierigen Monate des Kongresses mit ihm zu tun bekamen, auch als ebensolcher geschätzt. Die Auseinandersetzungen sollten sich vor allem an der engen Allianz mit Russland und an dem Handel, der daraus erwachsen war, entzünden: Als Gegenleistung für einen Freifahrtschein in Polen wollte der Zar seinem Verbündeten die Annexion Sachsens und einige andere Gebietserweiterungen zugestehen. Damit sah Preußen fortan wie ein »bescheidener Kunde im Gefolge seines Schirmherrn« aus. Doch wie ein Chronist kaum übertrieben darlegte, fanden sich dessen Repräsentanten, »die das Schändliche ihrer Position durchaus rochen«, keinen besseren Rat, »als sich in Dünkel und Hochmut zu kleiden«.[55] Gentz bestätigte dieses Urteil: »Preußen hatte auf den Kongress nichts als ein maßloses Begehren mitgebracht, seine Besitztümer auf Kosten aller anderen zu erweitern, ohne irgendein Prinzip der Gerechtigkeit oder auch nur des Anstands zu achten.«[56]

Bereits Mitte August 1814 hatte Friedrich Wilhelm einen neuen Gesandten als Kundschafter nach Wien geschickt: Wilhelm von Humboldt. Der ältere Bruder des berühmten Naturforschers, ein weitgereister Mann und Beobachter des europäischen Lebens, ein Sprachwissenschaftler, der mit Ausnahme der slawischen alle europäischen Sprachen beherrschte, Historiker, von 1801 bis 1808 Gesandter in Rom, 1809/10 Minister für Kultus und Unterricht, 1810 Gründer und erster Rektor der Berliner Universität, seit langem mit der Weimarer Klassik verbunden, war eine Art »Bindeglied zwischen jener Bewegung, die in Goethe und Schiller ihren höchsten Ausdruck erlangte, und einem Deutschland, das sich mit der Stimme Steins erhob«.[57] Der Herzog de Broglie, der Humboldt gut kannte, hielt ihn für einen »außergewöhnlichen Mann von universellem Wissen und erdrückender, weil unversiegbar gelehrter Rede, die überreich mit Tatsachen und mannigfaltigsten Anspielungen gespickt und von den langwierigsten Einschüben unterbrochen ward«.[58] Da er keinerlei Weisung erhalten hatte, langweilte sich Humboldt in Wien zumeist über die Maßen und begnügte sich mit einigen Beratungen und Besuchen, während er auf Hardenbergs Ankunft wartete. Er beschwerte sich bei seiner Regierung über die Unzugänglichkeit Metternichs, der nicht in konkrete Verhandlungen eintreten wollte, ehe die Delegationen der vier Großmächte vollständig eingetroffen waren.

Am 17. September 1814 bezog schließlich der preußische Kanzler Quartier in der österreichischen Hauptstadt. Humboldt und Hardenberg waren Generalbevollmächtigte, stützten sich

IV. Die »großen« Vier

aber auf ein umfangreiches Team an Mitarbeitern, zu dem brillante Persönlichkeiten wie der General Karl Friedrich von dem Knesebeck zählten. Der erbitterte Gegner Frankreichs hatte dem Zaren im Russlandfeldzug als Geheimemissär gedient, noch ehe sich ein einziges preußisches Korps an die Seite der Großen Armee gestellt hatte.[59] Später tat er sich in den Feldzügen hervor, die entscheidend zum Sieg über Napoleon beitrugen. Er war stolz auf diese Errungenschaften und sah es nur als natürlich an, dass sein Land als gestärktes und größeres Reich aus diesem Krieg hervorgehen würde. Die anderen erwähnenswerten Mitglieder der preußischen Delegation waren ähnlicher Meinung: der Fürst von Wittgenstein, Oberkammerherr und Polizeiminister, General von Schoeler, preußischer Gesandter in Russland, Oberstleutnant Reichenbach, ein weiterer Militär und Hardenbergs persönlicher Assistent, der Finanzberater und Dichter Staegemann, der Staatsrat und Professor für Staatswissenschaften Hoffmann und sein Kollege Begeulein, der den Kongress allerdings im Dezember 1814 verließ, um Statthalter in Neuenburg zu werden, der Legationsrat Jordan, die Räte Müller, Krüger, Lombard, Cottel, Dunker und Zerboni di Sposetti. Um die anglo-preußische Verbindung zu stärken, wurde im Oktober 1814 noch der Gesandte in London, Jacobi-Kloest, nach Wien geholt, den Talleyrand als den »Lumen unter den preußischen Diplomaten«[60] bezeichnete. Das Generalsekretariat wurde Karl August von Ense übertragen, einem neunundzwanzigjährigen Historiker, der in seinen Mußestunden ebenfalls dichtete,[61] die Pressearbeit dem Sekretär Bartholdy. In den letzten Monaten des Kongresses wurde Hardenberg von Finanzminister von Bülow unterstützt, um finanzielle Fragen zur Abtretung eines Teils von Polen an Russland zu klären, und von Kriegsminister von Boyen, der sich der von Napoleons Rückkehr ausgehenden Gefahr widmen sollte.[62]

Die preußische Delegation geriet nicht selten über kleinere wie größere Fragen in Streit. Als Humboldt erfuhr, dass Hardenberg in der Frage Sachsens zu Kompromissen bereit war, widersprach er ihm in Gegenwart Friedrich Wilhelms, was den Kanzler wiederum veranlasste, mit Rücktritt zu drohen. Letztendlich durfte Hardenberg die Verhandlungen nach seinem alleinigen Gutdünken führen.[63]

Humboldt machte noch ein zweites Mal von sich reden: durch sein Duell mit von Boyen. Auf einer Konferenz hatte der Diplomat den General ostentativ und höchst respektlos aus einem vertraulichen Gespräch mit Metternich und Stewart ausgeschlossen. Es folgte ein heftiger Wortwechsel zwischen den beiden Preußen, in dem der Beschluss fiel, den Streit mit der Pistole zu klären. Woraufhin sich ein groteskes Spiel entspann: Da der Geistesmensch Humboldt keine Pistole besaß, bat er von Boyen, ihm eine zu leihen, was dieser ihm aber verwehrte. Nachdem Humboldt schließlich anderweitig eine Waffe aufgetrieben hatte, trafen sich die beiden Streithähne in einem Stadtwald, wo aber zu viele Spaziergänger unterwegs waren, so dass sie die Örtlichkeit wechseln mussten, um unter sich zu sein. Endlich konnte man zur Tat schreiten. Der General, der als Beleidigter zuerst schießen durfte, verfehlte den Diplomaten. Da dieser aber keinerlei Interesse daran hatte, wessen Blut auch immer fließen zu lassen, verhandelten die Herren erneut und kamen zu dem Schluss, dass der Streit ausgeräumt sei. Sie reichten einander die Hand. Und einigten sich darauf, dass es größere Probleme auf der Welt gebe: Die verbündeten Armeen marschierten gerade in Richtung Frankreich, wo Napoleon, von Elba geflohen, wieder die Macht übernommen hatte.[64]

Die großen Vier spielen sich auf

AM 22. SEPTEMBER 1814 versammelten sich im Sitzungssaal der Staatskanzlei zum ersten Mal die Delegationsvorsitzenden der großen Vier, um »Form und Abfolge der Diskussionen« auszuhandeln. Aufgrund seiner Schwerhörigkeit durfte sich Har-

IV. Die »großen« Vier

denberg von Humboldt begleiten lassen. Die erste Entscheidung betraf die Verschiebung der Kongresseröffnung auf den 1. November. Sodann wurde ein »Protokoll« mit den Prinzipien erarbeitet, nach denen der Kongress ablaufen sollte, sowie eine »Erklärung«, die den anderen Unterzeichnern des Pariser Friedens zu übergeben wäre. Gentz hielt die Feder. Zunächst wurden einige lose Gedanken zu Papier gebracht, die Gentz anschließend in eine Form bringen sollte: »Die vier Mächte hatten unbestreitbar das Recht, diese Initiative zu ergreifen«, erklärte er selbst dazu. »Der Kongress hätte nicht arbeiten können, wenn man von Anfang an alle, großen wie kleinen, Bevollmächtigten an einen Tisch hätte bringen wollen.«[65]

Faktisch dauerte das Verfassen der beiden Texte nahezu eine Woche, in der Gentz schrieb, Minister besuchte, um deren Änderungsvorschläge zu sammeln, und seine Abschrift entsprechend korrigierte. In seinem Tagebuch beklagte er sich ausführlich, dass er sich ständig mit Nebensächlichkeiten aufhalten müsse, die ihm die Arbeit erschwerten. Metternich, Nesselrode, Castlereagh, Hardenberg und Humboldt waren in der Tat stark gefragt, da immer neue Souveräne eintrafen, die begrüßt werden mussten, und verschiedenste Diners und Soupers, Bälle und Après-Soireen zu besuchen waren. Gentz erschien es wie eine Heldentat, dass es ihm am Vormittag des 26. September 1814 gelang, sich mit seinem Kanzler für zwei Stunden zurückzuziehen, um anschließend wieder so bald als möglich zu den anderen Protagonisten des Kongresses zu stoßen. Schließlich gelang es Gentz, einen Mittelweg zwischen den verschiedenen Ansichten zu finden. Castlereagh wünschte eine Öffnung des Direktoriums des Kongresses für Frankreich und Spanien, die damit – wie der Ausdruck der Zeit lautete – wieder zu »Mächten ersten Ranges« würden. Humboldt stellte sich dagegen und erinnerte daran, dass der Kongress keine »beschlussfassende Versammlung Europas« sein sollte, sondern ein Treffen, auf dem die vier Siegermächte »Verantwortung für Europa übernehmen und die anderen nur ausnahmsweise in die Diskussion einbinden« sollten.⁶⁶ Metternich und Nesselrode schlossen sich dieser Position an. Daraufhin verlangte Castlereagh, dass dem Protokoll, das in einer zweiten gemeinsamen Sitzung am 29. September 1814 angenommen wurde, im Anhang seine abweichende Meinung angefügt werde. Das auf den 22. September 1814 zurückdatierte Protokoll nannte die folgenden Prinzipien:

> 1. [...] Die vier Mächte allein können unter sich über die Verteilung der Kräfte beraten, die durch den letzten Krieg und den Pariser Frieden frei geworden sind. [Frankreich und Spanien] sind hinzuzubitten, um ihre Ansichten zu unterbreiten und [...] ihre Einwände zu formulieren, die anschließend mit ihnen diskutiert werden;

> 2. [...] die Bevollmächtigten der vier Mächte werden mit den anderen beiden über diesen Gegenstand erst in Konferenz treten, wenn sie ihre Arbeit in allen drei Fragen der Gebietsverteilung im Herzogtum Warschau, in Deutschland und in Italien vollständig abgeschlossen haben und sich über ein Abkommen ganz und gar einig geworden sind;

> 3. [...] diese Bevollmächtigten werden sich gemeinsam mit den anderen beiden in der Zeit bis zur Eröffnung des Kongresses Fragen anderer Natur widmen, bei denen alle sechs das volle Recht besitzen, als Hauptverhandlungspartner in Diskussion zu treten.⁶⁷

Die Erklärung, die das Protokoll ergänzte, wurde noch in derselben Sitzung angenommen. Darin unterstrichen die Vier erneut, dass die Debatten von ihnen geleitet werden sollten. Um »zeitraubende Verwicklungen« zu vermeiden, würden die Vier zwei Kommissionen bilden: Die eine sollte sich mit allgemeinen Angelegenheiten beschäftigen, die andere mit der Frage Deutschlands.

Die übrigen Kongressteilnehmer sollten der zweiten Kommission ihre »Vorschläge und Wünsche« schriftlich mitteilen können, ehe das Ergebnis der Beratungen »dem Kongress zur Zustimmung vorgelegt« würde. Die Unterzeichner verwahrten sich natürlich gegen den Vorwurf, die Diskussionen »willkürlichen Regeln zu unterwerfen«, und beteuerten ihre Absicht, mit dieser Vorgehensweise »den Fortgang des Kongresses erleichtern und Beschwerlichkeiten und Verzögerungen vermeiden« zu wollen. Damit würde man »dem wahren Geist der Vereinbarungen des Pariser Friedens« gerecht.[68]

Erklärung und Protokoll lassen sich wie folgt zusammenfassen: Metternich, Castlereagh, Nesselrode und Hardenberg einigten sich darauf, die anderen Unterzeichner des Pariser Friedens und die Dutzend anderen Delegationen von den Grundsatzdiskussionen auszuschließen. Wurde Frankreich und Spanien das besondere – und vorbehaltliche – Recht zugebilligt, »ihre Meinung zu sagen«, so blieben die Verhandlungen über die brennendsten Fragen, zu Deutschland, Polen und Italien, den großen Vier vorbehalten.

Noch bevor der Kongress begonnen hatte, zog schon im gerade einsetzenden Herbst die erste Krise herauf. Der Hauptakteur und Unruhestifter sollte Charles Maurice de Talleyrand-Périgord sein, der Fürst von Benevent, Außenminister und außerordentlicher Gesandter des Königs von Frankreich.

v.

Talleyrands Aufbegehren

AM ABEND DES 23. SEPTEMBER 1814, einem Freitag, zog Talleyrand in Wien ein, nachdem bereits mehrere Mitglieder seiner Delegation vor ihm eingetroffen waren. Nach der Rückkehr Ludwigs XVIII. auf den französischen Thron war er aus der Führungsriege der Regierung verbannt worden, hatte jedoch das Amt des Außenministers behalten dürfen. Damit stand auch gleich sein Entschluss fest, sich persönlich zum Kongress zu begeben, was dem König sehr zupass kam, der »seine beunruhigende Gegenwart und seinen unschönen Anblick«[1] gern möglichst fern von Paris wissen wollte.

Nach der Unterzeichnung des Pariser Friedens und den mit den Regierungen der Verbündeten aufgenommenen Verhandlungen im Sommer 1814 war klar, dass Talleyrand nicht als Verlierer in die österreichische Hauptstadt reisen würde. Wenn er den Informationen, die er gesammelt hatte, und seinem Instinkt als Staatsmann Glauben schenken durfte, hatte er einen gewichtigen Trumpf in der Hand: die Gefahr einer Isolierung Frankreichs im künftigen Europäischen Konzert. Gewiss war sein Handlungsspielraum begrenzt, da ein besiegtes Land immer als Paria angesehen wird, doch wollte er die Zwistigkeiten unter den Siegern für seine Zwecke nutzen, vor allem den »Riss zwischen den beiden Paaren England-Österreich und Preußen-Russland«.[2] Um den Keil noch tiefer zwischen die Parteien zu treiben, wollte sich Talleyrand als Streiter für die »Prinzipien« gerieren und zu diesem Ziel seine vollkommene Uneigennützigkeit in der Sache betonen, was nach der Niederlage im Frühjahr nur allzu folgerichtig erschien. Dies teilte er gleich bei seiner Ankunft dem Niederländer Gagern mit: »Der Friedenswille ist Frankreichs einziges starkes Argument. Nach so vielen schlechten Beispielen, die es gegeben hat, muss es nun mit gutem Beispiel vorangehen. Es muss sich als ein guter, gemäßigter Europäer zeigen. Frankreich verlangt nichts, absolut gar nichts, bis auf das, was bereits im Friedensprolog festgehalten ist: eine rechte Aufteilung der Kräfte zwischen den Mächten.«³ So vernünftig diese Zielsetzung und diese Positionierung klingen mochten, waren sie doch nach allem, was Europa seit 1792 erlebt hatte, gewagt. Denn die Verantwortung für all diese Geschehnisse war Frankreich zugeschrieben worden, was in der Tat nicht ganz ungerechtfertigt war. Dennoch war Ludwigs Minister entschlossen, durchaus mit einer gewissen Großspurigkeit auf dieser Klaviatur zu spielen.

Das Pochen auf Recht und Legitimität

TALLEYRAND BEREITETE SEINE GESANDTSCHAFT auf das Gründlichste vor. Er verfasste bemerkenswerte Weisungen, die er vom König unterzeichnen ließ, und die mittlerweile tausendfach kommentiert sind.⁴ Den Auftakt bildete eine Abhandlung über die Prinzipien, die einer dauerhaften Neugestaltung Europas zugrundeliegen müssten: Vorrang des – moralischen wie schriftlich verbrieften – Rechts und Einhaltung des »Legitimitätsprinzips«. Anhand dieser Leitsätze ließen sich wunderbar neue Grenzen ziehen, ohne die Geschichte zu verleugnen. Denn die »Legitimität«, auf die sich Talleyrand berief, gründe auf einem »historischen Vertrauen« zwischen den alten Dynastien, die nach den »Usurpationen« der Revolution und des Empire wieder an die Macht zurückkehrten. Oft genug wurden bereits die Grenzen eines solchen Konzepts erörtert, das die aufkommende Bildung von Nationalstaaten und nationale Forderungen außen vor ließ und in dessen Überlegungen zur Machtverteilung Dynastien die alleinige Rolle spielten. In Frankreich ließ sich damit vortrefflicherweise auch die Rückkehr der Bourbonen rechtfertigen.

Das Pochen auf Recht und Legitimität

Doch plädierte Talleyrand nur scheinbar dafür, die Uhr um fünfundzwanzig Jahre zurückzudrehen. Er war ein Mann der Aufklärung und des Fortschritts, zugleich aber auch ein Politiker des Möglichen und Wünschenswerten. Die Betonung der Legitimität als eines historischen Prinzips ermöglichte es ihm einerseits, sich in das diplomatische Spiel einzuschleichen, aus dem Frankreich als Kriegsverlierer aller Logik nach hätte ausgeschlossen werden müssen, und andererseits, allen Verhandlungen den Anstrich von Rationalität zu verleihen – nur um diese »Rationalität« dann zu seinem eigenen Vorteil und zur Durchsetzung französischer Interessen zu nutzen, wann immer ihm dies recht und billig schien.

Talleyrand war der Meinung, für den Ablauf des Kongresses seien Regeln aufzustellen, an die sich alle Teilnehmer zu halten hätten. Da im Pariser Frieden beschlossen worden war, dass es sich um einen »allgemeinen« Kongress handeln sollte, müssten also auch alle eingeladenen Staaten auf die eine oder andere Weise ein Wort mitzureden haben. Daraus folgte wiederum, dass die großen Vier eine gewisse Beschneidung ihrer Macht zu akzeptieren hatten. Würde man sich nicht darüber einig werden, dass die Vier »ihren Sieg nicht zu mißbrauchen«[5] suchten, wollte Frankreich als Streiter für die kleinen und mittelgroßen Mächte auftreten. Es würde in ihrem – und natürlich auch in seinem eigenen Namen – versuchen, im künftigen Konzert ein größeres Gewicht zu erlangen: »Was im Interesse der kleinen Staaten liegt, liegt auch im Interesse Frankreichs«, schrieb Talleyrand in seinen Weisungen. »Die Unterstützung, die sie von Frankreich benötigen, verleiht ihm wiederum Einfluss auf sie.«

Es ging gewiss nicht darum, den Kongress in eine »europäische Versammlung« zu verwandeln, in der einhundert Delegationen dasselbe Stimmrecht hätten. Zumindest aber sollte die Leitung des Kongresses auf die acht Unterzeichner des Pariser Friedens ausgeweitet und in die verschiedenen Kommissionen die jeweiligen Länder aufgenommen werden, die von dem Sujet betroffen waren. Das war weit mehr, als die großen Vier vorge-

v. Talleyrands Aufbegehren

sehen hatten. So wollte sich der Repräsentant Ludwigs XVIII. als »Streiter für die Ideen« verstanden wissen, nachdem er »so lange Zeit nur Diener der Interessen« gewesen war.[6]

Wie wir bereits gesehen haben, entspringt diese Position nicht allein Talleyrands Großmut: »Im Grunde«, bemerkte Haussonville, »sah er in dieser doktrinären Auslegung abstrakter Maximen ganz einfach eine Handlungsmöglichkeit. Für ihn waren dies starke Waffen, derer er sich bedienen wollte, um die Versammlung unserer Gegner zu spalten, die im Frieden noch ebenso starke Verbündete waren wie ehedem im Krieg.«[7] Der englische Biograf des hinkenden Fürsten, Duff Cooper, erklärt sehr anschaulich, dass sein Held zwar beabsichtigte, »seinen Fuß in den Türspalt der europäischen Ratsstube zu stellen«, er jedoch, sobald er Zutritt erlangt habe und die Tür hinter ihm geschlossen wurde, »seine früheren Genossen draußen im Gang stehen« ließ.[8] Der gesamte weitere Verlauf des Kongresses würde sich in den ersten Diskussionsrunden entscheiden. Also galt es, Prinzipien zu verteidigen – aber dies natürlich mit Gewandtheit und Geschick.

Innerhalb dieses theoretischen Rahmens steckte sich der französische Gesandte aber auch konkrete Ziele: So wollte er sich für Sachsens Unabhängigkeit einsetzen, um eine Dominanz Preußens in Deutschland zu verhindern; Österreichs Einfluss in Italien begrenzen und zu diesem Zweck Savoyen unterstützen, welches im Gegenzug Chambéry und Annecy an Ludwig XVIII. abtreten sollte; Ferdinand IV. von Bourbon in Neapel wieder auf den Thron setzen, von dem Murat zu stoßen wäre; und den Gelüsten des Zaren in Polen Einhalt gebieten. In vielen Punkten stimmte Talleyrands Programm mit den Zielen Castlereaghs überein, wenngleich es auch einige Differenzen gab, etwa beim Status Maltas, wo Frankreich die Rückkehr des Johanniterordens befürwortete, oder der Abolition, bei der Ludwig XVIII. die Fünfjahresfrist einzuhalten gedachte, die im Pariser Frieden festgeschrieben worden war, während die Regierung Liverpool den Sklavenhandel so bald als möglich abgeschafft wissen wollte. Doch

Das Pochen auf Recht und Legitimität

Charles-Maurice de Talleyrand-Périgord
(1754 – 1838)

diese Meinungsverschiedenheiten waren nicht unüberwindbar und würden zu gegebener Zeit gut als Unterpfand eingesetzt werden können, was Talleyrand in seinen Weisungen ausdrücklich gestattete: »Frankreich, das auf dem Kongress ausschließlich konservative Ansichten vertreten wird, hat daher berechtigte Hoffnung, dass England ihm sekundieren wird, solange es selbst England in den Punkten, die diesem am meisten am Herzen liegen, Befriedigung verschafft.«

Nachdem Talleyrand die Geschäfte des Außenministeriums provisorisch an seinen alten Freund François de Jaucourt übergeben hatte, reiste er am 16. September 1814 aus Paris ab. Sein Amtsnachfolger und der Kanzleidirektor Charles-Fréderic Reinhard sollten ihm regelmäßig über die Ereignisse in Frankreich und die Resonanz des Kongresses zu Hofe und in der öffentlichen Meinung Bericht erstatten.[9] Nach einer Zwischenstation in München, wo sich Talleyrand mit Maximilian I. Joseph von Bayern und dessen wichtigstem Minister Maximilian von Montgelas verständigte, ging es schließlich nach Wien. Einige Tage darauf schrieb Talleyrand an Ludwig XVIII.: »Die Rolle, die Eure Majestät Ihren Gesandten vorschreibt, ist eine so edle und Ihrer Würde so sehr entsprechend, daß dieselben zu allem die Hand bieten können, was zur Wiederherstellung der Ruhe in Europa und eines wahrhaften und dauernden Gleichgewichts nötig ist.«[10]

Am 23. September 1814 bezog der außergewöhnliche Gesandte des französischen Königs Quartier im Palais Kaunitz. Das imposante Gebäude in der Wiener Altstadt, das seit 1794, dem Jahr des Todes seines Eigentümers, des berühmten österreichischen Kanzlers, unbewohnt geblieben war, wurde nun von seinem neuen Hausherrn für die Zeit des Kongresses wieder zum Leben erweckt.[11]

Eine solidarische Delegation

DER FÜRST VON BENEVENT hatte mit seinen sechzig Jahren eine Erfahrung und Berühmtheit erlangt, die in Europa unübertroffen waren. Talleyrands Einzug in Wien sollte ein großes, vielbesprochenes Ereignis werden, und die Menschen zogen in Scharen zum Palais Kaunitz, um einen Blick auf ihn zu erhaschen. Man wusste von seinen Reibereien mit Napoleon, aber auch von seiner klerikalen und daran anschließenden revolutionären Vergangenheit, so dass sein Anblick die unterschiedlichsten Gefühle hervorrief und niemanden gleichgültig ließ. Auch fragte man sich, wie er sich auf dem Kongress machen würde. Immerhin war er trotz des Pariser Friedens und der Thronbesteigung Ludwigs XVIII. der Vertreter des großen Kriegsverlierers.

In seiner Gutsherrenart, die noch aus dem Ancien Régime stammte, erschien Talleyrand nie ohne seine gesammelten Orden und Ehrenzeichen am Revers in der Öffentlichkeit.[12] Seiner Bedeutung und des Respekts, den er seiner Umgebung einflößte,

Eine solidarische Delegation

war er sich durchaus bewusst: »Talleyrand sieht aus wie ein großer ausgestopfter Vogel«, schrieb Czartoryski. »Aus seinen wulstigen Lippen und seinem breiten Gaumen dringt eine tiefe Stimme. [...] Beständig markiert er den großen, weltgewandten Mann, stellt seine Intelligenz und Macht zur Schau und will immer imponieren, beeindrucken [...]. Immer will er alle Welt in Erstaunen versetzen und sich bei jedermann Respekt verschaffen [...]. Alle verneigen sich vor diesem höchst ungewöhnlichen Mann.«[13] Kurz nach seiner Ankunft in Wien beschrieb ihn ein Zeitzeuge in einem Brief an Baron Vincent, den damaligen Gesandten Österreichs in Paris: »Ich war gestern zu Diensten auf dem Ball und habe alle Größen dieser Welt gesehen. Ich habe Talleyrand gesehen. Ich hatte ihn mir ganz anders vorgestellt. Hätte ich kein Lebenszeichen an ihm gesehen, so hätte ihn für eine Wachsfigur gehalten. Er hat sich nicht einmal von der Stelle gerührt. Drei Stunden lang hat er in ein und demselben Raum verharrt. Alle Souveräne haben mit ihm gesprochen, während er in ein und derselben Haltung an ein und demselben Platz geblieben ist.«[14] Der junge Marquis de Custine, Mitglied der französischen Delegation, berichtete: »Das einzig wirklich Nutzbringende ist für mich hier die Gelegenheit, Monsieur de Talleyrand zu sehen. Er ist ein erstaunlicher Mensch. Mit seiner großen Manier und seiner Konversation setzt er ein Beispiel, von dem man nicht genug lernen kann. Nie habe ich mich jünger und unerfahrener gefühlt als in seiner Gegenwart.«[15] Der Marquis war nicht der Einzige, den derartige Komplexe quälten: Talleyrand beeindruckte selbst die Souveräne. Der Zar machte großes Aufheben um ihn, und der König von Bayern gestand einmal in einem Gespräch, er würde sich gern häufiger mit ihm unterhalten, wage es aber nicht, ihn anzusprechen.

Der Gesandte Ludwigs XVIII. legte in Wien auf durchaus überspitzte Weise jene diplomatische Haltung an den Tag, von der er später die folgende Definition geben sollte: »Die Diplomatie ist gerade keine Wissenschaft der List und der Doppelzüngigkeit. Wenn Ehrlichkeit irgendwo angebracht ist, dann in den politischen Geschäften, weil sie diese auf eine feste, dauerhafte Grundlage stellt. Man hat oft Reserviertheit mit List verwechselt. Ehrlichkeit gestattet keine List, berechtigt aber zu Reserviertheit: Und das besondere Merkmal der Reserviertheit ist, dass sie zu noch stärkerem Vertrauen führt.«[16]

Talleyrand war mit einer großen Delegation brillanter Diplomaten nach Wien angereist, die seiner Ansicht nach geeignet war, der Gesandtschaft Gewicht und Glanz zu verleihen.[17] Für die Verhandlungen waren drei bevollmächtigte Minister erwählt worden, die ihrem Chef alle sehr nahestanden:

Emmerich Joseph von Dalberg, einundvierzig Jahre, ehemaliger badischer Gesandter in Paris unter dem Konsulat und 1809 Leiter der auswärtigen Angelegenheiten Badens, 1810 von Napoleon zum Staatsrat und Herzog erhoben,[18] Neffe des ehemaligen Fürstprimas des Rheinbundes und ein ausgezeichneter Kenner der deutschen wie auch der italienischen Angelegenheiten. Als diskreter Gegenspieler Napoleons und seinem Mentor Talleyrand treu ergeben, hatte er in der provisorischen Regierung von 1814 mitgearbeitet. Schenkt man der Gräfin Potocka Glauben, war er »eine einzigartige Person, halb Aufklärer, halb Philosoph des 18. Jahrhunderts, der mit den aufgeklärtesten und verständigsten Menschen Europas in Verbindung stand.«[19] Von Dalberg war kaum in Wien angekommen, da verlangte Baron Hager bereits, den kleinen Mann »mit dem wenig direkten Blick und dem gerissenen Lächeln«[20] unter besondere Aufsicht zu stellen. Für die österreichische Polizei hieß es umso wachsamer zu sein, als er der Schwiegersohn jener Madame de Brignole war, die eine wichtige Rolle in der Entourage Marie-Louises spielte, und zudem der Schwager des Delegierten der ehemaligen Republik Genua.[21]

Der Royalist Alexis de Noailles, einunddreißig Jahre, Sohn jenes Abgeordneten, der in der berühmten Nacht vom 4. August 1789 die Abschaffung aller feudalen Privilegien gefordert hatte, und Bruder eines Obersts, der nur wenige Tage vor der entschei-

Eine solidarische Delegation

denden Schlacht an der Beresina bei Smolensk gefallen war. In den letzten zehn Jahren hatte er ein Gutteil seiner Zeit damit verbracht, ein Komplott gegen Napoleon zu schmieden, und war einer der Hauptakteure der Kongregation[22] und einer der ersten Vertrauten der Glaubensritter[23] gewesen. Kurzzeitig von der kaiserlichen Polizei festgehalten, war ihm die Flucht nach Schweden gelungen, wo er als Bernadottes Adjutant an den Feldzügen von 1813 und 1814 teilnahm. Nach dem Fall des Kaiserreichs wurde er zum königlichen Rat in Lyon ernannt und stieg damit in die Entourage des Grafen von Artois auf. Ludwig XVIII. hatte ihn zum außerordentlichen Gesandten am Wiener Hof ernannt. Talleyrand, mit dem er im Übrigen verwandt war, schätzte ihn trotz der Maßlosigkeit seiner Verpflichtungen, so dass Noailles unter Zustimmung des Ministers akkreditiert wurde. Am Vormittag des 2. November 1814 traf er im Palais Kaunitz ein, im Gepäck einige weitere Weisungen des Königs, der Talleyrand zu einer entschlossenen Haltung in der Frage Polens und Sachsens anhielt.

Der Dritte im Bunde war der ehemalige Präfekt und Kammerherr Napoleons, Frédéric-Séraphin de La Tour du Pin Gouvernet, der als Graf des Ancien Régime die Vorzüge des Versailler Hofes und während seines Exils in Boston die Freuden des Ackerbaus kennengelernt hatte.[24] Schon früh hatte er sich der Ansicht verschrieben, dass nach dem Fall des Kaiserreichs »die Karriere in der Verwaltung einer niederen Klasse anheimfallen würde als der, in der er sich in seinem Recht sah«.[25] Mittlerweile fünfundfünfzig Jahre alt, geruhte er sich indes keineswegs aus den öffentlichen Geschäften zurückzuziehen. Da er vor der Revolution im französischen Außenministerium angestellt war, verlangte er, dort wieder aufgenommen zu werden, und erhoffte sich die Leitung einer größeren Gesandtschaft. Aber er wurde enttäuscht: Man schickte ihn zur provisorischen Regierung Wilhelms von Oranien-Nassau nach Holland. Kaum in Den Haag angekommen, erfuhr La Tour, dass er mit der Delegation zum Kongress reisen sollte, zugleich aber offiziell Gesandter in den Niederlanden blieb. Auch sollte er innerhalb der französischen Delegation das Auge der Tuilerien sein, ohne dabei seinen Vorgesetzten zu hintergehen, den er noch aus vorrevolutionären Zeiten kannte. Im Übrigen wurde er als Schwager des Generals Bertrand, des Großmarschalls des napoleonischen Palastes und dessen »Innenminister« auf Elba, von der Wiener Polizei mit besonderer Aufmerksamkeit bedacht.[26]

Mit der Organisation und Koordination der Arbeit der Gesandtschaft wurde Jean-Baptiste de Gouey de La Besnardière beauftragt, neunundvierzig Jahre, Staatsrat und erster Ministeriumsleiter. Er war Generalsekretär der Delegation und sollte die Texte und Noten »polieren«, die die Franzosen einbrachten, eine ähnliche Rolle, wie sie Gentz bei den Österreichern innehatte.[27] Der ehemalige Oratorianer, der 1795 in die Diplomatie eingetreten war, hatte in seinem Ministerium eine steile Karriere gemacht und war schließlich 1807 Leiter der Abteilung Midi geworden, der wichtigsten Abteilung im gesamten Département. Viele Jahre arbeitete er eng mit Talleyrand zusammen. 1814 übertrug ihm der Minister die Oberaufsicht der beiden großen geografischen Abteilungen des Ministeriums, so dass La Besnardière zum höchsten Beamten aufstieg. Für manche galt er als »Anhänger Bonapartes eigentlich und sehr intregant«,[28] doch fühlte er sich dem Fürsten von Benevent, dem er viel verdankte, sehr verbunden. Vor allem aber hatte er einen ausgeprägten Sinn für den Staat. Im Palais Kaunitz war er die treibende Kraft, nahm an zahlreichen Verhandlungen teil und engagierte sich insbesondere in der Kommission, die mit der Redaktion der Verträge betraut war. Zudem leitete er für die Dauer des Kongresses auch die anderen Angestellten der Rue du Bac[29] an, die von ihren Schreibtischen gerissen worden waren, darunter der Historiograf des Ministeriums, Gaëtan Raxis de Flassan, der Noten über den Verlauf aller auf dem Kongress besprochenen Fragen verfassen sollte.[30] Für seine unmittelbaren Anliegen hatte Talleyrand seine engsten Sekretäre Achille Rouen und Gabriel Perrey mit nach Wien genommen.

Eine solidarische Delegation

Zudem begrüßte er Noailles' jungen Protegé Astolphe de Custine: »Ich weiß nicht, wozu wir ihn verwenden können«, sagte er, »aber bringen Sie ihn durchaus mit; er wird uns gewiss von Nutzen sein, und so sieht er ein wenig von der Welt und kann uns von seinen Beobachtungen berichten.«[31] Der erst Vierundzwanzigjährige wurde unversehens zum Legationssekretär ernannt und auf die Salons und Soireen geschickt, um sich unter den Anwesenden umzuhören und sie zum Reden zu bringen. Noailles kam im November in Begleitung Custines, seines Sekretärs François Franchet d'Espèrey, des Vicomte Alphonse de Bruges und des ehemaligen Obersts der kaiserlichen Armee und napoleonischen Präfekten La Rivoire de La Tourette. Für die Sicherheit der französischen Bevollmächtigten waren mehrere Offiziere mitgereist, darunter der Generalfeldmarschall Martial, ein weiterer Mann des Grafen von Artois.[32]

Was die Räumlichkeiten der Gesandtschaft betraf, wurden strengste Sicherheitsauflagen bestimmt, auf deren Einhaltung La Besnardière penibel achtete. Dennoch gab es mehrere Versuche, Papiere zu entwenden. So hatten sich ein alter Domestik und ein Bürojunge für Baron Hager verdingt, um die Franzosen auszuspionieren, allerdings mit magerer Ausbeute: Sie übergaben dem Polizeichef nur »ein paar Papierfetzen«.[33] Die Gäste des Palais Kaunitz verwischten Spuren, wo sie nur konnten, und legten sogar falsche Dokumente in ihre Papierkörbe: »Wie schwer es fällt, über Talleyrand eine eingreifende Beobachtung zu führen, wird Jedem einleuchten, der dessen Charakter berücksichtigt, und noch besonders die physische Beschaffenheit seines Wohnhauses in Erwägung zieht. Es ist wie ein verschlossenes Castell anzusehen, in welchem er mit seinen vertrauten Umgebungen allein hauset [...] All die Schwierigkeiten, die bei Talleyrands Beobachtung eintreten, greifen auch bei dem Fürsten (!) Dalberg Platz. Er wohnt mit jenem in einem Hause und hat noch das für sich, daß er ein Deutscher ist, der den hiesigen Platz aus den vorigen Zeiten gut kennt«, hieß es in einem Polizeibericht.[34] Die »in eine

v. Talleyrands Aufbegehren

Festung« eingesperrte Delegation schien »umgeben von tiefsten Geheimnissen und höchsten Vorkehrungen«.[35]

Talleyrand, der weniger als ein halbes Jahr nach einer der schmählichsten militärischen Niederlagen fest entschlossen war, Frankreich wieder in den Rang der wichtigsten Mächte Europas zurückzuführen, hatte eine Gefolgschaft zusammengestellt, die der Welt die Größe dieses Königreichs vor Augen führen sollte: Dazu gehörten der Pianist und Komponist Sigismund von Neukomm, ein Schüler Haydns,[36] der berühmte Zeichner und Miniaturenmaler Jean-Baptiste Isabey,[37] zahlreiche Domestiken und Lakaien sowie eine Küchenmannschaft, in der allerdings – entgegen aller Wahrscheinlichkeit und landläufiger Meinung – der berühmte Antonin Carême ganz offenbar nicht vertreten war.[38] Da man »schwere Dinge leicht und leichte Dinge schwer nehmen«[39] solle, wäre diese Maxime doch wohl auch zu Tische geboten. Der Tisch des französischen Gesandten sollte jedenfalls einer der prachtvollsten, festlichsten und am reichsten gedeckten am Platze sein. Am Ende hieß es über Talleyrand, er spiele in Wien den »Minister Ludwigs XIV.«[40]

Für die Ehrenbezeugung seines Hauses durfte er auf die Könnerschaft und den Charme seiner Nichte Dorothée de Périgord zählen, die möglicherweise bereits seine Mätresse war.[41] Neben diesen Vorzügen war die junge Dame von einundzwanzig Jahren, über die Lamartine sagen würde, sie sei »schön und trüb wie ein Stern am Ossianischen Himmel«,[42] noch von anderem Nutzen: als Tochter der höchst vermögenden Herzogin von Kurland, die eine gute Freundin Talleyrands – und ganz sicher einstmals dessen Mätresse –, aber auch des Zaren, des preußischen Königs und Metternichs war, und als Schwester von Metternichs Mätresse Wilhelmine von Sagan, von Johanna von Acerenza, der Gentz erfolglos den Hof machte, und von Pauline von Hohenzollern-Hechingen.[43] Dank ihres »lebhaften, sanften Blicks«,[44] »ihrer bezaubernden Anmut« und ihres »brillanten, verspielten Geistes«[45] eroberte sie das Herz eines jeden, der über die Schwelle des Palais

Kaunitz zu treten das Glück hatte. Ihr Onkel achtete sehr genau darauf, dass die Prinzipien des François de Callières zum Umgang in Gesellschaft, der Kunst des Empfangs, zu Tischmanieren und Etikette eingehalten wurden: »Um der Würde, die diesen Diensten [der Gesandten] innewohnt, Ausdruck zu verleihen, soll ein jeder mit einem solchen Amt Bekleidete liberal und prachtvoll erscheinen, zugleich wählerisch und entschlossen; prachtvoll in seiner Lebensart, seiner Livree und seiner Equipage; zu Tisch mögen Sauberkeit, Fülle und Feingefühl herrschen: und er möge reichlich Anlass zu Festen und Zerstreuungen geben [...].«[46]

Der Eklat

AN JENEM 23. SEPTEMBER 1814 gab es noch keine ausschweifende Soiree. Die Vier hatten mit der Arbeit am oben erwähnten Protokoll und der einleitenden Erklärung begonnen. Schon war das Gerücht im Umlauf, dass die darin genannten Vereinbarungen es ihnen erlauben würden, bei allen Arbeiten den Vorsitz zu leiten und somit den Kongress zu einem raschen Ende zu führen. Bei den ersten Besuchen, die Talleyrand seinen Kollegen abstattete, erklärte er unmissverständlich, diese Vorgehensweise erscheine ihm nicht geeignet, und er wünsche ebenfalls ein Wort mitzureden, zumindest in der Frage Deutschlands und Italiens, die Frankreichs Interessen unmittelbar betrafen. Anschließend besuchte er die Repräsentanten der »zweitrangigen« Mächte, um sich mit ihnen zu beraten. Insbesondere versicherte er sich der Unterstützung des spanischen Gesandten.

Der neunundfünfzigjährige Pedro Gómez Havelo, Marquis von Labrador, konnte allerdings weder seinen Kollegen noch dessen Land leiden. Der Berufsdiplomat war seit jeher eng vertraut mit Ferdinand VII., was ihm nach der sogenannten »Mausefalle von Bayonne« drei Jahre Hausarrest eingebracht hatte. Schließlich war er in die Junta von Cádiz eingetreten, von Februar 1813 an

v. Talleyrands Aufbegehren

Generalsekretär der Regierung und ab Anfang 1814 Staatsrat seines restaurierten Königs. Er verabscheute alles, was die Französische Revolution und den Antichrist Bonaparte befördert hatte. In diese Kategorie gehörte für ihn auch Talleyrand. Dennoch war Labrador entschlossen, Spaniens »Rechte« in seinen Kolonien und in Italien zu verteidigen, wo seine Infanten auf verschiedenen Thronen saßen, und dazu setzte er auf Talleyrands Hilfe. Er wollte seine Bestrebungen mit denen seines französischen Standesgenossen bündeln, wozu sich bald die Gelegenheit ergab. Die beiden Männer wurden per Billett eingeladen, einer Versammlung der Vier »beizuwohnen«, auf der man ihnen mitzuteilen gedachte, wie der Kongress im Weiteren ablaufen sollte.[47]

Die erste große Szene des Kongresses ereignete sich am 30. September 1814 zwischen zwei und vier Uhr nachmittags. Die Einzelheiten kennen wir dank des Berichts, den der Fürst von Benevent an Ludwig XVIII. sandte[48] und der von anderen Zeitzeugen und dem Polizeibericht bestätigt wurde. In seinem Tagebuch fasste Gentz das Vorkommnis so zusammen: »Ministerkonferenz, zunächst unter den [Vier], dann mit Talleyrand und Labrador. Das Einschreiten dieser beiden Herrn hat unsere Pläne blindwütig durchkreuzt und zerschlagen. Sie haben Einspruch gegen die von uns gewählte Form erhoben und uns zwei Stunden lang auf das Heftigste traktiert. Diese Szene werde ich mein Lebtag nicht vergessen.«[49]

Talleyrand, der mit Labrador in Metternichs Arbeitszimmer geführt worden war, stand dort dem österreichischen Kanzler, Castlereagh, Nesselrode, Gentz, Hardenberg und Humboldt gegenüber. Er zeigte sich verwundert, dass weder der schwedische noch der portugiesische Gesandte zugegen war, die ebenfalls zu den Unterzeichnern des Pariser Friedens zählten. Diese erste Irritation wussten seine Verhandlungspartner noch zu besänftigen, indem sie darauf hinwiesen, dass es sich um ein inoffizielles Treffen handele und nur »erstrangige« Mächte geladen seien. Zweite Watschen: Talleyrand wunderte sich darüber, dass Hum-

Der Eklat

boldt an der Versammlung teilnahm. Man erklärte ihm, er sei Hardenberg zu Hilfe, da dieser ein schlechtes Gehör habe. In unverblümter Anspielung auf seinen eigenen Hinkefuß entgegnete Talleyrand: »So hat jeder seine Schwachstelle.« Sogleich wurde ihm zugesichert, er dürfe sich das nächste Mal von Dalberg begleiten lassen. Nach den Vorspeisen ging es sodann ans Hauptgericht.

Talleyrand und Labrador wurde der Text des Protokolls vom 22. September ausgehändigt. Die beiden Männer, die den Inhalt sicher bereits kannten, nahmen sich dennoch ausführlich Zeit, um ihn zu studieren, und mimten Verwunderung. In einigen Paragrafen tauchte das Wort »Verbündete« auf. Der Spanier fragte, was damit gemeint sei und »zu welchem Zweck es diese Koalition gab«. Sodann erklärte er: »Wenn sie sich gegen Napoleon richtete und für die Rettung Europas, gehörte Spanien als erstes Land zu dieser Koalition und war nicht aus Gnade zu den Sitzungen der anderen verbündeten Minister einzulassen, sondern von Rechts wegen.«[50] Der französische Repräsentant gebärdete sich seinerseits entrüstet und legte dar, wo es Verbündete gebe, da gebe es auch einen Feind. Frankreich aber befinde sich im Frieden mit den Siegern, und der Begriff »Verbündete« sei im Mindesten unangemessen, wenn nicht verletzend. Castlereagh setzte zu einem Beschwichtigungsversuch an: Der Begriff sei im Protokoll allein aufgrund seiner Kürze und Einfachheit verwendet worden. Er erhielt bissig zur Antwort: Kürze dürfe nicht »auf Kosten der Genauigkeit gehen«. Woran sich die nicht von der Hand zu weisende Frage anschloss: »Mit welchem Recht gestatten Sie sich als Repräsentanten verschiedener Mächte, den Vorsitz zu übernehmen und ein Protokoll zu verfassen, während der Kongress noch nicht einmal offiziell eröffnet ist?« Darauf folgte verlegene Stille.

Nachdem er sich damit einen klaren Vorteil erspielt hatte, ging Talleyrand zum Angriff über. Er lehnte die Bedingungen des Protokolls rundweg ab. Ihm seien nur zwei Daten bekannt: der 30. Mai 1814, an dem die Entscheidung getroffen worden sei,

v. Talleyrands Aufbegehren

einen Kongress anzuberaumen, und der 1. Oktober 1814, an dem dieser Kongress ursprünglich hatte beginnen sollen. Seiner Ansicht nach sei nichts, was zwischen diesen beiden Daten geschehe, gegenüber den Unterzeichnern des Pariser Friedens wirksam. Ansonsten hieße dies, den Kongress selbst überflüssig zu machen oder sich in ein »Meer von Streitigkeiten« zu begeben. Dann brachte er ein Argument in Anschlag, das Castlereagh und Metternich in den Ohren klingeln musste: »Wäre ich nicht hier, so würde ich Ihnen schmerzlich fehlen. Ich bin vielleicht der Einzige, der nichts fordert. Allein Ihre Rücksichtnahme wünsche ich mir für Frankreich [...]. Europas allererstes Bedürfnis muss es sein, mit der Meinung aufzuräumen, man könne sich allein durch Eroberungen Rechte verschaffen und das heilige Prinzip der Legitimität wiederaufleben lassen, das für Ordnung und Stabilität sorgt [...]. Wenn, wie bereits die Kunde geht, einige privilegierte Mächte mit diktatorischer Gewalt auf den Kongress einzuwirken versuchen, so muss ich entgegnen, dass ich in dieser Versammlung keine oberste Gewalt erkenne und den hier vorgebrachten Vorschlägen keinerlei Beachtung schenken werde.« Talleyrands Worte erschütterten seine Gesprächspartner derart, dass sie fast ohne Diskussionen eingestanden, das Protokoll vom 22. September sei möglicherweise eine Totgeburt. Sie baten Talleyrand und Labrador, sich zumindest zu ihrer Erklärung zu äußern, was diese ablehnten, noch ehe sie überhaupt deren Wortlaut kannten. Alle Verhandlung war damit blockiert, und so ging man auseinander.

Am Abend ließ Talleyrand den Vier eine offizielle Note zukommen, in der er die Leitung des Kongresses durch die acht Unterzeichner des Pariser Friedens forderte. Deren Autorität solle zudem durch ein Votum aller in Wien anwesenden Delegationen bestätigt werden.[51]

Am 2. Oktober 1814 wurden der Fürst von Benevent und der Marquis von Labrador erneut empfangen.[52] Die Atmosphäre war wieder gespannt. Humboldt nannte die Note eine »zwischen die

Der Eklat

Kongressmitglieder geschleuderte Brandfackel«. Castlereagh war entrüstet, dass Talleyrands Text offiziell und nicht als »Verbalnote«[53] überbracht worden sei, obwohl das erste Treffen nur einen informellen Charakter gehabt habe. Nesselrode warf dem französischen Repräsentanten vor, einen Keil zwischen die Sieger und Hardenberg treiben zu wollen, um die linke Rheinseite behalten zu können. Talleyrand verwehrte sich gegen derlei Anschuldigungen und wünschte nur über die Form zu sprechen. Er schlug vor, das Treffen auf einen späteren Zeitpunkt zu verschieben. Der Vorschlag wurde akzeptiert. Metternich und Castlereagh wollten in diesem Stadium der Verhandlung ebenfalls über keine anderen Fragen als die zur Vorgehensweise während des Kongresses debattieren.

Im Hinausgehen erläuterte Talleyrand seine Position dem Zaren. Diesmal konnte er nicht umhin, sich auf das Gebiet der konkreten Forderungen zu wagen und die territorialen Ansprüche Russlands zu thematisieren. Das Gespräch ging, wie man sich denken kann, gründlich schief. Als Alexander insistierte, er werde die Gebiete behalten, die er besetzt habe, musste er sich die Antwort gefallen lassen: »Eure Majestät werden nur behalten, was ihr dem Gesetze nach gehört [...]. Bei mir steht das Recht an erster Stelle, erst dann folgen die Gewohnheiten.« Beinahe hätte der französische Minister, der seine Rolle mit großer Emphase spielte, mit dem Kopf gegen die Wandverkleidung gehämmert, als er aufstöhnte: »Unglückliches Europa!«[54] Diesmal war es Alexander, der dem Gespräch ein Ende setzte: Er bedauere, auf einem Empfang erwartet zu werden, dem er leider nicht fernbleiben könne.

In den nächsten Tagen trieb Talleyrand seine Offensive ohne Unterlass voran und suchte die Unterredung mit zahlreichen kleineren Mächten, um sich deren Unterstützung zu versichern. Schlussendlich verkündete er den paralysierten Vier, er werde die Verschiebung der Kongresseröffnung auf den 1. November nur unter der Bedingung akzeptieren, dass seinen Forderungen nachgegeben werde. Insbesondere müssten Friedrich August nach Sachsen zurückkehren und Murats Repräsentanten vom Kongress ausgeschlossen werden. Plötzlich war es nun Talleyrand, der Fragen von Form und Inhalt verband. Er hatte seine Gesprächspartner endgültig schwindlig geredet!

Ein provisorischer Sieg

DIE ARBEIT DER »VIER PLUS ZWEI« wurde am 5. Oktober 1814 fortgeführt. Gentz nannte die Konferenz »sehr bewegt und sehr denkwürdig«.[55] Das nächste Treffen war am 8. Oktober. Kurz nach acht Uhr abends, Talleyrand war gerade ins Gespräch mit Metternich vertieft, wurde den beiden Männern mitgeteilt, dass die anderen Minister sie im Nebenraum erwarteten. Diesmal waren auch die Repräsentanten Schwedens und Portugals zugegen. Obwohl Talleyrand damit einen Teilsieg errungen hatte, misstraute er den neuen Teilnehmern: Der eine, Löwenhielm, stand hinter den Russen,[56] der andere war in den Händen seiner Landesherren, der Engländer. Man sprach über die Verschiebung des Kongresses. Talleyrand hatte einen Text für eine einleitende Erklärung verfasst, der aber verworfen wurde. Stattdessen wurde Metternichs Vorschlag angenommen – in dem tatsächlich kein Wort mehr aus dem Protokoll oder der ursprünglichen Erklärung zu finden war.

Um die Spaltung seiner Verhandlungspartner weiterzutreiben, forderte Talleyrand den Zusatz, die Organisation des Kongresses solle »nach den Prinzipien des Völkerrechts« erfolgen. Damit war der nächste Sprengsatz gezündet. Hardenberg verlor als Erster die Beherrschung. Er fuhr auf, stemmte »beide Fäuste auf den Tisch« und stieß »fast drohend« aus: »Nein, Monsieur, des Völkerrechts? Das braucht es nicht! Warum sollten wir hinzufügen, dass wir gemäß dem Völkerrecht handeln werden? Das muss man wohl nicht ausdrücklich betonen!« Der Repräsentant

Ein provisorischer Sieg

Ludwigs XVIII. entgegnete in aller Gemütsruhe: »Aber es ist noch eindrücklicher, wenn man es betont.« Jetzt fuhr Humboldt dazwischen: »Welche Rolle spielt denn hier das Völkerrecht?« Hochmütig erwiderte Talleyrand: »Sie selbst verdanken ihm, dass Sie hier sein dürfen.«[57] Handgreiflich würde man wohl nicht werden, aber der Ton war mittlerweile sehr laut. Da griff Castlereagh ein. Er nahm den französischen Repräsentanten beiseite und bat ihn, nicht noch mehr Öl ins Feuer zu gießen. Dann erhob er selbst das Wort, um die Gemüter zu beruhigen, »ein solider, stiller Mann, sehr gut denkend, bedacht und langsam redend«.[58] Gentz gestand seinerseits ein, dass es nicht hinderlich wäre, das Völkerrecht zu erwähnen, ganz im Gegenteil. Am Ende entschied Metternich: Man würde in den Text aufnehmen, was Talleyrand wünschte, ohne aber gänzlich auf die verabredete Art der Organisation zu verzichten.

Am 12. Oktober 1814 wurde die Erklärung zur Verschiebung des Kongresses veröffentlicht, unterzeichnet nicht von den großen Vier, sondern von den acht Mächten, die auch den Pariser Frieden ausgehandelt hatten:

> Die bevollmächtigten Minister der Höfe, von denen am 30. Mai 1814 der Pariser Friedenstraktat unterzeichnet wurde, haben den 32sten Artikel desselben, durch welchen bestimmt war, dass die von einer und der andern Seite in dem letzten Kriege begriffen gewesenen Mächte, Bevollmächtigte nach Wien schicken sollten, um auf einem allgemeinen Kongress die zur Vervollständigung jenes Traktats erforderlichen Maasregeln festzusetzen, in Erwägung gezogen und nach reifem Nachdenken über die daraus entspringenden Verhältnisse und Pflichten erkannt: dass es ihre erste Sorge sein musste, zwischen den Bevollmächtigten sämmtlicher Höfe freie und vertrauliche Erörterungen einzuleiten. Zugleich aber sind sie zu der Überzeugung gelangt, dass es dem gemeinschaftlichen Interesse aller Teilnehmer an-

gemessen sein wird, eine all gemeine Zusammenberufung ihrer Bevollmächtigten bis auf den Zeitpunkt zu verschieben, wo die von ihnen zu entscheidenden Fragen den Grad von Reife gewonnen haben werden, ohne welchen ein mit den Grundsätzen des Völkerrechts, den Stipulationen des Pariser Friedens und den gerechten Erwartungen der Zeitgenossen möglichst übereinstimmendes Resultat nicht zu erreichen sein würde. Die förmliche Eröffnung des Kongresses ist demnach bis auf den 1. Nov. ausgesetzt worden, und die obgedachten bevollmächtigten Minister leben der Hoffnung, dass die in der Zwischenzeit vorzunehmenden Arbeiten, zur Berichtigung der Ideen, zur Ausgleichung der Ansichten und zur Beförderung des großen Werkes, welches der Gegenstand ihrer gemeinschaftlichen Sendung ist wesentlich beitragen werden.[59]

Das Aufbegehren Talleyrands, des »Ministers eines soeben erst wieder inthronisierten Hauses, der zwischen einem Frankreich ohne persönliche Verbündete und ohne verfügbare Streitkräfte und dem riesigen Apparat der Koalition«[60] stand, rief »bei allen zweitrangigen Staaten große Genugtuung«[61] hervor. Die Vier hatten einen Rückzieher gemacht: »Was an diesem ersten Zusammenstoß auffällt, ist die Schwäche der vier verbündeten Höfe«, kommentiert ein Historiker. »Sie sind die Sieger, sie halten mit ihren Armeen ganz Europa besetzt: auf den ersten Einwand hin ziehen sie ihre erste Note zurück und bringen eine zweite, bescheidenere zum Vorschein.«[62] In der Wiener Öffentlichkeit wunderte man sich darüber, mit welch energischer Haltung die französische Delegation auftrat.[63] Doch Talleyrand hatte die anderen Teilnehmer durch sein beispielhaftes Auftreten ermutigt. So beraumten die deutschen Delegierten ein Treffen an, um eine gemeinsame Position zu erarbeiten und Metternich um eine Audienz zu bitten, die ihnen für den 15. Oktober 1814 gewährt wurde. Als deren Ausgang stand für sie die Gewissheit, dass nicht über die Einteilung und Organisation der deutschen Gebiete gesprochen würde, ohne zumindest ihre Meinung anzuhören.

Als Ludwig XVIII. vom Fortgang der Ereignisse erfuhr, ließ er seinem Gesandten ausrichten, er sei »wahrhaft zufrieden«. Talleyrand habe »genau die richtige Haltung« eingenommen. Und er fügte hinzu: »Zu verhindern, dass die ehrgeizigen Vorhaben Russlands und Preußens von Erfolg gekrönt sind, muss unser oberstes Ziel sein.«[64] Hardenberg und Nesselrode kochten vor Wut. Castlereagh berichtete Wellington, wie erstaunt er selbst sei: »Es stand den Bourbonen, die von den Verbündeten restauriert worden waren, nicht zu, sich in die von den Verbündeten getroffenen Verabredungen einzumischen.«[65] Metternich wiederum »war zweifellos zufrieden, daß er Zeuge solcher Mißstimmungen war, die seine eigenen Handlungen erleichtern würden.«[66] Der niederländische Repräsentant Gagern war wie viele andere beunruhigt über die Wendung der Ereignisse: »Alle sind wütend auf Frankreich – – – was notwendigerweise zu Feindseligkeit führen wird; eine Feindseligkeit wird die nächste nach sich ziehen; und ich weiß nicht, wohin das noch führen soll.«[67] In den folgenden Stunden und Tagen versuchten Talleyrands Männer, weiter Vorteil aus dem Eklat zu schlagen. Sie wollten noch mehr Verwirrung stiften, ohne es sich aber mit den Mächten, auf deren Hilfe sie bauen konnten, zu verscherzen. Wie ein Agent sogleich Baron Hager mitteilte, erklärte La Tour du Pin auf einer Soiree in ziemlich entschiedenem Ton: »Frankreich wünscht allein ein Gegengewicht gegen Russland. Vor vielen Jahrhunderten hat sich das Christentum gegen die Muselmanen verbündet, warum nicht jetzt gegen die [...] Barbaren des Nordens?«[68] In die gleiche Kerbe schlug Talleyrand, als er sich im Salon des Fürsten von Ligne in Verwünschungen gegen den Zaren erging und sodann auf einem Diner versicherte, er wolle sich in keiner Weise in die deutschen Angelegenheiten einmischen – um gleichzeitig zu drohen, Wien noch vor dem 1. November zu verlassen, wenn man seine Positionen nicht stärker berücksichtige.[69]

VI.
Die Organisation des Kongresses

WIE DIE ANSTEHENDE ARBEIT auf dem Kongress genau organisiert werden sollte, war also noch immer nicht geklärt. In den Tagen vor der offiziellen Eröffnung, die nunmehr auf den 1. November 1814 datiert war, gab es noch einmal zahlreiche Beratungsgespräche – so zahlreich, dass es den Spionen des Barons Hager größte Schwierigkeiten bereitete, Bericht darüber zu erstatten, wer sich alles mit wem traf und was von wem gesagt wurde. Zudem mussten die Aussagen nach Ernst und Wichtigkeit geordnet und interpretiert werden. Als jene Erklärung veröffentlicht wurde, der sich Talleyrand so vehement in den Weg gestellt hatte, gab dieser an seine Kollegen eine offizielle Erwiderung aus: »Die Erklärung [vom 8. Oktober] ist, da sie die Motive erörtert, die zu einem Aufschub der Eröffnung des Wiener Kongresses führen, erster Garant für den Geist der Besonnenheit, der die Arbeiten der versammelten Bevollmächtigten leiten wird. In der Tat muss die vormundschaftliche Autorität der Prinzipien des Völkerrechts aus der Reife der Entscheidungen und der Beruhigung der Leidenschaften heraus erfolgen. Auf diese Weise wird die gerechte Erwartung der Zeitgenossen erfüllt werden und [...] ein Ergebnis erzielt werden, das den Anforderungen entspricht, die das Menschenrecht und das universelle Recht des Gesetzes an die Nationen untereinander stellt [...]; Frankreich wird seinen Beitrag zu allen Verabredungen leisten, die geeignet sind, den allgemeinen Frieden zu festigen.«[1] Trotz des fast triumphal zu nennenden Untertons war der französische Gesandte realistisch genug, zu wissen, dass er die Partie damit nicht für sich entschieden hatte. Die Vier würden seine Errungenschaften leichthin wieder zunichtemachen können – und genau das sollte dann auch tatsächlich geschehen.

vi. Die Organisation des Kongresses

Nachdem sich die Minister der vier Großmächte von Talleyrands Verhandlungsgeschick hatten übertölpeln lassen, entschieden sie sich zu einigen äußerlichen Zugeständnissen, die jedoch im Grundsatz nichts änderten: nicht an ihrer Verbindung untereinander, und auch nicht an ihren – nunmehr bisweilen geheimen – Gesprächen, in denen sie gemeinsame Beschlüsse fassten, die anschließend den anderen Unterzeichnern des Pariser Friedensvertrags mehr oder weniger aufzuzwingen wären. Sie würden das Spiel also mitspielen und Frankreich in ihren Kreis aufnehmen, jedoch nur um den äußeren Anschein zu wahren.

Nach einem Treffen der acht Siegermächte bestätigte der schwedische Delegierte Löwenhielm diese Taktik in einem Brief an seine Regierung: »Die Großmächte [...] haben erklärt, dass sie ihre Abmachungen keiner wie auch immer gearteten Versammlung zur Begutachtung vorzulegen gedenken, weder dem vorbereitenden Rat noch dem allgemeinen Kongress.«[2] Im Klartext hieß das: Die Gruppe der Vier würde mitnichten durch ein Achterkomitee ersetzt, sondern einfach nur vom Licht in den Schatten treten oder, wie Metternich es formulierte, »informell und vertraulich« werden.

Natürlich ließ sich niemand davon täuschen. Aber es konnte auch niemand eine Verletzung der Prinzipien geltend machen, die in der Erklärung vom 8. Oktober 1814 dargelegt waren. Im Übrigen hatten die Vier beschlossen, die Arbeit nicht in zwei geschlossenen Komitees anzugehen, sondern mehrere Komitees mit veränderlicher Besetzung einzurichten – immer unter dem Vorsitz der Vier.

In jedem Komitee würden Briefe, Memoranden,[3] offizielle und Verbalnoten ausgetauscht, bis eine Einigung erzielt wäre, welche erst mit der Zustimmung der Vier ihre letzte Gültigkeit erlangte. Bei dieser formalen Vorgehensweise waren somit weder direkte Treffen noch vertrauliche Gespräche während der Festlichkeiten noch Kungeleien hinter den Kulissen ausgeschlossen. Gleichzeitig wurde Talleyrand formal Genüge getan: Das »Völ-

VI. Die Organisation des Kongresses

kerrecht« würde eingehalten und eine »Haltung der Besonnenheit« eingenommen.

In den ersten Wochen verlief der Kongress nach diesem Modell reibungslos. Doch dann führte die Frage Sachsens und Polens in eine Krise, die die Beziehung zwischen Russland und Preußen auf der einen und Österreich und England auf der anderen Seite ins Wanken brachte. Und damit stand der gesamte Kongress auf dem Prüfstand.

Nun erinnerten sich Metternich und Castlereagh daran, dass ihnen möglicherweise die französische Delegation von Nutzen sein könnte: »Talleyrands erstes taktisches Ablenkungsmanöver verfehlte sein Ziel, da es, um eine Koalition zu sprengen, mehr bedarf als nur der Anprangerung eines logischen Widerspruches«, erklärt Henry Kissinger. »Ehe er sich als gleichwertiger Verhandlungspartner verstehen durfte, musste Talleyrand vor allem abwarten, bis der Anspruch auf ein gutes Gewissen, der jeder Koalition anhaftet, in den Kämpfen der Koalitionäre untereinander untergegangen wäre.«[4] Die Krise sollte jedoch nicht nur Talleyrands Position erstarken lassen, da nun ein Fünferkomitee eingerichtet wurde, sondern auch die Großmächte zu einer Art »Multilateralismus« zwingen. Sie sahen sich genötigt, die anderen Delegationen häufiger zu Rate zu ziehen, wenngleich sie ihre eigenen Vorrechte selbstverständlich nicht aufgaben. Jetzt konnte der »wahre Kongress«[5] beginnen, wie Charles Webster es formuliert. Ein nur allzu treffendes Diktum, wenn man sieht, wie intensiv und mit welch erstaunlichen Ergebnissen die Arbeit nach jenem schicksalsträchtigen Januar 1815 fortgeführt wurde, in dem nach Gagerns Einschätzung der nächste Krieg vor der Tür stand.

Das Direktorium und die verschiedenen Kommissionen

IM LAUFE DER DISKUSSIONEN hatten sich elf Komitees von unterschiedlicher Größe und Zusammensetzung herausgebildet, die Fragen zu diversen Staaten behandeln, Schwierigkeiten beseitigen, rechtliche Fragen klären und praktikable Lösungen erarbeiten sollten. Erstes Ziel war, die Mächte ersten Ranges in deren Arbeit zu entlasten und Grundlagen für eine Einigung zu legen. Natürlich würden die Vier nach wie vor keine Entscheidung aus der Hand geben; mehr noch: Alle territorialen Fragen, die bereits im Pariser Frieden oder einer der nachfolgenden Vereinbarungen geregelt worden waren, sollten ihre alleinige Zuständigkeit bleiben. Das galt für die neuen Grenzen Frankreichs ebenso wie für die Wiedererrichtung Illyriens, die Übergabe großer Teile Norditaliens in Österreichs Schoß oder die Gründung und Stärkung des Königreichs der Niederlande. Andere brennende Fragen wie die der Zukunft der Kolonien und natürlich Polens und Sachsens wurden nur en passant den Ausschüssen vorgelegt. Damit blieb die Klärung der Sachfragen größtenteils in Händen der österreichischen, preußischen, englischen und russischen Delegationen. Zwar gestatteten sie Frankreich, Spanien, Schweden oder Portugal, an der einen oder anderen Sitzung teilzunehmen, machten dabei aber stets deutlich, dass sie ihren Führungsanspruch nicht preisgeben würden.[6] Sechs Ad-hoc-Ausschüsse befassten sich mit Fragen der Grenzziehung und der Souveränität, sie betrafen Deutschland, die Schweiz, Genua, die Toskana und das Herzogtum Bouillon. Hinzu kam eine Statistische Kommission, die Volkszählungen durchführen sollte, um die Umverteilung der Gebiete gerecht zu gestalten. Drei weitere Ausschüsse sollten sich mit übergreifenden Fragen beschäftigen: zur Abschaffung des Sklavenhandels, freiem Flussverkehr und der diplomatischen Rangfolge. Als man die Zeit für gekommen hielt, wurde zuletzt eine Redaktionskommission ins Leben gerufen, um die ausgehandelten Abmachungen in die rechte Form zu bringen.

Das Direktorium und die verschiedenen Kommissionen

Die Vier waren in allen Instanzen, im Direktorium ebenso wie in allen Ausschüssen, vertreten. Frankreich war immerhin Teilnehmer in acht der elf Kommissionen, was sich für einen Kriegsverlierer nicht allzu schlecht ausmachte. Zahlreiche Zwischenfälle begleiteten die Bildung der Kommissionen. Die »Mächte zweiten Ranges« wiederholten unnachgiebig ihre Forderung, einen Sitz in jenen Kommissionen zu erhalten, die ihre eigenen Angelegenheiten betrafen. Dem wurde nicht immer stattgegeben.

Der Spanier Labrador beschwerte sich bei jeder Gelegenheit darüber, wie wenig Beachtung seinem Land geschenkt wurde. Spanien habe sich als erstes Land, das sich gegen Napoleon auflehnte, doch wohl sehr um Europa verdient gemacht. Er werde »nicht die Marionette spielen«[7] und verlangte die vollumfängliche Restauration seines Herrn Ferdinand VII. auf dem Kontinent und in den südamerikanischen Kolonien – die im Begriff waren, sich von ihrem Mutterland zu emanzipieren –, zudem die Rückgabe der »Rechte« Madrids an einigen italienischen Fürstentümern, die Rückkehr der Bourbonen nach Parma und Neapel und sogar eine Neuverhandlung über die ehemalige spanische Kolonie Louisiana, die 1801 an Frankreich abgetreten und zwei Jahre später an die Vereinigten Staaten verkauft worden war. Wenn die Gäule ganz mit ihm durchgingen, drohte Labrador gar, den Kongress im Alleingang zu sprengen. Letztlich aber hatte seine Weigerung, die Schlussakte zu unterzeichnen, keine weiter reichenden Konsequenzen. Denn Talleyrand, der Labrador immer wieder ins Spiel brachte, um seine eigenen Ziele durchzusetzen, hatte den Spanier inzwischen »vor der Tür« stehen gelassen, um in Coopers Bild zu bleiben. Währenddessen waren die anderen Delegationsleiter mehr und mehr dazu übergegangen, Labrador als einen unleidigen Verhinderer anzusehen – Wellington bezeichnete ihn gar als den »schlimmsten Kopf des ganzen Kongresses«.[8]

Die beiden »deutschen« Ausschüsse

DAS GEOGRAFISCH wie politisch »zentrale« Thema – die deutschen Angelegenheiten – war so komplex, dass gleich zwei nacheinander tagende Ausschüsse eingerichtet wurden.[9]

Der erste »Ausschuss für die deutschen Angelegenheiten« wurde bereits vor der offiziellen Eröffnung des Kongresses ins Leben gerufen.[10] Wochenlang hatten die preußischen und österreichischen Delegierten Noten, Memoranden und Vorhaben lanciert, die zu einer beträchtlichen Verwirrung der Lage geführt und die »Mächte zweiten Ranges« wie Bayern, Baden oder Württemberg hatten Sturm laufen lassen – ganz zu schweigen von Sachsen, das nicht einmal offiziell auf dem Kongress vertreten war und dessen in Gefangenschaft befindlicher Herrscher die Krone zu verlieren drohte. Angesichts all der ungeklärten Fragen auf diesem Teil des Kontinents hatte dieser erste Ausschuss eine Menge zu tun, um Licht in die Sache zu bringen.

Da die Vier es als unmöglich erachteten, »sich mit allen Staaten gemeinsam zu einigen«, entschieden sie die Aufnahme von nur fünf Ländern: Österreich, Preußen, Hannover, Bayern und Württemberg. Obwohl Frankreich als Nachbarland von der Neuordnung Deutschlands direkt betroffen war, wurde es nicht hinzugebeten. Das bedeutete auch das Ende einer diplomatischen Strategie, die auf einen unorganisierten deutschen »Körper« setzte, innerhalb dessen Frankreich seinen Interessen nachgehen konnte.

Der Zar, der gern als Deutschlands »Beschützer« auftrat, verzichtete seinerseits freiwillig auf die Teilnahme an diesem Komitee, als Zeichen seines guten Willens und um sich in Polen in Stellung zu bringen. Die Engländer würden in jedem Fall ein Auge auf die Entwicklungen haben, in Gestalt des Hannoveraner Delegierten Münster.[11] Metternich und Wessenberg repräsentierten Österreich, Hardenberg und Humboldt Preußen. Bayern wurde von Carl Philipp von Wrede vertreten, Württemberg von Franz von Linden. Als Sekretär wurde der Hannoveraner Martens bestimmt. Die anderen deutschen Staaten konnten mittels Noten in die Debatten eingreifen, was sie auch ausgiebig taten; gelegentlich gab es direkte Anhörungen.

Gemäß dem Protokoll zur Einsetzung des Ausschusses sollte dieser »die Prinzipien zur Schaffung eines künftigen [Deutschland] erarbeiten, auf der Grundlage des Rechts und der deutschen Umstände und Freiheit«. Dieser letzte Zusatz war eine – allerdings kaum – verschleierte Umschreibung, dass sich Frankreich aus den deutschen Fragen herauszuhalten habe. Der Ausschuss nahm seine Arbeit am 14. Oktober 1814 auf und veranstaltete dreizehn Plenarsitzungen, von denen acht vor der offiziellen Kongresseröffnung stattfanden.[12] Anfang Januar 1815 wurde er jedoch wieder aufgelöst, da die Vier bzw. Fünf aufgrund der dramatischen Entwicklungen die Frage selbst in die Hand nehmen wollten. Erst nachdem die Krise abgewendet war, konnte man wieder in ruhigeren Fahrwassern verhandeln. Doch Napoleons Rückkehr trübte schon den Horizont, so dass die Gestaltung des deutschen »Körpers« zuletzt in aller Eile abgeschlossen werden musste.

Ab dem 23. Mai 1815 tagte eine »Konferenz zur Errichtung des Deutschen Bundes«. Darin ging es um die Abfassung eines gewissermaßen konstitutionellen Textes, der einen Ausgleich zwischen den preußischen und österreichischen Vorstellungen schaffen sollte. Diese Kommission umfasste weit mehr Teilnehmer: zwei Repräsentanten für Österreich (Metternich und Wessenberg), zwei für Preußen (Hardenberg und Humboldt), zwei für Württemberg (Wintzingerode und Linden), einen für Bayern (Rechberg), einen für Hessen-Darmstadt (Turckheim), einen für Baden (Berstett), einen für Hannover (Münster), einen für die Niederlande (Gagern), einen für Dänemark (Bernstorff), fünf Repräsentanten freier Städte oder Duodezfürsten (Plessen, Keller, Minckwitz, Schmidt und Berg) sowie neuerdings zwei sächsische Bevollmächtigte (Schulenburg und Globy). Nach Napoleons Rückkehr und der Flucht Ludwigs XVIII. verlor Frankreich seinen ursprünglich zugestandenen Sitz. Dieser Ausschuss tagte elf Mal und stellte eine Verfassung für den Deutschen Bund vor, die am 10. Juni 1815 unterzeichnet wurde.

Weitere territoriale Fragen

FÜR VIER ANDERE KOMPLEXE GEBIETSFRAGEN wurden ebenfalls Ausschüsse gebildet: ein Komitee für die Eidgenossenschaft, zwei für spezielle Punkte in der Neugestaltung Italiens und eines zur Frage des Herzogtums Bouillon.

Das »Komitee für die Eidgenossenschaft« wurde am 14. November 1814 einberufen und sollte über das Schicksal der Helvetischen Konföderation befinden. Es bestand aus »Mächten, die an den schweizerischen Angelegenheiten Anteil haben«, sprich: Österreich (Wessenberg), Preußen (Humboldt), England (Stewart und Stratford-Canning) und Russland (Kapodistrias). Auch hier tagten also wiederum die Vier, Anfang 1815 durch den Franzosen Dalberg ergänzt. Die Schweizer Kantone, die in Wien von Hans von Reinhard[13] vertreten wurden, durften keinen Repräsentanten in das Komitee entsenden, zumindest aber ihre Meinung äußern. Es waren ein gutes Dutzend Plenarsitzungen notwendig, bis die künftige Gestaltung der Schweiz unter Dach und Fach war, wobei interne Scharmützel der Eidgenossen an der Tagesordnung waren.

Die Neugestaltung Italiens war bereits im Pariser Frieden und einigen nachfolgenden Vereinbarungen in groben Zügen dargestellt worden. Die genauen Zuschnitte der Gebiete und Einflussbereiche machten die Vier bzw. Fünf unter sich aus. Ebenso verfuhren sie mit den Forderungen des Heiligen Stuhls und der heiklen Frage, ob Murat auf dem Thron von Neapel verbleiben solle. Darüber hinaus wurden für zwei spezielle Fragen Spezialkomitees gebildet.

Weitere territoriale Fragen

Die »Genua-Kommission« trat erstmals am 13. November 1814 zusammen. Sie bestand aus einem Repräsentanten Sardiniens (Saint-Marsan) sowie Bevollmächtigten der Fünf (Dalberg, Clancarty, Kapodistrias, Wessenberg und Humboldt). Befassen sollte sie sich einerseits mit dem Schicksal der ehemaligen Republik Genua, andererseits mit verschiedenen territorialen Zwistigkeiten zwischen dem Königreich Sardinien, Frankreich und der Schweiz. Sie beendete ihre Arbeit im Frühjahr 1815. Ligurien, das seit 1805 zu Frankreich gehörte, sollte gemäß einem Geheimartikel des Pariser Friedensvertrags dem König von Sardinien, Viktor Emanuel I., zugesprochen werden.[14] Eine Genueser Delegation, die vom Marquis de Brignole Sale angeführt wurde und die provisorische Regierung repräsentierte, welche nach dem Abzug der Franzosen gebildet worden war, wurde zeitweilig eingelassen, um ein Memorandum vorzutragen, anschließend jedoch wieder hinauskomplimentiert. Die zweite Instanz, die sich mit Italien befasste, war das »Toskanische Komitee«, das im Dezember 1814 einberufen wurde.[15] Dessen Arbeit bestand allerdings nur im Austausch von Noten, die die Teilnehmer in kurzen Versammlungen besprachen. Das ehemalige Herzogtum im österreichischen Dunstkreis, das als Königreich Etrurien unter spanischem Einfluss stand und 1807 an Frankreich ging, sollte einen neuen Souverän erhalten. Die Kandidatur der napoleonischen Großfürstin Elisa Bonaparte wurde ohne Diskussion abgelehnt.[16] Die Repräsentanten Österreichs (Wessenberg), Frankreichs (Noailles), Spaniens (Labrador), Englands (Clancarty) und Russlands (Nesselrode) beschlossen, die Gebiete an den ehemaligen Großherzog Ferdinand von Habsburg zurückzugeben, der von 1790 bis 1801 dort geherrscht hatte, ehe er Kurfürst von Salzburg und Großherzog von Würzburg wurde. Labrador war sichtlich enttäuscht. Er hatte vergebens darauf gepocht, dass wieder ein Infant auf den toskanischen Thron gesetzt würde.[17]

Für die letzte territoriale Frage, die durch eine Ad-hoc-Kommission gelöst werden sollte, wurde im März 1815 die »Kommission zum Herzogtum Bouillon« einberufen. Dieses 1096 gegründete Herzogtum war 1793 von Frankreich annektiert worden. Der letzte Herzog, Jacques Léopold Charles Godefroy de La Tour d'Auvergne, war 1812 verstorben, ohne Nachkommen hinterlassen zu haben. Nach dem Pariser Frieden hatte England das Herzogtum an Philippe d'Auvergne, einen Admiral der britischen Flotte, auf dessen Verlangen zurückgegeben. Dieser Zustand wurde gleich zu Beginn des Kongresses von Charles Alain de Rohan-Montbazon de Guémené angefochten, der erster Erbe der La Tour d'Auvergne war. Noch komplizierter wurde die Lage durch die Forderungen des niederländischen Königs, der mittlerweile zum Großherzog von Luxemburg ernannt worden war. Dennoch war diese Frage von verschwindend geringer Bedeutung, verglichen mit all den anderen brennenden Fragen, die es auf dem Kongress zu lösen galt. Die Kommission, die aus Repräsentanten der Fünf bestand, übertrug ihr Stimmrecht an Humboldt, der einen Bericht verfassen sollte. Der preußische Diplomat holte Meinungen und Standpunkte ein, hörte die verschiedenen Parteien an und verfasste schließlich einen Text, der als Artikel 69 in die Schlussakte einging. Darin war das Prinzip der Souveränität Wilhelms von Oranien-Nassau über den größten Teil des Herzogtums verankert. Über den Rest des Landes sollte ein Schiedsspruch urteilen.[18] Dieser fiel im Juni 1816 und erkannte zwar das Patrimonialrecht an, nicht jedoch die Souveränität Rohan-Guéménés. 1831 schließlich wurde das Herzogtum dem Königreich Belgien angegliedert.

Seelenzählung

ALS »ÜBERGREIFENDE« INSTANZ von kapitaler Bedeutung wurde am 24. Dezember 1814 die »Statistische Kommission« gegründet. Sie sollte »die statistischen Grundlagen für die Arbeit der Mächte legen, um eine präzise Bestimmung der Gebiete vornehmen zu können, die Kaiser Napoleon und seine Verbündeten verloren hatten […], ohne dabei die Bestimmung dieser Gebiete zu berücksichtigen«.[19] Diese Kommission sah sich der Kritik der Zeitgenossen ebenso wie derjenigen zahlreicher Historiker ausgesetzt: Sie gehe vor »wie ein Fachmann, der einen Landbesitz in einzelne kleine Parzellen aufteilt, um diese dann an die Erben auszugeben«, weshalb die Souveräne »von ihren Untertanen nur deren Zahl und Besitz wissen wollten«.[20]

Die Idee zu einer solchen Kommission stammte von Castlereagh. Ursprünglich hatte er darin ein Mittel gesehen, um die Verhandlungen zur Zukunft Deutschlands voranzutreiben. »Objektive« Faktoren seien möglicherweise geeignet, zwischen Österreich und Preußen eine Einigung über die neuen Grenzziehungen in Deutschland zu erzielen, wobei hypothetisch eine Annexion Sachsens angenommen wurde. Talleyrand flüsterte Castlereagh ein, es sei ratsam, die Zählung auf alle napoleonischen Gebiete auszuweiten, was sogleich die Zustimmung des Briten fand. Metternich billigte den Vorschlag ebenfalls und sorgte dafür, dass die Vier diesen annahmen.

Über einunddreißig Millionen Europäer waren von der Zählung betroffen: 13,6 Millionen in den ehemaligen französischen Départements in Deutschland und Italien, 1,8 Millionen in den Illyrischen Provinzen, 6,7 Millionen im Königreich Italien, 170 000 in den italienischen Herzogtümern Lucca und Piombino, 187 000 auf den Ionischen Inseln, 300 000 im Großherzogtum Frankfurt, 4 Millionen im Herzogtum Warschau, 2,1 Millionen im Königtum Sachsen und 2 Millionen im Königtum Westfalen. Unmittelbarer ließ sich die Neugestaltung des aus Napoleons Fesseln befreiten Europas nicht greifen. Um diese Bevölkerungen – und damit natürlich die Gebiete, in denen diese lebten – umzuverteilen, musste man genau wissen, wovon man sprach. Und dazu bedurfte es präziser Listen.

Diese demografischen Studien waren von immenser politischer Bedeutung. Am besten lässt sich dies veranschaulichen,

vi. Die Organisation des Kongresses

wenn man einen Blick auf die betroffenen Gebiete wirft: 17 Millionen Deutsche, knapp 7 Millionen Italiener und 4 Millionen Polen waren kein geringes Streitobjekt, um das Preußen, Österreich und Russland in ihren Intrigenspielchen und Machtkämpfen rangen. Erzherzog Johann sagte dazu: »Es ist ein jämmerlicher Handel mit Ländern und Menschen! Napoleon haben wir und seinem System geflucht, und mit Recht […] und eben jene Fürsten, die dagegen kämpften, treten in seine Fußstapfen. Also kämpfte man bloß gegen seine Person und nicht gegen sein System.«[21] Im britischen Unterhaus warf der Abgeordnete Mackintosh der Regierung Liverpool aufgebracht vor, »das traurigste Schauspiel« gestattet zu haben. »Nie mochte man noch gesehen haben, wie leichtsinnig mit dem Wohl und Wehe von Tausenden gespielt wird.« Der frühere amerikanische Präsident Jefferson sah das Vorgehen der Kommission als »Schacher, gleich dem mit Vieh« an.[22]

Dabei hatten die Vier die Kommission gerade deshalb ins Leben gerufen, um derartiger Kritik entgehen zu können, indem sie ihren Entscheidungen einen rationalen Anstrich gaben. In das Gremium einberufen wurden Clancarty (England), Münster (Hannover, in den offiziellen Dokumenten jedoch als Repräsentant Englands genannt), Wessenberg und Wacken (Österreich), Jordan und Hoffmann (Preußen) und Anstett (Russland). Ein französischer Teilnehmer war ursprünglich nicht vorgesehen. Als Stewart die Mitteilung Talleyrand überbrachte, machte dieser dem Engländer eine wüste Szene und drohte erneut, den Kongress zu verlassen. Seiner Beschwerde wurde stattgegeben. Für Frankreich durfte Dalberg an den Verhandlungen teilnehmen. Mit Unterstützung zahlreicher Sekretäre, die von den Delegationen der Fünf abgestellt wurden, studierte die Kommission eine Unmenge an Noten, Memoranden und Einspruchsschreiben, hielt sechs Plenarsitzungen ab – von denen allein zwei den Zugeständnissen gewidmet waren, die Preußen in der Frage Sachsens gemacht werden sollten – und lieferte Metternich, Castlereagh,

Nesselrode, Hardenberg und Talleyrand harte Fakten für deren Schachereien.

Mit dem Vorschlag, die Zählung auf alle napoleonischen Gebiete auszuweiten, zwangen die Engländer und Franzosen ihre Verhandlungspartner aus Preußen und Österreich förmlich, die Zahlen in allen Verhandlungen zu Rate zu ziehen. Damit wurde die Volkszählung zum gefürchteten Druckmittel: Ein Zugewinn in Italien konnte als Ausgleich für Verluste in Deutschland gewertet werden, ein paar Sachsen, die dem einen weggenommen wurden, konnten mit den Polen, die dem anderen zugesprochen wurden, aufgerechnet werden und dergleichen mehr. Besser noch: Diese globale Zählung legitimierte indirekt das Eingreifen der Franzosen und Engländer in der Frage Sachsens, die Ende Dezember 1814 den Kongress in Aufruhr versetzte. Hardenberg hatte das bereits begriffen. Er gab eine Note ein, in der er erklärte, dass die Kommission »in keinerlei Diskussion zur künftigen Bestimmung der Länder eintreten durfte«.[23] Die Zählung solle allein für Deutschland gelten, darüber hinaus solle kein weiterer Ausgleich angestrebt werden. Doch für einen derartigen Rückzieher war es bereits zu spät, wie Talleyrand Ludwig XVIII. mitteilte: »Die Preußen haben, indem sie der Bildung einer Statistischen Kommission zugestimmt und ihre Bevollmächtigten entsandt haben, ganz offenkundig ihre Ansprüche und Hoffnungen Sachsen betreffend den Ergebnissen der Kommission unterstellt, und diese Ergebnisse werden, wie zu vermuten steht, für Sachsen günstig ausfallen.«[24]

Prinzipielle Fragen

DER WIENER KONGRESS war aber nicht nur ein Marktplatz, auf dem um Gebiete und Einfluss geschachert wurde. Die Diplomaten beschäftigten sich ebenso mit Fragen, die über die unmittelbaren Interessen der einzelnen Mächte hinausgingen. Zu

VI. Die Organisation des Kongresses

diesem Zweck wurden drei Spezialkomitees einberufen. Hinzu kam eine Arbeitsgruppe, die Schlussakte und Anhänge verfassen sollte.

Die »Sonderkommission zur Abschaffung des Sklavenhandels« begann ihre Arbeit am 20. Januar 1815. Hinter dem Vorstoß stand die britische Regierung, die nicht nur humanistisch gesinnt war, sondern mit der Frage auch wirtschaftliche Interessen verband, was die Zurückhaltung der anderen Kolonialmächte erklärte. England wollte eine rasche Lösung und eine sofortige Umsetzung des Verbots. Die anderen Staaten wünschten eine schrittweise Abschaffung des Sklavenhandels mit einer Übergangsfrist von fünf Jahren, wie sie auch im Pariser Friedensvertrag vereinbart war. Wochenlang wurde verhandelt, ohne dass man auch nur einen Schritt vorankam. Da griff Castlereagh beherzt ein. Nachdem er seinen Kollegen im Achterkomitee das Eingeständnis abgerungen hatte, »dass die Frage des Negerhandels nicht allein in ihrem Bezug auf dieses oder jenes regionale Interesse oder die Gesetzgebung in diesem oder jenem Land zu betrachten war, sondern als eine Frage, die die gesamte Menschheit betraf«,[25] erreichte er schließlich die Einrichtung einer besonderen Kommission. Sie bestand aus Repräsentanten der Unterzeichner des Pariser Friedensvertrags: Binder für Österreich – wobei Metternich in der ersten Sitzung präsidierte –, Castlereagh und Stewart für England, Talleyrand für Frankreich, Labrador für Spanien, Palmella, Saldanha de Gamba und Lobo für Portugal, Nesselrode für Russland, Humboldt für Preußen und Löwenhielm für Schweden. Dass auch Österreich und Preußen vertreten waren, stand symbolisch für den Wunsch aller Teilnehmer, die Debatte über das vordergründig Materielle hinauszuheben. Die Konferenz trat viermal in Plenarsitzungen zusammen; ihre Ergebnisse werden wir später genauer betrachten.

Die sogenannte »Schifffahrtskommission« wurde am 14. Dezember 1814 eingerichtet. Ihre erste Zusammenkunft fand am 2. Februar 1815 statt. Die Frage der europäischen Verkehrswege

Prinzipielle Fragen

war eine für den Handel und in hohem Maße auch für den Erhalt des Friedens entscheidende Frage. Deren Erörterung übertrugen die Acht an Dalberg (Frankreich), Humboldt (Preußen), Clancarty (England), Wessenberg (Österreich), van der Spaen (Holland), Wrede (Bayern), Marshall und Berckheim (Baden), Linden (Württemberg), Danz (Stadt Frankfurt), Turckheim und Keller (Hessen).[26] Hauptpunkte waren die freie Schifffahrt auf Rhein und Schelde. Zudem erstreckte sich die Arbeit auf »Prinzipien, die in dieser Hinsicht für die anderen Flüsse zu erstellen wären, welche in ihrem schiffbaren Verlauf Staaten voneinander trennen oder durch mehrere Staaten fließen«.[27] Es wurden zwölf Sitzungen abgehalten, an deren Ende ein wichtiger Baustein internationalen Völkerrechts stand.

Die »Rangkommission« wurde bei einer Versammlung der Acht am 10. Dezember 1814 kreiert. Sie sollte »die Ränge der Kronen und alles daraus Folgende regeln«.[28] Das war keineswegs eine Nebensächlichkeit: Hier ging es darum, eine jahrhundertelange diplomatische Praxis in die Neuzeit zu überführen. In dieser Kommission spielte die französische Delegation, vertreten durch La Tour du Pin, eine wichtige Rolle. Die anderen Teilnehmer waren Labrador (Spanien), Cathcart (England), Wessenberg (Österreich), Palmella (Portugal), Humboldt (Preußen), Löwenhielm (Schweden) und Stackelberg (Russland). Die am 19. März 1815 verabschiedete Regelung wurde als Anhang in die Schlussakte aufgenommen.

Nach der Lösung der Krise um Sachsen, den mündlichen Vereinbarungen der Fünf zur Frage Polens und den beträchtlichen Fortschritten hinsichtlich der Neugestaltung Deutschlands hielten die Verhandlungspartner den Zeitpunkt für gegeben, die zu unterzeichnenden Texte zu verfassen. Diese Aufgabe wurde der »Redaktionskommission« übertragen, die im Februar 1815 erstmals tagte. Der Umfang der Diskussionen und erörterten Fragen, die erforderliche Genauigkeit bei der Ausformulierung der Beschlüsse – die auf Französisch erfolgte – und die fortbeste-

vi. Die Organisation des Kongresses

henden divergierenden Ansichten machten eine solche Kommission unabdingbar. Clancarty und Münster (England), Humboldt und Jordan (Preußen), Kapodistrias (Russland), Hudelist und Wacken (Österreich) und La Besnardière (Frankreich) wurden als Teilnehmer bestimmt.[29] Gentz übernahm das Sekretariat und damit die prinzipielle Leitung der Geschäfte.

Die Delegierten sollten zu jedem verhandelten Punkt einen Artikel verfassen, der anschließend unter den Delegationsleitern diskutiert wurde. Am 6. März 1815 ernannte die Kommission zwei »Chefredakteure«: La Besnardière und Gentz.[30] Letzterer war jedoch sehr bald allein am Ruder – als man nämlich erfuhr, dass Napoleon auf den Kontinent zurückgekehrt war.

ZUR OFFIZIELLEN ERÖFFNUNG des Wiener Kongresses unter Vorsitz Metternichs gab es – nach mehrtägigen Prüfungen der Machtbefugnisse – am 3. November 1814 »eine schlichte und bescheidene Konferenz, die in keiner Weise geeignet war, die Neugierde der Öffentlichkeit zu befriedigen«.[31] Einem französischen Historiker zufolge soll der Kanzler eine Rede gehalten haben, die »so diffus als möglich war und in der er weitschweifig folgende Ansichten verbreitete: dass alle Angelegenheit zwei Seiten habe, dass man in der Versammlung der Mächte in Wien nur ein Europa erkennen dürfe, in dem alle Distanzen aufgelöst seien, dass man einig bliebe oder eben auch nicht«.[32]

Es dauerte ganze acht Monate, bis die erste Plenarsitzung mit allen Teilnehmern stattfand. Auf ihr wurde die Schlussakte unterzeichnet. Somit blieb der Kongress tatsächlich »eine Aneinanderreihung verschiedenster Verhandlungen«,[33] deren Ergebnisse in einem allgemeinen Text mit einhunderteinundzwanzig Artikeln und einigen Anhängen kodifiziert wurden. Metternich selbst hatte dazu gesagt: »Der Kongress war kein Kongress.« Der einzige Grund, so viele Menschen in der österreichischen Hauptstadt zu versammeln, lag für ihn darin, auf diese Weise »alle Distanzen« überwinden zu können. Das war allerdings nicht ganz

Prinzipielle Fragen

richtig. Nur etwa dreißig Diplomaten aus Österreich, England, Preußen, Russland und Frankreich – die dann und wann beliebten, einer Handvoll Repräsentanten zweitrangiger Mächte Eintritt in ihren Kreis zu gewähren – entschieden über die Neuaufteilung des Kontinents und die Beschaffenheit des neuen Europäischen Konzerts.

Umgekehrt trafen die Teilnehmer der verschiedenen Kommissionen ihre Entscheidungen aber auch nicht zu ihrem alleinigen Nutzen. Der Besonnenheit, auf die Talleyrand so großen Wert legte, wurde durchaus Bedeutung zugemessen: »Wenn wir im Übrigen eine Lehre ziehen wollen aus der europäischen Krise, die, von der französischen Revolution eingeleitet, in den Niedergang des Bonapartismus gipfelte, so müssen wir uns von der Annahme frei machen, die Diplomaten, die in Wien die endgültige Beilegung der Krise bewerkstelligten, seien eigennütziger, schwachsinniger oder rückschrittlicher gewesen als der Durchschnitt der Menschen«,[34] merkt Harold Nicolson richtigerweise an.

Die Diplomaten in Wien wussten, dass es unmöglich war, einfach nur den Status quo ante 1789 wiederherzustellen. Sie mussten ein allgemeines europäisches Anliegen begründen. Dazu stützten sie sich auf die Prinzipien, die innerhalb ihres kleinen Zirkels galten: Legitimität, Dynastie und Erhaltung der Ordnung. In Anbetracht der Epoche, in der wir uns befinden, konnte man – will man nicht in Anachronismus verfallen – kaum mehr von ihnen verlangen.

VII.
Vergnügungen und Festivitäten

WER ÜBER DEN WIENER KONGRESS SPRICHT, wird um die aparte Formulierung des Fürsten von Ligne nicht umhinkommen: »Le congrès danse mais ne marche pas.« – »Der Kongress arbeitet nicht, er tanzt.« Der launige Ausspruch, gewiss halb Klischee, reüssierte. In der Zeitschrift *Le Moniteur* am 3. Dezember 1814 abgedruckt, wurde er von den allermeisten Memoirenschreibern dankend übernommen.[1] »Die Kaiser tanzen, die Könige tanzen, Metternich tanzt, Castlereagh tanzt. Der Fürst von Talleyrand tanzt nicht (er hat ein Hinkebein), er spielt Whist«,[2] versuchte sich ein Zeitzeuge in der Kunst der Übertreibung. Eine Dame, die als regelmäßiger Gast zu den Wiener Vergnügungen geladen war, schrieb: »Es wäre nur töricht, sich die Gelegenheit entgehen zu lassen, einem Kaiser, einem König, einem Prinzregenten zu begegnen; einem Kronprinzen, einem großen General, einem berühmten Diplomaten, einem gefeierten Minister [...]. Am Abend sind sie alle in großer Uniform und brillieren auf den wahrlich märchenhaften Festen, die der österreichische Kaiser ihnen bereitet; dieser so schlichte und maßvolle Mensch erstrahlt auf seinen Empfängen in höchstem Glanze.«[3] Der junge Astolphe de Custine stellte, als er am 2. November 1814 bei seiner französischen Delegation in Wien eintraf, fest, dass die Straßen von den Abfällen, die die Feste und die »mannigfaltigen Vergnügungen der großen Stadt«[4] hinterlassen hatten, erfüllt waren. Der bayrische Delegierte von Wrede, der nicht an den Beratungen der Großmächte teilnahm, beschwerte sich: »Die Sitzungen werden auch viel zu selten. Die ewigen Feste, die wir Alle zum Ekel haben, absorbiren alle Zeit.«[5]

Die Karikaturisten der Zeit indes frohlockten. Es wurde sogar ein Sangspruch verfasst: »Der Kaiser von Rußland tanzt für alle, der König von Preußen denkt für alle, der König von Dänemark verwundert sich für alle, der König von Baiern trinkt für alle, der Kaiser von Österreich zahlt für alle.«[6] Zahlreiche Autoren, Literaten und Cineasten schlugen bis in die heutige Zeit einen ähnlichen Ton an, wie etwa Erik Charell in seinem Film *Der Kongress tanzt* von 1931 – ganz so, als hätten die Souveräne, Minister und Bevollmächtigten die Neugestaltung Europas während eines Walzers und eines Soupers oder zwischen zwei Besuchen bei ihren Mätressen erwirkt. Nicht selten wurde der Schluss gezogen, der Wiener Kongress habe *in der Hauptsache* der Verlustierung und anderen Nichtigkeiten gegolten, die für manche die Würze des Lebens ausmachen mögen, auf einer Versammlung sachlicher, ernsthafter Diplomaten aber freilich nichts zu suchen haben. Wenn, wie André Fugier schreibt, »diese festliche, galante Atmosphäre [...] der Bedeutung des Kongresses keinen Abbruch tat«,[7] steht es umso mehr zu Gebote, einen Blick in die Festsäle, Theater und Salons zu werfen – und auch die Vorhänge einiger Alkoven zu lüpfen. Eines aber ist gewiss: Aus Neugierde allein wird dies nicht geschehen.

Beglückende Friedenszeit

UNFREIWILLIG TRUG auch der Fürst von Ligne sein Teil zu den Überspanntheiten der Teilnehmer bei. Er starb am 13. Dezember 1814 im Alter von achtzig Jahren an den Folgen einer Erkältung, die er sich – Ironie des Schicksals – nach einer »Redoute«, einem jener herrschaftlichen Feste in der Hofburg, zugezogen hatte. Der vielgereiste und belesene Mann, in zweiter Karriere Feldmarschall, ging in den Salons ein und aus und konversierte mit Voltaire und Rousseau ebenso wie mit Casanova. Schon im Sterben liegend, fand er noch die Kraft zu einem letzten Bonmot: »Ich behalte den Königen das Recht des Spektakels vor, einen Feldmarschall zu Grabe zu tragen.«[8] Zwei Tage darauf geleiteten

Beglückende Friedenszeit

ihn achttausend Soldaten, Dutzende Generäle und die meisten Kongressteilnehmer zu seiner letzten Ruhestätte. Ein Trauerzug, der symbolisch für die Begräbnisse einer ganzen Epoche und der »europäischen Ordnung des ausgegangenen Jahrhunderts«[9] stand. In Erinnerung an die Zeit, die dieser »Veteran der europäischen Vornehmheit« an der Seite seiner Großmutter Katharina II. verbracht hatte, zog der Zar vor dem Sarg seinen Hut und machte eine tiefe Verbeugung.

Auch wenn die Beisetzung dieses großen Mannes nicht im eigentlichen Sinne zu den Festlichkeiten des Kongresses zu zählen ist, Wien war an allen Tagen und Abenden von September 1814 bis Juni 1815 voller Leben: Besichtigungen, Revuen, Konzerte, Ballett- und Theatervorstellungen, Soupers, Bälle und Après-Soireen waren an der Tagesordnung. Ein Teil dieser Veranstaltungen wurde von einer Art »Festkomitee« organisiert, in dem sowohl Metternich seine Hände im Spiel hatte als auch auf Wunsch des Kaisers dessen dritte Frau Maria Ludovika Beatrix von Österreich-Este einen wichtigen Platz einnehmen sollte. Die »schöne gekrönte Gastgeberin« darf mit ihren siebenundzwanzig Jahren als die »Seele dieser Aneinanderreihung von Bällen, Banketten, Treffen und Maskeraden«[10] angesehen werden – trotz ihrer Schwerhörigkeit und ihrer schwachen Gesundheit.

Die Festbesessenheit entsprang einem tiefen Bedürfnis: Nach zwanzig Kriegsjahren war selbst für Staatsmänner der Wunsch nach ausschweifenden Vergnügungen nur allzu verständlich. Die Gräfin Potocka fand dafür folgende frohlockende Erklärung: »Die Souveräne, die Kindern glichen, welche zum ersten Mal der Rute ihres Hauslehrers [sprich: Napoleon] entkommen, erfreuten sich voller Entzücken des Glückes, Herr im eigenen Hause zu sein.«[11] Zugleich nahmen all die vermeintlichen Nebensächlichkeiten einen wichtigen Platz in den Ritualen der diplomatischen Begegnung ein, indem sie die Kräfteverhältnisse und das Prestige der Teilnehmer bestätigten und festigten und somit der Kargheit der Revolutionszeit ein Ende setzten.[12] Im Übrigen waren derlei

VII. Vergnügungen und Festivitäten

Feste bereits auf den napoleonischen Kongressen üblich gewesen, etwa 1801 in Lunéville, 1802 in Amiens oder 1807 in Tilsit, insbesondere aber 1808 in Erfurt. Das Festprogramm machte die Diplomatie zum »Wächter der Moden«, wie dies bereits vor der Französischen Revolution an der Diplomatenschule in Straßburg gelehrt wurde, deren ehemalige Hörer in den Delegationen wirkten – nicht zuletzt die Herren Metternich und Rasumowsky.[13]

Doch selbstverständlich war die »größte mondäne Versammlung aller Zeiten«[14] mehr als das. Zu Recht notiert Gugliemo Ferrero: »Die Feste des Wiener Kongresses sind berühmter geworden, aber nicht besser verstanden worden als seine Arbeiten und seine Wechselfälle.«[15] In der Tat darf die Bedeutung der »Salondiplomatie« (C. de Grunwald) nicht übertrieben werden. Die Unterhändler waren nach Wien gekommen, um zu arbeiten, was sie auch taten: »Der herrschende Geist des Kongresses war übrigens eher ernst, als zur Zerstreuung geneigt«,[16] bekundete ein Teilnehmer der französischen Delegation. Momente der Erholung gönnten sich vor allem die führenden Köpfe. Die Adlaten, Sekretäre und Bevollmächtigten saßen bis spät in ihren Arbeitszimmern, um Noten abzuschreiben oder neu zu verfassen. Der Zeitplan eines Gentz – Tag für Tag anhand dessen Tagebüchern nachvollziehbar – zeigt, wie umfangreich und mannigfaltig die zu bewältigenden Aufgaben waren und wie Gentz nicht selten auf den Besuch einer abendlichen Veranstaltung verzichten musste. Zudem wurde auch auf den Soireen, Bällen und Soupers über die Geschäfte gesprochen, was den Vorteil mit sich brachte, dass die Last und Enge der Verhandlungen zu Tage entfiel: »Herrscher und Bevollmächtigte konnten einander hier begegnen und verhandeln und nachher von einem Salon zum anderen eilen […] Die Kunst, unterwegs, in den Salons einen Souverän zu erwischen und mit ihm ein Gespräch anzuknüpfen, wurde während der Kongreßzeit ein wichtiger Zweig der Diplomatie.«[17]

Nicht zuletzt oblag es Kaiser Franz, die Schar der nach Wien angereisten Souveräne und Fürsten zu beschäftigen. Außer Alexander wollte sich jedoch niemand an Detailfragen oder Spitzfindigkeiten die Finger verbrennen: »Die Souveräne dinieren jeden Abend gemeinsam«, schrieb eine Zeitung. »Sie meiden jegliches politische Gespräch untereinander und lassen alle Geschäfte von ihren Ministern erledigen.«[18] So gab es ein »Monarchenprogramm«, ähnlich dem heutigen »Damenprogramm«, das bei internationalen Gipfeltreffen für die Gattinnen der Staatschefs organisiert wird. Zu den Programmpunkten zählten gegenseitige Auszeichnungen oder Ehrungen von Mitarbeitern, die symbolische Übertragung der Befehlsgewalt über Regimenter,[19] Geburtstagsfeiern oder die Anbahnung ehelicher Bündnisse, was aber zumeist im Sande verlief.[20] Die Gesandten besuchten Hospitäler, Universitäten, Museen und die Schlachtfelder des Feldzugs von 1809. Die wichtigsten Souveräne durften sogar die ungarischen Gebiete des österreichischen Kaiserreichs bereisen. Auch eine Besichtigung der Wiener Manufakturen blieb ihnen nicht erspart, die allesamt »in einem blühenden Zustand waren und die Aufmerksamkeit der Reisenden verdienten, vor allem die Band-, Seiden- und Silbertressenmanufakturen sowie, als allerausgezeichnetste, die kaiserliche Porzellanmanufaktur.«[21] Mochten sich die Souveräne angelegentlich langweilen, konnten sie sich auf diese Weise zumindest die Zeit bis zum Abendprogramm vertreiben. Friedrich VI. von Dänemark schien der Einzige zu sein, der tatsächlich Gefallen an diesen Besichtigungen hatte und »alles sorgfältig beobachtet und untersucht; einer von seinen Herren, der aufzeichnet. Dieser König ist der einzige, der mit Nutzen reist«,[22] wie Erzherzog Johann bemerkte.

Die Tage endeten also mit einem allabendlichen Fest oder Diner. Unter den Souveränen widerstrebte es allein Friedrich Wilhelm III. auszugehen: Wann immer er konnte, zog er es vor, in seinem Appartement in der Hofburg zu bleiben und sich von seinen Bedienten ein einfaches Mahl herrichten zu lassen. Nahm er doch einmal eine Einladung zu einer Soiree an, konnte man sicher sein, dass er in Uniform auftrat. Der Sekretär des Fürsten

Wolkonski, Michailowski-Danilewski, nannte ihn den »ersten Dandy seiner Epoche«.[23] Rund um den Kaiserpalast spazierten damals die Monarchen ungezwungen durch die Menge. Ein Engländer, der auf der Durchreise war, staunte darüber, dass er dem »wie alle Welt gekleideten« Kaiser Franz über den Weg gelaufen war, und kam aus dem Staunen nicht mehr heraus, als er einer Gruppe von Gentlemen begegnete, unter denen er Friedrich von Dänemark und Alexander von Russland ausmachte, begleitet von einigen deutschen Fürsten.[24] Diese einfache Manier konnte aber auch Missfallen erregen, wie etwa beim Schweizer Delegierten Charles Pictet de Rochemont: »Einem Könige zu begegnen ist eine unangenehme Erschütterung; man weiß nicht, wie sich verhalten: Weicht man einen Schritt zurück, läuft man Gefahr, einem Kaiser auf den Fuß zu treten. Man vernebelt die Ideen, indem man die Ränge in diesen Saturnalien nivelliert; vor allem aber tilgt man die der Macht und der öffentlichen Ordnung nützlichen Illusionen.«[25]

Darstellungen

IN GANZ EUROPA kaprizierten sich die Zeitungen mangels genauerer Informationen über die Fortschritte der diplomatischen Arbeit auf den »zeremoniellen Glanz und die brillante Nacherzählung der Bälle.«[26] Der Abgang des Fürsten von Ligne wurde wörtlich genommen. In Wien selbst hieß es: »Der Kongress hat keine Prinzipien, und wenn er welche hätte, so wären es sehr schlechte.«[27] Selbst nach der Unterzeichnung der Schlussakte hatten »die Souveräne nur vage und unvollständige Kenntnis von den Ergebnissen […]. Denn viele der wichtigsten diplomatischen Verhandlungen fanden in persönlichen Gesprächen statt, von denen keinerlei Spuren verblieben.«[28] Ein anderer Zeitzeuge bestätigte: »Die Beratungen im Hause der Staatskanzlei waren von allerhöchster Geheimhaltung.«[29] Gewiss war das genau, was die

»Der Kuchen der Könige«,
Karikatur von 1815

Organisatoren wünschten, um bösen Zungen über ihre Vorstellungen einen Riegel vorzuschieben.

Mehr oder weniger auf dem ganzen Kontinent wurden Pamphlete verbreitet, darunter eine *Chronik des allgemeinen Wiener Kongresses*, die in Frankenthal bei Worms herausgegeben wurde. Dieser Text sorgte für einigen Aufruhr, da dessen anonymer Autor vorgab, »geheime« Dokumente preiszugeben, die sich allerdings als falsch herausstellten.[30] Die europäischen Hauptstädte wurden regelrecht überschwemmt von Karikaturen, auf denen die Souveräne tanzten oder sich über eine Landkarte beugten.[31]

Die englischen Zeichner setzten mit Vorliebe Mister Castlereagh ins Bild, der ein paar Guinees an undankbare Mächte verteilte, wie etwa Charles Williams in einer Karikatur vom 1. Februar 1815: *Amusement at Vienna, alias Harmony at Congress: paying the pipers* (»Vergnügung in Wien oder die Harmonie des Kongresses: die Bezahlung der Musiker«).[32] Die Kampagne zeigte Wirkung im Unterhaus, das eine Abrechnung sehen wollte, während die *Times* Ende 1814 »bessere Unterhändler oder eine größere Menge an Kanonenpulver« forderte. Die Zeitungen, die auf der Insel größere Pressefreiheit genossen, zeigten sich durchweg skeptisch und streng. Reinhard, der Talleyrand von Paris aus Bericht erstattete, urteilte, sie seien »voller Fantastereien und absurder Mutmaßungen.«[33] Sicherlich war den englischen Gazetten und Politikern ein Dorn im Auge, wie wenig Großbritannien in der Propaganda rund um den Kongress eine Rolle spielte. Da der Prinzregent im eigenen Land geblieben und die Souveräne im Protokoll über die Minister gestellt waren, standen die Kaiser und der preußische König in der Hierarchie ganz oben. Ihnen schenkte man durch Gedenkmünzen, Gemälde und Zeitungsartikel die höchste Aufmerksamkeit. Als ein Beispiel von vielen sei hier der Stich *Le Grand Congrès de la paix pour assurer la liberté et le droit en Europe* (»Der Große Friedenskongress zur Sicherung von Freiheit und Recht in Europa«) genannt, auf dem Alexander, Franz und Friedrich Wilhelm zu sehen sind. Einen Engländer sucht man vergeblich.[34] Die Quadrupel-Allianz schien nur aus drei Mächten zu bestehen – die sich von England aushalten ließen. Die Aufregung in London war groß. So groß, dass Castlereagh die Heimreise antreten musste, um die Gemüter zu beruhigen, und sich genötigt sah, die Leitung der Verhandlungen Wellington zu übergeben.

Neben diesen bissigen Darstellungen gab es aber auch ernsthafte Darstellungen: So begann Isabey, sowie er im Tross der französischen Delegation in Wien eingetroffen war, auf Ansinnen seines Gönners Talleyrand an der Arbeit eines »Gemäldes«, das den Kongress unsterblich machen sollte. Als Motiv wählte er die Bevollmächtigten der Acht, die er nach einer Arbeitssitzung im Saal der Kanzlei zu porträtieren gedachte, in Anlehnung an den *Friedensschluss zu Münster* von Gerard ter Borch – von dem ihm der französische Gesandte einen Abdruck besorgt hatte – und die *Réunion d'artistes dans l'atelier d'Isabey* von Louis-Léopold Boilly, die auf dem Salon von 1798 gezeigt worden war.[35] Auf dem Gemälde sollten nur die Berufsdiplomaten, nicht aber die Souveräne abgebildet sein. Man einigte sich darauf, zwischen den Arbeitssitzungen längere Pausen einzulegen, in denen die Gesandten in ihren eigenen Gemächern oder in der Unterkunft des Malers im Café Jüngling in der Leopoldstadt Modell sitzen sollten.[36] Ebenso fertigte Isabey Skizzen von Kostümen an.[37] Seiner Vorstellung nach sollte ein großformatiges Werk entstehen, das allerdings erst spät fertiggestellt wurde, da der Künstler zugleich mit zahlreichen anderen Porträts und Miniaturen beschäftigt war, zwei Kunstrichtungen, mit denen er sich europaweit einen Namen gemacht hatte.[38] Zudem begab er sich einmal wöchentlich nach Schönbrunn, um der Kaiserin Marie-Louise Unterricht zu erteilen, wo er ganz nebenbei mehrere Porträts von Napoleons Sohn, dem König von Rom, erstellte. Es wurde sogar eine Ausstellung mit seinen Wiener Werken organisiert, in die Souveräne, Gesandte und Bewohner in Scharen strömten. Die Vorzeichnung, die Ende 1814 bereits gute Fortschritte gemacht hatte, musste allerdings nachgebessert werden, als sich Castlereagh auf dem Kongress durch Wellington ersetzen ließ. Dieser wurde im Profil an den Bildrand gesetzt, um seine Ankunft zu symbolisieren, was nicht ohne einige Verhandlung abging, wie La Garde-Chambonas bei einem Besuch in Isabeys Atelier erfuhr: »Er erklärte uns mit einigem Witz und Schwung, wie der Neuankömmling sein Missvergnügen zum Ausdruck gebracht hatte, an den Rand des Bildes gedrängt und nur im Profil zu sehen zu sein. Geistesgegenwärtig wusste der Künstler die misslaunige Regung zu beruhigen, indem er darlegte, wie eine Halskrause in der Art des 16. Jahrhunderts, die unter dem Profil einzufügen wäre, eine vollendete Ähnlichkeit mit Heinrich IV. herstellen würde. Die Erklärung schien den englischen General zufriedenzustellen und ließ ihn den leidigen Platz, der ihm aus rein künstlerischen Gründen zugewiesen werden musste, vergessen.«[39]

Am Ende waren dreiundzwanzig Personen auf dem Gemälde abgebildet: Metternich, dessen unbesetzter Sessel das Ende der Sitzung anzeigte, Löwenhielm, Noailles und einige andere stehend, der Rest sitzend: Stackelberg, Talleyrand, Labrador, Wessenberg, Castlereagh, Palmella etc. Im Hintergrund sind ein großes Gemälde des Kaisers Franz von Österreich im Krönungsgewand, eine Büste des Kanzlers Kaunitz – eines von Talleyrands Modellen – sowie ein Porträt von Maria Theresia zu sehen, das im Vorzimmer an der Wand hängt. Die Bevollmächtigten wirken allesamt entspannt, während Gentz seinem Nachbarn das Protokoll diktiert.

Formal entschied sich Isabey gegen ein Ölgemälde oder ein Aquarell und für eine »fertige Zeichnung«, eine Technik, in der er ebenso brillierte wie in der Miniatur.[40] Im Januar 1815 wurde eine Subskription in Höhe von 120 Franc für eine Grafik ausgegeben. Sie bestand aus einem Abdruck des Originals, umrahmt von Medaillons mit Porträts der Herrscher Franz I., Ferdinand VII., Ludwig XVIII., Johann von Portugal, Friedrich Wilhelm III., Alexander I., Karl XIII. von Schweden, Georg August von England sowie Wappen der Signatarmächte des Pariser Friedens und der wichtigsten Gesandten und in den vier Ecken Allegorien der Wahrheit, der Umsicht, der Weisheit und der Wissenschaft.[41]

Der Graveur Jean Godefroy sollte die Grafik herstellen.[42] Die Auslieferung sollte Ende 1816 erfolgen. Der Zar erwarb eine Subskription in Höhe von 5000 Franc und erhielt dafür die Zusage, dass ihm nach Ablauf von zwanzig Jahren die Originalzeichnung ausgehändigt würde. Doch durch Napoleons Rückkehr war plötzlich das ganze Unternehmen in Frage gestellt. Isabey kehrte überstürzt nach Paris zurück und schloss sich dem kaiserlichen Regime an, was bei der zweiten Restauration die Verbannung ins Exil bedeutete.[43] Die Zeichnung wurde auf dem Salon von 1817 ausgestellt und 1820 vom Künstler an London verkauft. Die berühmte Grafik wurde erst 1819 hergestellt.[44] In die Nachwelt sollte Isabey, wie Graf Potocki lichterweise voraussah, als der »Kongress gewordene Maler«[45] eingehen.

Beethovens große Stunde

OBWOHL DIE VERHANDLUNGSPARTNER lange Arbeitstage hatten, waren sie den täglich gebotenen Zerstreuungen nicht abhold, die lediglich in der Fastenzeit ein wenig eingeschränkt wurden. Ansonsten gab es tagtäglich Musik, Theater, Essen und offizielle Feiern. Nicht zu vergessen, die Liebesdinge verliehen dem Verlauf der Debatten des Öfteren die unerwartetsten Wendungen. Die große Wiener Musik des 18. Jahrhunderts mit ihren herausragenden Vertretern Haydn und Mozart wurde mit besonderem Vorzug dargeboten, nicht zuletzt von jungen, gerade neun oder zehn Jahre alten Wunderkindern, die vor den Souveränen Stücke auf der Gitarre oder dem Klavier vortrugen wie einst dortselbst der kleine Wolfgang vor Maria Theresia. Offenbar um eine Brücke zwischen jener glorreichen Vergangenheit und der Gegenwart zu schlagen, waren Besuche und verschiedentlichste Konsultationen bei Antonio Salieri an der Tagesordnung, dem Hofkomponisten und großen Meister der Opera buffa wie auch paradoxerweise der Kirchenmusik. Der berühmte und anerkannte Maestro war alles andere als nur ein »Schatten Mozarts«, wozu ihn ein bekannter Film ungerechterweise herabzustufen versuchte.[46] Er präsentierte den Souveränen und Melomanen seine begabtesten Schüler, darunter Franz Schubert und Anselm Hüttenbrenner, beide zu jener Zeit noch in jugendlichem Alter.[47] Schubert dirigierte am 26. Oktober 1814 in der renommierten Augustinerkirche eine Messe, die er soeben fertiggestellt hatte. Salieri selbst stand gleich mehrmals hinterm Pult, so auch am 23. Dezember 1814, als er vor den versammelten Souveränen eigene Werke und Kompositionen von Mozart, Haydn und anderen dirigierte.

Der Kongress trällerte die neuesten Liedchen, wie Sophie Gail sie darbot, besuchte mit besonderer Vorliebe »Matineen«, die zwischen zwölf und vierzehn Uhr stattfanden, ehe das »Diner« serviert wurde, und lauschte respektvoll den virtuosen Musikern.

VII. Vergnügungen und Festivitäten

Doch gab es unter den zeitgenössischen Komponisten zwei Herren, die das bunte Treiben ganz besonders für sich zu nutzen wussten: Louis Spohr[48] und Ludwig van Beethoven.[49]

Spohr, ein virtuoser Violinist und Kapellmeister im *Theater an der Wien*, hatte sich noch nicht den großen Ruf als Komponist erarbeitet, den er in den Jahren nach dem Kongress erlangen würde, doch hatte er bereits eine stattliche Zahl an Werken für Violine, für Violine und Harfe – seine Frau war Harfenspielerin – und Kammermusik komponiert. Im Laufe des Kongresses führte er mehrere Opern auf, darunter den Entwurf eines *Faust*, den er sein Leben lang immer wieder überarbeitete, Oratorien und seine erste von insgesamt zehn Sinfonien, die er 1811 vollendet hatte. Auch begab er sich in die Residenzen der Souveräne und Diplomaten, um Konzerte in kleinerem Kreis darzubieten. Einen großen Erfolg erzielte er mit einem atemberaubenden Geigensolo bei seinem letzten Auftritt am 19. Februar 1815. Das Ende des Kongresses inspirierte ihn zu der dramatischen Kantate *Das befreite Deutschland*, die er im Oktober 1815 komponierte.

Doch vor allem für Beethoven sollte der Kongress eine besondere Episode in seinem Leben werden. Der Fünfundvierzigjährige hatte sich gerade in der Hauptstadt der Habsburger eine gewisse Berühmtheit als Komponist erworben. Mehrere Fürstenfamilien, der Erzherzog Rudolph und der russische Gesandte Rasumowsky – ihm und Fürst Lobkowitz sind die Fünfte und Sechste Sinfonie gewidmet – ermöglichten ihm mittels ihrer Subsidien, ein immenses Œuvre zu komponieren, dessen Ruf längst über die Landesgrenzen hinausgedrungen war. So kündigte bereits am 9. September 1800 das *Journal de Paris* die Aufführung einer »Sonate für vier Hände für Cembalo oder Pianoforte, komponiert von Louis Vanbee-Thoven«[50] an. 1807 führten erstmals Schüler des Pariser Konservatoriums eine seiner Sinfonien auf, vier Jahre später folgte die *Eroica*, die »Heroische Sinfonie, komponiert um das Andenken eines großen Mannes zu feiern«, unter der Leitung von François-Antoine Habeneck.

Was in der Hauptstadt des französischen Reiches niemand wusste: Beethoven hatte dieses Werk ursprünglich Napoleon Bonaparte gewidmet, die Widmung jedoch aus der Partitur gestrichen, als er von der Proklamation des Kaiserreichs erfuhr. Seine Begeisterung für den Franzosen war damit für immer erloschen; im Gegenteil wurde Beethoven zu einem der größten deutschpatriotischen Künstler. Im Dezember 1813 komponierte er gar ein sinfonisches Orchesterwerk mit zwei Abteilungen unter dem Titel *Wellingtons Sieg oder die Schlacht bei Vittoria* sowie den Schlussgesang für Friedrich Treitschkes patriotisches Singspiel *Germania* für Chor und Orchester, das am 11. April 1814 in Wien zur Feier des Einzugs in Paris aufgeführt wurde.

Der Wiener Kongress lebte ganz und gar im Rhythmus der Beethovenschen Werke, die für viele Ohren neu und ungewohnt klangen. Auf den Feiern zur Rückkehr des Kaisers Franz I. und Metternichs sowie auf mehreren Galaabenden dirigierte der Meister seine Sinfonien sogar höchstpersönlich. Als erstes Werk präsentierte er die endgültige Fassung seines *Fidelio*, sodann *Wellingtons Sieg*. Am 24. November 1814 komponierte Beethoven die Kantate *Der glorreiche Augenblick* für vier Stimmen, Chor und Orchester, deren Text – von seinem Chirurgen Aloys Weißenbach verfasst! – die Friedensmacher in höchsten Tönen lobte. Der erste Satz des Werkes war Programm: »Europa steht!« Zum Dank wurde der Meister zum Ehrenbürger der Stadt Wien ernannt. Am 29. November 1814 führte er im Redoutensaal vor sechstausend Zuschauern seine Siebte Sinfonie auf. Im zweiten Teil des Konzerts wurde *Wellingtons Sieg* gegeben, bei dem Salieri die Kanonade dirigierte, Hummel die Schlaginstrumente und der erst fünfzehnjährige Meyerbeer das Gerät steuerte, mit dem das Donnergeräusch erzeugt wurde. Als Zugabe wurde *Der glorreiche Augenblick* dargeboten. Am ersten Weihnachtstag gab sich Beethoven erneut in der Hofburg die Ehre, und an Neujahr 1815 spielten tausend Instrumentalisten ein weiteres spektakuläres Konzert. Am 25. Januar 1815 schließlich zeigten sich nach einem Klavierkonzert vor den Souveränen der Zar und seine Gemahlin Elisabeth, die an diesem Tag ihren Geburtstag feierte, von ihrer liebenswürdigsten und freigebigsten Seite, woraufhin der Meister der Zarin zu Ehren die Polonaise für Klavier op. 89 komponierte. Tagtäglich erhielt Beethoven Geschenke in Form von Naturalien und Geld, Ehrenbekundungen und Besuchsanfragen. Dazu kamen Einnahmen aus seinen Konzerten, ein Privileg, das ihm der Kaiser angedeihen ließ. Sein Freund und Biograf Anton Schindler nannte den Kongress das für Beethoven »wunderbarste Jahr«.[51]

Der Fürst von Ligne hatte mit seinem Bonmot im Übrigen gar nicht unrecht: Auf dem Kongress wurde in der Tat sehr viel getanzt. Unzählige Bälle und Tanzabende fanden in der Hofburg, am Ballhausplatz, im Rathaus, in den Palais, Herbergen und Schenken statt. Hier sei nur an die berühmten »Redouten« in der Hofburg erinnert: Am 1. Oktober 1814 vergnügten sich dort über zehntausend Menschen, am 10. November gewiss nicht weniger.[52] Zudem fand in der Manege der Hofburg am 23. November ein denkwürdiger Abend statt, an dem alle Teilnehmer zugleich Akteure waren:

> An beiden Enden einer Arena, in der junge Herren des Hofes, brillante Reiter, die sogenannten »Paladine«, Karussellfiguren ausführten und ein Turnier austrugen, waren Tribünen aufgestellt. Auf der einen Kaiser und Kaiserinnen, Könige und Königinnen und Fürsten, auf der anderen vierundzwanzig von den »Paladinen« erwählte Damen. Die beiden Seitengalerien waren zum einen für die Gesandten, Minister, Diplomaten, hochrangige Militärs und bedeutende ausländische Persönlichkeiten, zum anderen für den Adel des österreichischen Kaiserreichs reserviert. Die »Paladine« waren in vier Quadrillen aufgeteilt, die die zur Zeit der Renaissance in Ungarn, Österreich, Polen und Frankreich gepflegten Kostüme trugen, welche je eine besondere

Farbe hatten: smaragdgrün, karmesinrot, blau und schwarz. Die von den »Paladinen« erwählten Damen trugen luxuriöse Toilette mit Diamanten und Perlen in harmonierender Farbe.[53]

Auch außerhalb der Karnevalszeit gab es zahlreiche Masken- und Kostümbälle, die teils sogar am selben Abend stattfanden. Metternich schien diese Art der Zerstreuung besonders gut zu gefallen. Er richtete in seiner Kanzlei gleich mehrere derartiger Bälle aus. Die spektakulärste Veranstaltung fand am 9. Oktober 1814 in der Wintermanege der Hofburg statt, die mittels Hunderter Spiegel in ein wahres »Spiegelreich« verwandelt war.

Der Tanz des Kongresses war der Walzer, dem gegenüber den Hoftänzen der damaligen Zeit – Pavane, Menuett, Quadrille und Courante – der Vorrang gegeben wurde. Dabei war der Walzer beileibe kein neuer Tanz, sondern bereits seit dem 17. Jahrhundert bekannt. In Wien hatte er in den 1780er Jahren große Beliebtheit erlangt, in Berlin wurde er seit den 1790er Jahren praktiziert. Nun war der Walzerrhythmus auch in der Oper zu hören. Einige Musiker verlegten sich sogar in der Hauptsache auf das Komponieren von Walzern, wie etwa Dittersdorf, Eybler, Hummel und sogar Anton Diabelli, der Herausgeber der Partituren Haydns und Mozarts. In England war der Langsame Walzer beliebt, in Wien hingegen wurde er schneller und enger getanzt – womit sich wohl auch sein immenser Erfolg erklärt.[54] Auf den Festivitäten des Kongresses wurden aber auch polnische Mazurken, ungarische Galopps und die aus Böhmen stammende Polka getanzt.

Zu Tisch

ZU TISCH VERBRACHTEN die Souveräne, Diplomaten und Besucher des Kongresses ebenfalls ungezählte Stunden. Die Herbergen und Restaurants der Stadt barsten während der gesamten Dauer des Kongresses vor Gästen. In der Hofburg wurde nahezu jeden Abend auf Kosten des Hausherrn »in Prunk und Pracht« gespeist, wie La Garde-Chambonas es ausdrückte. Ehe man zu Tisch bat, wurde jedoch zunächst in einem Theater des Palais oder der Stadt oder auch in einem Prunksaal eine Theateraufführung gegeben. Dann und wann wirkten auch die Diplomaten selbst in einem Lustspiel oder einem Konzert mit. Der junge Thierry, Attaché der portugiesischen Legation, zeigte seine Talente an der Harfe.

Auf Einladung der Kaiserin Maria Ludovika wurde in der Hofburg eine erstaunliche – und sehr lange – Aufführung einer Reihe von Tableaux vivants dargeboten, die von Söhnen und Töchtern großer Persönlichkeiten gespielt wurden. So stellte etwa die Tochter des britischen Admirals Sidney Smith die Königin der Götter dar. Zur musikalischen Untermalung dienten die Romanzen der Zeit, darunter das berühmte *Partant pour la Syrie* (»Die Reise nach Syrien«), das die Königin Hortense zu Ehren ihres Bruders Eugène de Beauharnais komponiert hatte und dessen Text dem Anlass entsprechend umgeschrieben wurde. Später stellten dieselben jungen Herren und Damen in einigen Lustspielen in französischer Sprache die großen Gemälde der Wiener Palais dar. Im März schließlich fand vor den Augen der Souveräne eine Aufführung begabter Amateurschauspieler statt, darunter auch Dorothea von Biron, die Talleyrand zum Kongress begleitete – nur wenige Stunden vor der Bekanntgabe von Napoleons Rückkehr. Die Kongressteilnehmer waren keineswegs abgeneigt, Komödie zu spielen, wie Michailowski-Danilewski berichtete: »Es wurde eine französische Komödie mit dem Titel *La Pension des demoiselles à Suresnes* gegeben, in der auch unser Generalmajor

Zu Tisch

Potocki mitwirkte. Sie wurde im Theater im Hause der Fürstin Bagration aufgeführt, vor den Augen beinahe aller Monarchen [...]. Es ist ein zum Mindesten absonderlicher Anblick, russische Generäle als Harlekin verkleidet zu sehen.«⁵⁵

Standen derlei Belustigungen vor dem Souper einmal nicht auf der Tagesordnung, wurde im Salon Konversation betrieben, um sich die Zeit bis zum Abendessen zu vertreiben, wie La Garde-Chambonas berichtete:

> Hier und da bildeten sich kleine Grüppchen: Einige junge Männer besprachen die Vergnügungspartien des nächsten Tages, während die Repräsentanten Europas mit großem Ernst die derzeit brennenden Fragen wälzten. Hier unterredet sich Monsieur de Talleyrand, in einen tiefen Sessel versunken, mit dem Fürsten Leopold von Neapel, Monsieur de Labrador, dem Ritter von Los Rios und Kardinal Consalvi; der Marquis von Marialva, der junge Graf von Lucchesini und Charles de Rechberg stehen im Kreis um sie herum. Die Rede ist von König Murat [...]. Monsieur de La Tour du Pin, Frankreichs Gesandter, ist der Mittelpunkt einer Gruppe, in der sein Kollege Monsieur Alexis de Noailles, Messieurs Wintzingerode, Pozzo di Borgo, der Marquis de Saint-Marsan und andere auszumachen sind. Lord Castlereagh hört, an einen Kamin gelehnt, kühl dem König von [...] zu. Die anderen haben sich aus respektvoller Ehrerbietung zurückgezogen [...]. Lord Stewart geht von einem Raum zum nächsten: Ihm reicht es hin, sich überall einmal zu zeigen [...]. Um Mitternacht wird ein ausladendes Souper gereicht.⁵⁶

Wenn die Delegationen nicht gerade in der Hofburg verpflichtet waren, luden sie in ihren angemieteten Palais zu Festessen, auf denen man sich ein ums andere Mal mit kleinen Wettbewerben vergnügte. So wurde eines Abends auf einem »diplomatischen

VII. Vergnügungen und Festivitäten

Souper« (sic!) im Palais Kaunitz hochgelehrt über die besten Käsesorten der Welt parliert. Castlereagh hielt Fürsprache für seinen Stilton und seinen Chester, Nesselrode für den Käse von Livland, Metternich für die böhmischen Erzeugnisse und so weiter und so fort. Talleyrand indes sprach die ganze Zeit kein Wort. Als die Reihe an ihm war, erklärte er, soeben seien ihm Depeschen und Brie gesandt worden; die Depeschen hatte er in seine Büros weiterleiten lassen, den Brie ließ er sogleich servieren. Unumwunden wurde die französische Köstlichkeit zum »König der Käse« ernannt.

Da die Idee solcher Wettbewerbe einigen Anklang gefunden hatte, stellte Metternich einige Tage darauf die Pâtisserien auf den Prüfstand: Wollen wir der Legende Glauben schenken, dass in diesem Fall die Wiener die Nase vorn hatten, so verdanken sie dies in keinem Fall der berühmten Sachertorte, da jener weltbekannte Konditor, dessen Name sie schmückt, den köstlichen mit Aprikosen gefüllten Kuchen erst im Jahre 1832 ersann.[57]

Der Überlieferung nach wurde neben der Küche des österreichischen Kaisers auch die des Franzosen Talleyrand hoch gelobt, was wir – ohne uns eines Hauchs kulinarischen Chauvinismus zu erwehren – gewiss nicht in Zweifel ziehen werden. Doch priesen auch viele Kongressteilnehmer den Palais Rasumowsky[58] und die portugiesische Gesandtschaft, wo die exquisiten Soupers noch durch die Anwesenheit »hübscher Sängerinnen«[59] veredelt wurden. Im Palais Kaunitz servierte man französische Produkte und suchte in der Benennung der Speisen eine Fortsetzung der Diplomatie mit anderen Mitteln: Vorspeisensuppe »Nesselrode«, Hummer à la Bagration, Bourbon-Eis oder auch Poularde à la Sagan.[60] Bedauerlicherweise war es nicht möglich, jenes Menü zu rekonstruieren, das auf dem bedeutendsten aller Diners am 1. Februar 1815 serviert wurde, als sechzig geladene Gäste in der französischen Legation die Ankunft des Herzogs Wellington feierlich begingen. Doch dürfen wir gewiss sein, dass den Weisungen des Hausherrn Folge geleistet wurde, der zu derlei Gelegenheiten nicht weniger als achtundvierzig Vorspeisen zu verlangen beliebte.

Um die große Zahl an Menschen aufzunehmen, die für den Kongress nach Wien angereist waren, spielten die Salons eine wesentliche Rolle. Die Damen der feinen europäischen Gesellschaft erlebten hier oft intensive und denkwürdige Momente, die nicht ohne einen gewissen Wettstreit abgingen. Montags lud Metternichs Gemahlin, die gebürtige Eleonore von Kaunitz, zum Tanztee, donnerstags die Fürstin Trauttmansdorff, die Frau des kaiserlichen Oberstaffmeisters, samstags Julie Zichy, Gattin des österreichischen Gesandten in Berlin und Schwägerin des Innenministers, »eine der schönsten Frauen Wiens«,[61] wie ein Reisender aus Preußen sagte, der bei ihr zu Gast war. Wer es ein wenig ruhiger und intimer mochte, war im Appartement der Damen d'Ivernois und Eynard, der Gattinnen der Genueser Delegierten, gut aufgehoben, das »so bescheiden war, dass es einem Arbeitszimmer glich«. Hier interessierte die Diplomaten mindestens ebenso die »Anmut der Damen« wie die Schweizer Angelegenheiten.[62] Für den gelungensten hielten die Zeitgenossen den Salon der österreichischen Gräfin Laura Fuchs-Gallenberg. Lassen wir uns noch einmal von Auguste de La Garde-Chambonas für einige Augenblicke in deren Welt entführen:

> Diese graziöse, geistvolle Dame gab den allerersten Eindruck von der Hoffärtigkeit ihres Landes […]. Unter all den Personen, die zu ihrer gewöhnlichen Gesellschaft zählten und mit denen sie eine Freundschaft verband, waren die Herzoginnen von Sagan und Acerenza sowie Madame Edmond de Périgord, die vermittels Allianz zur Nichte des Fürsten Talleyrand geworden, alle drei geborene Fürstinnen von Kurland; die Stiftsdame Kinski, die aus einer der erlauchtesten Familien Ungarns stammte; und von den Berühmtheiten der Stunde Fürst von Dalberg, Marschall Walmoden, die drei Grafen von Pahlen, Landgraf Philipp von

VII. Vergnügungen und Festivitäten

Hessen-Homburg, Fürst Paul Anton Esterházy, Gesandter Österreichs in England, Fürst Eugène de Beauharnais, der russische General Fürst Joseph de Witte, Herr von Gentz, der Sekretär des Kongresses und intimer Vertrauter des Herrn von Metternich [...], der Baron von Ompteda, ehemaliger westfälischer Minister in Wien, der sich nach dem Sturz seines Souveräns ohne Gesandtschaft wiederfand und diesem diplomatischen Sanhedrin nur als Laie beiwohnte. Ein angenehmer Frohsinn herrschte bei diesen Begegnungen. Nie hielten die lästigen Diskussionen der Politik darin Einzug. Mit ihrer charmanten Anmut sprach die Herzogin ihren Freunden das Gebot einer allumfassenden Traulichkeit aus. Einmütig nannten sie alle nur ihre *Königin*, einen Titel, den sie sich durchaus angenommen hatte und mit ernster Würde zu tragen verstand.[63]

Von Liebe und Liebeleien

»DIE FRAUEN WAREN DIE ZIERDE der Feste [...]. Auf die Politik übten sie so gut wie gar keinen Einfluss aus«,[64] urteilte Gaëtan de Raxis de Flassan, der offizielle französische Historiograf. Gewiss, ihr Handeln berührte nur marginal den Raum, in dem die Entscheidungen getroffen wurden, und doch lagen Freude, Enttäuschung und Gemütsverfassung ihrer Verehrer in ihren Händen, ein Faktum, das nicht zu unterschätzen ist.

Es wäre unmöglich und wenig galant – wenngleich alles andere als langweilig –, hier eine vollständige Liste der Damen zu nennen, die den Kongress in einen »Hof der Liebe«[65] verwandelten und den Wiener Salons »die liebenswerten Gesetze [...] ihres Esprits und ihrer Schönheit«[66] auferlegten. Daher wollen wir uns damit begnügen, nur jene Damen zu nennen, die eine besondere Nähe zu den wichtigsten Verhandlungspartnern pflegten. Die Berichte des Agenten des Barons Hager, Gentz' Tagebuch und die

Von Liebe und Liebeleien

Katharina Pawlowna Bagration
(1783 – 1857)

Memoiren einiger klatschsüchtiger Damen liefern dazu ausführliches Material.

Statten wir zunächst der Fürstin Katharina Bagration einen Besuch ab. Die Tochter eines Gesandten von Katharina II. in Neapel und Witwe jenes Feldherrn der zweiten Westarmee des Zaren, der auf dem Feldzug 1812 in der Schlacht bei Borodino tödlich verwundet wurde, hatte nicht bis zum Tode ihres Gatten gewartet, um sich in Wien einzurichten, wo sie seit nunmehr zehn Jahren lebte. Sie war in aller Munde dank ihrer Schönheit und der Tiefe ihres Dekolletés, das so großen Eindruck auf Metternich machte, dass aus einer flüchtigen Liebe im Jahre 1810 eine kleine Clementine hervorging. Kein Mann, der ihr begegnete, konnte ihrem Charme widerstehen, wenn man dem schwärmerischen Porträt, das La Garde-Chambonas von ihr zeichnete, glauben mag: »Sie war einer der leuchtendsten Sterne auf diesem an

Sternbildern reichen Kongress. Nunmehr erstrahlte sie in ihrer vollen Schönheit. Man stelle sich ein junges Gesicht vor, weiß wie Alabaster, zartrosafarben getönt, liebliche Züge, eine feine Physiognomie, ausdrucksstark und von höchster Sensibilität, eine mittlere, ideal geformte Statur und in ihrer ganzen Person eine orientalische Weichheit, gepaart mit andalusischer Anmut.«[67] Es gab ungünstigere Porträts über die Damen der Zeit.

Eine gewisse Misshelligkeit verströmte ihr alltägliches Leben in Wien aber doch: Die alerte Einunddreißigjährige, die Hagers Agenten zufolge Ausschweifung und Politik vereinte, empfing so viele Herren, dass all jene aufzuzählen, denen sie ihre Liebesgunst erwies, nicht ganz leichtfällt. Zumindest ist gesichert, dass die schöne Katharina mehrere Nächte mit dem Zaren verbrachte, sich auch ein paarmal erneut mit Metternich traf und noch angelegentlicher die Gespielin von Wilhelm von Württemberg, Karl Ludwig Friedrich von Baden, dem Piemonteser Bertone de Sambuy, von Eugène de Beauharnais, dem jungen Attaché der österreichischen Gesandtschaft Schönfeld wie auch dem sächsischen Gesandten Schulenburg war.[68]

Aber die Dame konnte durchaus auch grausam sein: Offen mokierte sie sich über den Fürsten Karl von Bayern, der ihr in einer Art Liebesstarre verfallen war und dem sie sich nicht überließ.[69] Ihr Verhalten lag zudem nicht allein in ihrer Lasterhaftigkeit begründet, sondern auch in einer gewissen Geldnot: Als der Zar seine Besuche spärlicher werden ließ, brachte dies die Bagration derart in Bedrängnis, dass sie sich gezwungen sah, ausschweifendere Kontakte zu pflegen. Galanterweise griff ihr, neben einigen anderen, der neapolitanische Herzog Serra Capriola unter die Arme.

Nachdem wir im Vorübergehen der gar unschüchternen Julie Zichy zugewunken haben, der wir bereits begegnet sind und die den hohen Herren Alexander I., Friedrich Wilhelm III., der laut der Baronin Du Montet »glaubte, in sie verliebt zu sein«, Metternich und einigen anderen die Stunden versüßte, wollen wir uns den vier Schwestern von Kurland zuwenden. Dorothea von Biron zeigte sich im Palais Kaunitz und auf den Festen ihres Ranges hochwürdig, zumindest wenn man außer Acht lässt, dass sie vermutlich – man höre und staune – die Mätresse ihres fast vierzig Jahre älteren Onkels Talleyrand gewesen ist und man sie des Öfteren in Begleitung eines jungen Adjutanten Schwarzenbergs, des Grafen Karl von Clam-Martinitz, sah.[70] Ihre Schwester Johanna von Acerenza, die sich den verschiedensten Eskapaden hingab, verdrehte zudem Gentz derart den Kopf, dass dieser sie zuletzt nur noch »die Hure von Kurland« schimpfte. Pauline von Hohenzollern stieß erst im März 1815 gemeinsam mit ihrer Mutter, der Herzogin von Kurland, zum Kongress hinzu und machte nicht mehr von sich reden.

Die vierte Schwester, Wilhelmine von Sagan, hatte im Palais Palm Quartier bezogen, in dem auch pikanterweise die Fürstin Bagration weilte. Nachdem sie die Mätresse eines schwedischen Adligen, die Gemahlin eines Rohan und späterhin eines Trubezkoi[71] gewesen war, begann sie im Sommer 1813 eine Affäre mit Metternich, dem sie ebenso wenig treu blieb wie ihren anderen Männern, der ihr andererseits aber auch in nichts nachstand. Nur war der Kanzler offenbar gar sehr in sie verliebt und entwand sich sogar aus den schwierigsten Verhandlungen, um seiner Herzensdame zu schreiben: »Meine liebe Freundin, bei mir tagt die Konferenz, aber meine Kollegen streiten sich in einem Winkel über verschiedene Dinge, an denen sie sich erst einmal die Köpfe heiß reden mögen, ehe ich ihnen meine Ansichten darüber unterbreite.« Sodann beichtete der Präsident des Kongresses seiner Mätresse, am Abend zuvor geweint zu haben, als er beim Lesen eines Gedichtes an sie denken musste.[72] Ein andermal schrieb er ihr: »Guten Tag meine liebe W. Ich muss gleich wieder zu meiner Konferenz zurückkehren, die ich unterbrochen habe, um dir zu schreiben, und will versuchen, die verlorene Zeit wiedergutzumachen, indem ich einen ordentlichen Artikel über die deutsche Verfassung schreibe, eine durchaus nützliche

VII. Vergnügungen und Festivitäten

Sache, die aber mit dem wirklichen Glück meines Lebens wenig zu schaffen hat.«[73]

Obwohl Wilhelmine die Turteleien lange Zeit erwiderte, brach sie im Oktober 1814 mit Metternich. Der Kanzler teilte Gentz seine Enttäuschung mit, als handele es sich um »ein Ereignis erster Ordnung«, und unterhielt seinen Vertrauten nun fast täglich mit seiner Unbill. Mehrere Wochen lang war Metternich durch seine Schwermut und seine Eifersucht über die »Affäre der Herzogin« in geschäftlichen Dingen außer Gefecht gesetzt, die doch so dringend seines Kopfes bedurften. Bald wusste man nicht nur im Hagerschen Kreis der Geheimpolizei, sondern auch in der ganzen Stadt, dass dieses Liebesdrama eine unerwartete Episode im Zwist zwischen Österreich und Russland darstellte. Alexander hatte sich seine Untertanin – die Besitzungen der Kurland befanden sich größtenteils auf russischem Gebiet[74] – beiseitegenommen, um ihr fürderhin zu versagen, sich mit seinem Erzfeind zu treffen, was der Hintergangene wiederum bereits vermutete, weshalb er dem Objekt seines Leidens schrieb: »Wenn A. mit dir auf dem Ball heute Abend über mich oder unsere Beziehung reden sollte, bitte ich dich, auf keine seiner Fragen einzugehen. Lass ihn reden und verweigere dich allem Ansinnen, das er für oder gegen mich hegt.«[75]

Die Starre, in die Metternich vorübergehend verfallen war, nutzte Russland für eine diplomatische Offensive. Auch im Inneren sah sich der Kanzler Druck ausgesetzt, den Anhänger von Johann Philipp von Stadion auf ihn ausübten. Es ging sogar schon das Gerücht, der österreichische Kaiser denke ernsthaft daran, sich seines wichtigsten Ministers zu entledigen. Doch dank einer Liaison mit der Fürstin von Windisch-Graetz, »die ihn noch mehr zu interessieren schien als alle Weltgeschäfte«, wie Gentz pointiert formulierte, und der tröstlichen Umarmungen der Madame von Nesselsucht kam Metternich langsam wieder auf die Beine.[76]

Am 4. November 1814 nahm er sogar seine Besuche bei Wilhelmine wieder auf, womit er an der Liebesfront endgültig in alter

Von Liebe und Liebeleien

Wilhelmine von Sagan
(1781 – 1839)

Stärke stand. Doch zwischen dem wahrlich spannungsgeladenen Paar sollte fortan nichts mehr so sein, wie es einmal war. Während Metternich immer launischer wurde, erweiterte die »böse Dame«, wie der Sekretär des Kongresses sie gern nannte, ihr Gesichtsfeld in den Armen des jungen englischen Diplomaten Frederick Lamb, den sie seit längerem kannte,[77] und späterhin im Bette des erfahreneren Stewart. Derweil zog ihr Geliebter in einem Brief an eine Freundin beinahe mit Stolz die Bilanz dieses Skandals: »Sie macht nichts als Dummheiten, sie sündigt sieben Mal am Tag, sie redet Unsinn und liebt, wie andere essen [...]. Mehrere meiner Freunde, die über die Sache Kenntnis haben, konnten nicht begreifen, wie ich in sie verliebt sein konnte [...]. Ich habe sie verlassen wie ein Mathematiker, der nach Jahren des Forschens die Lösung für die Quadratur des Kreises gefunden hat.«[78]

Dem blieb Wilhelmine nichts schuldig. Im März 1815 schrieb sie an ihren neuen Geliebten Lamb: »Metternich war heute Morgen bei mir und sprach wie gewöhnlich sehr viel über sich selbst und über eine *ferne Vergangenheit* – fern nicht wegen der Tage oder Wochen oder Monate, die hinter uns liegen, sondern wegen des letzten Eindrucks, den er bei mir hinterließ.«[79] Das war an Liebenswürdigkeit wahrlich kaum zu überbieten.

Aber wie stand es nun, während Metternichs Herz und Sinne derart leidgeprüft waren, mit den Herzensangelegenheiten des Zaren? Für ihn standen nach der schmerzhaften Trennung von der Prinzessin Maria Antonowna Naryschkina, die ihm vier Kinder geschenkt hatte, offenbar alle Zeichen auf Verführung. So legte er gleich nach seiner Ankunft in Wien eine »unersättliche Zügellosigkeit«[80] an den Tag, die sich an dem Menü ablesen lässt, das Hagers Agenten aufstellten: Neben der Bagration gelangten auch die Gräfin Esterházy-Roisin, Gräfin Zichy, die Prinzessin von Auersperg, die Prinzessin von Liechtenstein sowie einige Sängerinnen, Tänzerinnen, Schauspielerinnen und von Tschernitschew für seinen Herrn ausgewählte Freudenmädchen in den Genuss, in kaiserlichen Armen zu liegen. Es kursierten einige amüsante Anekdoten, darunter jene über den missglückten Anlauf des Zaren bei der Gräfin Széchenyi: »Ihr Gemahl ist nicht zugegen, es wäre sehr genehm, vorübergehend seinen Platz einzunehmen«, soll er ihr ohne Umschweife zugeflüstert haben, woraufhin diese entgegnete: »Halten Eure Majestät mich für eine Provinz?«[81] Doch trotz dieser Niederlage galt Alexander als der »primo amoroso in der Truppe der Souveräne«,[82] und dies, obwohl die Zarin Elisabeth ebenfalls in Wien weilte.

Es war ein offenes Geheimnis, dass es beim Kaiserpaar seit langem kriselte. Mittlerweile schien der Bruch unvermeidbar. Der Zar verpflichtete seine Gemahlin zu Festlichkeiten, auf denen die Fürstin Bagration als oberste Dame paradierte. Die Polizei vermeldete mehrere Ehestreits, die zuweilen sogar vor den Augen ihres Bruders, des Großherzogs von Baden, ausgetragen wurden. Im Februar 1815 riet Czartoryski seinem Herrn die Scheidung an – in seinen Rat mag der Wunsch, die Zarin selbst zu heiraten,

Von Liebe und Liebeleien

hineingespielt haben, die er seit fünfzehn Jahren liebte.[83] Seinem Ansinnen wurde indes nicht stattgegeben. Doch nicht etwa wegen etwaiger Eifersüchteleien Alexanders – das Paar hatte sich einvernehmlich getrennt –, sondern aus Gründen der Staatsräson. Der Zar wollte vermeiden, dass diese herzensbewegende Geschichte Misstöne in die polnischen Angelegenheiten brachte: Dass eine ehemalige Zarin mit einem polnischen Fürsten anbandelte, hätte als Sinnbild für Russlands Einflussnahme missverstanden werden können. Zu Tode betrübt, sah sich Elisabeth genötigt, auf ihren Herzenswunsch zu verzichten und, wie sie Czartoryski schrieb, »der rechtlichen Ordnung das wahre Glück ihres Lebens«[84] zu opfern. Sie verließ Wien am 24. Februar 1815.

Auf dem Schlachtfeld der Liebe konnte sich niemand der Versuchung erwehren: Dalberg mit der Herzogin von Schönborn, Löwenhielm bei Madame Werzer, Eugène de Beauharnais und der Großfürst Konstantin mit der französischen Schauspielerin Séraphine Lambert, Beauharnais allein bei »einer Madame Suzanne«, die unter ihren Verehrern als »sehr hübsches Mädchen« galt, dann, im Wechsel mit Dalberg, bei der Tänzerin Émilie Bigottini,[85] die Cousins Großherzog Ludwig von Hessen-Darmstadt und Karl Ludwig Friedrich von Baden mit Damen, die sie auf öffentlichen Bällen kennengelernt hatten, Letzterer sodann mit Joséphine Morel, einer Lebedame, für die er heftig entflammt war, und eine Zeit auch mit Katharina Bagration. Sogar Hardenberg begann eine Liaison mit einer jungen französischen Schauspielerin namens Jubile, während Friedrich von Dänemark »leidenschaftlich für eine junge Frau aus der Arbeiterklasse, ein blondes, rosiges Mädchen, schwärmte«.[86] Unter diesen Umständen mutete die Notiz der Polizei vom 30. Oktober 1814 fast triumphal an: »Alexander hat der Gräfin Orczy beflissentlich den Hof gemacht, jedoch ohne Ergebnis«.

Von Gott und Göttlichem

BEI SO VIELEN SÜNDEN brauchte es einen gnädigen Gott, der durch Beichte oder Anrufung zu besänftigen war. Sogar der Vertreter des Papstes musste das eine oder andere Mal reuevolle Gebete gen Himmel schicken. Wie sehr die festliche Stimmung Consalvi betörte, schilderte ein Bericht an Hager über einen Empfang bei Stewart: »Der Kardinal, der nur ein Diakon ist, blieb bis zwei Stunden nach Mitternacht, um sich auf diesem prächtigen, ja strahlenden Fest, auf dem die irdischen Gottheiten gleichsam im Wettbewerbe standen, zu betrinken.«[87]

Doch zurück zum Ernst der Sache: Der feierlichen Messen, die während des Kongresses abgehalten wurden, gab es ungezählte. In einer Art Ökumene avant la lettre feierte der Erzbischof von Wien mehrere *Te Deum* in Anwesenheit der Kaiser und Könige, so am 15. Oktober 1814, wo er »dem Himmel Dank sagt für die vollkommene Harmonie, die zwischen den Souveränen herrscht«. Während die Wiener sich damit begnügten, der Messe beizuwohnen und gerade so lange ihre Geschäfte geschlossen zu halten, achteten die Engländer peinlich die sonntägliche Ruhe: »Bei dem Lord Stewart halten die in Wien anwesenden zahlreichen Engländer ihren Gottesdienst«, wurde Hager mitgeteilt. »Die Engländer sind so religiös, daß am Sonntag sie keiner Musik beiwohnen. Um deßwillen ist die musikalische Akademie des H. v. Beethoven von Sonntag auf den Werktag verlegt worden.«[88] Die Russen wiederum veranstalteten zum Fest ihres Heiligen Georg am 7. Dezember eine bewegende Andacht für die Souveräne.

Talleyrand organisierte am 21. Januar 1815 eine Feierlichkeit zum Gedenken an die Hinrichtung Ludwigs XVI., die 80 000 Franc kostete und für die Neukomm eigens ein Requiem komponierte, eine »schöne, düstere Musik, wie der Anlass sie gebot«.[89] Die Chöre, die aus zweihundertfünfzig in zwei Gruppen aufgeteilten Sängern bestanden, dirigierte er gemeinsam mit Antonio Salieri. Der französische Pfarrer der Wiener Annakirche,

Zaignelins,[90] hielt eine leidenschaftliche Predigt, in der er ein – wie er hoffte – erbauliches Tableau der Errungenschaften der legitimen Monarchie entwarf und die bewegte Zuhörerschaft gemahnte, dass es allein der Finger Gottes sei, der »alljeden Thron in die Höhe hebt und wieder herabsetzt«. Die Souveräne, die bis auf Franz I., der ein Trauergewand trug, in Uniform gekleidet waren, senkten zum Zeichen der Demut gegenüber dem Schöpfer ihre Köpfe.[91]

Die Kathedrale hatte Isabey gemeinsam mit dem Architekten Charles Moreau, einem seit 1794 in Wien ansässigen Franzosen, eingerichtet. In der Mitte war ein riesiger Katafalk aufgestellt, umgeben von vier Statuen: *Frankreich in Schmerz versunken, Europa vergießt Tränen, Die Religion hält das Testament Ludwigs XVI. in Händen* und *Die Hoffnung erhebt die Augen zum Himmel*.[92] Der Maler musste sich an Napoleons Krönung erinnert fühlen, an deren Vorbereitung er zehn Jahre zuvor mitgewirkt hatte, was sein Herr in seinem überschwänglichen Bericht an Ludwig XVIII. naturgemäß verschwieg: »Eine große Beredtsamkeit war deshalb gar nicht nötig, und alle Zuhörer schienen trotzdem sehr erbaut davon zu sein, denn sie rief ein unendlich schmerzvolles und ewig belangenswertes Ereignis wieder in die Erinnerung zurück. Aus diesem Grunde fehlte ihr auch weder die moralische, noch die politische Tragweite. Ich hatte die namhaften Gesandten und Bevollmächtigten und außerdem noch verschiedene hochgestellte Persönlichkeiten heute zur Tafel geladen, und sie bestätigten sämtlich meine obigen Bemerkungen.«[93] Als Eynard hörte, wie der Fürst von Benevent »große Phrasen« über seine Zeremonie drosch, konnte er nicht umhin zu notieren: »Man könnte meinen, er sei Jahr und Tag der treuste Diener Ludwigs XVI. gewesen.«[94]

ZWISCHEN SEPTEMBER 1814 UND JUNI 1815 schwelgte der Wiener Kongress neun Monate lang in einer bald weihevollen, bald festlichen Stimmung, die aber auch einige andächtige Momente bot. Dies trug gewiss auch zur persönlichen Annäherung jener Männer bei, deren Aufgabe in der Neuordnung Europas bestand. Man wird nie genau bestimmen können, welche Rolle diese »Nebensächlichkeiten« bei der Lösung der verschiedensten Schwierigkeiten tatsächlich spielten, vor allem aber, in welchem Maße sie auf dem Höhepunkt der Rivalitäten dazu beitrugen, den Kontinent vor einem neuerlichen Krieg zu bewahren. Denn schon wenige Wochen nach der offiziellen Eröffnung der Verhandlungen war man in der Tat nicht allzu weit davon entfernt.

VIII.
Am Rande des Krieges

VIERZEHN TAGE nach der offiziellen Eröffnung des Kongresses vertraute ein Mitarbeiter der russischen Legation dem Schweizer Eynard an: »Ich glaube, es wird wieder Krieg geben; ich sehe keinen anderen Ausweg, wir sind uns über nichts einig.«[1] Der Grund für diese Aussage waren zwei Dossiers, die eng miteinander verknüpft waren und über die sich die Diplomaten seit Monaten die Köpfe zerbrachen: Sie betrafen Sachsen und Polen. Eine Annexion Sachsens wäre für Preußen ein angemessener Ausgleich für die an Russland abgetretenen polnischen Gebiete gewesen; der Zar wiederum wollte ein Königreich Polen schaffen, welches ganz in Russland aufgehen sollte. Jenseits ihrer persönlichen Freundschaft hatten Alexander und Friedrich Wilhelm diesen Tausch zur Basis ihrer politischen Allianz im nachnapoleonischen Europa gemacht. Am 28. September 1814 hatten sie diesbezüglich ein Geheimabkommen unterzeichnet, von dessen Inhalten sie ihre Verhandlungspartner gemeinsam überzeugen wollten, die da allerdings ganz anderer Meinung waren.

Doch die beiden befreundeten Souveräne trugen nicht als Einzige Schuld an der Pattsituation. Metternich spielte ein gefährliches Spiel, unterstützte einmal nur den einen, aber nicht den anderen, dann wieder beide, während im Hintergrund die Stimmen der mittleren deutschen Mächte ihr Ungemach ausdrückten und Druck ausübten. Castlereagh agierte ebenfalls zögerlich. Ihm war dieser Handel im fernen Osteuropa lange Zeit als minder wichtig erschienen, zumindest was seine eigenen Interessen anbelangte. Englands allererste Priorität war die Neutralisierung der französischen Macht, für die Sachsen allerdings einen Ankerpunkt in Deutschland darstellte. Zugleich überfiel Castlereagh ein vages Unwohlsein bei dem Gedanken, die Russen in

Warschau einziehen zu sehen. »Österreich [...] versucht zu lavieren und auf Zeit zu spielen«, erklärte Dalberg seinem Kollegen Jaucourt am 24. Oktober 1814, »England verfolgt sein System weiter und sucht in Preußen, Hannover und Holland eine undurchdringliche Barriere gegen künftige Aggressionen Frankreichs.«[2]

Talleyrand wiederum strebte an, »die beiden Mächte [Österreich und Russland] von dieser Verabredung oder Duldung abzubringen und sie zu einer vollständigen Lossagung zu bewegen«,[3] um Friedrich August auf dem Thron zu halten. Dass der sächsische König der deutsche Cousin Ludwigs XVIII. war, spielte dabei gewiss nicht die entscheidende Rolle. Für die Franzosen wäre die Rettung Sachsens gleichbedeutend gewesen mit einer Schmälerung des preußischen und österreichischen Einflusses im deutschen Raum. Zudem würde zwischen den beiden Mächten ein wirtschaftlich und militärisch starker Pufferstaat verbleiben. Durch ein Bündnis mit den anderen Staaten des »dritten Deutschlands« (ohne Preußen und Österreich) würde damit auf lange Zeit eine deutsche Einheit verhindert werden können, die die Franzosen als Bedrohung für das europäische Gleichgewicht und für sich selbst ansahen. Außerdem würde Frankreich mehr Handlungsspielraum und mehr Koalitionsmöglichkeiten innerhalb des »deutschen Körpers« haben. Was Polen anbelangte, führte Talleyrand die traditionelle diplomatische Linie des königlichen, revolutionären und kaiserlichen Frankreich fort: Es sollte außerhalb des russischen Einflussbereichs bleiben, um den »Barbaren des Nordens« den Weg nach Westen zu versperren. Sollten aber doch Zugeständnisse vonnöten sein, würde man äußerstenfalls die Schaffung eines polnischen Satellitenstaats zulassen, dessen gleichzeitige Unabhängigkeit von Russland gewährleistet sein musste.[4] Anders gesagt: Man würde nicht für Warschau sterben, wenn sich in Sachsen etwas erreichen ließe.

Vollendete polnische Tatsachen

SEIT DEM RÜCKZUG der napoleonischen Armeen Anfang 1813 hatte Alexander seinen militärischen und politischen Einfluss im Herzogtum Warschau immer weiter ausgedehnt. Napoleon hatte das Herzogtum 1807 in Tilsit geschaffen und nach dem Frieden von Schönbrunn 1809 durch österreichische Besitzungen erweitert. Ein erster Vertrag, der am 28. Februar 1813 mit Preußen in Kalisch unterzeichnet worden war, gab Russland freie Hand in der Ausgestaltung dieses Gemenges, das zu großen Teilen aus »preußischen« Gebieten bestand. Dem Abkommen nach sollte Österreich bei einem Eintritt in die Koalition Krakau und Tarnopol erhalten. Als es dies im Sommer tatsächlich tat, wurde am 9. September 1813 in Töplitz ein neuer Vertrag unterzeichnet, in dem sich Russland, Preußen und Österreich allerdings nur das Versprechen gaben, sich »einvernehmlich« über eine neue Teilung zu einigen.

Mangels konkreterer Übereinkommen und neuer Verhandlungen hatte der Zar Polens provisorische Verwaltung dem Fürsten Repnin und die Ausarbeitung einer dauerhaften politischen Ordnung seinem Berater Nowosilzew übertragen. Die beiden Russen hatten Teile der Elite des Landes um sich geschart, denen sie glauben machten, das künftige Polen würde sich unter Umständen die litauischen Provinzen im Westen Russlands einverleiben können, zu denen damals auch Teile der heutigen Ukraine und Weißrusslands gehörten. Die leise anklingende Perspektive, das »große« Polen könne womöglich wiederauferstehen, stand jedoch unter der Conditio sine qua non, dass ein Romanow auf den restaurierten Thron stieg. Da sich ihnen ohnehin keine bessere Alternative bot, mochten viele polnische Notabeln diesen Versprechungen Glauben schenken. Sie sahen »im Großmut des Zaren die einzige Hoffnung ihres Landes«.[5] Dass Adam Czartoryski zur Entourage des Zaren gehörte und der Unabhängigkeitskämpfer Tadeusz Kościuszko dieses Vorhaben eine Zeitlang offen unterstützte, sorgte zumindest für die Glaubwürdigkeit der guten Absichten Alexanders.[6] Ein großer Teil der polnischen Eliten war von daher offenbar bereit, die Wiederauferstehung ihres Landes mit einer Art forciertem russischem Protektorat zu vereinbaren.

Die traditionelle, anachronistische Interpretation der Entscheidungen des Wiener Kongresses, die die »Feigheit« der Westmächte angesichts der »Unterdrückung« der polnischen Nation durch Russland anprangert, ist somit nicht haltbar und bedarf einer klaren Korrektur. Wie Daniel Beauvois sagt, kann die polnische Geschichte des 19. Jahrhunderts gewiss nicht ohne Einschränkung als »bewusster, triumphaler Marsch hin zur Restauration [Polens] im Jahre 1918«[7] angesehen werden. Zumindest in Wien – und Czartoryski ist dafür das beste Beispiel – hieß nach Napoleons Abdankung ihr Pragmatismus das Herz der Polen für den Zaren schlagen, der versprach, die Teilung des Landes neu zu verhandeln und einen polnischen Staat zu begründen, der größer noch als das Herzogtum Warschau und zudem mit einer gewissen Unabhängigkeit ausgestattet sei.

Dass Russland mit der Besetzung Polens 1813/14 vollendete Tatsachen geschaffen hatte, war von den anderen Mächten der Koalition nie angefochten worden, da diese allzu sehr mit dem Krieg gegen Napoleon beschäftigt waren. Der Pariser Friedensvertrag hatte alle abschließenden Entscheidungen auf den Kongress vertagt, was in den Verhandlungen von London noch einmal bestätigt worden war. Zugleich waren die Differenzen unter den Siegern aber wieder offen zutage getreten, so dass zu Beginn des Kongresses in keinem Punkt der Polenfrage Einigkeit herrschte. Das Thema entzündete auch sogleich die ersten Streitigkeiten zwischen Metternich und Alexander. Aus London schrieb Liverpool an Castlereagh: »Wir müssen uns im Klaren darüber sein, dass wir einen harten Kampf gegen die öffentliche Meinung werden führen müssen, wenn wir eine Abmachung akzeptieren, in der die Unabhängigkeit Polens nicht Teil der Lösung

Vollendete polnische Tatsachen

ist.«[8] Schon am 4. Oktober hatte der englische Minister dem Zaren ein erstes Memorandum übergeben, das den Einspruch Englands gegen eine Herrschaft Russlands über ganz Polen ankündigte: »Es muss deutlich gesagt werden: Solange S.M. der Zar an diesem höchst misslichen Vorhaben festhält, wird von den Bevollmächtigten der verbündeten Mächte keine Abmachung zur Neuordnung Europas zu erwarten sein«,[9] schloss Castlereagh.

Einige Tage darauf präzisierte England seine Position: Die Russen sollten sich »mit dem größeren Teil des Herzogtums Warschau«[10] begnügen und zudem den übrigen Landsleuten Wahlfreiheit garantieren. Darunter verstand sich, dass Castlereagh keine wahrhafte Unabhängigkeit Polens forderte, sondern nur eine neuerliche Teilung, die, um die englische Öffentlichkeit zu beruhigen, anders benannt werden und in einer weniger rücksichtslosen Form vor sich gehen sollte. Dieses Ansinnen wurde vom Zaren abschlägig beschieden. Zur Begründung verwies er in seiner Antwort vom 30. Oktober[11] auf die Opfer seines Landes im Krieg gegen Napoleon und auf die Ansprüche, die ihm aus der »Dankbarkeit Europas«[12] erwüchsen. Seine Position verdeutlichte Alexander noch einmal in einem Brief an Castlereagh: »Meine Stärke liegt in der Reinheit meiner Absichten. Ich halte an der Ordnung der Dinge [...] in Polen fest; deshalb hege ich in meinem Gewissen die innerste Überzeugung, dass ich zum allgemeinen Vorteil handle und nicht allein in meinem eigenen Interesse.«[13] Ebenso wenig zur Glättung der Wogen beitragen konnte ein weiteres bewegtes Treffen mit Metternich, in dem der Zar den Kanzler »mit einer solchen Anmaßung und Heftigkeit behandelt [hatte], die er selbst gegen einen seiner eigenen Minister sich nicht hätte erlauben dürfen.«[14]

Anfang November sann Metternich darauf, das Hindernis zu umschiffen. Angesichts seines schlechten Verhältnisses zum Zaren suchte er offen die Nähe zu Preußen, das seiner Meinung nach in Polen viel zu verlieren hatte. Er bat Hardenberg, die Idee eines »Königreichs in Freiheit und Unabhängigkeit von allem fremden Einfluß« in Polen zu unterstützen – gegen einige territoriale Zugeständnisse an Russland, darunter auch Warschau, und in der Gegend um Thorn an Preußen.[15] Trotz des Geheimabkommens vom 28. September 1814 zeigte sich der preußische Kanzler interessiert. Es gelang ihm, Friedrich Wilhelm III. davon zu überzeugen, sich mit diesem Vorschlag an Alexander zu wagen. Doch damit wurde die Sache nur noch komplizierter. Denn um den König für sein Entgegenkommen zu entschädigen, hatte Metternich seine Zustimmung zur Annexion Sachsens anklingen lassen, als Ausgleich für den Verlust des »preußischen Polens«. Womöglich wären sogar noch linksrheinische Gebietserweiterungen denkbar. Als Castlereagh von dem Kuhhandel erfuhr, gab er, erfreut über die guten Beziehungen zwischen Wien und Berlin, die nach seiner Überzeugung Deutschlands Unabhängigkeit garantierten, seine Zustimmung.

Damit aber war eine gefährliche und unübersichtliche Situation entstanden: Russland spielte seine militärische Präsenz aus; Preußen dachte allein an seine eigenen Garantien; England und Österreich vermeinten – zu Unrecht –, Alexander seine Gelüste ausreden und zugleich Friedrich Wilhelm Hoffnungen in Sachsen machen zu können. Und Talleyrand hielt jetzt die Zeit für gekommen, sich in die Debatte einzumischen.

Zunächst richtete er seinen entschiedensten Einspruch gegen die vorgeschlagenen Vereinbarungen aus und weigerte sich, Friedrich August von Sachsen im Namen eines derart erbarmungswürdigen Kalküls zu opfern. Dabei erhielt er Unterstützung von Delegierten gleich mehrerer deutscher Staaten. So bestanden Bayern und Württemberg darauf, die Frage Sachsens zu klären, ehe man überhaupt in Verhandlungen zu Polen trete. Ansonsten würden sie kein Abkommen unterzeichnen. Ein symptomatisches Lamento stammte von dem Badischen Minister Freiherr von Hacke: »Wenn das nicht zu denken gibt: Zum ersten Mal seit Weltenbeginn reden die Franzosen von Prinzipien; und niemand will etwas davon hören.«[16]

Vollendete polnische Tatsachen

Kraft seiner Überzeugungskunst gelang es Talleyrand, in Metternich und Castlereagh die Vorstellung zu nähren, sie würden mit ihrer Vorgehensweise Deutschland an Preußen ausliefern – und bald Europa an Russland. Alexander wiederum, der einen Gesinnungswandel nahen sah, ging in die Offensive, womit England und Österreich die Augen geöffnet werden sollten, wenngleich sie nicht gerade für Entspannung sorgte: Er wies Repnin an, die Vereinigung des Königreichs Sachsen mit Preußen zu verkünden und die russische Präsenz in Warschau zu erhöhen.[17] Kurz darauf, am 11. Dezember 1814, verbreitete Großfürst Konstantin, der Wien am 10. November verlassen hatte, um sich in der polnischen Hauptstadt niederzulassen, in Warschau eine Proklamation, in der er die Polen aufrief, ihre nationale Integrität unter seiner Flagge zu verteidigen. In ihren offiziellen Texten beteuerten Repnin und Konstantin, England und Österreich hätten alledem zugestimmt, was zum Mindesten voreilig war. Immerhin hatten Hardenberg und Nesselrode bereits offenbart, dass sie Hand in Hand arbeiten würden und dass für ihre Souveräne die Frage Sachsens untrennbar mit der Frage Polens verbunden war. Wie zum Beweis, dass außer den Franzosen niemand so recht begriffen hatte, was sich hier anbahnte, prangerte Gentz in einer Note vom 7. November »Preußens Ausstieg«[18] aus dem von Metternich vorgeschlagenen Kompromiss an. Dieser Vorschlag war jedoch nicht ernst genommen worden, da er Alexander und Friedrich Wilhelm zu größtem Vorteil gereichte. Ohne das Eingreifen Talleyrands hätten sich der österreichische Kanzler und der englische Minister von ihren Verhandlungspartnern zum Narren halten lassen, nicht aus Schwäche oder Dummheit, sondern ganz einfach weil sie vom russisch-preußischen Geheimvertrag nichts wussten. Auf einer Soiree heizte der französische Gesandte die Stimmung sogar noch weiter an, indem er sich lauthals an Eugène de Beauharnais wandte und meinte, »das Diner gehe bald zu Ende: er fürchte nur, es werde Kanonenkugeln zum Nachtisch geben.«[19]

Die »Legitimität« auf dem Prüfstand

WAREN DIE POLNISCHEN ANGELEGENHEITEN schon nicht zum Besten bestellt, so gab die Lage betreffend Sachsen noch mehr Grund zur Beunruhigung. Nach der Völkerschlacht bei Leipzig war Friedrich August von Sachsen, den Napoleon als seinen letzten Verbündeten zu »seinem« Großherzog von Warschau gemacht hatte, im preußischen Schloss Friedrichsfelde unter Hausarrest gestellt und die Verwaltung seiner Gebiete den Alliierten übergeben worden. Berlin wollte eine Annexion, ohne Wenn und Aber, mit oder ohne Entschädigung. Dem inhaftierten König war weder gestattet worden, nach Wien anzureisen, noch einen offiziellen Repräsentanten zu entsenden. Seit Beginn des Kongresses rangen seine inoffiziellen Unterhändler, der Gesandte Schulenburg und der Kammerherr Salmour,[20] auf den Fluren und Salons um den Erhalt seiner Dynastie. Doch ihre Aussicht auf Erfolg war gering, da Castlereagh und Metternich wenig Mitgefühl für das Los eines Monarchen aufbrachten, der für ihr Empfinden in seiner Allianz mit dem napoleonischen Frankreich zu weit gegangen war.[21] »La Saxe est perdue,«[22] notierte Gentz Mitte Oktober 1814 in seinem Tagebuch, »Sachsen ist verloren«.

Am 4. November ergriff Schulenburg, der Unterstützung der süddeutschen Souveräne gewiss, die Initiative und verbreitete eine Erklärung seines Königs Friedrich August: »Das große Ziel dieses Krieges, der glücklicherweise ein Ende gefunden hat, war die Bewahrung und Festigung der legitimen Dynastien [...]. Die Unverletzlichkeit unserer Rechte und der Rechte unseres Hauses aus dem Erbe unserer Ahnen, das auf rechte Weise erworben, ist anerkannt. Daraus muss unsere sofortige Wiedereinsetzung folgen.«[23] Die Argumentation stützte sich auf das Prinzip der Legitimität, auf das Talleyrand so großen Wert legte, dass man hätte meinen können, er habe die Sachsen in dieser Sache beraten oder gar selbst Hand angelegt beim Verfassen der Erklärung. Nicht nur war die Rettung Friedrich Augusts eines seiner ersten Ziele, sondern ihm war auch von Anfang an die geopolitische Bedeutung der Sachsenfrage bewusst gewesen. Um sich möglichst vorteilhaft aus dieser Affäre zu ziehen, galt es seiner Meinung nach, über Friedrich Augusts Treue zu Napoleon hinwegzusehen und in die Zukunft zu schauen. Bei einer heftigen Auseinandersetzung am 31. September 1814 wies Alexander ihn darauf hin, der Mann, der »die Sache Europas« verraten habe, müsse gemaßregelt werden, woraufhin der Fürst von Benevent, der womöglich auf seinen eigenen Werdegang anspielte, dem Zaren seine berühmte Replik an den Kopf warf: »Sire, das ist eine Frage des Zeitpunkts.« Mit anderen Worten: Die »Räuber« würden nur nach einer Ausrede suchen, um sich an Sachsen gütlich zu tun. Dies sei unzulässig und sogar kontraproduktiv, da es nun gerade darum ging, das europäische Gleichgewicht wiederherzustellen.

»Der Unterschied zwischen Talleyrand und den Anderen«, merkt Harold Nicolson an, »bestand jedoch darin, daß die Anderen nichts wußten, als immer sinnlos im Kreise herumzurennen, während er, wenn er spürte, er habe die Witterung verloren, zu der Stelle zurückeilte, wo sie ihm abhanden gekommen war, und daß er dann, wenn er sich wieder auf dem geraden Weg der festen Grundsätze befand, die Jagd mit so untrüglicher und unablenkbarer Sicherheit wiederaufnahm, daß sie sich versucht, ja gezwungen fühlten, in seinem Kielwasser zu steuern.«[24] In diesem Fall bedeutete die Kehrtwende eine Rückkehr zu den anfänglichen Prinzipien: Recht und Legitimität. Damit würden fruchtlose Diskussionen vermieden und gefährliche Hintergedanken zurechtgestutzt. Was die Vorgehensweise betraf, ließ Ludwig XVIII. seinen Minister nun »noch wachsamer sein, daß Rußland nicht Warschau, und Preußen nicht Sachsen erhalte«.[25]

»Entscheidende Erklärungen«

NACHDEM SICH METTERNICH gleich zu Beginn der Debatte in Widersprüchlichkeiten verstrickt hatte und es ihn reute, den preußischen Ansprüchen nachgegeben zu haben, war ihm mittlerweile aufgegangen, dass es »keinen Zweck hatte, noch länger eine Verpflichtung aufrechtzuerhalten, in der er keinen Nutzen erkannte«.[26] Er gestand sich nunmehr ein, alle Vorhaben bekämpfen zu müssen, die seiner Politik der Stärkung des österreichischen Einflusses in Deutschland entgegenstanden. Wäre es aber vonnöten gewesen, Gewalt anzuwenden, so würde dies nicht im Alleingang möglich sein.

Castlereagh dachte ebenso, konnte aber nicht viel mehr als finanzielle Hilfe anbieten, da die englische Armee momentan nicht für einen Feldzug im Osten gerüstet war. Die beiden Männer sahen nur eine Lösung, um aus der Sackgasse herauszufinden, ohne ihren Gegnern nachzugeben: ein Bündnis mit Frankreich. Dazu rief der österreichische Kanzler Dalberg zu sich und fand deutliche Worte: »Sie kommen uns vor wie Hunde, die sehr leidlich bellen, aber nicht beißen. Wir mögen aber nicht alleine beißen.«[27]

Talleyrand, der auf eine solche Einladung nur gewartet hatte, ließ sich nicht zweimal bitten. Als die Lage Anfang Dezember völlig verfahren schien, setzte er die französische Delegation gewissermaßen auf Kriegsfuß.[28] Wobei es sich allerdings nur um einen großen Bluff handelte, denn wie Emmanuel de Waresquiel völlig richtig anmerkt, hatte Talleyrand »keinerlei Absicht, Krieg zu führen«, sondern ließ lediglich so oft als möglich durchscheinen, dass er »die Möglichkeit eines Krieges nicht ausschloss«.[29]

Zur Stunde waren der Zar und der preußische König damit kaum zu schrecken – bis zu dem Augenblick, da die anderen Akteure in das gewagte Schauspiel einfielen. Dass die Lage umschwenkte, war Castlereagh zu verdanken. Aus London, wo die Opposition im Unterhaus die polnische Angelegenheit als »höchst

»*Entscheidende Erklärungen*«

infamen Raub«[30] stigmatisierte, hatte ihm Lord Liverpool mitgeteilt, der Traum von einer anglo-preußischen Allianz sei ausgeträumt und man müsse sich entschieden auf eine anglo-österreichische Achse verlegen. Dazu könne ein Abkommen mit Frankreich hilfreich sein, denn König Ludwig XVIII. sei »der einzige Souverän, dem wir wirklich und wahrhaftig vertrauen können.«[31] Zugleich bat der Premierminister Castlereagh in seinen Weisungen, das »Unglück« eines neuerlichen Krieges auf dem Kontinent zu verhindern.

Wie Gentz schrieb, ging es hier um »entscheidende Erklärungen«.[32] Die Debatte wurde sogar öffentlich, als die beiden Parteien Pamphlete in Auftrag gaben und verbreiten ließen: *Preußen und Sachsen* gegen *Die Blüte Friedrich Augusts*. Eynard klagte: »Die allgemeinen Angelegenheiten verdunkeln sich von Tag zu Tag; der Horizont ist schwarz, allzu schwarz!«[33] Hardenberg setzte seinerseits nach, indem er am 16. Dezember 1814 öffentlich bekanntgab, Sachsen vollständig annektieren und Friedrich August auf linksrheinische Gebiete versetzen zu wollen. Und er fügte noch hinzu, sein König werde an seiner Position nicht mehr rütteln und nötigenfalls auch zu den Waffen greifen. Castlereagh versuchte auf Arbeitssitzungen mit Stein, Hardenberg, Humboldt und Czartoryski zu vermitteln. Talleyrand empörte sich über diesen Vorstoß, der die anderen Unterzeichner des Pariser Friedensvertrags ausgrenze, und beschied seinem Angstgegner Humboldt, »die Nutzlosigkeit von Prinzipien zu behaupten«.[34] Dem englischen Minister, »der einem Soldaten gleicht, welcher seine Marschroute verloren hat«,[35] warf er vor, die polnische Frage kleingeredet und alle seine Anstrengungen auf diese Frage verwandt zu haben. Er habe sich von Preußen an der Nase herumführen lassen, obwohl Talleyrand ihn noch gewarnt habe, und Preußen ohne weiteres Sachsen überlassen.

Schlussendlich musste Castlereagh sich eingestehen, dass »seine Pläne gescheitert waren und ihn sein eigenes Urteilsvermögen von Grund auf getäuscht hatte«.[36] In gewisser Weise kam ihm nun jedoch der Zar zu Hilfe, der den preußischen Vorstoß akzeptieren wollte, Friedrich August ein neues, aus dem Dreieck Trier-Bonn-Luxemburg bestehendes Königreich zuzuweisen, während England Luxemburg bereits dem Königreich der Niederlande zugesprochen hatte. Da endlich sah der britische Minister wieder klar: Er kehrte zu den einfachen Lösungen zurück, ohne dabei die vorrangigen Ziele seiner Diplomatie gegenüber Frankreich aufzugeben, dessen neue Rolle ihn beunruhigte. Doch war er nunmehr bereit, seine Stimme zu erheben, falls nötig sogar mit der Faust auf den Tisch zu hauen, um dem, wie Liverpool sagte, »von Eitelkeit und Selbstgefälligkeit zerfressenen«[37] Zaren Paroli zu bieten.

In mittlerweile »düsterer« Stimmung (Gentz) goss Humboldt weiter Öl ins Feuer: »Mein König hat Sachsen in Besitz genommen und gedenkt es auch zu behalten. Möge ihn vertreiben, wem dies nicht genehm ist.«[38] Mit diesem Gedanken spielten in der Tat bereits Metternich, Castlereagh und Talleyrand, der es nicht bedauerte, dass die anderen Parteien in diesem Maße auf ihn angewiesen waren. Er verglich den Zaren in seinen Fehltritten offen mit Napoleon und hielt ähnliche Gegenmaßnahmen für geboten: »Zar Alexander und Preußen vertreten ihre Ambitionen mit einer nicht zu überbietenden Dreistigkeit [...]. Als Europa zu den Waffen griff, um einen Koloss zu zerstören, wollte es nicht zugleich einen neuen erstehen sehen [...]. In allen Geschäftszimmern, in die ich blicke, herrschen die Prinzipien und Argumentationsweisen eines Bonaparte.«[39]

Wie so oft eskalierte auch diese Krise innerhalb weniger Tage. Zunächst kam die Angelegenheit in Sachsen in Bewegung, wo die Armeeführer lautstark ihren Treueschwur für Friedrich August erneuerten. Wenige Tage darauf folgte eine Petition aus Adelskreisen, den König zu unterstützen. Schon fürchtete man, dass die Bevölkerung Meutereien anzetteln und die Stimmung sich gegen die Besatzer wenden könnte. Zugleich bestellte Franz I. Verstärkung für seine Garnisonen in Galizien und befahl für 1815

»Entscheidende Erklärungen«

die Erhebung der Wehrpflicht, um seine Streitkräfte aufzustocken. Metternich nahm mit den Repräsentanten der deutschen Staaten Gespräche über ein Militärbündnis auf. Auf der anderen Seite erhielt Großfürst Konstantin Order, seine Kräfte zu bündeln und an die österreichische Grenze vorzurücken, während es bereits hieß, dass preußischer Nachschub nach Sachsen marschierte.[40] Anfang Januar 1815 schrieb Wintzingerode an Friedrich von Württemberg: »Man kann sehen, dass der Krieg herbeigesehnt wird, um die maßlosen Vorhaben leichter zum Erfolg führen zu können [...]. Der Wiener Hof scheint diese Angst noch zu unterstützen und dem Verlangen nach Krieg nachgeben zu wollen.«[41]

Doch dann sorgte ein Ereignis außerhalb der Verhandlungen des Kongresses für eine völlig veränderte Lage. Am 26. Dezember 1814 verlautbarte es in Wien, dass England und die Vereinigten Staaten, die seit Herbst 1812 Krieg gegeneinander führten, in Gent einen Friedensvertrag unterzeichnet hatten. Dadurch wurden auf britischer Seite mächtige Armeen frei und zudem Castlereaghs Moral gestählt: »Dieser Friede hat den englischen Minister gewiss gestärkt, und England wird jetzt ein noch größeres Gewicht in die Waagschale und in die Verhandlungen des Kongresses legen«, hieß es in einem vertraulichen Bericht an Hager. »Seine Meinung könnte ausschlaggebend für das Schicksal Sachsens und in der Folge auch Deutschlands sein.«[42] In der Tat gab Castlereagh sein bisheriges Zögern auf und akzeptierte Talleyrands Vorschlag, in Kriegsvorbereitungen zu gehen, um zu vermeiden, den Krieg dann auch tatsächlich führen zu müssen. Als der Zar ihn zum diplomatischen Erfolg von Gent beglückwünschte, entgegnete der Minister in seinem wackligen Französisch, nun beginne das »goldene Zeitalter«[43] seiner Mission in Wien. Später versetzte er einem preußischen Diplomaten gegenüber hochmütig: »England hat sich von niemandem ein Recht vorschreiben zu lassen.«[44]

Säbelrasseln

AM 2. JANUAR 1815 versammelten sich Hardenberg, Rasumowsky, Metternich und Castlereagh, um nach einem letzten Ausweg aus der verfahrenen Situation zu suchen. Doch das Treffen blieb ergebnislos. Schlimmer noch: Hardenberg erinnerte schmissig daran, zu keinem Kompromiss bereit zu sein. Preußen wollte *ganz* Sachsen und würde von dieser Position auch nicht mehr abrücken. Nach der Sitzung klopfte ein wutschnaubender Castlereagh bei Talleyrand an. Rasch wurde man sich über die Bedingungen eines Militärbündnisses einig. Anschließend wurde Metternich in Kenntnis gesetzt, der das Vorhaben unterstützte. Seinem Willen nach sollte sich »Österreich an die Spitze der Mächte stellen [...], um nicht Frankreich diese Rolle zu überlassen«.[45] Der englische Minister ließ sogleich einen Vertragsentwurf erarbeiten, der nach einigen Ausbesserungen noch am nächsten Tag vervielfältigt und unterzeichnet wurde.[46]

Das war ein wahrhaft ungeheuerlicher Vorgang. Nur sieben Monate nachdem es am Boden gelegen hatte, war Frankreich mittels vierzehn Artikeln und eines zusätzlichen geheimen Artikels in einer alles andere als zweitrangigen Frage ins Herz der europäischen Angelegenheiten zurückgekehrt. Es verständigte sich mit England und Österreich, um gemeinschaftlich zu handeln.[47] Der Vertrag sah vor, dass bei einem Angriff auf eine der drei Mächte die beiden Bündnispartner zu Hilfe kämen, indem sie binnen sechs Wochen 150 000 Mann oder, im Falle Englands, 20 Pfund pro Grenadier und 30 Pfund pro Kavallerist bereitstellten. In einem Zusatzartikel wurde beschlossen, den König von Bayern, den König von Hannover – diesen Titel hatte seit dem 12. Oktober 1814 der König von England inne – und den Fürsten der Niederlande einzuladen, dem Abkommen beizutreten. Wenngleich Frankreich diesen Vertrag, da das Bündnis ja »uneigennützig« war, nicht gegen den Pariser Friedensvertrag würde ausspielen können, war Talleyrand damit ein Meisterstück geglückt. Albert

Sorel spricht sogar von einem »Triumph«.[48] Talleyrand hatte über die Frage Sachsens und Polens hinaus die Front der »Verbündeten« gesprengt und die österreichisch-preußische Feindschaft wiederentflammt. Damit hatte er Frankreich auch wieder Spielraum in Deutschland verschafft. Nach dem ersten misslungenen Versuch Ende Oktober 1814 hatte sich Talleyrand wieder in die erste Riege der Repräsentanten europäischer Mächte erhoben. Der Kongress würde von nun an nicht mehr unter der Leitung von vier, sondern von fünf Männern stehen.

Unverzüglich machte Talleyrand Ludwig XVIII. Meldung und bat ihn zugleich, einen General zu entsenden, um sich mit seinen österreichischen und englischen Kollegen zu besprechen: »Wären die Entwürfe, die ich bei meiner Ankunft hier vorfand, verwirklicht worden, so hätte Frankreich ein halbes Jahrhundert lang allein in Europa dagestanden, ohne irgendeine gute Verbindung. [...] Heute, Sire, ist die Coalition aufgelöst, und sie ist es für immer. Nicht allein ist Frankreich nicht mehr isolirt in Europa, sondern Ew. Majestät haben schon ein Bundessystem, wie man kaum als Ergebnis der Unterhandlungen eines halben Jahrhunderts hätte erwarten dürfen. Sie sind im Einverständnis mit zwei Großmächten, mit drei Staaten zweiten Ranges und bald mit allen den Staaten, die nicht revolutionäre Grundsätze und Maximen befolgen.«[49]

Zwar glaubten die Unterzeichner des Vertrags vom 3. Januar 1815 »selbst nicht, dass er einer ernstlichen Ausführung fähig sei«,[50] doch waren sie damit ein enormes Risiko eingegangen: einen neuerlichen Krieg in Europa. Wie Henry Kissinger diesbezüglich treffend bemerkt: »Die ganze Kunst der Diplomatie besteht eben darin, mit [Gewaltanwendung] zu drohen, das mögliche Ausmaß offen zu lassen und nur im äußersten Fall wirklich zur Tat zu schreiten.«[51] Die »Kunst« Castlereaghs, Metternichs und Talleyrands äußerte sich nicht zuletzt in der Verbreitung von Ungewissheit. Man bluffte gegenüber Russland und Preußen, aber ebenso untereinander. Frankreich hatte gar nicht die Mittel, um seinen Teil der Verabredung einzuhalten und 150 000 Mann zu entsenden. Österreich wiederum hatte vermutlich gar nicht die Absicht, sich erneut in die Schlacht zu stürzen, und Castlereagh war weit über die Weisungen seiner Regierung hinausgeschossen.[52] In London waren die Reaktionen auf die Vertragsunterzeichnung im Übrigen alles andere als positiv. Der Kriegsminister Bathurst versuchte die Missstimmung zu nutzen, um den Außenminister bei Liverpool zu diskreditieren, der zwar eingestand, er selbst hätte ein solches Abkommen niemals ausgehandelt, es aber dennoch vom Prinzregenten ratifizieren ließ. Der Premierminister, der fürchtete, im Unterhaus die Mehrheit zu verlieren, wünschte Castlereagh so bald als möglich in London zu sehen, um sich an seiner Seite dem Sturm der Entrüstung zu stellen.[53]

Wie dem auch sei, in Wien tat man so, als gäbe es eine ernsthafte Bedrohung. Auf Talleyrands Bitte wurde General Ricard ins Palais Kaunitz entsandt, um sich einem »Militärkomitee« mit dem Österreicher Johann Joseph Wenzel Anton Franz Karl Graf Radetzky von Radetz und dem Bayern Carl Philipp Fürst von Wrede anzuschließen. In seiner Arbeit mit Verzeichnissen, Zahlentafeln und Inventaren betraut, schindete der französische General höchsten Eindruck. Wie ihm der Gesandte des Königs aufgetragen hatte, übertrieb er, wo er nur konnte, und verkündete seinen Kollegen, Ludwig XVIII. verfüge bereits über 200 000 Mann, was falscher nicht sein konnte. Frankreich hatte nicht einmal die Mittel, um innerhalb von sechs Wochen die zugesagten 150 000 Mann zu mobilisieren und auszurüsten, wie eine Erhebung im Oktober 1814 allzu deutlich gezeigt hatte: Von den 60 000 Mann, die einberufen worden waren, erschienen gerade einmal 35 000 tatsächlich in den Kasernen.[54] Jaucourt hatte Talleyrand bestätigt, dass man zu diesem Zwecke in ganz Frankreich nicht einen Soldaten einberufen würde. Nach Einschätzung eines Historikers hat Talleyrand seinem Land mit diesem Schauspiel aber letztlich keinen Gefallen erwiesen: »Diese Neuigkeit [der 200 000 unter Waffen stehenden Soldaten] sorgte für großes

Aufsehen; man wunderte sich, dass Frankreich nach dem Abbau der kaiserlichen Armee imstande war, eine derart imposante Streitmacht aufzustellen, und dachte sich im selben Atemzug, dass es nicht nur ein nützlicher Verbündeter, sondern auch ein angsteinflößender Gegner sein könnte.«[55] Das hieße, Ricard und Talleyrand hätten den Bogen überspannt und damit die vorteilhafte Position, die Frankreich sich verschafft hatte, wieder verspielt. Diese Interpretation der Lage geht aber wohl doch zu weit. Eher sollte man sie unter jenen Klagegesängen verbuchen, die die meisten napoleonischen Historiker bei jedem sich bietenden Anlass über den »hinkenden Teufel« anstimmen.

Der Inhalt des Vertrags vom 3. Januar 1815 sollte geheim bleiben und blieb es auch in seinen Einzelheiten bis zu den Hundert Tagen. Doch aufgrund einer undichten Stelle und des Betragens ihrer Diskussionsgegner konnten Russland und Preußen zumindest erahnen, dass ein solches Abkommen unterzeichnet worden war: »Es war die Rede von einer schweren Dissidenz unter den höchsten Anführern, und weithin verbreitete sich Unruhe darüber, dass sich ein Kontinentalkrieg über die Aufteilung der Habschaften entzünden könne«, notierte der ehemalige Präfekt des Kaiserpalastes, Louis Jean François de Bausset, und stellte eine »große Bewegung in den Führungsstäben der österreichischen Armee«[56] fest. Was ein Agent Hagers »das undurchdringliche Geheimnis, das über dem gesamten Verlauf des Kongresses thront«[57] nannte, sollte bald gelüftet werden.

Zunächst begegnete der Zar den Gerüchten mit seiner gewohnten Großspurigkeit: »Wir werden noch sehen, ob ich oder Schwarzenberg der größte Anführer der letzten Feldzüge war.«[58] Er stattete dem österreichischen Kaiser einen Besuch ab, um diesem seine Verstimmtheit mitzuteilen, und legte sogar Beweise für den Austausch geheimer Briefe zwischen Metternich und Hardenberg vor, die der Preuße seinen russischen Verbündeten gezeigt hatte.[59] Nun kochten erneut Gerüchte hoch, Metternich würde in Kürze durch Stadion ersetzt, der einer österreichischpreußischen Allianz wohlmeinender gegenüberstand: »Wie Metternich bei allen jetzigen Verhandlungen, wo unter so vielen, zum Teil gar nicht einfältigen Gesandten politische Taschenspielerkünste nicht mehr für Verstand und Talent gelten, davon hast Du keinen Begriff«,[60] vertraute Humboldt fast euphorisch einem seiner Korrespondenten an. Die Preußen versicherten sich untereinander, keinen Krieg zu fürchten, vor allem da die österreichischen Finanzen gewiss keinerlei Abenteuer zuließen.[61] Manche meinten zudem, ganz Deutschland und »acht Millionen Polen« würden Friedrich Wilhelm und Alexander zur Seite stehen, was alles andere als gesichert war. Doch Franz I. hatte nicht die Absicht, auf einen Minister zu verzichten, dem er für alle noch ausstehenden Manöver eine Blankovollmacht erteilt hatte und dessen Politik er im Grunde für richtig hielt.

»Es steht inzwischen allen bis hier«,[62] jammerte Gagern. Bälle und Diners wurden abgesagt. Die Soireen, die noch stattfanden, waren wenig heiter. Besuche wurden nur noch unwillig erledigt. Doch hinter den Kulissen gingen die geheimen Machenschaften weiter wie bisher, und die Spannungen begannen sich bereits wieder zu lösen. Erst später kam heraus, dass Preußen seit einigen Tagen bereit war, in der Frage Sachsens nachzugeben.[63] Hardenberg, der seine Truppen hatte beruhigen können, eröffnete die neuerliche Möglichkeit einer Einigung. Am 5. Januar 1815 kam eine große Runde russischer Bevollmächtigter bei Alexander zusammen. Mehrere Stimmen erhoben sich dafür, dass Russland in seiner Haltung nachgebe. So äußerte etwa Pozzo di Borgo, ihm hänge die Rede »vom Dienste Russlands zum Halse heraus«.[64] Alexander fand diese Haltung unverzeihlich. Der Missetäter wurde abgeordert – jedoch nicht nach Russland, sondern nach Frankreich, wo er alsbald Gesandter bei Ludwig XVIII. wurde. Am Ende beschlossen Alexander und Friedrich Wilhelm, zumindest scheinbar Zugeständnisse zu machen.

Damit schien die Drohgebärde zunächst geglückt, und Castlereagh konnte Liverpool mitteilen, die Kriegsgefahr sei gebannt.[65]

Er wollte nun bald wie gewünscht nach London abreisen und die weiteren Verhandlungen Wellington überlassen. Am 7., 9. und 12. Januar 1815 traf sich die Kommission der Fünf – die zeitweilig »Sonderkommission für die Angelegenheiten Polens und Sachsens« genannt wurde –, um ein Abkommen zu erarbeiten. Bereits nach der ersten Sitzung vermeldete ein gut informierter Agent an Hager: »Russland und Preußen scheinen ihre Sicht zu Polen und Sachsen zu revidieren. Humboldt rät seinem König, nichts zu unternehmen, was zum Bruch führen könnte.«[66]

Am 10. Januar legten Hardenberg und Metternich ihren gegenseitigen Abscheu bei und aßen gemeinsam zu Mittag, ehe in der Hofburg eine weitere Konferenz abgehalten wurde, diesmal mit Kaiser Franz, dem Zaren, Metternich, Talleyrand und Rasumowsky. Einen tragfähigen Kompromiss fanden die Fünf schließlich und endlich auf einer Versammlung am 8. Februar. Damit war ein Krieg noch einmal abgewendet worden. Im Hochgefühl, seinen Herrn eine derart entscheidende Rolle spielen und auf Augenhöhe mit den großen Vier debattieren zu sehen, vertraute Dalberg einem österreichischen Kollegen an: »Ihr Minister musste erst wochenlang in Talleyrands Schule gehen, um sich darüber klar zu werden, was zu tun war.«[67] In der Folge mussten die Franzosen zwar wieder einige Abstriche machen, doch war nun zumindest ein wichtiges Ziel erreicht: die mögliche Rückkehr ins Europäische Konzert.

IX.
Die deutsche Frage

NACHDEM DER ZAR den Kongress an den Rand des Abgrunds geführt hatte, änderte er nun seine Taktik. Er wandte sich von seinen preußischen Verbündeten ab und versuchte zu retten, was von seinem polnischen Plan noch zu retten war. Damit machte er sich selbst zum Gespött der Wiener Salons, wie ein Agent Hagers berichtete: »Der russische Kaiser ist ein zweideutiger, falscher, schwacher Mensch, ein schlechter Freund, ein schlechter Feind, ein Brausekopf, der, werden ihm die Zähne gezeigt, gleich die Fittige einzieht.«[1] Um sich aus seiner bedrängten Lage zu befreien, zählte Alexander auf Castlereagh, der die Dinge wieder in die rechte Ordnung zu bringen gedachte und wünschte, dass der Kongress endlich an seinen eigentlichen Zielen arbeite: der Herstellung eines Gleichgewichts und der Aufsicht Frankreichs innerhalb vernünftiger Grenzen. Der englische Minister drängte darauf, die Frage Sachsens und Polens getrennt voneinander zu behandeln. Alexander stimmte ihm zu und schlug vor, Sachsen nicht vollständig in Preußen aufgehen zu lassen, sondern eine »Aufteilung« vorzunehmen. Metternich und Talleyrand waren der Idee gewogen. Der Franzose, der während der gesamten Krise außergewöhnlich aktiv war, erklärte sich zufrieden, wenn Friedrich August König eines wie auch immer zurechtgestutzten Sachsens bliebe, was einen Monat zuvor noch nicht zu hoffen gewesen war – zugleich aber einer Kapitulation in der Frage Polens gleichkam.

In seinem Tagebuch gab Eynard folgende Prognose: »Preußen wird, von Russland allein gelassen, ein Gutteil Sachsens räumen müssen, was eine ziemliche Erniedrigung ist.«[2] Am 12. Januar 1815 schlug Hardenberg dennoch abermals vor, Friedrich August auf das linke Rheinufer zu verfrachten. Damit zettelte er aber nur ein »Scheingefecht« an, das Nesselrode ihn – mittels

»Annehmlichkeiten« in klingender Münze, wie Hagers Agenten munkelten – auszuführen überredet hatte; nach Angaben der Wiener Polizei erhielt er fünf Schnupftabaksdosen im Wert von je 100 000 Rubel.³ Somit sicherte sich der Zar, der von einem diplomatischen Winkelzug aus Freundschaftsgründen zu einer Art »Realpolitik« avant la lettre gewechselt war, die Herrschaft über den größten Teil Polens, indem er dem preußischen König einen Bruchteil seiner sächsischen Beute überließ.

Der Kompromiss zu Sachsen und die vierte polnische Teilung

AM 28. JANUAR 1815 fand eine entscheidende Sitzung der Fünf statt. Metternich gestand ein, dass eine Neuordnung Preußens unabdingbar sei, und erinnerte zugleich daran, dass eine Annexion Sachsens den Interessen Österreichs wie Europas zuwiderlaufe. Denn eine Umsiedlung an den Rhein würde Friedrich August »vollständig abhängig vom Ausland« machen, sprich: von Frankreich. Daher unterbreitete der Kanzler einen Plan, nach dem nur ein Teil Sachsens an Preußen gehen und der Rest an Friedrich August zurückgegeben würde. Um Friedrich Wilhelms Enttäuschung zu mildern, sollte Preußen zudem einige linksrheinische Gebiete erhalten. Castlereagh gab alsbald ein Stück von Hannover hinzu, namentlich Wiedenbrück und Lauenburg.⁴ Die Berechnung von Bevölkerungszahl und Fläche, die anhand der Zahlen der seit dem 24. Dezember an Ort und Stelle arbeitenden Statistischen Kommission ermittelt wurden, ergab, dass die Vorschläge den bisherigen Übereinkünften entsprachen: Der König von Preußen würde über eine Zahl von Untertanen und über ein Gebiet herrschen, die zumindest nicht hinter den Stand von 1805 zurückfielen.⁵

Am nächsten Tag trafen sich Hardenberg, Metternich und Talleyrand erneut, um den Abkommensentwurf anzunehmen.

Sodann begab sich der Preuße zu seinem König und ersuchte um dessen endgültige Zustimmung. Mehrere Tage lang herrschte ein reges Kommen und Gehen zwischen den verschiedenen Palais. Der Zar bat seinen Partner eindringlich, den Kompromiss zu akzeptieren. Castlereagh, dem der am 1. Februar eingetroffene Wellington zur Seite stand, traf sich mehrmals mit Hardenberg und zuletzt für eine »schmerzvolle«[6] Unterredung mit Friedrich Wilhelm. Angesichts der aussichtslosen Lage blieb dem König der Preußen nichts anderes übrig, als sich zu beugen: »Ich werde tun, was Zar Alexander tun wird«,[7] soll dieser gesagt haben. Das Diktum überraschte indes niemanden. Zumindest würde Friedrich Wilhelm nun auch nicht alles verlieren, denn, wie Flassan bemerkte, dass »wenn es gefährlich sei, Preußen Alles zuzugestehen, es nicht minder gefährlich sei, ihm Alles abzuschlagen«.[8]

Der Kompromiss wurde auf der Sitzung der Fünf vom 8. Februar 1815 in Form eines von Hardenberg aufgesetzten Memorandums angenommen, das auch eine Antwort Friedrich Wilhelms auf die Vorschläge vom 28. Januar enthielt. Nach einigen zusätzlichen Zugeständnissen und um »die vollkommene Einigkeit zwischen Preußen und Österreich« nicht zu gefährden, erklärte sich der König mit den Prinzipien des Abkommens einverstanden:[9] Friedrich August blieb König eines um vierzig Prozent seiner Gebiete gestutzten Sachsens; Preußen erhielt als zusätzlichen Ausgleich einige Festungen an der Elbe, Schwedisch-Pommern, einen Teil des ehemaligen Königreichs Westfalen, der im ehemaligen Hessen lag, einige Abtretungen Hannovers und starke Stellungen in den linksrheinischen Gebieten. Hinsichtlich seiner Eroberungen musste sich Preußen hingegen mit kleineren Abtretungen an Großherzog Karl August von Sachsen-Weimar-Eisenach, Herzog Ernst von Sachsen-Coburg, Großherzog Karl Ludwig Friedrich von Mecklenburg-Strelitz, Herzog Peter Friedrich Wilhelm von Oldenburg, Landgraf Friedrich von Hessen-Homburg und Graf Rudolf von Pappenheim abfinden – allesamt Souveräne kleiner, einst mediatisierter oder im Rheinbund aufge-

ix. Die deutsche Frage

gangener Staaten, die nicht nach ihrer Meinung gefragt worden waren. Um innerhalb dieses komplexen territorialen Gebildes für Stabilität zu sorgen, sollte Hannover die Markgrafschaft Ansbach und Ostfriesland, Bayern die Markgrafschaft Bayreuth und Österreich Tirol und Salzburg erhalten.

Die Beschlüsse waren mitnichten zum Nachteil Preußens, auch wenn es seine Ziele in Sachsen nicht vollständig durchsetzen konnte. Friedrich Wilhelm würde nunmehr über 10,4 Millionen Untertanen herrschen – 100 000 mehr als vor 1807 –, darunter fünfundachtzig Prozent Deutsche und nur fünfzehn Prozent Polen, deren Anteil 1807 noch bei vierzig Prozent gelegen hatte. Sein Königreich verschob sich in Richtung Westen in die Nähe des Rheins, und damit in die Nähe Frankreichs. Aber: Es war jetzt in zwei Teile gespalten, zwischen denen ein etwa vierzig Kilometer breiter Korridor lag. 1815 zeigte sich jedoch niemand darüber beunruhigt, dass sich Preußen angesichts eines solchen Abkommens mehr oder weniger genötigt fühlen musste, sich jene Gebiete anzueignen, die den östlichen Teil zwischen Elbe und Memel von den neuen Besitzständen im Westen dies- und jenseits des Rheins trennten.[10]

Das Abkommen der Fünf erforderte die Zustimmung des sächsischen Königs, der demnach nur noch über etwas mehr als eine Million Untertanen herrschen würde. Man holte Friedrich August aus seinem preußischen Hausarrest und verbrachte ihn auf Schloss Pressburg, wo er mit königlichen Ehren empfangen wurde, um ihm zu bedeuten, dass er fortan kein Gefangener mehr sei. Nach nur wenigen Tagen hatte er sich bereits ein Haus mit achtzig Personen eingerichtet, wo er sich wieder wie ein König fühlen konnte. Talleyrand, Wellington und Metternich überreichten ihm den Kelch mit dem bitteren Trank, der ihm am Ballhausplatz gebraut worden war, und verwandten mehrere Tage – vom 8. bis zum 12. März 1815 – darauf, ihm diesen schmackhaft zu machen, auf dass er ihn schlucke. Immerhin sei er »auf seinem Erbthron gestärkt« und habe »Einschnitte allein von einer Seite«[11] zu erleiden, was eine ziemlich optimistische Verkleidung der Realität war.

Zu ihrer großen Enttäuschung – und Ungeduld – erteilte ihr Opfer den drei Gesandten des Kongresses eine kategorische Absage und händigte ihnen eine Protestnote aus. »Die großen Männer kehrten mit leeren Händen heim«, mokierte sich Wilhelmine von Sagan am 13. März. »Ich war heute bei Talleyrand zum Diner, alle versuchen so zu tun, als hätten sie die Lage vollkommen im Griff. Es mag überheblich klingen, aber mir gefallen ihre lügenhaften Gesichter.«[12] Am Ende setzten sich die »großen Männer« aber einfach über den Einspruch hinweg und ordneten die Redaktionskommission an, den Wortlaut des Kompromisses auszuarbeiten. Soeben war Napoleon in Golfe-Juan gelandet. Damit gab es für Europa, das nun wieder in einem gemeinsamen Ziel geeint war, keinen Grund mehr, die ehemaligen Verbündeten des »Störenfrieds der Welt« zu schonen. Die Neuigkeiten aus Frankreich zogen alle Aufmerksamkeit auf sich, und dem Kongress war das Schicksal Friedrich Augusts nunmehr leidlich egal. Letzten Endes hatte dieser keine andere Wahl, als den Vertrag mit Preußen zu unterzeichnen, was er am 18. Mai 1815 dann auch tat.

DER KOMPROMISS VOM 8. FEBRUAR betraf auch Polen. Preußen behielt Posen, Österreich Galizien.[13] Berlin durfte das Kulmerland, den Netzedistrikt, die Stadt Danzig und die Festung Thorn in Besitz nehmen. Krakau wurde zur freien Stadt und unabhängigen Republik mit 95 000 Einwohnern und einer Fläche von 1000 km?, deren Senat gemäß einem am 3. Mai 1815 in Wien unterzeichneten Vertrag unter den gemeinsamen »Schutz« Österreichs, Preußens und Russlands gestellt wurde.[14] Der Rest des ehemaligen Herzogtums Warschau – das heißt Neuschlesien, Südpreußen und ein Teil Ostpreußens, mit 3,2 Mio. Einwohnern und einer Fläche von 128 000 km^2 – wurde zum Königtum Polen erhoben, dessen Krone der Zar in Personalunion erhielt.

IX. Die deutsche Frage

Der Kompromiss zu Sachsen und die vierte polnische Teilung

1816 ernannte Alexander Großfürst Konstantin zum Vizekönig. »Nationale Einrichtungen« sollten dem »Kongresspolen« eine gewisse Form der Unabhängigkeit garantieren.[15] Adam Czartoryski erarbeitete eine entsprechende Verfassung, die am 25. Mai 1815 in Wien vorgestellt wurde. Im ersten Artikel heißt es: »Das Königreich Polen ist auf ewig dem russischen Kaiserreiche einverleibt.« Einige Tage darauf wurde Nowosilzew zum kaiserlichen Kommissar in Warschau berufen. Trotz aller Bemühungen und guten Willens wurde Czartoryski im kommenden Dezember geschasst und Fürst Józef Zajączek zum Gouverneur ernannt. Den Sturz des Zarenberaters hatte Talleyrand bereits am 3. März 1815 in einem Brief an Ludwig XVIII. vorausgesehen: »Der Fürst Czartoryski, dessen Urteilskraft bei weitem nicht so groß ist wie seine Biederkeit, scheint jetzt einzusehen, daß er sich trügerischen Hoffnungen überlassen hat und beklagt sich. Sehr wahrscheinlich wird der Kaiser Alexander sich den Polen gegenüber aus der Verlegenheit ziehen, indem er nur einen flüchtigen Moment in Warschau verweilt, und gegen den Fürsten Adam, indem er kühl von ihm Abschied nimmt, ohne sich auf Erklärungen einzulassen.«[16]

Metternich, Talleyrand und Castlereagh erklärten sich also mit einer vierten Teilung Polens einverstanden, obwohl sie zunächst den Anschein gemacht hatten, dessen Unabhängigkeit durchsetzen zu wollen: »[Ihr] Vorschlag war weder von Ernsthaftigkeit noch von der Absicht geprägt, ihn tatsächlich auszuführen«, lautete Czartoryskis plötzliche bittere Erkenntnis. »Es ging ihnen allein darum, Alexander Schwierigkeiten zu machen.«[17] In der Schlussakte begnügte man sich damit, diesem Sinneswandel einen milderen Anstrich zu verleihen, indem man verlautbarte, dass die von der Teilung begünstigten Staaten in ihrem jeweiligen Gebiet »eine Volksvertretung und nationale Einrichtungen« schaffen sollten, die allerdings »nach der Form der politischen Existenz werden geordnet werden, welche von jeder der Regierungen, welcher sie angehören, ihnen zu bewilligen

ix. Die deutsche Frage

nützlich und zweckmäßig erachtet werden wird.« Mit anderen Worten: Jeder durfte tun und lassen, was er für richtig hielt.

Nachdem das Vorhaben einer polnischen Einheit gescheitert war, setzten viele polnische Landsleute ihre Hoffnungen darauf, dass der russische Teil – das neue Königreich Polen – »mit einer Art repräsentativer und konstitutioneller Einrichtung« ausgestattet würde und damit »eine künftige Rückkehr zum Stande einer unabhängigen Nation, notfalls unter einem fremden Lehnsherrn« möglich wäre.[18] Dieser Traum sollte sich mit den Ereignissen der kommenden Jahrzehnte allerdings gründlich zerschlagen. Für den Moment wollte man jedoch Alexanders Versprechen Glauben schenken: »Die Herzen waren allgemein empfänglich für die Hoffnung auf politische Restauration«,[19] lautete die Einschätzung La Garde-Chambonas' nach einer Soiree, auf der er mit der polnischen Entourage des Zaren gesprochen hatte.

Die gütliche Einigung betreffend Sachsen und Polen hatte wie jeder Kompromiss Vor- und Nachteile. Russland und Preußen hatten es nicht allzu schlecht getroffen, da ihre Forderungen zumindest teilweise erfüllt worden waren. Österreich und England gingen ebenfalls erhobenen Hauptes aus der Krise: Der Zar hatte einen Rückzieher gemacht, und die Bedrohung, die von einer russischen Herrschaft über ganz Polen ausgegangen wäre, hatte gemindert werden können. Frankreich konnte sich einerseits damit brüsten, den König von Sachsen in seiner monarchischen Legitimität bestätigt und damit gerettet zu sehen – wenngleich der Monarch in persona weichen musste –, andererseits damit, wieder einen Platz innerhalb des Konzerts der Großmächte eingenommen zu haben. Dank seines herausragenden Geschicks hatte Talleyrand das Legitimitätsprinzip in einem konkreten und besonders heiklen Fall durchsetzen können.

»Ohne ihn hätten wir niemals eine Lösung gefunden«,[20] sagte Capodistria eines Abends anerkennend. Doch sollte sich ein wichtiger Aspekt alsbald zu Frankreichs Nachteil wenden: Der anglophile Gesandte Ludwigs XVIII. hatte, indem er die

Nähe zu England suchte, die französische Bündnispolitik gründlich umgekrempelt. Seine bisweilen auch in der Wortwahl harsche Gegenrede gegen den Zaren wurde ihm nicht verziehen und bedeutete das Ende der französisch-russischen Beziehungen. Was nach Waterloo, bei der Verhandlung des Zweiten Pariser Friedens, weitreichende Konsequenzen hatte: Gegen den festen Entschluss Englands und Preußens, Frankreich nun endgültig zurechtzustutzen, würde sich der Kriegsverlierer nicht mehr auf Russland berufen können, um eine mildere Strafe zu erwirken. Doch das konnte Talleyrand am Ausgang dieses schmerzlichen Winters 1814/15 natürlich noch nicht wissen.

Ein deutscher »Bund«

DAS ENDE DER KRISE wurde von den Zeitgenossen mit Erleichterung aufgenommen. Der Kongress gewann an Zuversicht und wurde wieder handlungsfähig: »Wenn [die Angelegenheiten] um Polen und Sachsen einmal abgeschlossen sind, werden die anderen keine Schwierigkeiten mehr bereiten«,[21] hatte Talleyrand prognostiziert. Von Februar 1815 an nahmen die Wiener Verhandlungen an Geschwindigkeit auf, und die verschiedenen Dossiers machten gute Fortschritte. In der Tat brauchte die Neuordnung Deutschlands eine rasche Lösung. Die Kongressteilnehmer hatten eine lange Liste an Fragen abzuarbeiten, von Entschädigungen der mediatisierten oder in vorigen Verfahren versetzten Fürsten[22] über die Wahl der Institution für den im Pariser Friedensvertrag verabredeten Bund bis hin zu kleinsten Grenzkorrekturen oder der Bestimmung des genauen Ausmaßes des deutschen Gebietes. Über fünfzig Artikel der Schlussakte sollten am Ende Deutschland betreffen.

In dieser Frage standen gleich mehrere doktrinäre Meinungen gegeneinander, die allesamt ihre eigene Logik und ihre eigenen Konsequenzen hatten. Zudem schwebte über allem die Kardinalfrage: Wer wird in den neugeordneten deutschen Gebieten die Führungsrolle übernehmen, Preußen oder Österreich?

Die Schlussakte war im Grunde eine Idee ex negativo: Sie entstand aus der Ablehnung der Ideen Karls vom Stein und seiner Entourage. Der ehemalige preußische Minister, den Friedrich Wilhelm unter Napoleons Druck gleich zweimal, im Januar 1807 und im November 1808, seines Amtes entheben musste, war 1812 in die Dienste des Zaren getreten. Als erbitterter Gegner jedweder französischen Präsenz in Deutschland plädierte er dafür, ein nicht-parlamentarisches Reich zu schaffen und das »deutsche Volk« unter eine alleinige Regierung zu stellen, die möglichst stark sein sollte. Damit folgte er einer Strömung, die Denker wie Fichte und Arndt entwickelt hatten und die von Militärs wie Gneisenau, Blücher oder Yorck unterstützt wurde, in gewissem Maße aber auch von Politikern wie Humboldt, der die Berliner Universität als einen Leuchtturm für die deutschen Eliten ansah.[23] Um seine Ziele zu erreichen, zählte Stein – vielleicht ein wenig zu sehr – auf die Unterstützung des Zaren. Er erwartete von dem Autokraten, Friedrich Wilhelm dazu zu bringen, sich an die Spitze einer unitarischen und nationalistischen Bewegung zu stellen: »[...] ich habe nur ein Vaterland, das heißt Deutschland, und da ich nach alter Verfassung nur ihm und keinem besonderen Teil desselben angehöre, so bin ich auch nur ihm, und nicht einem Teil desselben mit ganzer Seele ergeben. Mir sind die Dynastien in diesem Augenblick der großen Entwicklung vollkommen gleichgültig [...].«[24]

Nachdem Stein die befreiten Provinzen im Namen der russisch-preußischen Koalition mit fester Hand verwaltet hatte, reiste er nun mit der Absicht nach Wien, auf dem Kongress die Geschichte zu beschleunigen: Die Königreiche und Fürstentümer jener »sechsunddreißig Despoten, die der Nation zur Unehre gereichen«, sollten für ihren Kampf an der Seite Frankreichs bezahlen. Steins Meinung nach musste Deutschland ohne Zögern auf seine Einheit zumarschieren. Als Mitglied der russischen

Ein deutscher »Bund«

Delegation, jedoch ohne offizielle Funktion, spazierte er von Palais zu Palais, um für seine Zwecke zu werben, womit er sich bei den Repräsentanten der deutschen Staaten einige Feindschaften einhandelte: »Es ist vollkommen unmöglich, dass den Großmächten Steins Geist und Prinzipien nicht bekannt sind«, schrieb Wintzingerode an den König von Württemberg. »Aber es fällt sehr schwer, die Gelassenheit zu erklären, mit welcher sie ihm gestatten, sich ihres Namens zu bedienen, um Deutschland und sie selbst in den Abgrund zu ziehen.«[25]

Diese Befürchtungen schienen jedoch nicht gerechtfertigt, denn letztlich konnten sich »Stein und die national gesinnten Intellektuellen [...] gegenüber den unterschiedlichen Interessen der Einzelstaaten kaum durchsetzen«,[26] wie Joseph Rovan meint. Friedrich Wilhelm und Hardenberg mochten ambitioniert sein, waren aber doch auch Realisten. Sie wussten, dass ein deutscher Nationalstaat »gegründet auf der Selbstbestimmung der Nation [...] zu diesem Zeitpunkt unmöglich«[27] war. Da sie aber ebenso wenig die Restauration eines Heiligen »österreichischen« Reiches wünschten, waren sie bereit, das Prinzip des europäischen Gleichgewichts auch in den deutschen Gebieten durchzudeklinieren. Um die kleinen Staaten nicht vor den Kopf zu stoßen, verwarfen sie ohne Bedauern die verfrühte Idee einer deutschen Einheit, von der Stein – den sie gerne den »Moskowiten« nannten – geträumt hatte. Für sie war eher ein *deutscher Bund* vorstellbar, in dem ein vergrößertes Preußen auf Augenhöhe mit Österreich agieren konnte. Das Prinzip, nach dem die beiden Mächte ersten Ranges »anderes und mehr waren als nur Mitglieder im Deutschen Bund«, wurde im Grunde von niemandem in Frage gestellt.[28] Hardenberg eröffnete dies unverblümt seinen Verbündeten. Zwar stellte er sich nicht gegen eine Stärkung Hollands durch die Hinzunahme Luxemburgs und der »deutschen« Teile Belgiens, doch unterbreitete er im Gegenzug, das neue Reich könne doch in einem weit an den Rhein vorgerückten Preußen einen »natürlichen« politischen und militärischen Rückhalt finden. Um Bayerns Unabhängigkeit zu gewährleisten, sollte zudem an dessen Grenzen ein ähnliches System errichtet werden. Würden diese Punkte umgesetzt, würde sich Berlin bereiterklären, Österreich die Führung im deutschen »Direktorium« zu überlassen – die damit allerdings kaum mehr als Symbolwert hatte.

Nun war es schwer vorstellbar, dass sich Wien einem solchen Vorschlag ohne Vorbehalte anschließen würde, insbesondere da die Frage Sachsens zu diesem Zeitpunkt noch gar nicht geklärt war. Metternich sah mitnichten in Preußen den einzig denkbaren Kandidaten für eine Vorherrschaft in Deutschland. Bedenkt man die genauen Umstände, hatte er damit keineswegs unrecht. Der Gang der Geschichte, wie wir ihn kennen, mag darüber hinwegtäuschen, dass sich die Zukunft damals nicht allein anhand der Ansichten eines Fichte, Jahn oder Arndt oder der Vorhaben eines Stein denken ließ.[29] Denn es gab auch noch eine gegenläufige Auffassung, die große Unterstützung genoss und vor allem in Österreich und im Süden Deutschlands weit verbreitet war. Dort sah man im letzten Souverän des Heiligen Reiches die Inkarnation der deutschen Nation. So schrieb Joseph von Hormayr in einer berühmt gewordenen Ausgabe des *Österreicher Plutarch*: »Auf diesem riesigen, sich von Kronstadt nach Triest erstreckenden Gebiet lebt eine Ansammlung von Völkern, die alles in allem über zweiundzwanzig Millionen Einwohner umfasst, welche unendlich verschieden sind in Charakter, Sprache, Sitten und Verfassung, die in den verschiedensten Epochen durch den Zufall des Krieges, der Erbfolge, der Einheirat sich versammelt haben und nun eine Einheit bilden, in der gilt: einer für alle und alle für einen.«[30] Dieses »österreichische« Deutschland stand mit seiner Süd-Nord-Ausrichtung im direkten Gegensatz zur Idee der Ost-West-Ausrichtung, die in Berliner Zimmern geboren worden war.

Ohne einer romantischen Verklärung zu unterliegen, der geopolitischen Herausforderungen hingegen selbstredend bewusst, hielt Metternich den Kongress für die Gelegenheit schlechthin, den Einfluss seines Herrschers in Deutschland wieder zu stärken.

Zugleich war er überzeugt, dass es nur eine »dualistische hegemoniale Lösung«[31] geben könne, in der Preußen ebenfalls Gewicht habe: » [...] er suchte auf seine verwickelte Weise ein deutsches System zu schaffen, in dem Preußen und Österreich sich zwischen den verschiedenen Kleinstaaten die Waage hielten und bei dem der Deutsche Bund nicht genügend Einheitlichkeit oder Macht gewinnen konnte, um einen Rivalen für einen von den beiden Großmächten zu bilden.«[32] Für den österreichischen Kanzler brauchte Deutschland vor allem Muße und Ruhe, es sollte zu seiner dynastischen Vielfalt zurückkehren und eine geschmeidige Organisation erhalten. Die allermeisten kleinen Souveräne folgten Metternich in diesen Vorstellungen und würdigten seine Lösungen als gemäßigt, vor allem da sie ihre eigene Unabhängigkeit darin am wenigsten bedroht sahen.[33]

Was die konkrete Umsetzung betraf, war Preußen zwar Befürworter einer behutsamen *Bewegung*, kannte aber in der Verteilung der Seelen wenig Rücksicht: Die Bewegung auf der Landkarte, die Übernahme von Territorien und die Änderung von Einflussgebieten sollten zu seinem größtmöglichen Vorteil vonstattengehen. Österreich hätte zwar gern den Status quo erhalten, signalisierte aber zugleich Verhandlungsbereitschaft, da die neue Konföderation keine autonome Entität darstellen würde, die mit den Mächten ersten Ranges in Konkurrenz würde stehen können.

In einem Punkt waren sich Hardenberg und Metternich in jedem Falle einig: Die deutschen Angelegenheiten betrafen die Souveräne, nicht das Volk. Unter diesen Bedingungen würde eine allgemeine Einigung mittels klassischer Diplomatie erreicht werden können, in der philosophische Fragen kaum mehr als marginale Bedeutung erlangen würden. Wie man in Sachsen gesehen hatte, würde es zwar nicht leicht werden, eine mittlere Lösung zu erzielen, doch würde man zumindest keinen Sprung ins kalte Wasser wagen müssen, wenn man darauf verzichtete, die Konzepte gegeneinander auszuspielen. Angesichts dieses Realismus war Steins Kampf von vornherein zum Scheitern verurteilt. Bitter enttäuscht von dieser »falschen Politik« und der »Halbherzigkeit gegenüber den wahren Interessen«,[34] schrieb er später, der »patriotische« Krieg von 1813 habe in Wien mit einer »Farce«[35] geendet. In der Tat sollte sich der Wiener Kongress als »eine Kampfansage an den deutschen Nationalismus«[36] herausstellen.

Die Neuordnung des Nordens

DIE DIPLOMATEN MUSSTEN sich auch mit der territorialen Neuordnung des nördlichen Randes von Deutschland und der nordischen Länder befassen. Dies betraf vier Mächte direkt: Dänemark, Schweden, Russland und Preußen. Zudem war dieser Punkt für Hannover und damit auch für England von einiger Bedeutung. Hinsichtlich dieser Gebiete gab es zahlreiche ungeklärte Fragen, die vor allem mit den Forderungen Schwedens in Verbindung standen. Dieses betrachtete sich als einen der Hauptbezwinger Napoleons, was sich auch darin ausdrückte, dass es einer der Unterzeichner des Pariser Friedens gewesen war. Es verlangte die Anerkennung der Annexion Norwegens, das es mit dem Kieler Frieden vom 14. Januar 1814 Dänemark abgenommen hatte,[37] und wollte die Herrschaft über Pommern zurückerlangen, das im selben Zuge an Dänemark abgetreten worden, aber noch immer von Schweden besetzt war. Darüber hinaus meldete es Anspruch auf Guadeloupe an, das ihm als Dank für den Eintritt ins antinapoleonische Bündnis versprochen worden war. Im Gegenzug wäre es bereit, auf eine Rückforderung Finnlands zu verzichten, das Russland seit Tilsit besetzt hielt, erklärte sich mit der Annexion Holsteins durch Dänemark einverstanden und versprach den Großmächten seine Unterstützung bei allen weiteren europäischen Gebietsfragen.

Bis zur Eröffnung des Kongresses waren die Verbündeten den schwedischen Ansprüchen wohlwollend entgegengetreten. Sie hatten der Vereinigung der schwedischen und norwegischen

Krone auf dem Kopfe Karls XIII. ebenso zugestimmt wie der Inbesitznahme der norwegischen Gebiete durch den Kronprinzen »Karl Johann« Bernadotte im Juli 1814.[38] Auch hatten sie nicht allzu heftig gegen die Nichteinhaltung des Kieler Friedens in Pommern protestiert. Der Hof in Stockholm sah in den Diskussionen am grünen Tisch zunächst eine reine Formalität: die Bestätigung bereits vollendeter Tatsachen.

Ein erster Zweifel kam auf, als die großen Vier erklärten, Bernadottes Anwesenheit auf dem Kongress sei nicht erwünscht. Die Stadt verband mit ihm unangenehme Erinnerungen, zudem erachtete man ihn, wenngleich zu Unrecht, als Napoleoniden. Seine Anwesenheit würde die Verhandlungen über Murats Absetzung in Neapel stören, da sie die Frage aufwürfe, weshalb der eine Marschall des Empires bestraft wurde, der andere hingegen nicht. Der Kronprinz, den vor allem die Inbesitznahme Norwegens umtrieb, verzichtete dann auch wohlweislich auf die Reise in die habsburgische Hauptstadt und akkreditierte Karl von Löwenhielm für den Kongress. Die Anwesenheit des dänischen Königs in der Hofburg sollte, seiner Nähe zu den anderen Souveränen und seinem bestechenden Charakter geschuldet, allerdings ein nicht geringes Hemmnis für den schwedischen Gesandten darstellen.

Die Neuordnung des Nordens wurde auf dem Kongress erst zu Beginn des Jahres 1815 angegangen. Die geheimen Verhandlungen, die vor, während und nach dieser Neuordnung stattfanden, stellen einen geradezu schulmeisterlichen Fall jener Verworrenheit dar, zu der die Geheimdiplomatie fähig ist. Was Pommern betraf, fanden gleichzeitig verschiedenste Verhandlungen statt, die von einer Unzahl an Versprechungen, Kehrtwenden und Bündnisneubildungen begleitet wurden, welche vollständig zu entwirren nicht die leichteste Aufgabe ist.[39]

Ursprünglich hatte Löwenhielm zur Durchsetzung seiner Pläne auf die Unterstützung des preußischen Königs und des Zaren gesetzt: Bernadotte hatte Preußen beträchtliche finanzielle und möglicherweise gar territoriale Entschädigungen in Aussicht gestellt, und er unterhielt aufgrund des Eintritts Schwedens in den Feldzug 1812 gute Beziehungen zum Zaren. Doch hatte der rührige und gewandte Friedrich von Dänemark in Wien außerordentlich gute Vorarbeit geleistet und wusste Franz I. und Metternich hinter sich. Zugleich hatte er sich mit Nesselrode befreundet und den Militärs der preußischen Delegation Zweifel ob Schwedens guter Absichten einflüstern können. In der Entourage Castlereaghs gab es ebenfalls Kräfte, die gegen die Skandinavier standen: Sidney Smith vertrat die Interessen des ehemaligen Königs Gustav IV. Adolf, der im Exil im Königreich Baden weilte, und versuchte für dessen Sohn ein Herrschaftsgebiet in Deutschland oder dem ehemals österreichischen Galizien zu erlangen. Castlereagh war seinerseits verstimmt über die Nichteinhaltung des Kieler Friedens und über Bernadottes exorbitante finanzielle Forderungen als Ausgleich für die Aufgabe seiner Ansprüche auf den Antillen. Er bat seinen Gesandten in Stockholm, Edward Thornton, dem Kronprinzen einen diskreten Besuch abzustatten, um dessen Gelüste aufs rechte Maß zurechtzustutzen. Der Vorstoß brachte indes keinerlei Einigung. Damit war für den englischen Minister das letzte Band gerissen. Er ließ ausrichten, dass England so lange keine Zuschüsse mehr fließen lassen würde, bis Schweden aus Pommern abgezogen sei und es an Dänemark zurückgegeben habe. Talleyrand wiederum legte ein widersprüchliches Verhalten an den Tag: Einerseits bestand er darauf, dass Schweden in der Achterkommission, in der es einen Sitz hatte, auch ein Wort mitzureden haben müsse, andererseits meldete er im Namen des Legitimitätsprinzips leise Zweifel an der Anwesenheit eines ehemaligen Marschalls auf den Stufen zu einem europäischen Thron an. Der Minister Ludwigs XVIII. hatte zudem nicht vergessen, dass Bernadotte eine Zeitlang der Vorstellung nachgegangen war, höchstselbst Napoleon auf Frankreichs Thron zu ersetzen.

Die Diskussionen waren noch in vollem Gange, als die Nachricht in Wien eintraf, dass der Verbannte von seiner Insel aufs

Festland zurückgekehrt war. Angesichts der Dringlichkeit und der Notwendigkeit, der Gefahr vereint zu begegnen, warfen die Fünf all ihr Gewicht in die Waagschale, um rasch eine allgemeine Regelung für den Norden zu erzielen. Tatsächlich gelang dies auch Anfang Juni 1815, allerdings unter höchst komplizierten Umständen. Gemäß einem Vertrag vom 4. Juni erhielt Preußen von Dänemark die ehemals schwedischen Gebiete in Pommern. Dafür gestand es dem schwedischen Staat eine Ausgleichszahlung und Bernadotte einige »Annehmlichkeiten« zu. Die Verabredung zwischen England und Schweden bezüglich Guadeloupe wurde annulliert, und Schweden erhielt im Gegenzug eine Entschädigung in Höhe von einer Million Pfund, die, nebenbei gesagt, von Holland gezahlt wurde.

Bernadottes künftiges Königreich musste zwar in den meisten Fragen nachgeben, erhielt aber immerhin Norwegen und erhebliche Ausgleichszahlungen, womit es durchaus zufrieden sein konnte. Dänemark durfte seine Gebiete auf dem Festland behalten, ebenso die Färöer Inseln, Island und Grönland. Zudem würde Friedrich VI. in Personalunion über Schleswig, Holstein und Lauenburg regieren.[40] Nebenbei sicherte sich England die Herrschaft über Helgoland, das es seit 1807 besetzt hielt und im Kieler Frieden auch offiziell von Dänemark übernommen hatte.[41] Dank seiner Besitztümer im Norden Deutschlands konnte sich Dänemark eine enge Verbindung zum Deutschen Bund sichern, den der Kongress nun bald aus der Taufe heben würde.

Die Schaffung des Deutschen Bundes

DIE ENTSCHEIDENDE FRAGE WAR, wie ein »deutscher Körper« mit zwei großen Souveränen und einer flexiblen Struktur gebildet werden konnte, der weder eine einheitliche Föderation noch eine reine Rückkehr zum Heiligen Römischen Reich darstellte.

IX. Die deutsche Frage

Die Antwort auf diese Frage war bereits vor Beginn des Kongresses den großen Vier anvertraut worden. Diese hatten zu ihrer Unterstützung den »Ausschuss für die deutschen Angelegenheiten« einberufen, in dem die Repräsentanten Bayerns, Hannovers und Württembergs an ihrer Seite saßen. Mithilfe der Statistischen Kommission bewältigte dieser Ausschuss einen beträchtlichen Berg an Arbeit, verbrachte unzählige Stunden mit Anhörungen und studierte Hunderte von Dokumenten, um alle Einwände, Anmerkungen und Verbesserungsvorschläge der jeweiligen Akteure zu berücksichtigen. Der Ausschuss, der seine Arbeit am 14. Oktober 1814 aufnahm, hielt binnen eines Monats dreizehn Sitzungen ab, denen jeweils Gegenvorschläge, Erwiderungs-Memoranden und -Noten folgten, welche wiederum einer Analyse und Synthese unterzogen und anschließend dem Viererkomitee vorgelegt werden mussten, ehe sie zwecks reiflicherer Überarbeitung erneut in den Ausschuss eingebracht wurden.

Neben den Auseinandersetzungen betreffend Sachsen waren in dieser ersten Phase weitere Streitigkeiten aufgekommen, die dazu führten, dass Friedrich von Württemberg im Zorn über Metternich aus Wien abreiste, während sich Maximilian I. Joseph von Bayern, der nicht ganz so hitzköpfig war, im eigenen Kreise echauffierte: »Das Wiener Kabinett verkehrt mit uns wie damals die Franzosen. Wir erfahren rein gar nichts.«[42]

Auf dem Höhepunkt der Krise um Polen und Sachsen stellte der Ausschuss seine Arbeit vorläufig ein, um sie erst Anfang Februar 1815 wieder aufzunehmen. Mittlerweile war der Druck, den die kleineren Staaten ausübten, beträchtlich gestiegen. Sie verlangten die sofortige Einberufung einer allgemeinen Versammlung, auf der sich alle Teilnehmer äußern durften, und wollten nicht mehr hinnehmen, dass nur einige wenige Staaten die Entscheidungen trafen. Die Vier reagierten mit einem ersten Verfassungsentwurf für den Deutschen Bund, den sie am 10. Februar vorlegten, mit dem die kleinen Souveräne jedoch alles andere als einverstanden waren. Mithin würde die Sache erst geklärt werden können, nachdem in Sachsen reiner Tisch gemacht war, so dass die Akte bis Anfang Mai beiseitegelegt wurde.

In der Zwischenzeit wurden Punkt für Punkt alle territorialen Fragen wie auch alle Entschädigungsfragen abgearbeitet: Für die weiterhin regierenden Monarchen bestand die Entschädigung in der Erhöhung der Seelenzahl, für die mediatisierten Fürsten erfolgte sie in Form von Geld und Protokollarrechten.[43] Am 1. Mai gab Österreich einen zweiten Verfassungsentwurf ein, der einer neuen Arbeitsgruppe vorgelegt wurde, welche den feierlichen Namen »Konferenz zur Einrichtung des Deutschen Bundes« trug. Sie musste möglichst schnell einen kleinsten gemeinsamen Nenner finden, da man eine eventuelle Einigung durch Napoleons Rückkehr bedroht sah und die militärischen Operationen und politischen Entscheidungen gegen Napoleon möglichst einmütig betreiben wollte. Die Bündelung aller Kräfte war für die neue Koalition unabdingbar – zugleich musste diese die Grundlage für die künftige Gestaltung der deutschen Gebiete legen. Am 25. und 26. Mai 1815 wurde eine Anhörung aller deutschen Souveräne durchgeführt, denen auf einer der wenigen kollektiven Sitzungen des Kongresses ihr Wort in der Debatte zugestanden wurde.

Die Konferenz hielt zehn Sitzungen ab, ehe die »Deutsche Bundesakte« erarbeitet war. Dass nun – nach monatelangen Zerwürfnissen – tatsächlich rasch gehandelt wurde, zeigte sich, als bereits am 1. Juni 1815 eine Unterkommission zur Redaktion der einzelnen Artikel einberufen wurde, in der Berg und Schmidt, zwei Delegierte kleinerer Mächte, federführend waren. Am 5. Juni übergab Metternich eine Erklärung seines Kaisers, in der Österreich die festgehaltenen Prinzipien anerkannte. Die preußische Delegation gab ebenfalls ihre Zustimmung.

Die deutsche »Verfassung« wurde am 10. Juni 1815 unterzeichnet und auf den 8. Juni rückdatiert, den Vortag der Unterzeichnung der Schlussakte, deren neunten Anhang sie bildet. Vierunddreißig souveräne Fürsten und vier freie Städte traten ihr bei.[44] Der Deutsche Bund erstreckte sich über eine Fläche von

632 000 km² und zählte etwa dreißig Millionen Einwohner. Ziel war die »Erhaltung der äußeren und inneren Sicherheit Deutschlands und der Unabhängigkeit und Unverletzbarkeit der einzelnen deutschen Staaten.«[45] Mit anderen Worten: Die höchste Absicht der deutschen Staaten bestand fortan darin, dass »sie die gänzliche Vernichtung des fremden Einflusses wünschten«.[46] Alle Mitglieder des Deutschen Bundes erklärten, die auf dem Kongress beschlossenen neuen Gebietsaufteilungen zu respektieren und »sowohl ganz Deutschland als auch jeden einzelnen Bundesstaat gegen Angriffe zu schützen«.[47] Oberstes Prinzip war die Gleichstellung aller Mitglieder, die durch die Einrichtung gemeinsamer Institutionen organisiert wurde. Den rechtmäßigen Vorsitz hatte Österreich inne, ein regelmäßig tagender Bundesrat wurde in Frankfurt eingerichtet. Obwohl Österreich durch den Vorsitz keinerlei Sonderrechte besaß, nicht einmal was die Festlegung der Tagesordnung betraf, hatte Metternich das Modell akzeptiert, vor allem da es für ihn mit einigen Vorteilen etwa in Italien verbunden war. Die Gleichstellung Österreichs und Preußens, das im Westen des Kontinents immer mehr Gewicht bekam, war nur eine der Konsequenzen der neuen Verfassung. Die Idee eines »deutschen Kaisers« war gegen den Wunsch Bayerns, Badens und selbstredend auch Österreichs, das Franz I. gern auf dem Thron gesehen hätte, verworfen worden.[48]

Der Bundestag als ständige Versammlung der von den Souveränen ernannten Delegierten sollte am 1. September 1815 aus der Taufe gehoben werden. In den allgemeinen Sitzungen hatte jedes Mitglied eine Stimme, mit Ausnahme der freien Städte und der Zwergstaaten, die in mehreren »Obertribunalen« zusammengefasst wurden, welche dann eine Stimme erhielten. Wenn im Bundestag institutionelle Fragen oder Fragen »allgemeinen Interesses« verhandelt wurden, musste eine Generalversammlung einberufen werden, in der die Teilnehmer unterschiedlich gewichtet wurden: Österreich, Preußen, Sachsen, Bayern und Hannover hatten vier Stimmen, Baden, Hessen, Hessen-Darmstadt, Luxemburg und

Holstein drei, Braunschweig, Nassau[49] und Mecklenburg-Schwerin zwei und alle anderen Mitglieder eine Stimme.

Die geografischen Grenzen des Deutschen Bundes verliefen in einigen Staaten im Landesinneren, so dass nur deren »deutsche« Regionen in den Bund aufgenommen wurden. Im Falle Österreichs gehörten nur das Erzherzogtum Österreich, die Herzogtümer Salzburg, Steiermark, Kärnten und Krain, die Provinz Görz (österreichisches Friaul), Triest, die Grafschaft Tirol, das Königreich Böhmen, die Markgrafschaft Mähren, Österreichisch-Schlesien und das Gebiet von Hohengeroldseck[50] dem neuen Bündnis an. Ungarn und fast das gesamte Königreich Lombardo-Venetien blieben außen vor. Gleiches galt für den östlichsten Teil Preußens,[51] den Norden Dänemarks und das Königreich der Niederlande, in dem allein Luxemburg, das sich im persönlichen Besitz Wilhelms I. befand, Mitglied des Deutschen Bundes war.

Ein Funke der Freiheit leuchtete in Artikel 13 auf, nach dem in allen Bundesstaaten »landständische Verfassungen [...] stattfinden« sollten. Damit waren die Mitglieder des Bundes, die in der Gestaltung im Inneren völlige Freiheit behielten, eingeladen, sich eine Verfassung zu geben. Die Anordnung hatte jedoch keine sofortigen Auswirkungen. Österreich und Preußen verschlossen jahrzehntelang die Augen vor dem Artikel und erwiesen sich im Gegenteil als Meister des Konservatismus und des Kampfes gegen die Ideen der Französischen Revolution. Hannover, Mecklenburg-Schwerin, Sachsen und Oldenburg schufen eine vom Monarchen einberufene Versammlung, in der der Adel die Stimmenmehrheit innehatte. Nur Karl August von Sachsen-Weimar (1816), Maximilian I. Joseph von Bayern (1818) und Karl Ludwig von Baden (1820) gewährten sehr bald nach dem Kongress liberalere Verfassungen.[52]

»Insgesamt befriedigte die Deutsche Bundesakte weder das Streben nach Einheit noch den Wunsch nach Schaffung einer demokratischen Gesellschaft«,[53] bemerkt der Historiker Ernest Weibel. Die Teilnehmer des Kongresses hätten allerdings weder

IX. Die deutsche Frage

das eine noch das andere gebilligt. Dafür war die Zeit noch nicht reif. Der Text vom 8. Juni 1815 war ein vorsichtiger Schritt zur Schaffung von Verbindungen innerhalb einer »Kulturnation« – nicht einer »Staatsnation« –, die unter Beobachtung des Europäischen Konzerts stehen sollte. Das »Ergebnis der Konstellation von 1814/15, Ergebnis der Machtverteilung der Zeit«,[54] war: Der neue Staatenbund hatte im Gegensatz zum Heiligen Römischen Reich weder eine gemeinsame Gesetzgebung, die über den Gründungsakt hinausging, noch eine gemeinsame Rechtsprechung noch eine gemeinsame Verwaltung. Zur Beschlussfassung war im Bundestag in vielen Fällen Einstimmigkeit erforderlich, was diese außerordentlich erschwerte. Nach außen hin sprach der Deutsche Bund jedenfalls nicht mit einer Stimme: Die Souveräne behielten ihre Gesandten und ihre eigene Politik bei und untersagten sich lediglich, Abkommen zu treffen, die der Bundesakte widersprachen, oder anderen Mitgliedern den Krieg zu erklären.[55]

Mit einem Begriff aus der heutigen Zeit gesprochen, hatte der Deutsche Bund keinerlei supranationalen Charakter. Es handelte sich lediglich um eine »Gemeinschaft autonomer Staaten, die mit einer gewissen Flexibilität einen Teil ihrer Unabhängigkeit abtraten, jedoch nur insofern die Aufrechterhaltung des Bundes dies erforderte«.[56] Die österreichische Vorstellung einer Art freier Verbindung von Souveränen hatte den Sieg davongetragen. Die Preußen trösteten sich mit ihrem Gebietszugewinn.

In ihrem Drang, die Verhandlungen so schnell wie möglich abzuschließen, hatten die Unterhändler in Wien einen unausgegorenen Kompromiss erwirkt, dessen Offenheit jeden nur erdenklichen Spielraum ließ. Der österreichische Vorsitz verschaffte Wien keinerlei Vorteile, während Preußen aus der Struktur des Bundes würde Profit schlagen können: Es konnte sich aus dessen Rahmen hinausbewegen, ohne dessen Prinzipien zu verletzen, und auf diese Weise seine eigene Form der Vorherrschaft etablieren, etwa in der Zollunion oder in der Zusammenarbeit mit seinen wichtigsten Verbündeten. Mittelfristig gesehen sollte sich also das deutsche Gleichgewicht innerhalb des europäischen Gleichgewichts als ziemlich fragil herausstellen. Doch welche Pläne Friedrich Wilhelm mit seinem Reich auch immer hegte – diese zukünftige Gefahr wurde, wie Michel Kerautret treffend sagt, »nicht sogleich erkannt«.[57] Zur Stunde hatten die europäischen Diplomaten ebenjenes Ziel erreicht, das der Kongress zum Prinzip erhoben hatte: das Gleichgewicht und den Ausgleich der Kräfte.

X.
Die Wachtposten in Nord und Ost

DIE VON TALLEYRAND errungenen Erfolge, von seinem ersten Aufbegehren bis hin zur Aufnahme in die Fünferkommission,[1] dürfen nicht darüber hinwegtäuschen, dass der französische Diplomat die Verbündeten nicht von einem ihrer Hauptziele abbringen konnte: Europa von jedweder Bedrohung durch Frankreich zu befreien. Ohne ihre je ureigenen Interessen zu vernachlässigen, verfolgte Preußen dieses Ziel aus Rachedurst, Österreich aus dem Ansinnen, einen Rivalen zu beseitigen, Russland, um einen Gegner seiner Ausdehnung nach Osten und auf den Balkan zu schwächen, England schließlich aus Prinzip.

Dass Österreich, Russland und England dabei mit Fingerspitzengefühl, um nicht zu sagen: großer Klugheit und auch einer gewissen Milde vorgingen, ändert nichts an den Fakten: Es mussten Sicherheiten geschaffen werden. Die preußische Übernahme einiger Gebiete im Rheinland würde schon einmal einen Teil des Problems lösen, da sie jede Erweiterung Frankreichs gen Deutschland unmöglich machte. Damit blieb nur noch offen, welche Maßnahmen im Norden und im Osten Frankreichs ergriffen werden sollten. Diese Fragen wurden mit der Schaffung und Stärkung des Königreichs der Niederlande und der Entwirrung der Lage in der Schweiz beantwortet.

Der preußische »Skandal« am Rhein

EIN TEIL der französischen Geschichtsschreibung hat über das 1815 ausgehandelte Abkommen zu Sachsen ein strenges Urteil gefällt. Einigen Historikern zufolge hat Talleyrand, um Friedrich August zu retten, Preußen zu große Zugeständnisse am Rhein gemacht. Die Fünf hätten damit einer Rivalität zwischen Österreich und Preußen in Deutschland sowie zwischen Frankreich und Preußen hinsichtlich der Vorherrschaft auf dem Kontinent Tür und Tor geöffnet: »Wir kennen die Folgen: Bismarck, Königgrätz, Sedan, die Annexion Elsass-Lothringens, der Erste Weltkrieg, Hitler. Europas Ruin«,[2] so Jean Orieux, ein Talleyrand-Biograf. Diese Art von Kritik, die in diesem Fall aus den 1970er Jahren stammt, hatte ihre Blütezeit am Ausgang des 19. Jahrhunderts, als Preußen im Kampf um die Dominanz im deutschen Raum Österreich den Rang abzulaufen begann: »Talleyrand gehört zu jenen Männern, die in besonderem Maße zu den Stürmen beigetragen haben, die den europäischen Kontinent heimgesucht und verwüstet haben«,[3] schrieb einige Wochen nach dem preußischen Sieg in der Schlacht bei Königgrätz der Historiker Daniel Ramée. Zur Erklärung der Niederlage von 1870 und zur Rechtfertigung seines eigenen Vorgehens sagte einige Jahre später Émile Ollivier, der vorletzte Regierungschef unter Napoleon III., »um [Österreich] auf Distanz zu Preußen zu halten, verdammte [Talleyrand] uns zur Nähe zu Preußen«.[4] Kaum maßvoller erklärte Henry Houssaye – der dem hinkenden Fürsten zumindest »eine Würde, die an wahre Größe grenzte« zugestand –, der Gesandte Ludwigs XVIII. sei der »Gelinkte«[5] gewesen, da er eine Stärkung Friedrich Wilhelms III. akzeptiert habe.

Für diese Autoren wie auch für Mignet, Thiers und Lacour-Gayet, aber auch für Jacques-Alain de Sédouy und Jean Tulard, deren nuanciertere Ansichten den unseren näherstehen, betrieb Talleyrand »eine Politik, die den Interessen der Nation zuwiderlief«.[6] Damit hat man ihm nicht weniger als die Schuld am Untergang Napoleons III. und an den beiden Weltkriegen zugeschrieben. So ist von französischen Historikern des Öfteren zu vernehmen, es wäre besser gewesen, Preußen die sächsischen Gebiete zu überlassen und Friedrich August als kommoden Nachbarn ans linksrheinische Ufer zu holen. Da Talleyrand sich nicht genügend für diese Lösung eingesetzt habe, habe er nicht nur

Der preußische »Skandal« am Rhein

Frankreichs Interessen geopfert, sondern gleich – und warum weniger wollen? – die der ganzen Welt.

Diese gallozentristischen Bewertungen, die teils an Anachronismus leiden, berücksichtigen dabei nicht die wahren Kräfteverhältnisse auf dem Kongress. Sie halten Talleyrand für den großen Weisungsbefugten im Schiedsverfahren über Sachsen, während dieser tatsächlich nur eine Art Prozessbegleiter war. In dieser Verhandlung spielte Castlereagh die Hauptrolle. Der verlor dabei nie die für das künftige europäische Gleichgewicht notwendigen Garantien aus dem Auge, was für London zuallererst eine strenge Überwachung Frankreichs mit einer nach dem Pariser Frieden vertretbaren Stutzung der französischen Grenzen bedeutete. Der britische Minister gab dazu einem Modell Gestalt, das er von dem 1806 verstorbenen William Pitt übernommen hatte: Das beste Mittel, um Frankreich auf der Rheinseite zu neutralisieren, wäre demnach, es »in Kontakt« mit Preußen zu bringen.[7] Insofern konnte die englische Diplomatie es natürlich nicht gutheißen, wenn das Reich Ludwigs XVIII. mit Sachsen einen traditionellen Verbündeten als direkten Nachbarn erhielte.

Bereits im September 1814 hatte der Niederländer Gagern Wilhelm von Oranien-Nassau informiert, dass Castlereagh Preußen am Rhein sehen wolle und ihn von dieser Idee wieder abzubringen würde schwierig werden.[8] Alle internen Noten der englischen Delegation gingen fortan in diese Richtung, so auch ein Brief von Lord Liverpool vom 6. Januar 1815, zu einem Zeitpunkt, da die Spannungen in der Angelegenheit Sachsens gefährliche Züge annahmen: »Preußens Vorschlag, den König von Sachsen durch die Übergabe des Landes oder eines Teils des Landes zwischen Rhein und Maas zu entschädigen, hat meinen Widerstand gegen die vollständige Einverleibung Sachsens durch Preußen noch verstärkt [...]. Der König von Sachsen wäre in diesem Modell vermutlich ein Geschöpf Frankreichs, das den Ansichten der französischen Regierung zu den Niederlanden wohl noch sekundieren würde, anstatt diesen entgegenzutreten.«[9] Am selben Tag schrieb Wellington an Castlereagh: »Unser Ziel ist es, den König von Sachsen zwischen Österreich und Preußen zu halten, um ein mögliches Aufeinanderprallen dieser beiden Mächte zu verhindern.«[10] Infolgedessen konnten die Gebiete, die Preußen zur Entschädigung erhalten sollte, nur im Westen liegen. Dieser Leitsatz der britischen Politik war im Ausgang der Krise vollumfänglich erreicht. Castlereagh hatte sich als brillanter Spieler erwiesen, auch indem er den Franzosen das Trugbild verkaufte, sie hätten in allen Belangen das Heft in der Hand.

Anachronistisch war an der Kritik an Talleyrand die Beurteilung der auf dem Kongress gefällten Entscheidungen »unter dem Wissen dessen, was folgte«, wie Orieux freimütig gesteht. Im Februar 1815 hätte es schon höchster Weissagungskunst bedurft, sich einerseits vorzustellen, »dass das Rheinland sich zu einer der wichtigsten und treibenden Kräfte der europäischen Industrialisierung und des Wirtschaftswachstums entwickeln würde«[11] – was Preußen zu größtem Vorteil gereichen sollte – und dass die der französischen Bevölkerung an Zahl unterlegene »deutsche« Bevölkerung, Österreich inbegriffen, diese ein halbes Jahrhundert später übertreffen würde,[12] und andererseits fünfzig Jahre im Voraus den preußischen Sieg von Königgrätz und die erzwungene Allianz des »dritten Deutschlands« mit Berlin zu erahnen.

Die Zeitgenossen des Kongresses waren da weniger kategorisch als ihre Nachfolger. Die meisten meinten gar, Preußen ginge aus dem Kompromiss zu Sachsen geschwächt hervor: »[Es] ist jetzt nicht mehr Österreichs Feind: Russland hat die beiden zu Verbündeten gemacht«, schrieb ein Beobachter. »Die Schatten der Vergangenheit sind angesichts einer noch größeren Gefahr verblasst; denn hier geht es nicht, wie in den alten Auseinandersetzungen, um irgendeine Vorherrschaft, sondern um seine Existenz, die es auf immer durch Russland bedroht sehen wird. Überall hat es Feinde, nirgendwo aber Grenzen. Russland bedrängt es mit den Ausläufern seiner Staaten, Österreich schneidet es mit seinen Besitzungen in der Mitte entzwei, und Frankreich berührt

Der preußische »Skandal« am Rhein

es am äußersten Rand seiner Gebiete.«[13] Flassan bedauerte beinahe diese, wie er meinte, Herabsetzung Preußens und das Wiedererstarken Österreichs in Deutschland. Er schrieb dies der Zaghaftigkeit Preußens in den napoleonischen Kriegen zu: »Der Berliner Hof hat es empfunden, wie viel er verlor, weil er dem wahren Beschützer Deutschlands [sprich: Österreich] nicht beistand [...].«[14] Derlei Schlussfolgerungen gibt es in der Dokumentation jener Epoche zuhauf. Wenngleich der – unvorhersehbare – Lauf der Geschichte sie Lügen gestraft hat, entspringen sie der geopolitischen Logik der Zeit, die für die Unterhändler in Wien die einzig gangbare und einzig bekannte war.

NÄHER AN UNSERER ZEIT und Einschätzung liegt ein Werk des französischen Historikers Lucien Febvre über den Rhein. Darin erinnert uns Febvre daran, dass die Rheinländer nicht besonders gut mit den Preußen konnten, was Hagers Spione bereits im Februar 1815 zu bedenken gaben: »Durch den Erwerb der rheinischen Provinzen gewinnen die Preußen an Seelen. Aber sie wissen, dass die Bevölkerung sie nicht besonders schätzt, dass sie, wie es heißt, entstaatlicht ist und Preußens Steuersystem und seine Art des Militärdienstes fürchtet.«[15] Insofern wäre es doch nachgerade wünschenswert, Friedrich Wilhelm die Macht über eine Bevölkerung zu geben, die ihm nicht wohlgesinnt war, und aus Preußen einen zwischen seinen östlichen und westlichen Grenzen zersplitterten Staat zu machen![16] In genau diese Wunde legte Albert Sorel den Finger mit seiner Einschätzung, Talleyrand habe angesichts der von ihm gewählten Strategie keine andere Wahl gehabt, als sich dem Schlichtungsspruch Englands zu beugen, wenn er das Prinzip der Legitimität verteidigen wollte:

> Wenn es hinsichtlich der Rechte des Königs von Sachsen nachgab, verzichtete Frankreich damit auch auf seine eigenen Prinzipien und verspielte seine Rolle auf dem Kongress. Im Übrigen ist es fragwürdig, ob es nicht gefährlicher war,

Preußen in Sachsen einziehen zu lassen, als an den Rhein. Wenn man Preußen Sachsen überließ, machte man es zur größten Macht mit dem größten zusammenhängenden Gebiet auf deutschem Boden. Auf diese Weise würde man auf einen Schlag das Werk der Zusammenballung vollenden, auf das Preußen sechzig Jahre verwandt hatte [...]. Hingegen ginge Preußen, nachdem es für seine Verluste in Sachsen entschädigt worden wäre, als ein in zwei Teile gespaltenes Land ohne Verbindung, ohne Einheit aus dem Kongress [...]. Das minderte den begangenen Fehler – falls es denn ein Fehler war – beträchtlich [...]. Hätte man schließlich den König von Sachsen, den Verbündeten, Kunden und Protegé Frankreichs, an den Rhein verfrachtet, so hätte man sich damit selbst unter den günstigsten Umständen jede Möglichkeit einer Annexion dieser Gebiete verwehrt. Nichts, sagte Talleyrand [zu Kanzler Pasquier], wäre einfacher und natürlicher, als Preußen all jene Provinzen wieder zu nehmen, die ihm überlassen worden waren. Hätte man sie hingegen dem König von Sachsen als Entschädigung für seine ehemaligen Staaten gegeben, so wäre es sehr schwierig und außerordentlich harsch gewesen, ihm diese wieder wegzunehmen.[17]

In dieser Angelegenheit hatte Castlereagh die Kastanien aus dem Feuer geholt. Das strategische Ergebnis seines Manövers bewies trotz aller Kritik an seiner Methode oder seiner Zögerlichkeit die Fähigkeit des Engländers, in doktrinären Diskussionen die Übersicht zu behalten und sich immer wieder auf den entscheidenden Punkt zu besinnen: die Interessen seines Landes. Die in diesem Fall vor allem darin bestanden, ein Gleichgewicht zwischen den mittleren Mächten zu erlangen, mit dem Ziel, Frankreich zu bändigen, das nach wie vor – ob Ludwig XVIII. nun auf dem Thron saß oder nicht – als der gefährlichste Unruhestifter und Kriegstreiber angesehen werden musste. Ebendieses Ziel war mit dem

Kompromiss in Sachsen erreicht, mochte man die Sache drehen und wenden, wie man wollte. Gewiss gewann Preußen an Boden, würde aber wenig Vorteil daraus ziehen können, ehe es sich nicht das gesamte Rheinland einverleibt und seine eigene Zweiteilung aufgehoben hätte. Umgekehrt konnte Frankreich nun seine Theorie der natürlichen Grenzen ins Museum der verlorenen Dinge verfrachten. In London, wo man immer noch auf Geist und Ziel des Pariser Friedens schielte, sorgte das für Ruhe, wie Jacques Droz bemerkt: »Talleyrand mag sagen, was er will, die Ordnung Europas bleibt in den Händen der Vier und richtet sich gegen Frankreich; sie ist ein Werk des Misstrauens und, wenn man so sagen darf, der polizeilichen Überwachung Frankreichs.«[18]

Talleyrands größtes Vergehen bestand darin, seinen Zeitgenossen wie auch der Nachwelt – durch seine Berichte und in seinen Memoiren – weismachen zu wollen, dass er während und auch nach der Krise um Sachsen eine leitende Figur des Kongresses gewesen sei. Das war er mitnichten und wusste es auch, doch war er um keinen Preis bereit, es zuzugeben. In der Angelegenheit betreffend Sachsen war der erste Verhandlungsgewinner das pragmatische England, das wenig geneigt war, in eine ferne Zukunft vorauszudenken, sondern vielmehr allein auf seine direkten Interessen bedacht war.

Doch Castlereagh wollte es bei diesem einen Sieg nicht belassen. Er handelte weitere Sicherheiten an Frankreichs Grenzen im Norden und Osten aus, die mit der Stärkung des Königreichs der Niederlande einerseits und der Neuordnung der Schweiz und deren verbürgter Neutralität andererseits erreicht wurden.

Ein starkes Reich für Wilhelm von Oranien-Nassau

IN DEN WEISUNGEN, die Castlereagh kurz vor seiner Abreise Ende 1813 erhielt, war er mit der Mission betraut worden, »in der rechten Proportion für die Sicherheit Hollands unter dem Hause

Oranien« zu sorgen, als »Barriere« gegen die Ambitionen Frankreichs.[19] Dieses Prinzip konnte er seinen Verbündeten ohne Schwierigkeiten vermitteln. Aus Angst, »eine zwanzigjährige Vorherrschaft könnte Anlass zu Ambitionen geben, eine Republik nach französischem Modell zu entwerfen«,[20] setzte er bereits Ende Dezember Wilhelm von Oranien-Nassau als »Souveränen Fürst« in Den Haag ein.[21]

Der Sohn des letzten *Stadhouder* war der Schwager Friedrich Wilhelms III., in dessen Armeen er im Krieg von 1806 gekämpft hatte.[22] Nach Aufenthalten in Russland und den nordischen Ländern hatte er sich in England niedergelassen. Sein Sohn, der ebenfalls Wilhelm hieß, war der Prinzessin Charlotte von Wales versprochen worden. Nachdem die Verlobung wieder gelöst worden war, heiratete dieser die Großherzogin Anna, die Schwester des Zaren, was Castlereaghs einziger Fehlschlag in seiner holländischen Diplomatie bleiben sollte. Dank dieser familiären Verbindungen war das Haus Oranien-Nassau ein Prototyp der »europäischen« Dynastien, die der Kongress zu festigen gedachte: eine unabhängige Dynastie, die Verbindungen in alle Richtungen genoss. Zudem vertrat der Souveräne Fürst einen politischen Konservatismus, hatte persönliche Ambitionen und zollte der britischen Regierung Dank für seine Ernennung, was er bereits im Frühjahr 1813 zum Ausdruck brachte, lange bevor die Franzosen die Niederlande räumten.[23] Durch ihn konnte London an einem der wichtigsten Handelsplätze Europas Fuß fassen, in bester Nordseelage, und verfügte damit über ein Tor zu seinen eigenen Handelsgeschäften auf dem Kontinent.

1793 war Albion dem Krieg gegen Frankreich vor allem beigetreten, um die Häfen und Geldinstitute in Amsterdam, Rotterdam und Antwerpen zu verteidigen, und weniger, um gegen die Enthauptung Ludwigs XVI. zu protestieren, wenngleich ein ganzer Zweig der angelsächsischen Geschichtsschreibung dieser »offiziellen« Version folgen mochte: »Würde [Frankreich] in Belgien und Holland triumphieren, würde England sich zu seinem unerbittlichen Gegner aufschwingen«,[24] bemerkt Sorel. Genau das geschah. Hier sei nur daran erinnert, dass die beiden großen Expeditionen, die die britische Regierung auf den Kontinent unternahm, ehe sie ihre militärischen Bemühungen auf Spanien konzentrierte, auf die Niederlande zielten: 1793–95 durch den Herzog von York und 1809 mit dem Landungsversuch in Walcheren. Nachdem Napoleon besiegt und diese Gebiete »befreit« waren, wollte England die Position nicht so schnell wieder aufgeben. Die Niederlande waren in der Tat »das verwöhnte Kind des britischen Kabinetts«.[25]

Um die »Barriere« dingfest zu machen, musste nur noch ein sicheres Gebiet für Wilhelms künftiges Königreich eingerichtet werden. Der dritte, vom Pariser Friedensvertrag abgetrennte Geheimartikel sah die Vereinigung Belgiens und Luxemburgs mit den Niederlanden vor. Ludwig XVIII. erklärte sich einverstanden. Um deutlich zu machen, dass sein Land keinerlei Interessen mehr in Richtung Brüssel verfolgte, ging Talleyrand sogar so weit zu sagen: »Mein Belgien … ist die Bretagne.«[26] Österreich reute es ebenfalls nicht, auf die Rückkehr der ehemaligen Österreichischen Niederlande unter seine Flagge zu verzichten. Offenbar war ihm »sein Besitz wegen der hohen Kosten, die dieser ihm stets eingehandelt hatte, verleidet«.[27] Als eine Delegation Franz I. bat, die Gebiete wieder ins Habsburgische Reich aufzunehmen, soll dieser mit folgenden gewiss apokryphen, aber doch gewichtigen Worten geantwortet haben: »Meine Herren, ich trage Sie alle in meinem Herzen, und ich werde auch Ihre Adressen stets bei mir tragen.«[28] In Wahrheit wollten der Kaiser und sein Kanzler freimütig weggeben, was ihnen wenig bedeutete, um im Gegenzug die österreichische Vorherrschaft in Italien zu festigen.

Da keine Macht Interesse an der Wiedererrichtung eines unabhängigen Belgiens hatte, wie es seit Beginn der Französischen Revolution bestanden und in dem Frankreich sich hatte breitmachen können, schlossen Castlereagh, Metternich, Nesselrode und Hardenberg am 14. Juni 1814 in Paris ein neuerliches Abkommen, um diesen Klauseln Gültigkeit zu verleihen. Am 21. Juli wurden diese noch einmal in London bestätigt. Zur Garantie nahm ein englisches Expeditionskorps in der Umgebung von Brüssel und an wichtigen Stellungen im Land Position ein. Die Entscheidung sollte sich in den Hundert Tagen als richtungsweisend herausstellen, da ebendiese Armee einen nicht geringen Anteil am anglopreußischen Sieg bei Waterloo hatte.

Als Gegenleistung für die Gebietserweiterungen überließ Wilhelm von Oranien-Nassau den Briten Kapstadt und Niederländisch-Guayana. Diese wiederum zahlten Entschädigungen in Höhe von sechs Millionen Pfund, mit denen Wilhelm sein Land vor allem gegenüber Russland würde entschulden und Schweden eine Abfindung für die Rückgabe Guadeloupes an Frankreich zahlen können. Hingegen sollte Wilhelm Ostindien, das heutige Indonesien, erhalten, ein Zugeständnis, das offenbar den Briten anzurechnen ist, die damals Batavia besetzt hielten. Doch kostete sie dieses »Opfer« wenig, da die Niederlande ihre Besitzungen angesichts ihrer schwachen Kriegsmarine ohnehin nur mithilfe der Engländer würden verteidigen können.[29]

Nachdem Castlereagh und Clancarty, zur Stunde Gesandter bei Wilhelm, ihr Vorhaben aufgegeben hatten, den Hafen von Antwerpen zu zerstören, erwirkten sie die Entmilitarisierung dieses Zugangstors zum Kontinent, das nunmehr allein dem Handel frönen sollte. Um schließlich eine Durchmischung der Bevölkerung zu erleichtern, verpflichtete sich der Souveräne Fürst, Religionsfreiheit und die Gleichheit der verschiedenen Gemeinschaften zu gewähren. Damit war die holländische Akte, als die Diplomaten in Wien eintrafen – von einigen wenigen Nachbesserungen der Verbündeten abgesehen – im Wesentlichen von englischer Hand verfasst. Der Kongress sollte die getroffenen Entscheidungen nur noch in den Stein der Schlussakte meißeln. In den Unterredungen wurden die Niederlande von den Herren Gagern und van den Spaen vertreten. Die beiden machten wenig Anstalten, Castlereagh »die Deichsel der holländischen Verhand-

Ein starkes Reich für Wilhelm von Oranien-Nassau

lung« aus der Hand zu nehmen.[30] Ihre Fügsamkeit wurde damit belohnt, dass sie ab Februar 1815 an mehreren Arbeitssitzungen der Vier teilnehmen durften. Die Niederlande und ihr Souverän konnten sich beileibe nicht über diese Unterredungen mezza voce beschweren, was sie auch nicht taten, im Gegenteil: »Lord Castlereagh legt einen nicht erlahmenden Eifer an den Tag«, schrieb Gagern an Wilhelm von Oranien-Nassau, »und im Großen und Ganzen hat er mehr erreicht, als wir uns je erhoffen konnten.«[31]

Dass Belgien und Luxemburg in das neue Königreich der Niederlande eingegliedert werden sollten, wurde von niemandem in Frage gestellt. Doch waren die Diskussionen zu dieser Frage Anlass zu einigen Schachereien zwischen Preußen, das die Niederlande »schützen« wollte, und England, das Holland als Teil seines Einflussgebiets ansah. Nach Napoleons Rückkehr wurden dann sehr rasch die letzten Schwierigkeiten ausgeräumt: Am 16. März 1815 wurde der Fürst unter dem Namen Wilhelm I. zum König der Niederlande ernannt. Gemäß einem Abkommen mit den Vier, das am 31. Mai unterzeichnet wurde, erhielt er wie vorgesehen Belgien – die ehemaligen Österreichischen Niederlande und das Bistum Lüttich –, den am linken Ufer der Maas gelegenen Teil Gelderns sowie in Personalunion das Herzogtum Luxemburg. Zudem durfte er das Herzogtum Bouillon »zurückkaufen«.

Die Artikel 65 bis 73 der Schlussakte verhandeln die Angelegenheiten des neuen Königreichs der Niederlande, das eine Fläche von 65 000 km² umfasste und annähernd sechs Millionen Einwohner zählte.[32] Es verfügte nicht nur über eine starke Infrastruktur, die es den holländischen Häfen und mächtigen Bankhäusern verdankte, sondern auch über eine blühende Bergbau- und Stahl-Industrie in den »belgischen« Provinzen.[33] Von Juli 1815 an ersetzte nach der zweiten Niederschlagung Napoleons eine »holländische« Verwaltung die provisorischen Kommissionen, die während des Kriegs eingerichtet und in Belgien von Preußen und Österreich geleitet worden waren. Im November wurden die holländischen Grenzen und Hoheitsgebiete noch auf

Philippeville und Marienburg ausgeweitet, die Frankreich nach Waterloo im Zweiten Pariser Frieden verlor.

Doch die Konstellation sollte nur fünfzehn Jahre währen, da Belgien 1830 seine Unabhängigkeit erklärte. Luxemburg tat dies seinerseits 1867, löste sich jedoch erst 1890 endgültig von den Niederlanden ab.[34] In jedem Falle handelte es sich aber um einen klaren Einschnitt: Frankreich würde sich nie wieder an die »belgischen« Provinzen wagen, da es sicher sein konnte, damit bei seinen kontinentalen und insonders insularen Nachbarn einen Krieg zu provozieren. Als Beweis ließe sich die sogenannte »Trinkgeldaffäre« von 1866 anführen, in der Napoleon III. gegenüber den Briten nachgeben musste: Der zweite Kaiser der Franzosen hatte den Zorn Londons auf sich gezogen, indem er als Entschädigung für seine Neutralität im Konflikt zwischen Österreich und Preußen einen Teil Luxemburgs verlangte, und verwirkte sich damit dessen Unterstützung, während die Spannungen zwischen Frankreich und Preußen gefährliche Ausmaße annahmen. Für die englische Diplomatie bestätigten die Umstände und Bedingungen, unter denen das neue Königreich Belgien 1830 entstand, lediglich den Status quo von Wien und sollten den Franzosen ganz gewiss kein Signal sein, sich erneuten territorialen Fantasien hinzugeben.

Die Lösung der verworrenen Lage in der Schweiz

AUCH DIE WACHT IM OSTEN, die helvetischen Gebiete, wurde auf dem Wiener Kongress neu geordnet und gestärkt. Doch aus inneren wie internationalen Gründen war die Angelegenheit ungleich komplizierter als in den Niederlanden.

Bereits im Herbst 1813 geriet das Schweizer Regime, das aus der Mediationsakte von 1803 hervorgegangen war, in unruhige Fahrwasser, noch ehe die Armeen der Verbündeten eintrafen. Gemäß dieser Akte war die Schweiz unter französischen Schutz

Die Lösung der verworrenen Lage in der Schweiz

gestellt und in der Folge aufgeteilt worden: in eine Eidgenossenschaft, die von Frankreich besetzten Gebiete Genf, Waadtländer Jura und Wallis, die von Italien besetzte Baronie Rhäzüns und das Marschall Berthier übergebene souveräne Fürstentum Neuenburg. Ende Oktober 1813 proklamierte eine helvetische Tagsatzung von zwölf Kantonen in Zürich die Neutralität der Eidgenossenschaft. Am 29. Dezember verkündete sie das Ende der Mediationsakte und befreite sich damit aus den Fesseln des französischen Kaisers und seiner Schergen.

Um seinem ehemaligen Hauslehrer, dem Schweizer La Harpe, gefällig zu sein, gerierte sich Alexander als Verfechter der wiedergewonnenen Neutralität und der »helvetischen Freiheit«. Als die österreichischen Truppen in Schweizer Gebiete einrückten, um über die Baseler Brücke an die französische Grenze zu gelangen, lieferten sich Metternich und der Zar einen heftigen Disput. Damit reihte sich die Schweizer Frage in die lange Reihe ihrer Meinungsverschiedenheiten ein.[35] Während Alexander und La Harpe die Neuordnung der Eidgenossenschaft als Einheit wünschten, womit die Abschaffung des »veralteten Systems« der Kantone einhergehen würde,[36] setzten sich deren österreichische Verbündete dafür ein, die föderale Aufteilung und die Unabhängigkeit der Kantone aufrechtzuerhalten und zu alten aristokratischen Formen zurückzukehren.

Die Schweizer selbst waren in dieser Frage ebenfalls gespalten. Es kam zu Ausschreitungen, eine sezessionistische Versammlung wurde einberufen, und die Kantone ergingen sich in Gebietsstreitigkeiten. Die Eidgenossenschaft sah sich nunmehr in zwei Lager geteilt: die »Progressisten« in Zürich und die »aristokratischen« Kantone in Luzern. Der englische Gesandte, Stratford Canning, der unter der Hand zwischen den Parteien vermittelte, konnte zumindest verhindern, dass ein Bruch unvermeidbar und damit ein Bürgerkrieg entfacht würde. Am 8. September 1814 unterzeichneten neunzehn Kantone[37] den Züricher Vertrag, in dem sie ihre Neutralität bestätigten, eine Armee von 30 000 Mann schufen, Beitragszahlungen in Höhe von 490 000 Franc zur Finanzierung der Armee beschlossen und vor allem die Neuordnung der eidgenössischen Institutionen regelten. In dieser Hinsicht war man zu einem Kompromiss gelangt: Unabhängigkeit der Kantone, Aufhebung der inneren Zollschranken und der »aristokratischen« Privilegien sowie Schaffung eidgenössischer Institutionen.

Ohne die Partie als Ganzes verloren zu haben, mussten sich der Zar und La Harpe doch in wesentlichen Punkten geschlagen geben: »Müssen etwa die Barbaren des Nordens, die russischen Sklaven in die Schweiz kommen und den Nachfahren Wilhelm Tells eine Lektion in Freiheit und Menschenliebe erteilen?«, fragte der Berner Zerleder. »Von solchen Meistern möchten wir nichts lernen [...]. Glauben Sie mir, ihr Vorhaben ist in der Schweiz noch lange nicht angenommen, und ich wette darauf, dass es auch nicht angenommen wird.«[38]

Nachdem die Gemüter sich beruhigt hatten, begannen die Mächte mit der Neuordnung der Gebiete. Die Frage nach der Zukunft der ehemaligen französischen Départements, wie etwa des Genfer Sees (mit Genf) und des südlichen Oberrheins (mit Mulhouse), versprach einige zähe Verhandlungen zwischen Talleyrand und seinen Gesprächspartnern. Auch das Schicksal des Fürstentums Neuenburg blieb vorerst ungewiss. Zwar hatte Berthier bereits am 30. Juni 1814 abgedankt, doch ließen sich die ehemaligen Besitzer aus dem Hause Hohenzollern bitten. Nach einer kurzen preußischen Episode wurde das Gebiet ab September 1814 »kantonisiert«. Doch das Bistum Basel, vormals Fürstbistum, die Region Pruntrut, vormals ein Arrondissement des Département Haut-Rhin, das Wallis und noch einige Gebiete kleineren Ausmaßes forderten ebenfalls ihre Unabhängigkeit beziehungsweise, wenn sie bis dato unter französischer Kontrolle gestanden hatten, die Aufnahme in die Eidgenossenschaft. Die Entscheidung lag nunmehr in der Hand des Kongresses.

Zur Beantwortung dieser »kleinen, aber schwierigen Fragen«[39] wurde ein Komitee für die Eidgenossenschaft einberufen,

Die Lösung der verworrenen Lage in der Schweiz

das seine Arbeit im November 1814 aufnahm. Bis Februar 1815 bestand es ausschließlich aus Repräsentanten der Vier und hielt zehn Plenarsitzungen ab. Trotz des Einspruchs zahlreicher helvetischer Deputierter wurde sodann auch Frankreich zu den Beratungen hinzugezogen, und Dalberg, der bis dahin bereits vor den Türen in die Arbeiten eingebunden war, durfte an den nächsten drei Treffen teilnehmen. Das Achterkomitee widmete dem Thema ebenfalls zwei Sitzungen, ehe am 20. März 1815 eine abschließende Erklärung veröffentlicht wurde.[40]

Auch in diesem Fall wurden wieder Dutzende von Noten und Memoranden geprüft. Das Komitee empfing die Repräsentanten der verschiedenen Kantone, die im Kielwasser der eidgenössischen Delegation angereist waren, und versuchte, zwischen ihnen eine Einigung herbeizuführen. Neben Reinhard, Montenach und Wieland, die die Tagsatzung repräsentierten, wurden auch der Schweizer Geschäftsträger Müller und Albert Renger für St. Gallen, Ludwig von Zerleder für Bern, Charles Pictet de Rochemont für Genf, Melchior Deléfils und Conrad de Billieux für das Bistum Basel, Frédéric Heilmann für die Stadt Bern, Sigismund Moreau für Pruntrut und Vincent de Salis-Sils für Graubünden gehört. Was die Angelegenheit nicht einfacher machte: La Harpe, der eigentlich als enger Berater des Zaren auf dem Kongress zugegen war, vertrat die Interessen des Tessin und des Waadtlands;[41] der Genfer Francis d'Ivernois, der seit über zwanzig Jahren nicht mehr in seiner Heimat weilte, in dieser Zeit in englischen Diensten gestanden hatte und vom Prinzregenten sogar in den Adelsstand erhoben worden war, versuchte die Positionen seines ehemaligen Arbeitgebers durchzusetzen und stellte sich zu den verschiedensten Gelegenheiten gegen Pictet de Rochemont; der Freiburger Montenach tat alles dafür, dass Genf keine Gebiete hinzugewann; die Sarden wollten den südlichen Teil der Eidgenossenschaft besetzen; der Nuntius in Wien, Severoli, verteidigte die Rechte des Heiligen Stuhls in einigen winzigen alpinen Gebieten; und Stein schließlich redigierte Memoranden mit seinen Vorstellungen für die Neuordnung der Schweiz – während der Portugiese Palmella, höchst zufrieden, sich in ein Thema einmischen zu können, das ihn kaum etwas anging, im denkbar ungünstigsten Moment intervenierte. Insbesondere in den territorialen Fragen, die oft winzigste Gebiete betrafen, konnte es geschehen, dass die Kakofonie zu bersten wollenden Klangwolken anschwoll, was einen Historiker zu der Bemerkung veranlasste: »Die Eidgenossenschaft brachte sich durch die Schwäche, den Egoismus und die Gespaltenheit ihrer Repräsentanten selbst in Misskredit.«[42]

Die Repräsentanten der Fünf zeigten sich jedoch kaum von einer besseren Seite. In den Sitzungen wurde hart geschachert und verhandelt. Und es gingen die verschiedensten Gerüchte um: Der König von Württemberg werde seine Besitzungen verlieren und nach Bern versetzt, der Zar habe eine »demokratische« Verfassung durchsetzen können, und, was dem Ganzen die Krone aufsetzte, es sei eine Zersplitterung der Eidgenossenschaft beschlossen worden. Am Ende sollte sich nichts von alledem bewahrheiten, und die Angelegenheit wurde in höchst klassischer Manier mittels diverser Schachereien ausgemacht.

Österreich erwirkte, dass Bormio, das Veltlin und Chiavenna zu seinem Königreich Lombardo-Venetien hinzugeschlagen wurden. Im Übrigen wurden die Schiedssprüche der Großmächte akzeptiert, die folgende Ergebnisse brachten: Genf, Neuenburg und das Wallis wurden als Kantone der Eidgenossenschaft anerkannt; das französische Vallée des Dappes kehrte in den Kanton Waadtland zurück, der nunmehr vom Kanton Bern unabhängig war; Österreich gab das Bistum Rhäzüns aus seinem Königreich Lombardei an den Kanton Graubünden, Sardinien sechzehn Savoyer Kommunen an den Kanton Genf; das ehemalige Bistum Basel und die Stadt Biel wurden mit dem Kanton Bern vereint, wobei der Bezirk Arlesheim dem Kanton Basel zugesprochen und die rechtsrheinischen Enklaven Baden überlassen wurden. Nach langwierigen Verhandlungen konnte Frankreich Mulhouse retten und musste nur einen Teil des Gebietes um Gex an den

Die Lösung der verworrenen Lage in der Schweiz

Kanton Genf abtreten.[43] Francis d'Ivernois, der, wo immer er auftrat, nicht müde geworden war zu erklären, dem Kriegsverlierer Frankreich dürfe kein Mitspracherecht eingeräumt werden, hatte Talleyrand derart verstimmt, dass dieser alles daransetzte, ihm zu jeder erdenklichen Gelegenheit in die Parade zu fahren.[44]

Die Gesamtheit der Verabredungen, eine diplomatische Feinstarbeit, in der über jede einzelne Brücke und jeden kleinsten Weg gestritten worden war, wurde als Anhang II in die Schlussakte des Kongresses aufgenommen. Die Eidgenossenschaft wurde eingeladen, sich neue Institutionen zu geben. Am 7. August 1815 wurde ein Abkommen von diesmal zweiundzwanzig Kantonen unterzeichnet.[45] Die ausgehandelte Verfassung sollte bis 1848 Bestand haben.

Einige Jahre später schrieb der Bürgermeister von Basel, Wieland, der an den Verhandlungen teilgenommen hatte und allen Zwist wohlweislich vergessen wollte: »Die Vertreter der großen Interessen Europas auf dem Wiener Kongress hatten gespürt, dass die Schweiz, um die soeben errichtete Ordnung der Dinge zu festigen, *militärische Grenzen* benötigte, das heißt Grenzen, die sich *leicht verteidigen* ließen; und als sie die Frage unter diesem Gesichtspunkt betrachteten, nahmen sie sich dieses Prinzips vielmehr im Interesse des neugeordneten Europa als ureigenem Interesse der Schweiz an [...] und so gedachte man im Hinblick auf den Frieden und die Stabilität aller unsere Position zu stärken.«[46]

In ihrer Erklärung vom 20. März 1815 hatten die Acht »die dauerhafte Neutralität der Schweiz in ihren neuen Grenzen« proklamiert und garantiert. Die auf dem Wiener Kongress bestimmten Grenzen sind, von kleineren Details abgesehen, bis heute die Schweizer Grenzen geblieben, und die Neutralität des Landes wurde seitdem ebenfalls nie in Frage gestellt, nicht einmal während der beiden Weltkriege. Für eine Bilanz des Wiener Kongresses ist daher unbedingt die Tatsache zu berücksichtigen, dass sich dieses für unsere heutige Zeit selbstverständlich scheinende Ergebnis allein der minutiösen Arbeit der Diplomaten verdankt.

XI.
Ein neues Italien

NACH DEM FRANZÖSISCHEN REICH im engeren Sinne war Italien die zweite Säule des napoleonischen Systems gewesen. Bonaparte, der zunächst 1796/97 Prokonsul des Direktoriums, dann 1802 Präsident der Republik und schließlich 1805 König der nördlichen Halbinsel war, hatte die italienische Landkarte gründlich umgestaltet. Vom Norden bis tief in den Süden war sie aufgeteilt in französische Besitzungen (die Départements »jenseits der Alpen«, die ehemaligen römischen Staaten und das Großherzogtum Toskana),[1] das Königreich Italien mit der Hauptstadt Mailand und Vizekönig Eugène de Beauharnais, drei »unabhängige« und von Franzosen regierte Fürstentümer (Lucca und Piombino, Benevent, Pontecorvo)[2] und das Königreich Neapel, das von 1806 bis 1808 von Joseph Bonaparte und dann von Murat regiert wurde. Neben diesen Hoheitsgebieten waren nicht souveräne Herzogtümer gebildet worden, die an Titel des Empire angegliedert waren: Parma an das Herzogtum Cambacérès, Piacenza an Lebrun, Bassano an Maret, Otrante an Fouché, Rovigo an Savary, Rivoli an Masséna, Montebello an Lannes etc. Nur Sardinien und Sizilien hatten sich der französischen Herrschaft entziehen können. Dorthin waren der ehemalige König von Sardinien,[3] Viktor Emanuel von Savoyen, und der ehemalige König von Neapel, Ferdinand IV. von Bourbon, geflüchtet.[4]

Im Frühjahr 1814 war das napoleonische Italien nach dem Einmarsch der österreichischen, englischen und neapolitanischen Armeen – Murat hatte gegen das Versprechen, seinen Thron behalten zu dürfen, das Lager gewechselt[5] – in sich zusammengefallen wie ein Kartenhaus. Während England die Toskana einnahm, zogen die österreichischen Streitkräfte am 28. April in Mailand und am 15. Mai in Venedig ein. Dort richteten sie sich in Anwendung

XI. Ein neues Italien

XI. Ein neues Italien

des Abkommens von Töplitz vom 3. Oktober 1813, das diese Ländereien ihrem Einflussgebiet zusprach, häuslich ein. Am 20. Mai 1814 kehrte Viktor Emanuel zwölf Jahre nach seiner Flucht nach Sardinien nach Turin zurück. Vier Tage darauf kam Pius VII. wieder nach Rom, das er seit 1809 nicht mehr betreten hatte.

Doch trotz dieser Restaurationen war die politische Landkarte Italiens derart durcheinandergewirbelt worden, dass eine grundlegende Neugestaltung unabdingbar war. Die verschiedensten Mächte meinten hier eingreifen zu müssen, vor allem aus Eigeninteresse: Österreich wollte seinen Anteil im Norden und in Mittelitalien, England Zugang zu Häfen für seinen Handel im Mittelmeer, Russland vorgerückte Posten für seine Geschäfte, Spanien Throne für seine Infanten, der Heilige Stuhl die Wiederherstellung seiner Staaten und den vollständigen Ausschluss Frankreichs aus den italienischen Angelegenheiten. Eine weitere brennende Frage war, ob Murat auf dem neapolitanischen Thron verbleiben sollte oder nicht. Das Schicksal des Ritterkönigs hing am seidenen Faden: dem Worte Österreichs.

Um die Neuordnung des italienischen Stiefels zu bewerkstelligen, gingen die Alliierten etappenweise vor. Zunächst verwarfen sie a priori die Bildung eines »italienischen Bundes« nach deutschem Vorbild und verständigten sich darauf, dass der noch schüchtern auftretende Nationalismus im Keim erstickt oder zumindest gezügelt werden musste. Die neuerliche Aufteilung des Landes folgte sodann Schritt für Schritt.

Erste Amtshandlung war – man höre und staune – der Vertrag von Fontainebleau, der mit Napoleon unterzeichnet worden war. Demnach erhielt die Kaiserin Marie-Louise die Herzogtümer Parma, Piacenza und Guastalla und der gestürzte Kaiser die Insel Elba. Einige Wochen darauf malte der Vertrag zum Pariser Frieden mit seinen Geheimartikeln mit breitem Pinselstrich einige weitere Veränderungen ins Land. Um Frankreich zu bändigen und überwachen zu können, ohne Österreich an dessen unmittelbare Grenze vorschieben zu müssen, wurde ohne Umschweife, ja fast wie gottgegeben das Königreich Sardinien retabliert. Viktor Emanuel erhielt alle seine früheren Besitzungen zurück, nur mit Ausnahme eines Teils von Savoyen, der Ludwig XVIII. zugesprochen wurde. Zudem versprach man ihm die Gebiete der ehemaligen Republik Genua. Um ihn im Nordosten zu unterstützen, wurden die Lombardei und Venetien an den österreichischen Kaiser zurückgegeben. Die Lombardei war das gesamte 18. Jahrhundert über in dessen Besitz gewesen, Venetien von 1797 bis 1805.[6] Die Aufteilung der anderen Gebiete der Halbinsel »in mehrere souveräne Staaten« wurde laut Artikel 6 des Pariser Friedens auf einen späteren Zeitpunkt verschoben.

Metternich sollte nachmalig darüber sagen, Italien bleibe lediglich ein »geografischer Begriff«, der in drei Gebiete aufzuteilen sei.[7] Im Norden waren nurmehr Detailfragen zu regeln. In Mittelitalien aber hatte eine Neuordnung zu erfolgen, für die zwei wesentliche Punkte zu beachten waren: Einerseits sollte der Papst den Großteil seiner Staaten zurückerhalten, andererseits würde Österreich selbstredend nicht auf seine durch Waffengewalt erlangten Stellungen verzichten. Im Süden waren alle Entscheidungen abhängig vom Schicksal Murats.

Die einfache Lösung im Norden: Das Königreich Lombardo-Venetien und »Sardinien-Piemont«

VON NEAPEL ABGESEHEN, sorgten die italienischen Angelegenheiten in Wien für wenig Streitigkeiten unter den Großmächten. Der Kongress sah, laut Flassan, unbekümmert über die große Invasion Österreichs in Italien hinweg, da Europa mehr an einer Beruhigung der Lage in Deutschland als in Italien interessiert war.[8] Aus dieser Tatsache wusste Metternich mehr Nutzen zu ziehen als in der Frage Sachsens und Polens. Er verzögerte die Erörterung der heikleren Fragen, solange er konnte, um für seinen Vorstoß im Süden nicht im Nordosten zahlen zu müssen. Auf diese Weise gelang es ihm, die österreichische Besetzung als vollendete Tatsache geltend zu machen. Bereits vor Beginn des Kongresses zeigte er sich den englischen Interessen an Häfen und Inseln gewogen, wodurch er sich die Unterstützung der Regierung Liverpool sicherte.

Auf diese Weise gelang es dem Zweierbündnis aus Österreich und England, Preußen und Russland von allen Fragen betreffend Italien fernzuhalten. Humboldt gab dies in einem Memorandum sogar unumwunden zu: »Die Aufteilung Italiens ist den Mächten des Nordens und Preußen ein fremdes Sujet. Sie gehört in den Verantwortungsbereich Österreichs, Siziliens, Spaniens und Englands, das als Seemacht ein außerordentliches Interesse an der politischen Situation der Mittelmeerküsten hat, wo es auch über bedeutende Besitzungen verfügt.«[9] Mithin konnten alle Übereinkünfte getroffen werden, ohne dass größere Krisen ausgelöst wurden, wenngleich die Verhandlungen nicht immer ganz ohne Schikanen vonstattengingen. Die Schlussakte des Wiener Kongresses bestätigte die Unterteilung der italienischen Halbinsel in eine »Harlekinade«[10] aus zehn Staaten: »Piemont-Sardinien«, das fortan schlicht »Königreich Sardinien« hieß, weil nur der sardische Titel Viktor Emanuels als königlich anerkannt wurde, das Königreich Lombardo-Venetien, die Toskana, Parma, Modena, Massa-Carrara, Lucca, die römischen Staaten, das Königreich beider Sizilien (Neapel) und San Marino, jene uralte Republik, der sogar Napoleon die Unabhängigkeit belassen hatte.[11]

Im Zuge der Verhandlungen über Italien wurde auch über die Zukunft eines Eugène de Beauharnais bestimmt. Gemäß dem Vertrag von Fontainebleau hatten die Sieger dem ehemaligen Vizekönig eine »angemessene Einrichtung außerhalb Frankreichs« zuzugestehen. Nachdem Beauharnais nach seiner Niederlage auf der Halbinsel nach München geflohen war, gestattete man ihm zunächst, sich nach Paris zurückzuziehen, wo er der Kaiserin Joséphine in ihren letzten Tagen bis zu ihrem Tod am 29. Mai 1814 in Malmaison beistand. Sodann machte er sich auf den Weg nach

Wien, um seine eigenen Interessen zu vertreten. Bei seiner Ankunft am 29. September als Begleiter der bayerischen Delegation[12] wurde er vom Zaren mit offenen Armen empfangen, von allen wichtigen Unterhändlern begrüßt, von seinem Schwiegervater Maximilian I. Joseph von Bayern in seinem Ansinnen protegiert und vom bayerischen Gesandten von Wrede in allen offiziellen Debatten unterstützt. Dahinter stand die Absicht, ihn wieder zurück nach Italien zu verfrachten. Metternich indes war da ganz anderer Meinung. Und so suchte der Adoptivsohn Napoleons sein Heil darin, von Geschäftszimmer zu Geschäftszimmer zu ziehen und Plädoyers für seine Belange zu halten, wobei er auch vor den Festen und Alkoven nicht haltmachte.

Immerhin gelang es ihm, die Zwangsverwaltung seiner Besitztümer in Italien aufzuheben. Auch hegte er zeitweise die Hoffnung, der Heilige Stuhl würde ihm zu Hilfe kommen und ihm womöglich eine Landeshoheit überantworten.[13] Nachdem dieser Funke wieder verglimmt war, erklärte Beauharnais, er würde sich durchaus auch mit Pontecorvo begnügen, das bis dahin Murat gehört hatte, vielleicht sogar mit der Insel Korfu, oder in letzter Flucht mit einem Herzogtum auf der linken Rheinseite, Trier etwa, oder auch Zweibrücken. Trotz oder möglicherweise gerade wegen der ostentativen Sympathiebekundungen des Zaren wurde jedoch in dieser Frage lange Zeit keine Entscheidung gefällt. Bis das Wort von Napoleons Rückkehr umging.

Einige abgefangene Briefe seiner Schwester Hortense brachen – obgleich ganz und gar nichtigen Inhalts – dem ehemaligen italienischen Vizekönig dann vollends das Genick, so dass dieser sich erneut nach Bayern zurückziehen musste. Alles deutete darauf hin, dass sein Schicksal damit besiegelt war. Die Entscheidung aber fiel erst Monate später: Seine »Einrichtung« sollte aus dem winzigen Herzogtum Leuchtenberg bestehen, das von Bayern abhängig war; dazu sollte er eine Entschädigung in Höhe von fünf Millionen Franc erhalten.[14] Für »angemessen« hielt Eugène das sicher nicht, doch es blieb ihm keine Wahl. Metternich hinge-

Die einfache Lösung im Norden

gen durfte sich die Hände reiben: Italien hatte einen Napoleoniden weniger.

Für die Lombardei und Venetien wurde gleich nach dem Sturz der napoleonischen Regierung eine provisorische österreichische Regentschaft unter dem Vorsitz des Feldmarschalls Bellegarde in Mailand eingerichtet. Durch Patentbriefe des österreichischen Kaisers vom 7. April 1815, die die Schlussakte noch einmal bestätigte,[15] wurden diese Provinzen ohne weitere Reibereien in das Königreich Lombardo-Venetien umgewandelt. Zu seinem Titel als Kaiser von Österreich gesellte Franz I. damit einen hübschen Königstitel mit weitläufigen Gebieten in Norditalien hinzu: Mailand, Mantua und Veltlin, Inseln und Festland der ehemaligen Republik Venedig sowie die ehemaligen päpstlichen Legationen nördlich des Po. Das neue Herrschaftsgebiet zählte etwa fünf Millionen Einwohner und bot eine florierende Landwirtschaft und geschäftige Städte: Österreich hatte sich auch wirtschaftlich gütlich getan.

Das Königreich sollte im Namen des Kaisers Franz von einem Vizekönig beherrscht und in zwei »Regierungen« – Mailand und Venedig – unterteilt werden, deren Grenze der Fluss Mincio darstellte. In Fortführung der französischen Aufteilung in Départements, Arrondissements und Kommunen sollte das Land in Provinzen, Distrikte und Kommunen gegliedert sein. Permanente autochthone Kollegien sollten Österreich in der Verwaltung beiseite gestellt werden. Doch trotz der im Patentbrief vom 7. April 1815 proklamierten Autonomie fuhren die österreichischen Verwalter fort, sich im Lande einzurichten. So sollten auch in der Folge alle wichtigen Entscheidungen in Wien getroffen werden und Polizei und Armee in den Händen der *Tedeschi* verbleiben.

Nach der Militärregierung Bellegarde wurde Erzherzog Rainer, der Bruder des Kaisers Franz, zum Vizekönig ernannt. Rainer, der Wiens Vorherrschaft zu keiner Zeit in Frage stellte, regierte bis 1840.[16]

XI. Ein neues Italien

Österreichs leichter Sieg gefiel indes nicht jedermann; nicht in Italien und auch nicht in Wien. Die mailändischen und venezianischen Eliten hatten sich dagegen aufgelehnt in der vagen Hoffnung, im Norden eine Einheit um die Dynastie der Savoyer errichten zu können. Selbst in der Entourage des Kaisers Franz waren manche der Meinung, Metternich habe sich einiger Gefahr ausgesetzt, da die annektierten Gebiete aufgrund »Oberitaliens Hang zur Unabhängigkeit« schwer zu verteidigen sein würden.[17] Erzherzog Johann schrieb in sein Tagebuch: »Ich fühle manches Mißvergnügen über die Länderverteilung. Österreich hat viel und leider zu seinem Unglück in Italien erhalten.«[18] Die Kassandren sollten recht behalten, wenngleich sich ihre Prophezeiungen erst zwanzig bis dreißig Jahre später erfüllen sollten. Zur Stunde aber durfte der österreichische Kanzler sein Teil der Ernte einfahren.

Um Frankreich endgültig den Zugang zu Italien zu versperren, sah auch Metternich eine Stärkung des Königreichs Sardinien als das Mittel der Wahl an. Beinahe alle Forderungen der Gesandten Viktor Emanuels, Saint-Marsan und Rossi, wurden erfüllt; nur einige savoyische Kantone um Chambéry und Annecy sollten unter französischer Krone verbleiben. So kehrte die Grafschaft Nizza, die Frankreich faktisch im Januar 1793 und rechtlich im Mai 1796 annektiert hatte, in ihr Reich zurück; hinzu kam – unter dem Namen Ligurien – die ehemalige Republik Genua, die Frankreich im Juni 1805 annektiert hatte, obwohl sich nach dem Abzug der Franzosen bereits wieder eine provisorische Regierung und ein provisorischer Senat gebildet hatten. Die Genueser Instanzen wussten sogar den englischen Gesandten William Bentinck hinter sich, der unter Missachtung der von Castlereagh ausgegebenen Weisungen eine Proklamation veröffentlicht hatte. Darin versprach er eine Rückkehr zu den Verhältnissen vor 1797, als Bonapartes Armeen der »superben Republik«[19] zunächst ein Ende gesetzt hatten.

Als Interessenvertretung hatten die provisorischen Behörden den Marquis Antonio Brignole Sale nach Wien entsandt.

Die einfache Lösung im Norden

Der ehemalige napoleonische Präfekt und Dalbergs Schwager erhielt Unterstützung vom Spanier Labrador und eine folgenlose Sympathiebekundung seitens Talleyrands, der sich über die Absichten der Vier in Italien keine Illusionen machte: Frankreichs Einfluss würde dort in größtmöglichem Umfang eingedämmt. Andererseits brauchte er ihren Rückhalt für seine anderen Vorhaben auf der Halbinsel, wo ihn Murats Schicksal weit mehr interessierte als Genua. Zudem darf nicht außer Acht gelassen werden, dass Ludwig XVIII. einer Stärkung seines Schwagers Viktor Emanuel nicht ablehnend gegenüberstand. Die Genueser Angelegenheiten waren gewiss keinen Zwist wert, insbesondere nachdem Castlereagh Bentinck zurückgepfiffen und erklärt hatte, alles andere als Genuas Angliederung an Piemont würde »die Schwächung und daher Unsicherheit Italiens« bedeuten.[20]

Zur rechtlichen Klärung der ligurischen Frage wurde eine Sonderkommission mit Dalberg, Clancarty, Capodistria, Wessenberg und Humboldt einberufen. Sie hörte die verschiedenen Parteien an, las die Memoranden und Vorschläge Brignoles, hielt aber am Prinzip der Annexion fest. Am 26. Dezember 1814 überbrachte der genuesische Repräsentant eine feurige, aber leider nutzlose Protestnote seiner Regierung, welche angesichts der Entschlossenheit der Großmächte einen Monat später kapitulierte. Daraufhin zog eine Delegation nach Turin, um »am Fuße des Throns dem erhabenen Viktor Emanuel Respekt, Anerkennung und Treue zu bekunden«.[21] Die Schlussakte des Wiener Kongresses zog daraus ihre eigenen Konsequenzen und verfügte: »Die Staaten, welche die ehemalige Republik Genua ausmachten, werden auf ewige Zeiten mit den Staaten Sr Maj. des Königs von Sardinien vereinigt, um, wie diese, von demselben mit voller Souveränität, Eigenthum und Erblichkeit von Mann zu Mann, nach Ordnung der Erstgeburt, in den beiden Branchen seines Hauses, nemlich der königl. Branche, und Savoyen Carignan, besessen zu werden.« (Artikel 86)

XI. Ein neues Italien

Der König von Sardinien und Herzog von Savoyen durfte seinen Titeln den des Herzogs von Genua hinzufügen und herrschte nunmehr über vier Millionen Untertanen in Sardinien, Piemont, Ligurien, Savoyen und der Grafschaft Nizza. Einige italienische Gebiete trat er an die Schweizerische Eidgenossenschaft ab, so das Tessin und Valposchiavo; das Fürstentum Monaco ging zurück in die Hände der Grimaldi, die seine Vasallen wurden. Da er außerdem akzeptiert hatte, den Hafen von Genua als Freihafen zu deklarieren, konnte sich Liverpool die Zustimmung des Unterhauses für die von Castlereagh unterzeichneten Abkommen sichern. Der hatte sich, um das Mindeste zu sagen, einige Freiheiten bezüglich des Legitimitätsprinzips herausgenommen.

Die geopolitische Rolle dieses Königreichs, das ursprünglich als Gegengewicht gegen Frankreich gegründet worden war, sollte sich nach dem Tod des Reaktionärs Viktor Emanuel 1824 grundlegend wandeln: Es wurde für England und Frankreich zu einer Festung gegen die Expansion Österreichs auf der Halbinsel und zur Speerspitze der italienischen Einigungsbewegung.

Eine heikle Frage: das Herzogtum Parma

AUCH WEITER SÜDLICH trieb Österreich seine Inbesitznahme italienischer Gebiete voran, indem es in jenen Staaten, die durch die französischen Siege erschüttert worden waren, erneut oder neuerdings Habsburger einsetzte. Was hier gespielt wurde, mutete an wie die Reise nach Jerusalem. Die Unterhändler in Wien mühten sich redlich, jeder ehemaligen Dynastie des Landes einen Stuhl – sprich: Thron – zu sichern. Zu diesem Zweck schufen sie jeweils einen Platz für die Häuser Habsburg-Lothringen, Österreich-Este und Bourbon-Parma.

Das wiedererrichtete Großherzogtum Toskana wurde Erzherzog Ferdinand III. zurückgegeben. Der Bruder Kaisers Franz I. war 1790 seinem Vater, der nach Wien zurückgekehrt war, um

Eine heikle Frage: das Herzogtum Parma

sich zum Kaiser Leopold II. krönen zu lassen, auf den Thron gefolgt und 1799 von den Franzosen vertrieben worden. Im Februar und März 1801 waren seine Staaten in den Verträgen von Lunéville, Aranjuez und Florenz umgestaltet worden. Ein spanischer Infant hatte unter dem Namen Ludwig I. den Thron des neugebildeten Königreichs Etrurien bestiegen, während Frankreich die Insel Elba und einige von Neapel abgetretene Festungen erhielt. Nach dem Tod Ludwigs I. war diesem sein noch minderjähriger Sohn unter dem Namen Ludwig II. nachgefolgt, wobei seine Witwe Maria Luise von Bourbon-Parma die Regentschaft übernahm. Dieser kurzlebigen Neugestaltung sollte in zwei Etappen ein Ende bereitet werden: Zunächst wurde 1805 das Fürstentum Lucca und Piombino begründet und Elisa Bonaparte zugesprochen, 1807 dann wurde Etrurien an Frankreich gegeben, das dem kleinen Ludwig II. dafür den hypothetischen Thron von Lusitanien versprach, den dieser allerdings nie bestieg. 1808 schließlich wurde das ehemalige Etrurien aufgelöst und in französische Départements überführt, an deren Spitze Napoleons Schwester als Generalgouverneurin installiert wurde.[22] Unterdessen war Ferdinand III. von seinem Bruder das Fürsterzbistum Salzburg zugesprochen worden, das Napoleon später gegen das Großherzogtum Würzburg austauschte.

Nach dem Untergang des napoleonischen Italien kehrte die Toskana formal zum Status quo ante 1790 zurück, den Österreich auch durch den Kongress anzuerkennen wünschte. Ferdinand kehrte in seine alten Staaten zurück, deren kommissarische Leitung Österreich im April 1814 übernommen hatte, und befand sich nunmehr in der komfortablen Situation, sich des umstandslosen Rückhalts Franz' I. gewiss zu sein. Nach der Bildung einer Ad-hoc-Kommission zu den toskanischen Angelegenheiten musste Metternich zunächst Labradors Ansinnen, der den Faden der »Dynastie« der etrurischen Könige weiterknüpfen wollte, vom Tisch räumen, was ihm aber ohne Schwierigkeiten gelang. Ferdinand III. konnte sogar die ehemals neapolitanischen Festungen behalten und bekam nach den Hundert Tagen noch die Insel Elba zugesprochen. Das Großherzogtum Toskana zählte zu der Zeit 1,2 Millionen Einwohner auf einer Fläche von 28 000 km².

Das Herzogtum Modena war ebenfalls von den Revolutionskriegen und den territorialen Bastelarbeiten des Empire übermannt worden. Nachdem Bonapartes Truppen im August 1796 eingefallen waren, wurde es zunächst der Cispadanischen Republik, im Jahr darauf der Cisalpinischen Republik und 1805 schließlich dem Königreich Italien angegliedert. Als Entschädigung und auf Kosten seines Cousins, des Kaisers Franz, hatte Herzog Franz IV., ein Habsburger aus der Linie Österreich-Este, Ländereien im Breisgau erhalten. Gemeinsam mit der österreichischen Armee kehrte auch er 1814 in seine Staaten zurück. Sein Los verhandelte der Kongress ohne nennenswerte Schwierigkeiten, so dass Artikel 98 der Schlussakte verlautbarte: »Se. kaiserl. Hoh. der Erzherzog Franz von Este, seine Erben und Nachfolger, werden mit vollem Eigenthum und Souveränetät die Herzogthümer Modena, Reggio und Mirandola[23] in derselben Ausdehnung, welche sie zur Zeit des Tractats von Campoformio hatten, besitzen.« Das Herzogtum erstreckte sich über eine Fläche von 6000 km² und zählte 400 000 Einwohner. Laut Schlussakte sollten später noch die Herzogtümer Massa und Carrara hinzukommen, die der Erzherzogin Maria Beatrice d'Este, der Mutter Franz' IV., auf Lebenszeit zugesprochen worden waren. Dies geschah 1829.

Am Ende konnten sich unter den italienischen Staaten im Norden und Westen des Landes allein die Republik San Marino und das Herzogtum Lucca dem Griff der Habsburger entwinden. San Marino behielt seine Unabhängigkeit, Lucca kam nach dem Verlust von Massa, Carrara und Piombino unter die Herrschaft des Hauses Bourbon-Parma. Über diese Gebiete einigten sich die Vier, ohne Labradors Einwänden Gehör zu schenken. Der Spanier wollte den ehemaligen Souveränen des bereits wieder untergegangenen Etrurien zumindest Parma zurückgeben, das ihnen vor der Französischen Revolution gehört hatte, wenn

Eine heikle Frage: das Herzogtum Parma

sie schon nicht in der Toskana »in ihr Recht« gesetzt werden konnten. Doch das war ganz und gar unmöglich: Der Vertrag von Fontainebleau hatte Parma der Kaiserin Marie-Luise, Napoleons Gattin und Tochter des österreichischen Kaisers, versprochen. Um Spaniens Enttäuschung ein wenig zu mildern, wurde dem Herzogtum Lucca eine zusätzliche Rente von 500 000 Franc zugesprochen, die der Kaiser von Österreich und der Erzherzog der Toskana zu zahlen hatten.

Laut Schlussakte sollte außerdem das »Etablissement« der ehemaligen Königin Maria Luise von Etrurien und ihres Sohns Karl Ludwig, des einstigen Ludwig II., im Herzogtum Lucca nur provisorisch sein. Unter vorgehaltener Hand versprach man ihnen eine baldige Rückkehr nach Parma, was allerdings erst fünfunddreißig Jahre später Wirklichkeit werden sollte.

Tatsächlich hatten sich die Unterhändler in Wien darauf geeinigt, den ersten Teil des Artikels 5 des Vertrags von Fontainebleau im Wortlaut umzusetzen: »I. M. die Kaiserin Marie-Louise wird die Herzogtümer Parma, Piacenza und Guastalla mit vollem Eigentum und Souveränität besitzen.« Der zweite Teil, der die Weitergabe dieser Gebiete »an ihren Sohn und dessen Nachkommen in direkter Linie« vorsah, bereitete ihnen da größere Probleme. Niemand – nicht einmal Metternich – wollte eines Tages Napoleons Sohn auf den Thron steigen sehen, ganz gleich in welchem Gebiet Europas.

Marie-Louise und ihr Sohn, der vier Jahre alte König von Rom, erreichten Schloss Schönbrunn am 21. Mai 1814. Die gesamte Familie Habsburg-Lothringen war versammelt, um sie in Empfang zu nehmen; die Brüder und Schwestern fielen der Kaiserin um den Hals, »als wäre diese um Haaresbreite einer Gefahr entronnen und als wären sie überglücklich, sie gesund und heil wiederzusehen«[24]. Man hieß sie eine weitläufige französische Suite beziehen, in der ebenfalls die Herzogin von Montebello, der Sekretär Méneval, der Präfekt des Palais, Bausset, Napoleons Leibarzt Jean-Nicolas Corvisart, die Herzogin von Brignole, die bereits kurz darauf am 2. April in Schönbrunn verstarb,[25] und Madame de Montesquiou, die ehemalige Gouvernante der französischen Thronfolger, weilten.

Die Kaiserin frönte noch der Hoffnung, sich ebenfalls auf Elba niederlassen zu können. Davon aber wollten Franz I. und sein Kanzler sie unter allen Umständen abbringen, was ihnen am Ende mit nicht ausschließlich diplomatischen Mitteln gelang. Der Boden dafür war schon bereitet, denn Marie-Louise suchte nach den schweren Belastungen der Jahre 1813 und 1814, auf die sie nicht vorbereitet gewesen war und die sie in die Erschöpfung getrieben hatten, ein ruhigeres »Privatleben« wiederaufzunehmen.[26] Insofern konnte man behutsam darangehen, sie und Napoleon auseinanderzubringen. Trotz der Bedenken der Regierung Ludwigs XVIII. schickte Metternich Marie-Louise zunächst nach Aix-en-Provence in die Kur. Sie verließ Wien am 10. Juli 1814 und erreichte ihr Ziel eine Woche später. Auf der Reise lernte sie General Adam Albert von Neipperg kennen, den ihr Vater ihr als Diener und Beschützer beiseite gestellt hatte. In einem Brief an Napoleon vom 3. August zeigte sie sich darüber »sehr zufrieden«.[27] Ihre Zufriedenheit wuchs indes derart, dass sie bei ihrer Abreise, vermutlich am 24. September 1814, Neippergs Mätresse wurde.[28] »Ich habe eine wunderbare Reise verlebt«, schrieb die junge Frau auf dem Rückweg an die Herzogin von Montebello.[29]

Am 7. Oktober kehrte Marie-Louise nach Schönbrunn zurück, um auf dem Kongress ihre Interessen zu vertreten. Doch von der großen diplomatischen Versammlung sah sie herzlich wenig. Die »illustre imperiale Dame«, wie die *Wiener Zeitung* sie nannte, blieb die meiste Zeit mit Liebhaber und Sohn in ihren riesigen Gemächern, stattete lediglich ihrem Vater einen allnachmittäglichen Besuch ab und unternahm einige wenige Ausflüge in die Natur. »Die Ruhe und Unschuld, die diesen Tagesablauf beherrschten, standen im auffälligen Gegensatz zu dem lärmenden Trubel, der ringsum in den anderen Räumen des Palais herrschte«,

Eine heikle Frage: das Herzogtum Parma

notierte Bausset.³⁰ Die ehemalige Kaiserin zeigte sich nur einmal auf einer Soiree. Umso mehr drängten sich ihre Besucher auf ihren raren Audienzen, wo sie nicht selten ein unangemessenes Interesse für den ehemaligen König von Rom an den Tag legten: »Seine Augen machen mir Angst«, soll Maximilian I. Joseph von Bayern über den Jungen gesagt haben, und: »Er erinnert mich an seinen Vater.«³¹ Michajlovskij-Danilevskij fand als Mitglied der russischen Delegation ebenfalls Einlass in die Entourage des napoleonischen Nachkömmlings, worüber er in seinen Memoiren berichtete:

> Ich habe den ganzen Tag in Schönbrunn verbracht, wo der König von Rom weilt, oder der Fürst von Parma, wie er nun genannt wird, und habe darum gebeten, ihm vorgestellt zu werden. Einige Augenblicke darauf wurde ich in ein anderes, karg möbliertes Zimmer geführt, in dem drei Betten standen; in der Mitte des Raumes saßen drei Damen in dunklen Gewändern; die eine, Madame Montesquiou, hielt den kleinen Napoleon an der Hand. Er ist vier Jahre alt, von robuster Konstitution, sein dichtes blondes Haar fällt ihm auf die Schultern, sein Gesicht ist intelligent, seine Augen strahlen eine Güte und Lebendigkeit aus, dass es einem jeden eine Freude wäre, diesen Knaben zu betrachten, selbst wenn er nicht der Sohn seines berühmten Vaters wäre. Er liebt das Militär und besah sich freudig meine Uniform und mein Schwert. Derzeit wird er im Italienischen unterrichtet; seine Gouvernanten erzählten mir, er habe einen findigen Geist und ein gutes Gedächtnis. Er spricht viel von Fontainebleau, Saint-Cloud und Rambouillet und fragt auch oft: »Geht es meinem Papa gut?« Er trug eine schwarze Husarenweste, durch die sein Gesicht noch weißer schien, den Stern der Ehrenlegion und drei kleine Kreuze [...], die ihm sein Vater übergeben hatte. Er ist ausschließlich von Franzosen umgeben, kein einziger Deutscher hält sich in seiner Nähe auf.³²

XI. Ein neues Italien

Zur gleichen Zeit wurde die Kaiserin penibel über alle Gerüchte unterrichtet, die geeignet waren, die Distanz zu ihrem Mann weiter zu vergrößern: eine Liste seiner Mätressen, seine angeblichen Geschlechtskrankheiten, die Erwähnung seines Sohnes Alexandre, den er mit seiner schönen »polnischen Frau« Maria Walewska gezeugt hatte, oder die Meinung des apostolischen Nuntius Severoli über eine mögliche Nichtigkeit ihrer Ehe aufgrund der Unwirksamkeit der Scheidung von Joséphine. Die Hintertreibungen, vor denen sich Marie-Louise in Neippergs Arme flüchtete, zeitigten am Ende Wirkung, wie ein Agent Hagers Ende Oktober notierte: »Sie ist Einiges vernünftiger geworden, als sie es vor ihrer Reise nach Aix war […]. Sie ist nun wieder ganz bei ihrem Vater und ihren Brüdern und Schwestern […]. Es zeigt sich nun auch, dass sie mit Neipperg sehr traulich und eng ist, der eine äußerst gute Wahl war.«[33]

Am 3. Januar 1815 schrieb sie Napoleon einen letzten Brief, in dem sie ihm nicht zuletzt ihren Entschluss mitteilte, sich nicht nach Portoferraio zu begeben: »Ich hoffe, dass dieses Jahr für dich glücklicher verlaufen wird; du wirst auf der Insel zumindest deine Ruhe haben und dort sicher noch viele glückliche Jahre verbringen, zum großen Glück all derer, die dich lieben und dir verbunden sind wie ich.«[34] Als Napoleon erfuhr, dass ihr Briefgeheimnis verletzt worden war und seine Gattin versprochen hatte, ihm nicht mehr zu schreiben, entsagte er fortan jeglichem offiziellen Kontakt. Damit war die Angelegenheit erledigt. »Méneval scheint ebenfalls zu glauben, dass Marie-Louise Napoleon bereits gänzlich vergessen hat«, schrieb der von Baron Hager in Schönbrunn eingeschleuste Spion.[35]

Nun, da die Großmächte von der Mutter nichts mehr zu befürchten hatten und auf ihre Weise eine Übereinkunft für den Sohn erwirken konnten, bestätigten sie Marie-Louise als Souveränin über Parma, Piacenza und Guastalla. Doch wurde der Herrscherin über diesen kleinen, gerade 450 000 Einwohner zählenden Staat auf einer Gesamtfläche von 6200 km^2 mitgeteilt, sie habe sich noch zu gedulden, ehe sie sich auf ihr Territorium und unter die Ihren begeben könne. Elba war zu nah und die Zukunft ihres Gatten noch nicht besiegelt. Als Napoleon von der Insel zurückkehrte, bat Marie-Louise in einer offiziellen Erklärung vom 31. März 1815 »ihren vielgeliebten Vater, Kaiser und König«, ihre Besitztümer in ihrem Namen zu verwalten. Bevor sie ihr Reich tatsächlich betreten konnte – was sie erst im April 1816 tat –, musste sie noch versichern, ihren eigenen Sohn nicht ins Land zu lassen, bis eine endgültige Entscheidung über ihn getroffen war.

In der Schlussakte des Kongresses wurde vermerkt, dass sich die Mächte über eine mögliche Auflösung des Großherzogtums verständigen würden, damit nicht der König von Rom eines Tages die Herrschaft übernähme. Dies erschien umso notwendiger, als Spanien über die Ausbootung seiner Infanten höchst erbost war. Die Frage wurde in einem Vertrag vom 10. Juni 1817 geklärt: Nach Marie-Louises Tod sollte Parma den Herzogen von Lucca zurückgegeben werden, was 1847 geschah.[36] Das Problem der Thronbesteigung durch Napoleons Sohn, der wie ein Erzherzog aufgezogen und von seinem Großvater zum Herzog von Reichstadt gemacht worden war, hatte sich da allerdings längst erledigt. Napoleon II. war am 22. Juli 1832 im Alter von einundzwanzig Jahren in Schönbrunn verstorben.

Die römischen Staaten

PAPST PIUS VII., dem Napoleon einige Tage vor Beginn des Frühjahrsfeldzugs die Freiheit geschenkt hatte, war am 24. Mai 1814 nach Rom zurückgekehrt und »unter lebhaftesten Vivatrufen«[37] empfangen worden. Sodann hatte er wieder im Quirinal[38] Quartier bezogen und die Leitung seiner Geschäfte dem eher liberalen Kardinal Consalvi und dem eher reaktionären Kardinal Pacca übertragen. Consalvi wurde Staatssekretär, Pacca »Kardinalkämmerer der Heiligen Römischen Kirche«, will heißen:

XI. Ein neues Italien

Finanzminister. Die päpstliche Verwaltung und Justiz blieben ähnlich dem französischen Modell organisiert. Der Heilige Vater, dem jedes Gefühl des Grolls oder der Rache fremd war, veröffentlichte am 27. Juli ein Edikt, in dem er allen, die in der fünf Jahre währenden Annexion der Ewigen Stadt mit den Franzosen kollaboriert hatten, Amnestie gewährte.[39] Für General Miollis, seit 1809 Leutnant des Kaisers in Rom, hatte er sogar Worte des Dankes, und er beließ mehrere französische Verwalter und Magistrate in ihrem Amt. Darüber hinaus bot er den im Exil weilenden Napoleoniden Asyl an, angefangen bei »Madame Mère«, Napoleons Mutter, und deren Halbbruder Kardinal Faesch.

Was die Gebietsaufteilung betraf, hatten die napoleonischen Eroberungsfeldzüge Italien derart durcheinandergewirbelt, dass eine Wiedererrichtung der römischen Staaten nicht ohne weiteres sofort möglich war: Zunächst wurde nur der Großraum Rom päpstlicher Verwaltung unterstellt. Die umliegenden Gebiete und Legationen[40] blieben unter österreichischer Besatzung, während Murats Truppen weiterhin die Herzogtümer Benevent und Pontecorvo besetzt hielten, zwei Enklaven, die – das sei eingestanden – im Königreich Neapel lagen.

Um die vollständige Restauration des territorialen Erbes der Kirche zu erwirken, wurde Kardinal Ercole Consalvi zum »Delegierten des Heiligen Vaters zur Vertretung der Rechte des apostolischen Stuhls auf dem Wiener Kongress« ernannt. Der siebenundfünfzigjährige Prälat, der sich den hübschen Beinamen »päpstlicher Talleyrand« gefallen lassen musste und dem man »allzu italienische Listen und Finessen«[41] vorwarf, war seit etlichen Jahren einer der Vertrauten Pius' VII., der ihn zum Kardinal von Sant'Agata dei Goti und später zum Kardinalstaatssekretär ernannt hatte.

Dank seiner »Kompetenz und Gewandtheit als *politicante*«[42] war er bald in ganz Europa bekannt und geachtet. In den Verhandlungen zeichnete er sich aus durch sein »politisches Denken, in dem handfeste Logik, sanfte Finesse und brüske Schmeichelei ineinander gingen«.⁴³ Er galt als ein Freund der Franzosen, mit denen er das Konkordat von 1801 ausgehandelt hatte; doch als Joseph Bonaparte auf den Thron von Neapel stieg, überwarf er sich mit Napoleon. Endgültig wurde der Bruch dann mit der Invasion und Annexion Roms. Als Anführer des Kardinalsaufstands gegen die Heirat des Kaisers mit Marie-Louise wurde Consalvi festgenommen und ins Gefängnis gesteckt, zunächst in Reims, später in Béziers, bis er im Februar 1814 wieder freigelassen wurde. In einem Bericht der napoleonischen Polizei wird er als ein »geistreicher Mann« beschrieben, der »vermutlich keine Ambitionen« habe.⁴⁴ In diesem zweiten Punkt irrten die Kerkermeister: Consalvi hatte große Ambitionen, die er allerdings allein in den Dienst der päpstlichen Politik stellte.

Die von Pacca im Namen von Pius VII. unterzeichneten Weisungen,⁴⁵ die Consalvi für den Kongress erhielt, drehten sich vor allem um territoriale Fragen: Der Prinzipal sollte die Rückgabe der Legationen Ravenna, Bologna und Ferrara erwirken, die der Papst durch den Vertrag von Tolentino 1797 verloren hatte. Diese Regionen, die zunächst unabhängig gewesen waren und dann zisalpinisch, italienisch und schließlich französisch wurden, waren im Frühjahr 1814 »befreit« und von den österreichischen Truppen besetzt worden. In Rom befürchtete man, Wien würde aus der territorialen Neuordnung Profit schlagen und die Gebiete endgültig okkupieren wollen. Ebenso entschlossen sollte Consalvi für die Rückkehr der unabhängigen Herzogtümer, die Napoleon seinen Vertrauten übergeben hatte, in den päpstlichen Schoß eintreten: Pontecorvo (Murat) und Benevent (Talleyrand).

Auch die Grafschaft Venaissin (um Carpentras) und Avignon, die Frankreich sich 1791 einverleibt hatte, sollten zurückgefordert werden. Gegebenenfalls konnte Consalvi mit einem Tauschangebot locken: »Betreffend Avignon und Carpentras ist Ihre Heiligkeit der Ansicht, dass Sie ein Schreiben verfassen könnten, welches nicht als formale Protestnote verstanden würde, sondern als das Vertrauen des Heiligen Vaters in die Religion, Frömmigkeit und Gerechtigkeit Seiner Allerchristlichsten Majestät.«[46]

Neben diesen territorialen Aspekten sollte Consalvi aber auch rein religiöse Fragen ansprechen, wie etwa die Ernennung eines neuen Patriarchen in Venedig,[47] den Status bestimmter Klöster, die Rückkehr der Jesuiten in die Länder, aus denen sie ausgewiesen worden waren,[48] die Beziehungen zwischen der anglikanischen Kirche und Rom oder den Abschluss eines »deutschen« Konkordats, das für ganz Deutschland gelten sollte. In all diesen Fragen sollte Consalvi nur mäßige Erfolge erzielen.

Der Gesandte begann seine Mission Ende Juni 1814 mit einem Besuch in London. Dort wurde er mit allen Ehren empfangen, was seit Mitte des 16. Jahrhunderts keinem Kardinal mehr widerfahren war. Er machte einen guten Eindruck bei seinen Gesprächspartnern, mit denen er wenig über Religion und viel über Politik sprach, und erwies sich als Verfechter des europäischen Gleichgewichts, für das seiner bescheidenen Meinung nach die restaurierten römischen Staaten ein wichtiger stabilisierender Faktor waren. Mit seiner Art eroberte er sich alle Herzen, selbst das des Prinzregenten, der sich beeindruckt zeigte »vom Charme dieser Person und der Offenherzigkeit seines Vorgehens«.[49]

So durfte sich der Gesandte Pius' VII. der diskreten Unterstützung Englands auf dem Kongress versichern,[50] so dass er sich voller Hoffnung auf den Weg nach Wien machte, wo er am 2. September 1814 eintraf. Er richtete sich mit seinen zahlreichen Mitarbeitern in der Nuntiatur ein, die von Monsignore Antonio Severoli geleitet wurde,[51] und begab sich sogleich zu Beratungen mit der österreichischen Regierung. Doch sein Besuch beim Kaiser und dessen Kanzler war eine herbe Enttäuschung. Franz machte ohne Umschweife deutlich, dass er von seiner Position nicht abweichen würde: Da die Legationen bei ihm nur »in Verwahrung« seien, wolle er sie »demjenigen übergeben, den der Kongress bestimmt«, sprich: Sie würden nicht notwendigerweise an den Papst zurückgegeben.[52] Wenngleich die Österreicher traditionell hinter

Die römischen Staaten

Ercole Consalvi
(1757–1824)

dem Heiligen Stuhl und seinen Interessen standen, war ihnen doch daran gelegen, die Besatzung fortzuführen und sich der Legationen in den komplexen Verhandlungen über Italien zu bedienen. Mehr noch: Eine Zeitlang war sogar im Gespräch, Friedrich August von Sachsen nach Italien zu versetzen, und Wien forderte offen die Annexion eines Großteils der Provinz Ferrara durch das Königreich Lombardo-Venetien. In der Nuntiatur fiel fortan kein freundliches Wort mehr über den Kaiser und seinen Kanzler, wie ein Agent Hagers bei einer lebhaften Auseinandersetzung mit dem Domherrn Evangelisti, dem Sekretär und Chiffreur Consalvis, am eigenen Leib erfahren musste: »Wie viele Verwünschungen und Gotteslästerlichkeiten sind nicht schon aus dem Munde dieses blindwütigen Römers gegen die österreichischen Minister zu hören gewesen, die er ›Ignoranten, Ungläubige und Freimaurer‹ schimpft.«[53]

Consalvi hatte sich also außerhalb der Hofburg, wo allein Gentz ohne Hintergedanken für ihn eintrat, Unterstützer zu suchen. So ging er auf Tuchfühlung mit den anderen Unterzeichnern des Pariser Friedens und mit den kleineren Delegationen. Durch seine Hartnäckigkeit und Gewandtheit verschaffte er sich »einen großen Platz unter den Souveränen«.[54] Allenthalben begegnete man seiner purpurnen Haube, sogar auf den Festen, wo er – wenn wir der Wiener Polizei Glauben schenken wollen – den irdischen Vergnügungen nicht abhold war. Auch sah man ihn häufiger im Palais Kaunitz, das ein Agent Hagers das *refugium peccatorum* nannte, den Zufluchtsort der Sünder. Dort machten die Gesandten des Papstes »dem Hausherrn aufs Emsigste den Hof; der aber kaum wagte, sie auch nur anzusehen«.[55]

Consalvi kannte Talleyrand seit Jahren. Schon bei der Unterzeichnung des Konkordats und der Anerkennung der Ehe mit Noëlle-Catherine Grand hatten sie miteinander zu tun gehabt. Hernach waren sich die beiden Herren des Öfteren begegnet, hatten sich beäugt und gestritten, wobei sie stets gelassen blieben, wie es sich geziemte. Der Fürst sagte über Consalvi: »Wenn der Kardinal sich aufregt, wird er umso freundlicher«, was ihn bisweilen sehr erzürne. Auch der Piemonteser Saint-Marsan bekundete, dass Talleyrand die Gemütsruhe Consalvis rasend mache, ein schönes Kompliment für den Gesandten Pius' VII.[56] In Wien sahen sich die beiden Männer häufig und arbeiteten sogar zusammen, was allerdings nicht ohne heftige Dispute vonstattenging, etwa an jenem Abend im Februar 1815, als Talleyrand dem Kardinal Egoismus vorwarf: Er interessiere sich ausschließlich für seine eigenen Angelegenheiten, ohne auch nur einmal jemand anderem zu helfen, seine Interessen durchzusetzen.

In der Tat zeigte sich der Repräsentant des Heiligen Stuhls sehr kämpferisch, was die Legationen und Herzogtümer betraf, weigerte sich aber, sich in Neapel deutlich für die Bourbonen und gegen Murat auszusprechen. Doch trotz dieser Auseinandersetzung bat Talleyrand die Vier – wenngleich möglicherweise nur zum Schein –, Consalvi in das Direktorium des Kongresses aufzunehmen, ja ihn in Anwendung der geltenden diplomatischen Vortritte als eine Art *primus inter pares* einzusetzen. Metternich sprach sich entschieden dagegen aus. Ihm war klar, dass Consalvi für Talleyrand, aber auch für Castlereagh ein Joker im Spiel um Italien war, den man einsetzen konnte, um die österreichische Hegemonie zu unterbinden, ohne selbst direkt intervenieren zu müssen. Der Kardinal, den diese Diskussionen bisweilen in Trübsal versetzten, jammerte: »Wir sind wie die Architekten beim Turmbau zu Babel.«[57]

Doch der Gesandte des Allerchristlichen Königs brauchte den Gehilfen des Heiligen Vaters aus einem anderen, persönlichen Grund: Talleyrand wollte die Rückgabe Benevents an den Papst zu Geld machen. Ursprünglich war dieses Fürstentum eine römische Enklave im Königreich Neapel gewesen. Als Joseph Bonaparte 1806 den Thron bestieg, machte der Kaiser es zu einem »unabhängigen« Lehen für seinen damaligen Außenminister und großen Kammerherrn. Mit dem Pariser Frieden von 1814 hätte die Angelegenheit geregelt sein sollen und Benevent dem Heiligen Stuhl zurückgegeben werden. Doch dann hatte sich Murat in die Sache eingemischt und das Gebiet besetzt, ebenso wie Pontecorvo, die zweite päpstliche Enklave auf seinem Territorium. Talleyrand nutzte nun die einigermaßen verfahrene Situation, um seinen Verzicht auf »Rechte«, die er gar nicht mehr besaß, zu »verkaufen«.

Indem er seine Unterstützung des Heiligen Stuhls unabdingbar mit der Lösung dieser Frage verknüpfte, gelang es ihm schlussendlich, sein Ziel durchzusetzen – allerdings erst nach den abenteuerlichen Hundert Tagen und Murats Abdankung. Sodann wurde über Benevent ein Sonderabkommen geschlossen. Ferdinand IV., der in Neapel wieder auf den Thron gesetzt wurde, gab das Fürstentum und Pontecorvo an den Papst zurück. Im selben Zuge erhielt Talleyrand als Ausgleich für seine Hilfe eine Entschädigung für seinen »Verlust« in Höhe von anderthalb Millionen Franc sowie den Titel »Herzog von Dino«.[58] Consalvi sagte seinerseits zu, Talleyrand weitere 500 000 Franc an Kapital sowie eine Leibrente zu zahlen, mit der die Ausfälle der Einkünfte aus dem Fürstentum kompensiert werden sollten, die jährlich 56 000 Franc ausmachten. Diese raffinierte Vereinbarung blieb bis in die 1970er Jahre geheim, als Léon Noël in den Archiven des Vatikans darauf stieß und sie publik machte. Emmanuel de Waresquiel hat zuletzt weiter Licht in die pikante Operation gebracht.[59] Der Artikel 103 der Schlussakte begnügte sich indes mit einer nüchternen Proklamation, die keinen Zweifel am Sachverhalt zuließ: »Das Herzogthum Benevent und das Fürstenthum Ponte Corvo werden dem heiligen Stuhl zurückgegeben.«

In den anderen Belangen konnte Consalvi in Wien seine Ziele nur teilweise durchsetzen. Mit Ausnahme jenes Gebietes von Ferrara am linken Po-Ufer, das vom Königreich Lombardo-Venetien annektiert wurde, erhielt der Heilige Stuhl alle Grenzgebiete und Legationen zurück. Außerdem musste er Österreich für Ferrara und Comacchio ein Garnisonsrecht zusprechen. Jenseits der Alpen durfte Frankreich die Grafschaft Venaissin und Avignon behalten. Wenngleich sich Consalvi im privaten Kreis mit den Ergebnissen des Kongresses recht zufrieden zeigte,[60] nutzte er die erlittenen Beschneidungen als Vorwand für eine Protestnote, die er am 14. Juni 1815 veröffentlichte[61] und die zur Folge hatte, dass sich der Heilige Stuhl weigerte, die Schlussakte zu unterzeichnen. Was bis 1860 auch so bleiben sollte. Doch mit der italienischen Einheit sollte die auf dem Wiener Kongress beschlossene Ordnung der Halbinsel ohnehin endgültig der Vergangenheit angehören.

XII.
Eine letzte Krise

JEDER MITUNTER SCHMERZHAFTE SCHRITT, den der Wiener Kongress tat, brachte ihn in der Neuordnung Europas voran, in der Neudefinition seiner Dynastien und Grenzen, der Neuverteilung der Bevölkerungen und den Beziehungen zwischen den Mächten, den Einflussgebieten und Peripherien, den Praktiken, die die internationalen Beziehungen mit Leben füllen sollten, der Legitimität der Regierungen, den Prinzipien des Fluss- und Seehandels, der Abschaffung des Sklavenhandels und dem diplomatischen Recht. Wie so oft notierten die Diplomaten zunächst zu allen Punkten ihre unterschiedlichen Meinungen, ehe sie sich mit Feuereifer in die Debatte stürzten. Und so entstand von Kompromiss zu Kompromiss, zwischen Drohgebärde und Zurückrudern, zwischen Sackgasse und Rückkehr an den Verhandlungstisch in der komplexesten internationalen Verhandlung aller Zeiten Abkommen um Abkommen, welche von der Redaktionskommission in die rechte Form gebracht wurden, um am Ende gebündelt in die Schlussakte einzugehen. Die Verhandlungen verliefen nun so reibungslos und so schnell, dass ein Agent Hagers bereits am 2. März 1815 an seinen Vorgesetzten schrieb: »Die ganze Stadt redet von der baldigen Abreise der Monarchen und zeigt sich erfreut, sich endlich der Gegenwart seiner bedeutenden Gäste entledigt zu sehen.«[1] Das Fest schien tatsächlich seinem Ende zuzugehen.

Zwei entscheidende, ja beinahe präjudizielle Fragen belasteten indes die Gemüter und waren seit langem Gesprächsthema, ohne je gründlicher studiert, geschweige denn gelöst worden zu sein: Murats Herrschaft in Neapel und die Zukunft Napoleons. Man tat, als müsse man stets daran denken, dürfe aber – zumindest offiziell – nicht darüber reden. Zugleich wussten alle Beteiligten, dass sie sich über diese Fragen verständigen mussten, ehe sie den Kongress würden auflösen können.

Murat Neapel zu belassen, so meinten einige Teilnehmer wie Talleyrand oder Labrador, verbiete das Legitimitätsprinzip; andere wiederum, unter denen auch Metternich war, sahen in seiner Unterstützung der Koalition 1814 eine ausreichende Rechtfertigung dafür, das ihm gegebene Versprechen einzulösen, auf dem Thron verbleiben zu dürfen; eine dritte Schule, die von den Engländern und Russen angeführt wurde, sah keinen Grund, sich mit Murat zu überwerfen, solange sich der ehemalige Marschall des Empire ruhig verhalte und den Frieden auf der Halbinsel nicht störe.

Über Napoleon hatten die Gegner des Vertrags von Fontainebleau ihre Meinung nicht geändert: Ihn auf eine Insel in so unmittelbarer Küstennähe zu verbringen stellte für sie eine Gefahr dar. Damit blieb die Frage bestehen, wie diese Gefahr gebannt werden könnte; und auch in deren Beantwortung reichten die Meinungen vom Plädoyer, den Status quo zu belassen, bis hin zu einem Gewaltakt, mit dem der Souverän von Elba geschasst und endgültig an einen sichereren Ort verbracht würde.

Der neapolitanische Thron

IM MOMENT DER KONGRESSERÖFFNUNG schien Murat noch dem Schicksal der anderen Napoleoniden, die allesamt vom Thron gestürzt worden waren, entgehen zu können. Das verdankte er der Unterstützung Österreichs, mit dem er bereits vor der Völkerschlacht bei Leipzig im Oktober 1813 in Verhandlung getreten war – wenngleich er diesen Kampf noch an der Seite Napoleons ausfocht. Einige Wochen später aber, in der Nacht vom 7. auf den 8. Januar 1814, unterzeichneten Österreich und Neapel einen Vertrag, den Metternich am 12. Februar ratifizierte.[2] Der Text dekretierte, dass fortan »Friede und Einigkeit« zwischen dem König von Neapel und dem Kaiser von Österreich herrsche. Die beiden Souveräne verpflichteten sich, nach Mitteln und Möglichkeiten zu suchen, um für »Europa und die Völker Italiens« einen dauerhaften Frieden zu sichern, »der auf der Unabhängigkeit und dem Gleichgewicht der Mächte gründet«.

Österreich garantierte Murat und seinen Erben die vollständige Souveränität über sein Königreich, das im Falle eines Friedensschlusses 400 000 Seelen von den römischen Staaten hinzuerhalten sollte. Im Gegenzug verzichtete der ehemalige Marschall des Empire auf alle Ansprüche in Sizilien und versprach den Bourbonen, die 1806 dorthin geflüchtet waren, eine »angemessene Entschädigung«. Gemäß einem Geheimartikel sollte Österreich »Freundschaft und gutes Verständnis« zwischen Neapel und den anderen Mitgliedern der Koalition zu erwirken versuchen. Zumindest konnte es England die zähneknirschende Unterzeichnung eines Waffenstillstands mit Murat abringen, ein Friedensvertrag indes wurde abgelehnt: Dass Murat weiterhin in einem Staat die Hebel der Macht bedienen sollte, der vor Napoleon seit jeher britische Interessen bedient hatte, konnte nicht Ziel der Londoner Regierung sein.

Dessen ungeachtet betrachtete sich Murat nunmehr, durch das Abkommen mit Österreich gestärkt, als Vollmitglied der antinapoleonischen Koalition und ging direkt in die Offensive. Er kämpfte gegen die franko-italienischen Truppen, trug wie versprochen zum Ende des Königreichs Italien bei und nahm als Unterpfand Rom, Benevent, Pontecorvo und den südlichen Teil der Grenzgebiete und Legationen ein. Die Rückkehr Pius' VII. und Viktor Emanuels, die Besetzung Venetiens und der Lombardei durch Österreich und die Machtübernahme der Toskana durch Erzherzog Ferdinand zwangen ihn jedoch, seine vorübergehenden Eroberungen zu räumen. Am 2. Mai 1814 kehrte er nach Neapel zurück, wobei er nur in Benevent, Pontecorvo und Ancona, dem wichtigsten Hafen der Grenzgebiete, Garnisonen beließ. Zu diesem Zeitpunkt gedachte sich Österreich noch an seine Abmachungen zu halten: »Österreich hält die Rückkehr der Bourbonen nach Neapel für keine weise Politik. Es ist bereit, König Joachim auf dem Thron zu halten«, erklärte der österreichische Gesandte in Neapel, Baron Mier.[3]

Murat, dem klar war, dass er auf dem Kongress nicht gern gesehen wäre, verzichtete auf die Reise. Stattdessen schickte er eine Delegation unter der Leitung von Herzog Campochiaro und Fürst Cariati.[4] Eine erste »gute« Nachricht – gut zumindest aus ihrer Sicht – erhielten die beiden Herren gleich nach ihrer Ankunft: Königin Maria Karolina war verstorben, Ferdinands Frau und eine erbitterte Gegnerin der Französischen Revolution, Napoleons und selbstredend auch des »Usurpators« Murat. Die Schwester Marie-Antoinettes war 1811 nach Österreich geflohen, nachdem ihr Gatte sie aus Sizilien verbannt hatte. Ihr Tod am 8. September 1814 kam überraschend: »Sie ist die ganze Woche und auch den ganzen heutigen Tag wohlauf und sehr fröhlich gewesen«, berichtete die Baronin Du Montet. »Um halb zwölf ist sie zu Bett gegangen. Um Mitternacht vermeinte eine Kammerfrau aus ihrem Gemach ein Geräusch zu hören, das wie ein Stöhnen klang. Sie lief gleich hinein, doch da war die Königin bereits von uns gegangen.«[5] Eine Hoftrauer, ein Trauerzug, eine Messe im Stephansdom und ein Begräbnis in der Kapuzinergruft wurden der ehemaligen Erzherzogin zuteil. Diese schien indes auch die Hoffnungen Ferdinands IV. mit ins Grab zu nehmen, eines Mannes, dem im Übrigen in den diplomatischen Zirkeln wenig Ehrerbietung widerfuhr: »Der Tod der Königin von Sizilien ist kein unbedeutendes Ereignis, weder für das in ihrer Familie verbliebene noch für das vormals von ihr regierte Königreich«, so Gentz. »Dem derzeitigen König von Neapel geriet der Tod seiner nur zu fürchtenden Gegenspielerin in jeder Hinsicht zum Vorteil.«[6] Einige Zeit darauf notierte die Wiener Polizei den »Optimismus, mit dem Murats Minister die Situation ihres Königs einschätzen, dessen Verbleib auf dem Thron sie für vollkommen sicher halten«.[7] Ruffo und Serra-Capriola, die der sizilianische

Der neapolitanische Thron

König entsandt hatte, befanden sich in der Tat in einer unkomfortablen Situation. Keine Delegation der Vier schien das Wort, das dem letzten Napoleoniden gegeben worden war, halten zu wollen, und auch das unbedachte Versprechen, ihm einen territorialen Ausgleich zuzugestehen, fand nicht nur Befürworter.

Zwei Männer aber waren entschlossen, Napoleons Schwager zu stürzen: Talleyrand und Labrador. Beide hatten von ihrem Hof die entsprechende Weisung erhalten und machten das Thema zu ihrem geheimen Steckenpferd. Nun warteten sie auf den geeigneten Moment, um aus der Deckung heraus in die Offensive zu gehen. »Der dauerhafte Frieden, den wir gerade zu verwirklichen suchen, wird nicht lange Bestand haben, weil man den Sohn von Bonaparte zum Souverän machen will [zum König von Rom in Parma] und diesen Schlawiner von Küchenmeistersohn zum König gemacht hat«, sagte der Sekretär der spanischen Legation, Machado.[8] Talleyrand griff die Frage der Legitimität auf, um Ferdinands Restauration voranzutreiben, und fügte hinzu, wer Murat auf dem Thron halte, würde einem »Fortbestehen der Französischen Revolution« zuarbeiten.[9] Doch diese ersten Vorstöße waren vollkommen vergeblich, wie ein in einem Bericht an Baron Hager geschildertes Vorkommnis veranschaulicht: »Der spanische Gesandte Labrador, dessen Mission auf dem Kongress zum wichtigsten und beinahe einzigen Ziel hat, Murat die Krone vom Kopf zu schlagen und die ehemaligen Staaten von Neapel und Parma den spanischen Bourbonen zurückzugeben – was alle Welt weiß –, bat Kardinal Consalvi, der vor ihm nach Wien angereist war, um eine Liste des Diplomatischen Corps, das zu besuchen sei. Der Nuntius, als Dienstältester des Diplomatischen Corps, erbot sich, ihm diese zu senden. Er hielt Wort, und unter den genannten Ministern fand Labrador diesen Namen: *Principe di Campochiaro, Ambasciatore al Congresso per S. M. il Re Gioacchino delle due Sicile.* Labrador war außer sich.«[10] Ohne Murat unterstützen zu wollen, war der Heilige Stuhl aber zumindest bereit, diesen als Nachbarn zu akzeptieren, solange er die päpstlichen Gebiete räumte und auf die Gebietserweiterungen verzichtete, die Österreich ihm zuungunsten des Papstes eilfertig versprochen hatte.

Gleich seinem spanischen Kollegen klopfte Talleyrand an viele Türen. Zunächst aber stimmte er doch einem Treffen mit Campochiaro zu. Der Neapolitaner bat ihn um seinen Schutz und versuchte ihm vor Augen zu führen, dass Frankreich Murat sogar dankbar sein könne, da dessen Einschreiten bei der Koalition indirekt zur Rückkehr Ludwigs XVIII. beigetragen habe. Die Antwort des hinkenden Fürsten fiel schneidend aus: »Sie haben gewiss einige Verdienste, nur sind es derer nicht genug. Sie sagen, Sie haben die Bourbonen auf den Thron zurückgebracht. Das haben Sie in der Tat, jedoch leider nicht alle Bourbonen. Vollenden Sie Ihr Werk, und Ihr Verdienst wird vollkommen sein.«[11]

In seiner diplomatischen Arbeit tappte Talleyrand lange Zeit im Dunkeln. So dachte er zunächst daran, sich mit Castlereagh zu verbünden: »Die Angelegenheit um Neapel muss auf dem Kongress gelöst werden«, schrieb er ihm. »Es wird auf immer ein Gegenstand des Vorwurfs, wenn nicht ein ewiger Schandfleck bleiben, wenn das Recht auf Souveränität in einem so alten und schönen Königreich wie Neapel in Frage gestellt würde, wenn Europa, das zum ersten und vielleicht zum letzten Mal auf einem allgemeinen Kongress versammelt ist, eine Frage dieser Natur unbeantwortet ließe und damit in gewisser Weise durch sein Schweigen die Usurpation bestätigte.«[12] Doch der Engländer stellte sich taub. Gewiss hegte er keinerlei Sympathien für Murat, doch war er eben auch Pragmatiker. Die englische Öffentlichkeit und ein Teil des Parlaments war gegen eine Einmischung in dieser Sache, nicht zuletzt weil der reaktionäre Ferdinand IV. einen äußerst schlechten Ruf genoss: Mit Grauen dachte man an die unerbittlichen Verfolgungen und Hinrichtungen nach dem Untergang der Parthenopäischen Republik im Sommer 1799 zurück, bei denen England eine höchst unrühmliche Rolle gespielt hatte. Um die liberaleren Geister nicht zu verschrecken, meinte Castlereagh, solange »König Joachim« den Status quo vom Sommer 1814 nicht

Der neapolitanische Thron

in Frage stelle, gebe es keinen Grund, ihn vom Thron zu stoßen. Liverpool dachte ebenso und bestärkte seinen Minister in seinem Vorgehen: »Wir sind geneigt zu denken, dass es für die europäischen Mächte sicherer und klüger wäre, Murat zu tolerieren, als eine von ihnen in den Kampf ziehen zu lassen, um ihn von seinem Thron zu vertreiben.«[13]

Beim Zaren und bei Nesselrode hatte Talleyrand noch weniger Erfolg: »Da ein vollständig unabhängiges Italien nicht zu erreichen ist, will [Alexander] zumindest eine starke Macht im Land, die nicht unter dem Einfluss Frankreichs oder Österreichs steht«, berichtete er Jaucourt. »Da dies nur Neapel sein kann, darf es, um dieses Ziel zu erreichen, nicht dem Hause Bourbon zugesprochen werden; mit anderen Worten: Er will Murat unterstützen.«[14]

Metternich schien ebenso unerschütterlich. Einen Feldzug Frankreichs quer durch Italien mit dem Ziel, den König von Neapel vom Thron zu stoßen, kanzelte er als ein »fürchterliches Abenteuer« ab, und er ließ Talleyrand wissen, er werde dessen Truppen nicht durch Gebiete ziehen lassen, die unter österreichischem Einfluss stünden.[15]

Erst mit der Lösung der Krise um Polen und Sachsen und Wellingtons Ankunft in Wien bröckelte langsam die Front: »Ich werde meine Zeit nicht darauf verwenden, gegen Murat zu kämpfen«, erklärte nunmehr Talleyrand.[16] Und er zog jetzt alle Register.[17] Sein nachdrückliches Angehen bei Metternich hatte diesen – nebst einer objektiven Analyse der Situation – dazu gebracht, seine ursprüngliche Position zu überdenken.[18] Die Franzosen waren ihm während der Sachsenkrise zu Dienste gewesen, und er sah sich politisch in der Schuld, sie für ihre Hilfe zu entschädigen, wenn nicht gar zu belohnen. Auch sah er Murat mittlerweile aufgrund dessen territorialer Ansinnen als inkommoden Verbündeten an, der dem Frieden in Italien womöglich sogar gefährlich werden konnte und der darüber hinaus im Verdacht stand, mit dem Mann von Elba ein Komplott zu schmieden.

XII. Eine letzte Krise

Nicht zuletzt musste Metternich, wenn er seine Ziele in Nord- und Mittelitalien durchsetzen wollte, den Engländern eine Gegenleistung erbringen. Damit waren alle Voraussetzungen für ein Umschwenken Österreichs gegeben.

Denn auf Seiten der Briten waren die Dinge nach der Beendigung der Krise im Januar/Februar 1815 ebenfalls schneller in Bewegung gekommen als gedacht. Wellington war ein entschiedener Gegner Murats. In Paris hatte er lange Gespräche mit der Entourage Ludwigs XVIII., vor allem mit Blacas und Jaucourt, sowie mit dem König selbst geführt. Danach war man übereingekommen, die österreichischen Vorhaben – einschließlich der Machtübernahme Marie-Louises im Herzogtum Parma – zu akzeptieren, wenn im Gegenzug Murat abgesetzt würde.[19] In Wien konnte Metternich dieser Abmachung nur gewogen sein, da sie zumindest teilweise mit seinen eigenen Vorstellungen übereinstimmte ... zum Teufel mit Murat, wie man geneigt sein könnte zu sagen.

Anfang Februar 1815 schrieb ein Spion Hagers, mit der Ankunft Wellingtons sei »die Frage, wie man sich Murats entledigte«, zur brennendsten Frage des Kongresses geworden, und fügte hinzu: »Man wird so tun, als zögere man, und nicht zögern, es zu tun.«[20] Eine aufschiebende Bedingung allerdings wurde von den Briten gestellt: »König Joachim« müsse ihnen den Stock, mit dem er geschlagen werde, schon selbst hinhalten.

Wohin mit dem »Mann von Elba«?

NAPOLEON, der seit dem 4. Mai 1814 auf Elba weilte, frönte mit einigem Tatendrang seiner neuen Aufgabe als Kaiser einer Unterpräfektur. Da er nicht ihr Gefangener war, hatten sich die preußischen, russischen und österreichischen Kommissare, die ihn bis nach Portoferraio begleitet hatten, verabschiedet; einzig der englische Oberst Campbell stattete ihm von Zeit zu Zeit einen

Wohin mit dem »Mann von Elba«?

Besuch ab, um ihn mit Takt und Maß zu beäugen. Zugleich aber wurde Napoleon auf Schritt und Tritt ausspioniert: Man fing seine Briefe ab, Gäste wurden kontrolliert und mussten sich vor dem Besuch einen Pass ausstellen lassen, und man schleuste Agenten ein, die von den Generälen Drouot und Cambronne, welche für die Sicherheit der Insel zu sorgen hatten, nicht immer entlarvt wurden. Neben diesen Geheimaktionen sann die Regierung Ludwigs XVIII. darauf, den Mann von Elba finanziell ausbluten zu lassen, indem sie die im Vertrag von Fontainebleau zugesagten Ausgleichszahlungen aussetzte. Napoleon beschwerte sich ohne Unterlass darüber, und Campbell stieß in den Berichten an seine Regierung in dasselbe Horn. Ein friedfertiges Europa war seiner Meinung nach nur unter der Voraussetzung möglich, dass alle Klauseln des Abkommens eingehalten wurden: »Wenn [Napoleons] Einsetzung auf Elba und seine Ausgaben gesichert sind, wird er, wie ich denke, den Rest seines Lebens in aller Ruhe dort verbringen.«[21]

Die Frage nach Napoleons Pension machte auch in Wien von sich reden: »In meiner Umgebung ist of die Frage aufgeworfen worden, und Lord Castlereagh hat sie direkt an mich gerichtet, ob der Vertrag vom 11. April [Fontainebleau] zur Ausführung kommen werde«, schrieb Talleyrand dem König. »Daß unser Budget hierüber Stillschweigen beobachtet, ist vom Kaiser Alexander nicht unbemerkt geblieben. Herr von Metternich sagt, Österreich könne nicht angehalten werden, die Zahlungen des Monte Milano zu übernehmen, solange Frankreich nicht seinerseits die Klauseln des Vertrags erfüllt, die ihm auferlegt sind. Im ganzen taucht diese Frage unter verschiedenen Formen immer wieder von neuem auf, aber fast stets in einer unliebsamen Weise.«[22] Auf den Rat seines Gesandten gab Ludwig XVIII. vage Zusagen, die die Vier zunächst beruhigten.[23] Doch als der Zar die Frage im Februar 1815 erneut aufwarf, entgegnete ihm Talleyrand: »Ich bin seit fünf Monaten nicht mehr in Paris gewesen und über das dortige Vorgehen nicht im Bilde.«[24] Bei seiner Zwischenstation in der französischen Hauptstadt, die er auf dem Heimweg nach London machte, sprach Castlereagh die Angelegenheit bei seiner Audienz in den Tuilerien erneut an, aber ebenfalls ohne Erfolg.

»Wie kann es sein, dass es in Wien keinen Diplomaten gab, der hellsichtig genug war zu erkennen, dass eine solch kurzsichtige Politik diesen Mann, der sich in einer verzweifelten Lage befand, zu einer fatalen Reaktion treiben würde?«, fragt sich der Historiker Guy Godlewski.[25] Die Antwort ist schlicht und ergreifend: Man hatte anderes mit Napoleon vor. Im oben zitierten Brief versicherte Talleyrand seinem König, »man trägt sich hier auch mit dem Gedanken, Napoleon von der Insel Elba fortzuschaffen«. Zumindest meine er diese Absicht bei den Alliierten heraushören zu können.

Die Diplomaten debattierten regelmäßig über diese Frage, hüteten sich aber, Noten auszutauschen über ein Thema, das »unvereinbar mit Anstand und Redlichkeit«[26] war, wie ein englischer Lord befand. In der Presse sickerte das Gemauschel trotzdem durch. Bereits in der Ausgabe vom 16. September 1814 berichtete das *Journal des débats* über das Gerücht, Napoleon solle nach Malta verbracht werden. Dann war die Rede von den Azoren, ehe St. Helena als endgültiges Exil genannt wurde: »Die Neuigkeit, die derzeit die meiste Aufmerksamkeit auf sich zieht, wurde bereits von den Zeitungen verbreitet: Bonaparte soll von Elba abgezogen und mit seiner gesamten Familie nach St. Helena geschickt werden«, vermerkte der Bericht der französischen Polizei vom 19. November 1814. Am selben Tag erschien in der Presse folgende Falschmeldung: »Es heißt, man habe in Italien einige Agenten oder Emissäre Bonapartes verhaftet, und aus diesem Grunde werde er auf die Insel St. Helena verbracht.«[27] So ging das Thema den ganzen Winter über durch die verschiedensten Zeitungen: *Le Moniteur*, mit Maßgabe offizieller Veröffentlichung, das *Journal des débats* in einem etwas journalistischeren Stil und die *Gazette de France* im offen hassgetränkten Ton eines ultraroyalistischen Blattes.

Wohin mit dem »Mann von Elba«?

Während Talleyrand, Castlereagh und Hardenberg der festen Überzeugung waren, Napoleon müsse von Elba verschwinden und in ein ferneres Exil versetzt werden, war der Zar nach wie vor dagegen. Die Österreicher ihrerseits zögerten noch. Um sie zu überzeugen, stützte sich Talleyrand auf Gentz, der sich Mitte Dezember 1814 in einem Bericht für ein strenges Vorgehen aussprach.[28] Der hinkende Fürst schreckte nicht einmal davor zurück, Dokumente zu fälschen, in denen von einer Absprache zwischen Napoleon und Murat zur Eroberung Italiens die Rede war.[29]

Mit der Krise um Polen und Sachsen wurden die Gespräche über die Zukunft des Inselsouveräns zunächst auf Eis gelegt – um hernach nur umso heftiger wiederaufzukeimen. Nun machte man plötzlich rasche Fortschritte, wie Eynard in einem Tagebucheintrag vom 10. Februar 1815 notierte: »Lord Castlereagh wird übermorgen abreisen; es scheint sicher, dass in einer gestern früh abgehaltenen geheimen Sitzung so gut wie entschieden wurde, Bonaparte von Elba zu entfernen und Murat nicht mehr regieren zu lassen; Österreich, das immer weich wird, sobald es entschiedenen Widerspruch gegen seine Vorhaben erfährt, hat am Ende doch nachgegeben.« Sodann fügte der Schweizer warnend hinzu: »Falls Bonaparte und Murat im selben Augenblick von dem Schicksal erfahren, das man ihnen bestimmt hat, würde es mich nicht überraschen, wenn die Gefahr sie wieder vereint.«[30]

In der Tat hörte Napoleon in Portoferraio von den geheimen Verhandlungen. Er hatte sich seinerseits ein Netzwerk zur Beschaffung von Informationen eingerichtet und erhielt von Méneval, seinem ehemaligen Sekretär, der bei Marie-Louise geblieben war, alarmierende Briefe: »Eines der größten Kümmernisse der auf dem Kongress versammelten Mächte war die Nachbarschaft Napoleons«, bekundete Méneval. »In mysteriösen Beratungen wurden Vorkehrungen geschmiedet, um gegen den schreckenerregenden Souverän, der an einem winzigen, unsichtbaren Ort im Mittelmeer herrscht, mit Gewalt und List vorzugehen.«[31] Der Kaiser wusste ebenso von den Vorhaben der Royalisten, die diese oftmals mit Unterstützung der Regierung Ludwigs XVIII. anzettelten. Hatte nicht etwa der Graf von Chauvigny, der außerordentliche Kommissar in Marseille, dem Grafen von Artois vorgeschlagen, einige Korsen zu bezahlen, um Napoleon zu ermorden? Und bereiteten nicht einige Berberpiraten eine Entführung vor? Oder war es gar eine von Sidney Smith befehligte Flottille? Noch bedrohlichere Ansinnen soll der königliche Kommissar auf Korsika, der Chevalier de Bruslart, gehegt haben, der angeblich Rückendeckung durch den Herzog von Berry, den Sohn des Grafen von Artois, genoss, um dem Kaiser den Garaus zu machen.

Am Ende des Jahres 1814 hatten sich die Gerüchte über eine Entführung derart verdichtet, dass Napoleon seine Sicherheitsmaßnahmen verstärkte und seine Appartements kaum mehr verließ.[32] Doch bald schon sollte er seinen Tatendrang wiedererlangen. Er fühlte sich in seinem Königreich immer beengter, und die Nachricht von der schwindenden Popularität der Regierung Ludwigs XVIII., seine unmögliche finanzielle Lage und die Gerüchte über die ihn betreffenden Absichten der Mächte, insonders über seine Vertreibung, ließen im Laufe des Winters die Entscheidung in ihm reifen: Der Augenblick, um nach Frankreich zurückzukehren, stand unmittelbar bevor.

Eine ungeheuerliche Nachricht

DIE NACHT vom 6. auf den 7. März 1815 war bereits weit fortgeschritten, als ein Bediensteter bei Metternich an die Tür klopfte. Der Kanzler war gegen drei Uhr morgens zu Bett gegangen. An diesem Tag hatte die Fünferkommission beschlossen, Unterhändler zum König von Sachsen nach Pressburg zu entsenden, um diesem die ihn betreffenden Entscheidungen beizubringen, und ein Redaktionskomitee zum Verfassen der Verträge einzuberufen. Damit war das Ende des Kongresses in Sicht. Talleyrand hatte dies bereits einige Tage zuvor Jaucourt mitgeteilt: Alle An-

Eine ungeheuerliche Nachricht

gelegenheiten nähmen gerade »eine etwas entschiedenere Färbung« an.[33] Es war an der Zeit, die seit November auf so schwierige Weise gedeichselten Lösungen ins Reine zu schreiben.

Die Sitzung der Kommission hatte sich bis nach Mitternacht hingezogen. Es gab keinen Ball, nicht einmal mehr ein spätes Abendessen für die Vorsitzenden der Delegationen. So gingen also alle unverzüglich heim. Der Kanzler hatte Anweisung gegeben, auf keinen Fall geweckt zu werden. Er war ein wenig erbost, dass man sich über seinen Befehl hinweggesetzt hatte, und öffnete nicht sogleich die Depesche des österreichischen Konsuls in Livorno, die ihm sein Bediensteter überbrachte, obwohl sie mit dem Hinweis »eilt« gekennzeichnet war. Er legte sie auf sein Pult und ging wieder zu Bett, um sich noch weitere anderthalb Stunden Nachtruhe zu gönnen. Gegen sieben Uhr dreißig schließlich öffnete er sie; vermutlich bedauerte er, es nicht sofort getan zu haben. Denn darin stand eine ungeheuerliche Nachricht: Oberst Campbell sei bei einem Zwischenhalt in Portoferraio Zeuge geworden, wie Napoleon mit einer ganzen Flottille die Insel verlassen habe, und man wisse nicht, wo er sich derzeit befinde.[34]

Metternich warf sich in seine Kleider und lief hinüber zur Hofburg, um Franz I. in Kenntnis zu setzen. Dann begab er sich zum Zaren und zum preußischen König. Zur gleichen Zeit erhielt Wellington eine Depesche des englischen Gesandten in Florenz, Burghersh, die die Flucht des Souveräns von Elba bestätigte.

Talleyrand soll, als man ihn unterrichtete, ausgerufen haben: »Voilà un coup de main de maître!«[35] Wenn diese Anekdote tatsächlich wahr ist, würde es das letzte Mal sein, dass sich der französische Gesandte zu einem derartigen Begeisterungssturm hinreißen ließ. Napoleons Flucht war eine sehr schlechte Nachricht für Ludwig XVIII. und dessen Gesandten, ja – man kann es nicht anders sagen – für das gesamte Land. Es war ein herber Rückschlag bei Frankreichs Versuch, sich wieder in das Europäische Konzert einzugliedern. Zutreffender scheint somit zu sein, dass Talleyrands erste Reaktion, die wir aus zweiter Hand von der

XII. Eine letzte Krise

Baronin Du Montet kennen, aus den Worten bestand: »Dieser Mann ist organisch irrsinnig.«[36] Möglich ist aber auch, dass der Franzose ein wenig Theater gespielt hat: Der Wiener Polizei zufolge war er bereits am Vorabend informiert worden, hatte aber geschwiegen, um sich in der Nacht mit seinen Mitarbeitern zu beraten. Allerdings ist dies durch kein Dokument belegt, so dass berechtigte Zweifel an der Äußerung des Spions bestehen.[37]

Wie dem auch sei, der Palais Kaunitz war sogleich in hellem Aufruhr: »Sie sind allesamt sehr wortkarg und antworten nur einsilbig auf meine Fragen«, berichtete ein anderer Agent an Hager. Über Talleyrand sagte er: »Die Nachricht von Napoleons Flucht schien in ihm keinerlei Reaktion auszulösen, solange er in der Öffentlichkeit war. Anders sah es aus, als er wieder bei sich in seinen Gemächern war.«[38]

Mit seiner Flucht aus Portoferraio am 26. Februar 1815 mag Napoleon vielleicht ein »meisterhafter Handstreich« geglückt sein, doch sollte er nicht von langer Dauer sein. Sein Unternehmen zu beginnen, noch ehe der Kongress auseinandergegangen war, sollte sich als ein Fehler mit desaströsen Folgen erweisen. Möglicherweise hatte er den Gerüchten über eine »Auflösung des Kongresses«[39] und die Abreise des Zaren Glauben geschenkt, von denen die Zeitungen voll waren. Im Nachhinein gestand er sich auch ein, vorschnell gehandelt zu haben: »Mein größter Fehler war, sechs Monate zu früh abgereist zu sein. Ich hätte warten müssen, bis der Kongress aufgelöst ist. In diesem Falle hätten sich die Kabinette über Briefe verständigen müssen, was sie Zeit gekostet und zu Schwierigkeiten geführt hätte, die nun aber nicht bestanden, weil der Kongress noch beisammen war.«[40] Da wir nie erfahren werden, wie sich die Ereignisse entwickelt hätten, wären die Souveräne bei Napoleons Flucht bereits aus Wien abgereist, können wir ihm nur in einem Punkt recht geben: Die langsame Verständigung zwischen Berlin, St. Petersburg, London und Wien hätte seinen Gegnern die Aufgabe in der Tat erschwert.

Eine ungeheuerliche Nachricht

Napoleon verlässt Elba
26. Februar 1815

Ohne zu wissen, dass Napoleon bereits auf Grenoble zusteuerte, versammelten sich die Minister der Fünf am 7. März um zehn Uhr in der Kanzlei. Das Treffen ergab zunächst nichts Konkretes: Weder wusste man, wohin der Flüchtige wollte, noch was er wollte. Zu diesem Zeitpunkt dachte man noch, sein Ziel sei die italienische Küste. Daher versicherten sich die Minister lediglich ihrer prinzipiellen Geschlossenheit angesichts der drohenden Gefahr. Für den Abend wurde ein neuerliches Treffen in der Hofburg anberaumt, diesmal zusammen mit den Souveränen. Um eine Schwächung seiner eigenen Position zu verhindern, forderte Talleyrand eine europäische Mobilmachung gegen Napoleon, unabhängig vom Fortgang der Ereignisse.⁴¹ Clancarty notierte: »Es war unschwer zu erkennen, dass alle diese königlichen und kaiserlichen Persönlichkeiten von Angst getrieben waren.«⁴² Bei Maximilian I. Joseph von Bayern machte sich die Angst sogar körperlich bemerkbar, und dessen »Darmentleerung« entlockte dem Zaren so einige Spöttelei.⁴³ Humboldt schrieb an seine Frau: »Im Grunde sind sie sehr in Angst, sie sehen einen Krieg in Italien voraus und sind nicht die Mutigsten.«⁴⁴ Die einzige Genugtuung, die man hatte, benannte Franz I.: »Glücklicherweise ist es jetzt geschehen, wo wir noch alle beisammen sind.«[45]

Die Meldung von Napoleons Flucht verbreitete sich wie ein Lauffeuer in der Stadt, die mehrere Tage lang in hellem Aufruhr war. »Alle sind zutiefst beunruhigt über dieses Ereignis, das Europa erschüttern wird«, hieß es in einem Polizeibericht.[46] »Man kann sich keine Vorstellung machen von der Betroffenheit und allgemeinen Verunsicherung, die die Nachricht von der Flucht Napoleons auslöste«, schrieb der Repräsentant der Stadt Biel, Heilmann, an seinen Vater.[47] Im Allgemeinen bemühte man sich zwar, die Contenance zu wahren, doch Gräfin Bernstoff bemerkte nicht ohne Spott: »Der Kongreß glich einem Schauspiele bei brennendem Hause.«[48]

Den Engländern wurde vorgeworfen, das kleine Königreich nicht mit ausreichender Strenge überwacht, ja sogar die Flucht des Kaisers begünstigt zu haben. Auf derlei Behauptungen entgegnete Stewart trocken: »Sind wir Napoleons Aufseher? Wir stehen nicht mit ihm im Krieg. Mit welchem Recht hätten wir ihn bewachen dürfen?«[49] In der Tat war der »Mann von Elba«, wie Talleyrand ihn nannte, ein durch einen von den Mächten ratifizierten Vertrag anerkannter Monarch – und kein Gefangener. Damit besaß er jedes Recht, seine Insel zu verlassen, nur eben nicht, um sich nach Italien oder Frankreich zu begeben und dort die Herrschaft zu übernehmen. Denn auch das war in den Bedingungen seiner Abdankung festgeschrieben worden.

Die ersten Maßnahmen, die in dieser Krise getroffen wurden, sollten Marie-Louise zu Leid sein. Am Abend des 7. März wurde sie über die Ereignisse informiert: »I. M. hörten sie an, ohne die mindeste Antwort zu geben, giengen in ihr Schlafzimmer und weinten einige Zeit so laut, daß es im Vorzimmer gehört wurde.«[50] Die Herzogin in spe befürchtete »traurig und gramvoll«[51] das Schlimmste für ihre Zukunft in Parma, das der Kongress ihr erst wenige Tage zuvor zugesprochen hatte. Hingegen schienen die Franzosen in Schönbrunn gleichsam beglückt: »Sie benehmen sich höchst rüpelhaft und verbergen nicht ihre Freude«, notierte ein Agent von Hager missbilligend.⁵²

Wie dem auch sei, zumindest durfte sich Metternich der Loyalität der Gattin Napoleons versichern. Sie versprach ihm, Wien nicht zu verlassen und ihm von jeglicher Meldung, die sie erhielte, Mitteilung zu machen. Auf diese Weise gelangten zwei Briefe des Kaisers in die Hände des Kongresses: Der erste war am 8. März in Grenoble abgeschickt worden, der zweite am 11. März in Lyon. Napoleon beteuerte darin, in gutem Einvernehmen mit seinem Schwiegervater zu handeln und Österreichs Unterstützung zu genießen.⁵³ Zum Zeichen ihres guten Willens ließ Marie-Louise den napoleonischen Adler aus ihren Wagen entfernen, wies ihr Personal an, die französische Livree abzulegen, ließ den König von Rom in die Hofburg übersiedeln, wo er leichter zu bewachen war, und protestierte auch nicht gegen den Hausarrest für Madame de Montesquiou und deren Sohn Anatole, der noch in Wien festgenommen worden war, als er gerade nach Paris abreisen wollte.⁵⁴ Einige Tage darauf sollte sie auch Méneval ziehen lassen. Es gab keinen Zweifel: Sie hatte Napoleon fallen gelassen und würde sich vielleicht sogar der Meinung ihres Onkels, des Erzherzogs Johann, anschließen, der ihr schrieb: »Ich erhoffe mir sehnlichst für dich und für uns, dass sich dein Mann den Hals bricht.«⁵⁵

Nachdem die ehemalige Kaiserin neutralisiert und der König von Rom in Sicherheit gebracht war, blieb die Frage, auf welches Ziel Napoleon zusteuerte. Franz I. gab unverzüglich Order, seine Truppen in Italien in Alarmbereitschaft zu versetzen. Am 9. März kam die Nachricht von Napoleons Landung in Golfe-Juan – Wellington, Metternich und Talleyrand weilten zu diesem Zeitpunkt noch in Pressburg –, doch alsbald flog der Adler weiter, über Grenoble nach Lyon. Die Repräsentanten Ludwigs XVIII. bekamen es mit der Angst zu tun und versuchten mit einigen Großspurigkeiten davon abzulenken. So erklärte Alexis de Noailles dem preußischen König, diesmal müsse man den Aufrührer »unbedingt hängen«. Woraufhin er zur Antwort bekam: »Das ist ganz wunderbar, mein lieber Graf, aber dafür müssen wir ihn erst einmal kriegen.«[56]

Während eine schlechte Nachricht die andere jagte, hatte sich Talleyrand wieder gesammelt und appellierte lauthals an die Einigkeit des Kongresses gegen den Wiedergänger, um sich nicht selbst die Schwäche seiner Regierung vorwerfen lassen zu müssen: »Dieser Mann wird, da er sich nicht darin fügte, in der Tragödie zu enden, in der Farce enden«, verstieg er sich noch in Ironie.[57] In den ersten Debatten warf er Alexander sogar offen dessen »Großmut« vor, »der zu Bonapartes Rückkehr geführt hat und dessenthalben wir wieder ins Unglück der Revolutions- und Kriegszeit gestürzt werden.«[58] Ähnlich verlautbarte die Notiz eines Agenten von Hager: »Dalberg wiederholt unablässig, was gerade geschehe, sei die alleinige Schuld Österreichs, Metternichs diplomatischer Koketterie und Alexanders sentimentaler Politik. Frankreich habe immer wieder darum gebeten, Napoleon von Elba zu entfernen und weit fort zu schaffen.«[59]

Aber der Russe war nicht der Einzige, der sich Kritik anhören musste. Einige Kongressteilnehmer schrieben das anfängliche Zögern dem doppelten Spiel zu, das Österreich trieb: »Von fern sehe ich eine österreichische Gruppierung aufsteigen, die sich Napoleon zuneigt: Letzten Endes kann man doch mit allem und jedem leben; und eine Regentschaft, ein König von Rom, das wäre doch wunderbar«, spekulierte Gagern.[60] Vielleicht hatte der Niederländer damit nicht einmal ganz unrecht: Gentz beispielsweise vertrat die Ansicht, man müsse Napoleon möglicherweise eine neuerliche Herrschaft zugestehen – um auf diese Weise eine Volksherrschaft und das Wiederaufkeimen der Prinzipien der Französischen Revolution in Paris zu verhindern, was sein persönlicher Albtraum war.[61] Humboldt fragte sich offen, ob Wien nicht vielleicht eine gewisse Mitschuld trage, da Österreich von Napoleon nichts zu befürchten habe, und ob es nicht vielleicht sogar sein Abenteuer finanziert habe.[62] Der Preuße war nicht der Einzige, der sich solche Fragen stellte. Wilhelmine von Sagan, die diese Bedenken in ihrer Korrespondenz mit dem britischen Diplomaten Lamb aufgriff, erging sich gegenüber ihrem ehemaligen Geliebten in einigen Grausamkeiten: »Die Moral in der Öffentlichkeit ist gut. Nur einer schaut betrübt aus der Wäsche, und das ist Metternich. Ich weiß nicht, ob nun in seinem Gesichtsausdruck all die Dummheiten aufscheinen, die er in den vergangenen sieben Monaten begangen hat, doch er mag sich noch so sehr bemühen, damit alles wieder ins Reine kommt, und unablässig wiederholen, dass allein Bonapartes Tod das Problem lösen könne: Gleichwohl ist alle Welt versucht, ihm Vorwürfe zu machen.«[63]

Metternich zögert

ES IST GEWISS ERLAUBT ZU FRAGEN, ob der Argwohn der Öffentlichkeit und der Kollegen gegenüber dem österreichischen Kanzler gänzlich unbegründet war. Fest steht, dass Metternich, wenngleich er nicht vorhatte, gegen Napoleon in den Krieg zu ziehen, noch immer mehrere Eisen im Feuer hatte.[64] Als Erstes versuchte er Bresson de Valensole, den Repräsentanten der napoleonischen Marschälle in Wien, für seine Zwecke einzuspannen; doch nachdem sich immer mehr seiner Mandanten, Ney, Davout und andere, dem Kaiser anschlossen, entpuppte sich dieser Weg als Sackgasse. Der Kanzler ließ Valensole nach Paris abziehen und bat ihn, seinem alten Freund Joseph Fouché eine Nachricht zu überbringen: Er werde sich, wenngleich er eine Restauration des Kaisers nicht dulden würde, den Entscheidungen des Landes nicht entgegenstellen, wenn, ja wenn die Last Napoleons vom Land genommen sei.[65] Bresson aber war nicht Metternichs einziger Gesandter; dieser hielt während der gesamten Hundert Tage ebenfalls engen Kontakt zum ehemaligen und bald erneuten Polizeiminister Napoleons. Mindestens vier weitere Personen waren an dieser Manege beteiligt: Montrond, Ottenfels, Dufresne de

XII. Eine letzte Krise

Saint-Léon und Stassart – wobei nicht ganz auszuschließen ist, dass nicht auch Talleyrand die Finger im Spiel hatte.

Montrond traf am 7. April in der österreichischen Hauptstadt ein. Der Intimus Talleyrands, der in Wien jedoch in Fouchés Diensten stand,[66] nahm im Palais Kaunitz Quartier und traf sich mit nicht wenigen wichtigen Männern, darunter Nesselrode, Metternich und natürlich auch sein Gastgeber. Viele fragten sich, weshalb er nach Wien gekommen sei, und einige glaubten zu wissen, er sondiere bei seinen Gesprächspartnern eine mögliche Kandidatur des Herzogs von Orléans auf den französischen Thron. Am 12. April reiste er wieder nach Paris ab. Laut Emmanuel de Waresquiel soll Talleyrand ihn angehört haben, ohne sich irgendeine Option zu vergeben, aber zugleich deutlich gemacht haben, von Bonaparte nichts mehr wissen zu wollen.[67] In seinem Bericht an den König fügte der Gesandte noch hinzu, Nesselrode habe ihm bestätigt, dass sein Herr die »Vernichtung Bonapartes und der Seinigen« wünsche und dass Metternich hernach keine »Regentschaft« in Paris zulassen werde, mit anderen Worten: Ludwig XVIII. würde seinen Thron zurückerhalten.[68] Dieses Versprechen stand allerdings auf wackligen Beinen, da Metternich alle seine Beziehungen spielen ließ, um es eben nicht einhalten zu müssen.

Zur gleichen Zeit erfuhr Hagers Polizei, dass ein Wiener Bankangestellter mit einem Billett Metternichs an Fouché nach Frankreich abgereist war. Darin schlug der Kanzler vor, Emissäre nach Basel zu entsenden. Tatsächlich fanden dort Anfang Mai einige Gespräche statt: zwischen Metternichs Sekretär Ottenfels, der – ohne es zu wissen – Napoleons Sekretär Fleury de Chaboulon begegnete. In Paris war nämlich mittlerweile das Manöver zwischen Fouché und Metternich aufgedeckt worden. Fouché, den der Kaiser in flagranti erwischte, entwand sich mit einer Ausrede, die es so aussehen ließ, als sei ihre Korrespondenz vorteilhaft für das Empire. Napoleon tat, als würde er ihm glauben – und schickte anstelle eines Schergen des Polizeiministers Fleury in die Schweiz.

Metternich zögert

Doch die Mission brachte keine konkreten Ergebnisse. Ottenfels' Bericht und die Briefe, die er mit heimbrachte, überzeugten Metternich davon, dass Basel ein Irrweg war, wie er Schwarzenberg schrieb: »N. ist über das ganze Vorgehen im Bilde«.[69]

Auch Dufresne de Saint-Léon schuldete Talleyrand Dank. Er war dessen persönlicher Abgesandter in Benevent gewesen, als Napoleon seinem Außenminister das Herzogtum anvertraut hatte. Saint-Léon kam am 9. Mai nach Wien, wo er von niemandem in Empfang genommen wurde – außer vom französischen Gesandten. Diesem übergab er einen Brief Fouchés. Talleyrand weigerte sich, den Brief zu lesen, und löste das Siegel erst in Gegenwart von Metternich und Nesselrode: Napoleon versuche von den guten Beziehungen zwischen dem Kanzler und seinem Polizeiminister zu profitieren. Zumindest erklärte Ersterer dies Clancarty und Nesselrode, um die neuerliche Episode zu rechtfertigen.

Stassart, der zugleich Auditeur im französischen Staatsrat und ehemaliger Kammerherr des österreichischen Kaisers war, reiste bereits Anfang April nach Wien. Nachdem Metternich seinen Verbündeten weitere Briefe Fouchés übermittelt hatte, schickte er den Überbringer mit einer mündlichen Nachricht zu Eugène de Beauharnais, der sich nach München zurückgezogen hatte: Der ehemalige italienische Vizekönig sollte Napoleon darüber in Kenntnis setzen, dass ihn sein Schwiegervater mit Freude empfangen würde, wenn er abdanke, und alles tun würde, um die Thronbesteigung des Königs von Rom zu ermöglichen. Seinen Verbündeten, die flugs über die Mitteilung und deren Inhalt informiert wurden, versicherte der Kanzler, er betreibe reine »Augenwischerei« (Bertier de Sauvigny).

Metternichs Manöver sorgte bei Guizot, der zu dieser Zeit mit Ludwig XVIII. in Gent weilte, für einigen Aufruhr, was in den folgenden Zeilen aus dessen Memoiren ersichtlich wird: »Die Neuigkeiten aus Wien waren nicht minder beunruhigend. Nicht dass es unter den verbündeten Mächten, was ihre Ziele oder Einigkeit betraf, keinerlei Zögern gab: Fouché, der seit langem mit Metternich auf gutem Fuße steht, übermittelte diesem in der Tat die verschiedensten Angebote, denen der Kanzler alles andere als ablehnend begegnete; alle denkbaren Kombinationen für eine französische Regierung durften erörtert werden; man sprach darüber in den Geschäftszimmern und in den Salons der Minister, selbst auf den Konferenzen des Kongresses, von Napoleon II., einer Regentschaft, dem Herzog von Orléans, dem Fürsten von Orange.«[70] Zwar wollte Metternich, dass Napoleon I. endgültig von der Bildfläche verschwindet, doch welche Alternative zu wählen sei, darüber war er sich nicht im Klaren.

Mithin gestaltete sich die antinapoleonische Front im Gegensatz zu dem, was uns die Hauptakteure in ihren Memoiren glauben machen wollen, nicht ohne Hintergedanken. Die Rückkehr des Mannes von Elba brachte ein neues Element ins diplomatische Spiel und in die Schachereien des Kongresses, das natürlich umso gewichtiger werden würde, falls Napoleon die Machtergreifung gelänge.

»Von welchem Ansehen ist dieser Mann umgeben?«, fragte sich der Schweizer Eynard. »Hat er einen Pakt mit Satan geschlossen oder ist er Satan selbst? Will die Vorsehung die Welt erneut bestrafen, und führt Gott Napoleon bei der Hand, als Rute für die Geißelung dieser verderbten Welt?«[71] Ob Napoleon nun Satan persönlich war oder nicht, die Herren des Kongresses konnten der Versuchung jedenfalls nur schwer widerstehen, aus diesem Paukenschlag für sich selbst Profit zu ziehen und sich in der Sachsenkrise vorteilhaft zu positionieren. Damit aber bestand die Gefahr, dass die gemeinsame Front, die die Mächte seit Januar unter größten Schwierigkeiten wiedererrichtet hatten, erneut Risse bekäme und den Kongress entzweite.

Paradoxerweise sorgte Napoleons Rückkehr dann aber dafür, dass seine Gegner noch enger zusammenrückten. Ein anderer »Teufel« hatte die Dinge wieder an ihren Platz gesetzt – weniger um Europa zu retten denn vielmehr die Zukunft der Königsherrschaft, auf die er bedingungslos gesetzt hatte. Wieder einmal hatte Charles-Maurice de Talleyrand-Périgord, während sich Metternich dem Vorwurf ausgesetzt sah, auf Zeit zu spielen, der König von Sachsen sich weigerte, die Aufteilung seines Königreichs zu unterzeichnen, einige Polen auf Napoleons Rückkehr setzten, um die Popularität des Zaren in Warschau zu brechen, Alexander sich erneut in Beschuldigungen gegen Metternich erging und mit Wellington stritt[72] – wieder einmal also hatte Talleyrand die Reihen geschlossen und die Kräfte gebündelt, wobei ihm allein seine englischen Kollegen zur Seite standen, die nie einen Zweifel an der Notwendigkeit gelassen hatten, Napoleon und seiner Dynastie den Riegel vorzuschieben.

XIII.
Der gerettete Kongress

BEVOR MAN DARAN DENKEN KONNTE, Ludwig XVIII. zurück auf den Thron zu setzen, musste zunächst Napoleon von selbigem heruntergestoßen werden. Grundsätzlich hatten die Bourbonen ihren festen Platz in der antinapoleonischen Liga, doch die Flucht des Königs nach Gent hatte sie in Misskredit gebracht. Ohne den Spekulationen über die Zukunft der französischen Regierung ein Ende bereiten zu können, verschaffte Talleyrand der Koalition durch sein Eingreifen aber zumindest eine neue Grundlage. Metternich freundete sich trotz seiner Zweifel und seines Zögerns recht bald mit der Idee an, erneut zu den Waffen zu greifen. Umgehend schloss sich auch der Zar dieser Position an: Wenngleich er weiterhin bekräftigte, für die Bourbonen »niemals zum Schwert zu greifen«,[1] legte er laut Gentz »den größten Tatendrang an den Tag und ernannte sich selbst ein weiteres Mal zum Retter der Freiheit in Europa«.[2] Er schloss sogar »Frieden« mit dem österreichischen Kanzler.[3] Im Angesicht der Gefahr öffnete sich auch Humboldt wieder für Allianzen und sprach beinahe ergriffen von der »Treue und der großmütigen Gerechtigkeit« des Kaisers Franz I. und erklärte, Österreich und Preußen seien dafür »gemacht, zueinanderzuhalten und auf immer und ewig geeint zu sein«.[4]

Dufour de Pradt, der unmittelbar nach dem Ende des Wiener Kongresses Bilanz zog, sagte völlig zu Recht, Napoleons Rückkehr habe »alle Zweifel und alle Wolken vertrieben, die sich durch bestimmte Interessen oder Vorlieben in Hunderten von Fragen aufgestaut hatten«.[5] Napoleon hatte den Kongress in gewisser Weise gerettet, oder wie Georges Clemenceau es formulierte: »Der Robinson Crusoe von Elba zerstreute alle Narreteien, indem er einfach nur die Insel wechselte.«[6]

Napoleon, der »Feind und Störer des Weltfriedens«

ALS SICH DIE ERSTE BESTÜRZUNG nach Bekanntwerden der Landung in Golfe-Juan gelegt hatte, ging Talleyrand sogleich wieder in die Offensive: »Überhaupt lassen sich die Folgen dieses Ereignisses nicht vorherbestimmen; sie können für Frankreich aber nur günstig sein, wenn man es richtig anfängt«, schrieb er an Ludwig XVIII. Er versprach seinem König, alles ins Werk zu setzen, »daß Bonaparte seines Ranges verlustigt erklärt wird, den eine unbegreifliche Kurzsichtigkeit ihm damals noch gelassen […].«[7] Gesagt, getan. Darüber hinaus wollte Talleyrand erreichen, dass niemand die Legitimität des Königs anzweifelte, selbst wenn Napoleon es bis nach Paris schaffen würde. Um den Mächten die feierliche Versicherung ihres Bundes *um den Allerchristlichsten König* gegen den Flüchtigen von Elba abzuringen, bereitete er eine Resolution vor, deren Grundzüge er sich von Wellington und Metternich bestätigen ließ, und legte diese am 12. März 1815 auf einer Sitzung der Achterkommission vor. Sein Vorhaben wurde heftig diskutiert. Einige meinten, es begünstige allzu sehr eine Dynastie, die in ihrer Mission, Frankreich zu befrieden, gescheitert sei. Die Acht bestimmten, dass Gentz, La Besnardière und Anstett einen Kompromiss erarbeiten sollten.

Die ganze Nacht saßen die drei Diplomaten an diesem Text, der nach weiteren Korrekturen durch Metternich, Wellington, Talleyrand, Humboldt und Nesselrode noch einmal von den Acht »von Grund auf« revidiert wurde, wobei »jeder das Seinige dazu einbrachte«.[8] Nach einer »großen und stürmischen«[9] Sitzung wurde die endgültige Erklärung, die diesmal vornehmlich aus Gentz' Feder stammte, unterzeichnet: Metternich und Wessenberg für Österreich, Labrador für Spanien, Wellington, Clancarty, Cathcart und Stewart für England, Palmella, Saldanha und Lobo für Portugal, Hardenberg und Humboldt für Preußen, Rasumowsky, Stackelberg und Nesselrode für Russland, Löwenhielm für Schweden. Um zu demonstrieren, dass sie mit einer

Napoleon, der »Feind und Störer des Weltfriedens«

Stimme sprachen, setzten Talleyrand, Dalberg, La Tour du Pin und Noailles feierlich alle vier Namen für Frankreich unter den Vertrag:

> Nachdem die auf dem Wiener Kongress versammelten Signatarmächte des Pariser Friedens erfahren haben, dass Napoleon Buonaparte geflüchtet ist und Frankreich unter Waffen betreten hat, schulden sie ihrer eigenen Würde und dem Interesse der sozialen Ordnung eine Erklärung über die Empfindungen, die dieses Ereignis in ihnen geweckt hat.
>
> Indem Buonaparte auf diese Weise mit dem Abkommen bricht, das ihm einen Sitz auf der Insel Elba zugewiesen hat, macht er den einzigen rechtmäßigen Titel, der mit seiner Person verbunden ist, zunichte. Durch seine Rückkehr nach Frankreich und sein Vorhaben, Unbill und Aufruhr zu stiften, hat er sich selbst des Schutzes durch das Gesetz enthoben und dem ganzen Universum gezeigt, dass mit ihm kein Frieden und kein Waffenstillstand zu machen ist.
>
> Und obwohl alle Souveräne Europas der innersten Überzeugung sind, dass das um seinen legitimen Souverän versammelte Frankreich auch diesen letzten Versuch aus einem gesetzeswidrigen und ohnmächtigen Wahn niederschlagen wird, erklären sie, von denselben Empfindungen bewegt und von denselben Prinzipien geleitet, sich bereit, dem König von Frankreich und der französischen Nation wie auch jeder anderen Regierung, die angegriffen würde, für den Fall, dass aus diesem Ereignis eine wie auch immer geartete tatsächliche Gefahr entsteht, auf deren Bitte hin unverzüglich jede Hilfe zukommen zu lassen, die notwendig ist, um die öffentliche Ruhe wiederherzustellen, und sich gemeinsam gegen all jene zu stellen, die diese Ruhe zu stören versuchten.
>
> Infolgedessen erklären die Mächte, dass Napoleon Buonaparte aus eigenem Tun aus allen zivilen und sozialen Be-

ziehungen ausgeschieden ist und sich als Feind und Störer des Weltfriedens selbst an den öffentlichen Pranger gestellt hat.

Zugleich erklären sie, dass sie fest entschlossen sind, den Vertrag des Pariser Friedens vom 30. Mai 1814 und die darin vereinbarten Sanktionen ebenso wie alle ihn ergänzenden und stärkenden Verabredungen einzuhalten, alle ihre Mittel anzuwenden und alle ihre Kräfte zu bündeln, damit der allgemeine Frieden, der ein Wunsch Europas und dessen beständiges Bestreben ist, nicht erneut gestört und jeder Angriff verhindert wird, der die Völker erneut in das Chaos und Unglück der Revolutionszeit stürzen würde.[10]

Die Unterzeichnung dieser Erklärung vom 13. März veranlasste La Harpe zu folgender optimistischen Bemerkung: »Die Souveräne werden es den Römern gleichtun, die ihre Bürgerkriege aussetzten, um gemeinsam gegen die Barbaren zu kämpfen.«[11] Womit er recht hatte, wenngleich Hintergedanken blieben. Die Worte, mit denen Napoleon an den Pranger gestellt wurde, waren unmissverständlich. In Paris begrüßte *Le Moniteur*, dass der »Usurpator« nunmehr als ein »außerhalb des gemeinsamen Gesetzes der Nationen stehender Räuber« angesehen wurde.[12]

Doch Metternich hatte in einem seiner ihm eigenen »Winkelzüge« erwirkt, dass nur der Kaiser, nicht aber seine gesamte Dynastie, als rechtlos erklärt wurde. Talleyrand indes hatte sich mehr erhofft: eine förmliche Verpflichtung gegenüber den Bourbonen. Immerhin konnte er erreichen, dass die Einhaltung des Pariser Friedens als ein Ziel der Allianz ausgegeben wurde, womit er zugleich seinen König, der ja Teil dieses Vertrags war, und sein Land, das in der neuen Erklärung Schonung erfuhr, meinte retten zu können. Zumindest war das seine Interpretation, wie er Ludwig XVIII. in einem Bericht mitteilte: »Die Prinzipien der Legitimität, die wir aus den Ruinen ziehen mussten, unter denen sie durch den Umsturz so vieler alter Dynastien und das Aufkommen so vieler neuer Dynastien gleichsam begraben lagen, denen die einen mit so großer Gefühlskälte begegneten und die die anderen schlichtweg ablehnten, wurden, nachdem wir sie wieder hervorgeholt haben, endlich mit einiger Wertschätzung betrachtet. Unser beständiges Eintreten für diese Prinzipien war nicht vergebens. Die Ehre gebührt ganz und gar Eurer Majestät, und die Einstimmigkeit, mit der die Mächte sich gegen Bonapartes neuestes Attentat gestellt haben, ist eine Folge daraus.«[13]

In diesem Fall sagte der hinkende Fürst allerdings nicht ganz die Wahrheit. Wie schon bei seinem Aufbegehren zu Beginn des Kongresses und seinem geschickten Manöver in der Sachsenkrise hatte er die erste Runde des Kampfes mit Leichtigkeit gewonnen: Die Mächte würden vereint bleiben, um Napoleon, nicht aber Frankreich zu bekriegen. Hingegen war es mitnichten ein Kriegsziel, die Bourbonen zu halten. Der Beweis dafür sollte alsbald erbracht werden. Beinahe mitleidig vermeldete ein Agent des Barons Hager, wie sehr sich die Lage des französischen Gesandten verschlechtert hatte: »Es ist wirklich tief fühlend, wenn man denket, daß vor kurzem der Fürst (der wirklich der beste Mann ist) gleichsam herrschend und jetzt gleichsam infam und verlassen da steht.«[14] Der Historiker Emile Bourgoing konstatierte: »Talleyrand war nicht mehr der Minister Ludwigs XVIII., sondern Jakobs' II.«[15]

Krieg dem »Usurpator«: der Vertrag vom 25. März 1815

KAUM HATTE ALEXANDER die Erklärung ratifiziert, sprach er bereits mit Clancarty über die Möglichkeit, den Herzog von Orléans zu berufen, für den Fall, dass der ältere Zweig den Thron nicht würde halten können. Sodann musste sich Marie-Louise über diese Aussage des Zaren verdrießen: »Wenn die Nation Napoleon oder die Regentschaft will, werde ich nicht zögern, den Vorschlag zu unterbreiten, dies anzuerkennen. Man kann sich

XIII. Der gerettete Kongress

nicht dem Wunsch einer ganzen Nation widersetzen.«[16] Anfang April ließ er in der *Gazette de Francfort* einen Artikel veröffentlichen, in dem er mit den Worten zitiert wurde, zwar habe sich die Koalition vorgenommen, ein für allemal »Bonaparte zu verjagen«, jedoch beabsichtige sie »keinesfalls«, Frankreich eine Regierung vorzuschreiben. Als letztes Beispiel seiner Missliebigkeit sei das *Memorandum des russischen Kabinetts* genannt, das er Mitte April durchsickern ließ und in dem seine Kriegsziele erläutert waren: »Ludwig XVIII. kann und darf nicht wünschen, dass Ziel dieses Krieges die Unterwerfung Frankreichs unter ein neues Joch sei: das Joch von Gesetzen und Institutionen, die mit dem Geiste des Volkes nicht mehr vereinbar sind.« Infolgedessen sei eine echte »Verfassungscharta« unerlässlich, womit »dem König große Opfer auferlegt würden«.[17] Mit derlei Aussagen machte sich Alexander mit Ideen gemein, die man am ehesten Metternich zuschreiben würde, dessen Position aber, wie wir schon gesehen haben, »in Wolken gehüllt«[18] war.

Als in England am 3. April 1815 die Erklärung vom 13. März im Unterhaus präsentiert wurde, stellte man sich die Frage nach der »Legitimität« der Bourbonen. Der Prinzregent ließ eine Mitteilung verlesen, in der er Verstärkung für seine Land- und Seestreitkräfte ankündigte, um das Königreich für den bevorstehenden neuerlichen Krieg an der Seite der Alliierten zu rüsten. Die Opposition merkte an, man habe kein einziges Versprechen gehalten, das man »Buonaparte« gegeben habe; insofern sei sein Fluchtversuch vielleicht nicht gar so verdammenswert. Das Unterhaus diskutierte lebhaft die Notwendigkeit, sich in einen weiteren Krieg zu stürzen. Gut für die Koalition, schlecht für Napoleon: Es gelang dem nach London zurückgekehrten Castlereagh, die Stimmung zu drehen. »Die Rückkehr dieses Mannes [Napoleon] nach Frankreich, die er trotz all seiner Zusagen unternommen hat, ist eine wahrhaftige Beleidigung für Europa, eine Beleidigung, die alles übertrifft, was die revolutionären Regierungen vor ihm unternommen haben, so niederträchtig und nichtswür-

Krieg dem »Usurpator«: der Vertrag vom 25. März 1815

dig sie auch gewesen sein mögen«, erklärte er. »Wir haben jeden Grund zu glauben, dass er den Frieden nur bis zu dem Moment wahren wird, an dem er die Gelegenheit für günstig hält, ihn wieder zu verletzen.«[19] Der Antrag der Opposition – die sich zwar nicht gegen die Entscheidung stellte, in den Krieg zu ziehen, die Regierung jedoch bat, alles zu tun, um den Frieden aufrechtzuerhalten – wurde mit 220 zu 27 Stimmen abgelehnt. Da das Oberhaus dem Prinzregenten einstimmig zugestimmt hatte, würde England also mit Unterstützung des gesamten Parlaments gegen den restaurierten Kaiser vorgehen.[20]

Was die Rückkehr der Bourbonen betraf, wurde hingegen keine Entscheidung gefällt. Als Castlereagh einige Zeit darauf den Vertrag der Allianz ratifizierte, der auf die Erklärung vom 13. März folgte (siehe unten), erklärte er im Namen des Prinzregenten, dieser Vertrag dürfe »nicht so verstanden werden, dass er S. M. Großbritanniens zu einem Krieg zwingt, der zum Ziel hat, Frankreich eine bestimmte Regierung vorzuschreiben«, wenngleich es wünschenswert sei, »S. M. den Allerchristlichsten König wieder auf dem Thron zu sehen«. Ähnlich äußerte sich Metternich in seiner Ratifizierungserklärung: die »Interpretation der britischen Regierung [entsprach] ganz und gar den Prinzipien, nach denen S. kais. Hoheit [vorgeschlagen hatte], alle seine Kräfte gegen die Usurpation Napoleon Bonapartes zu richten«.[21]

Im Gegensatz zu der Unschlüssigkeit, die noch in den ersten Märztagen geherrscht hatte, war die Lage nun zumindest in einem Punkte klar: Der Kongress würde keine Restauration des Kaisers Napoleon in Paris dulden. Die Entscheidung über das künftige französische Regime sollte erst im Anschluss an etwaige Kriegshandlungen und je nach Entwicklung der Lage im Land getroffen werden. Als Talleyrand begriff, dass er mehr nicht würde erreichen können, konzentrierte er sich darauf, das erstgenannte Ziel zu konkretisieren.

Die Erklärung vom 13. März 1815 war nur ein Text über die allgemeine Politik, der nun durch ein tatsächliches Militärvorhaben ergänzt werden musste. Nachdem Wellington Weisung erhalten hatte, sich unnachgiebig zu zeigen – was man ihm persönlich nicht sagen musste –, berief er eine Kommission ein, an der er selbst für England teilnahm, Schwarzenberg für Österreich, Wolkonski für Russland und Knesebeck für Preußen.[22] Diese trat erstmals am 17. März in Anwesenheit des Zaren zusammen und schlug vor, den Vertrag von Chaumont wieder in Kraft zu setzen, in dem genau ein Jahr zuvor, am 9. März 1814, die Quadrupelallianz begründet worden war.[23]

Die Gruppe beendete ihre Arbeit am 25. März und legte die Ergebnisse dem Fünferkomitee vor – welches im Grunde nur aus vier Mitgliedern bestand, wie das Protokoll vermerkte: »Fürst Talleyrand hat in dieser Sitzung nicht das Wort ergriffen.«[24] Der Franzose konnte nicht offen an einer Verhandlung teilnehmen, in der beschlossen werden sollte, Hunderttausende Soldaten in den Krieg gegen sein eigenes Land zu schicken. Der Text, dessen Grundgedanken Talleyrand befürwortete, erinnerte daran, dass »die bewaffnete Rückkehr Napoleon Buonapartes nach Frankreich und die Aufwiegelung zum Aufstand, die seine ersten Schritte begleitete, gegen die Ordnung der Dinge in Frankreich und Europa gerichtet [war]«. Infolgedessen müsse auf »dieselben Mittel« wie im Vorjahrespakt zurückgegriffen werden.

Noch am selben Tag unterzeichneten England, Österreich, Preußen und Russland einen weiteren Vertrag, mit dem Napoleon gezwungen werden sollte, »von seinem Vorhaben Abstand zu nehmen«, und ihn im Falle seiner vorhersehbaren Weigerung »außerstande zu setzen, in Zukunft Europas Ruhe und allgemeinen Frieden zu stören«. Die Souveräne kamen überein, je 150 000 Mann bereitzustellen, die »aktiv und gemeinschaftlich gegen den gemeinsamen Feind« einzusetzen seien. Gemäß einem Geheimartikel sollte England gegen eine Ausgleichszahlung von 30 Pfund Sterling pro fehlendem Soldat von seinem Kontingent freigestellt werden.[25] Zumindest konnte es aber die Truppen beisteuern, die es in der Gegend südlich von Brüssel bis zum Hafen

Krieg dem »Usurpator«: der Vertrag vom 25. März 1815

von Antwerpen stationiert hatte – jene Armee »von Waterloo«, deren Kommando Wellington übernehmen sollte.

Alle europäischen Mächte waren eingeladen, dem Vertrag beizutreten. Talleyrand tat dies am 27. März im Namen Ludwigs XVIII., der seit einer Woche nicht mehr an der Macht war, wovon man in Wien allerdings erst am nächsten Tag erfuhr. In seiner Beitrittserklärung sagte der französische Gesandte, er wolle »Frankreich im Besonderen und Europa im Allgemeinen vor den Folgen bewahren, die eine Invasion Buonapartes hätte, und die Ordnung aufrechterhalten, die im Vertrag vom 30. Mai 1814 ausgehandelt worden ist«.[26] Er hätte sich gewünscht, dass auch seine Ansichten in den Vertrag aufgenommen würden, doch ließen ihn die Vier nur im Anhang zu Wort kommen. Als Repräsentant eines Königs, der nicht mehr regierte, und eines Landes, dem seine »Partner« den Krieg erklärt hatten, war Talleyrand nunmehr aus dem Spiel – sowohl, was alle militärischen Fragen betraf, als auch hinsichtlich der Frage nach der künftigen französischen Regierung. So bemerkt Emmanuel de Waresquiel: »Das geschickte, subtile Gerüst, das Talleyrand und der König sich aufgebaut hatten, war eingestürzt: das Prinzip der Legitimität, das der Restauration als Grundlage gedient hatte, die Ausrufung dieses Prinzips durch die Alliierten, die Übereinstimmung dieses Prinzips mit Frankreichs Interessen und deren Ineinandergehen mit den Interessen Europas.«[27] Obwohl die Vier die diplomatischen Kompromisse, die sie bis dato errungen hatten, nicht in Frage stellten, versprachen sie keineswegs, dass Frankreich die ihm zuerkannten »Rechte« behalten könne, noch dass Ludwig XVIII. nach dem Sieg über Napoleon erneut auf den Thron gesetzt werde. Wie zum Zeichen des Niedergangs sperrte am 20. März die Wiener Bank die Kreditlinie, die die französische Delegation benötigte, um ihre Rechnungen zu bezahlen. Sers, Damour und Saint-Mars wurden nach Frankreich zurückgeschickt, um die Kosten der Delegation zu senken[28] – was sich jedoch als unzureichend erwies: Auf Bitte des Gesandten des

Königs schoss Charles Stewart diesem 100 000 Franc vor, die binnen sechs Monaten zurückzuzahlen waren.²⁹

Dennoch beschloss Talleyrand, in Wien zu bleiben, um sich nicht mit den Fragen über die ungewisse Zukunft der Regierung seines Landes herumplagen zu müssen, aber auch um die im November begonnene diplomatische Arbeit abzuschließen. Nun wurde er Zeuge der beinahe täglich wachsenden antinapoleonischen Front: Am 7. April trat Hannover dem Vertrag vom 25. März bei, am 8. April Portugal, am 9. April Sardinien, am 15. April Bayern, am 25. April Holland, am 27. April die deutschen Fürsten und Städte, am 20. Mai die Schweiz, am 23. Mai Hessen, am 27. Mai Sachsen und am 30. Mai Württemberg. Zugleich hatten die Fünf beschlossen, eine »Militärkommission zur Bildung dreier großer Armeekorps« zu gründen. Die Kommission, der vor allem Experten aus Österreich, Preußen und Russland angehören sollten, ergänzt durch Repräsentanten Bayerns, Württembergs und Badens, hielt zwischen dem 21. April und 24. Mai 1815 insgesamt sieben Sitzungen ab. Mit den eigentlichen Militäroperationen beschäftigte sie sich kaum, vielmehr mit den finanziellen Implikationen und den Folgen für jene Länder, die die Truppen auf ihrem Marsch nach Frankreich durchqueren mussten. In einem Europa, das über ein Vierteljahrhundert hinweg den Einmarsch und Abzug verschiedenster Armeen, Plünderungen und Beschlagnahmungen erlebt hatte, galt der Bewegung von einer Million Soldaten, die bis November zusammengezogen werden sollten, die allergrößte Aufmerksamkeit der Alliierten.³⁰

Ein gegen Napoleon geeinter Kongress

EINIGE STIMMEN MEINTEN, die Erklärung vom 13. März hätte von allen Delegationen des Kongresses unterzeichnet werden müssen. Doch um schneller handeln zu können und die Diskussionen abzukürzen, hatten sich die Hauptmächte auf einen

Text geeinigt, der nur von den Acht ratifiziert wurde.[31] Was aber kein Hindernis war für eine allgemeine Versammlung der Kongressteilnehmer und die Bildung eines »Sicherheitsgürtels«, der das napoleonische Frankreich isolierte und derart stramm gespannt war, dass alle Versuche Napoleons, ihn zu durchbrechen, misslangen. Wenngleich eine Erzählung der Hundert Tage den Umfang und Zweck dieses Buches überschreiten würde,[32] soll diese diplomatische Episode zumindest nicht ganz unerwähnt bleiben, da sie auch Teil der Geschichte des Wiener Kongresses ist – der dank des Krieges gegen den gemeinsamen Feind wieder an Farbe gewann.

Am 21. März 1815, einen Tag nachdem Kaiser Napoleon in die Tuilerien zurückgekehrt war, vertraute er Caulaincourt das Außenministerium an.[33] Der Herzog von Vicenza machte sich unverzüglich an die – seiner Meinung nach unerfüllbare – Aufgabe, mit den Siegern des vergangenen Jahres neue Bande zu knüpfen. Während bereits alle Gesandten Paris verlassen hatten[34] und die französischen Vertretungen im Ausland von Befürwortern der Bourbonen gehalten wurden, die Royal Navy sich an die Blockade der Küsten machte und alle Nachbarn ihre Grenzen zu Frankreich geschlossen hatten, sollte Caulaincourt Europa davon überzeugen, dass sein Herr und Meister sich geändert habe und bereit sei, in den im Pariser Vertrag festgeschriebenen Grenzen in Frieden zu leben. Während Napoleon also alle Energie auf Kriegsvorbereitungen verwandte, spielte sein Minister auf der diplomatischen Tonleiter, indem er einerseits die Gültigkeit der Erklärung vom 13. März bestritt und andererseits mit den Hauptmächten in direkten Kontakt zu kommen versuchte.

Da der Kongress auf das Prinzip der Legitimität rekurrierte, berief sich Caulaincourt ebenfalls darauf, um die Eröffnung von Verhandlungen zu erzwingen. Seine Argumentation stützte sich auf eine Bekanntmachung des Staatsrats vom 2. April 1815,[35] die die Erklärung vom 13. März als juristisch wertlos erachtete und deren »sehr ungebräuchliche Form«, »sehr seltsame Wortwahl«

und »unsozialen« Ideen anprangerte. »Dieses Erzeugnis kennt kein Vorbild in den Annalen der Diplomatie«, und Bonaparte für rechtlos zu erklären sei eine »Provokation, die zum Mord an Kaiser Napoleon aufwiegelt«. In einem zweiten Teil versuchten die Staatsräte Napoleons Rückkehr durch die Nichtanerkennung des Vertrags von Fontainebleau und die Vergehen der Bourbonen zu »legitimieren«. Sodann verkündeten sie, das französische Volk wolle »Frankreichs Unabhängigkeit, Frieden mit allen Völkern und die Umsetzung des Pariser Vertrags«, um mit den Worten zu schließen: »Nichts hat sich am Zustande Europas geändert«, was heißen sollte, dass sich Napoleon an die Entschlüsse halten würde, die die Mächte seit seiner Abdankung gefasst hatten.

Nachdem der Ministerrat dem Rapport zugestimmt hatte, wurde dieser nach Wien gesandt. Zugleich wurde ein Rundbrief an die alliierten Souveräne verfasst. Darin erklärte der Kaiser seine Rückkehr, die allgemeine Zustimmung der Nation zu seiner Person und seine guten Absichten. Er sei sogar bereit, einen Platz im neuen Europäischen Konzert einzunehmen: »Eine der schönsten Arenen hat sich heute für die Souveräne geöffnet, und ich bin der Erste, der in sie hinabsteigt. Nachdem die Welt das Spektakel großer Schlachten gesehen hat, wird es nun auf sanftere Weise nurmehr den Wetteifer der Vorteile des Friedens erleben und keinen anderen heiligen Kampf als den um das Wohlergehen der Völker.«[36] Es fehlte nicht viel, und Napoleon hätte seine Anreise nach Wien angekündigt, um am Kongress teilzunehmen!

Doch alle Versuche, Gespräche aufzunehmen, blieben ohne Erfolg, und die strikte Weisung aus Wien, die Grenzen dichtzumachen, wurde kompromisslos befolgt. Die Briefe mit den vielen guten Absichten, die Dokumente und diskreten Versprechungen, ja selbst die Zeitungen konnten diese Sperre kaum je überwinden. Der wichtigste offizielle Bote, Flahaut, wurde in Stuttgart von der württembergischen Polizei verhaftet und wieder zurück zur Grenze geleitet. Den französischen Abgesandten in Turin widerfuhr dasselbe Schicksal. Zahllose Briefe blieben in Kehl hän-

Ein gegen Napoleon geeinter Kongress

gen, und selbst wenn sie noch ein paar Kilometer weiter gelangten, wurden sie doch unweigerlich wieder zurückgesandt.

Caulaincourt scheiterte ebenfalls in seinem Versuch, durch die Veröffentlichung des Geheimvertrags vom 3. Januar 1815 zwischen Frankreich, England und Österreich einen Keil zwischen die Alliierten zu treiben. Wie bereits erwähnt, war dieser Text zunächst geheim gehalten worden, doch schienen Russland und Preußen von seiner Existenz zumindest etwas geahnt zu haben. Als die Nachricht von Napoleons Einzug in Paris kam, fragte Nesselrode ironisch bei Talleyrand an, ob der Kaiser nicht womöglich einige kompromittierende Papiere in den Archiven finden werde. Nachdem der Gesandte Ludwigs XVIII. zunächst versuchte, den Russen zu beruhigen, musste er am Ende wohl oder übel zugeben, dass es da einen gewissen Vertrag gebe: »Ah, ich weiß, was Sie meinen. Sie meinen diesen Vertrag. Dahinter stecken keinerlei böse Absichten.« Stein, der die Szene mitbekam, murmelte: »Der Bösewicht!«[37]

Schon bei seiner Rückkehr hatte Napoleon alle Papiere von Talleyrand, Jaucourt und Blacas beschlagnahmt. Weitere Akten waren im Geschäftszimmer in den Tuilerien gefunden worden. Damit waren die Manöver, mit denen sich die königliche Regierung ins Europäische Konzert hatte einschleichen wollen, aufgedeckt.[38] Für die Öffentlichkeit wurde der Unterstaatssekretär und Historiker Louis-Pierre-Edouard Bignon vom Kaiser beauftragt, eine Geschichte des Kongresses zu schreiben, die die »Habgier und Ungerechtigkeit des Auslands«[39] aufzeigen sollte. Dieses *Kompendium der politischen Situation Frankreichs von März 1814 bis Juni 1815* erschien Anfang Juni, während gerade die Schrift *Das Ende des Wiener Kongresses, mit einer Zusammenfassung und einer ausführlichen Darstellung seiner geheimsten Operationen* in Umlauf war, die eine falsche *Abschlussrede des einstigen bevollmächtigten französischen Ministers* enthielt, in der Talleyrand ausrief: »Ruhm dem Wiener Kongress, der mehr geschaffen hat als die weisesten Könige und gewandtesten Diplomaten in sechstausend Jahren!«

Den Vertrag vom 3. Januar 1815 veröffentlichte *Le Moniteur* in extenso. Zur gleichen Zeit gelangte ein authentisches Exemplar nach Wien. Der aus Frankreich fliehende Reinhard, der sich in sein Anwesen in der Gegend von Köln hatte zurückziehen wollen, war von Preußen verhaftet worden. In seinen Papieren befand sich auch eine Kopie des Vertrags. Diese traf am 20. April in Wien ein und sorgte in der Koalition für einigen Wirbel. In Gent, wo sich die beiden Männer am Alibihofe Ludwigs XVIII. begegneten, machte Pozzo di Borgo Wellington bittere Vorwürfe. Der Engländer schwor Stein und Bein, erst bei seiner Ankunft in Wien von diesem Vertrag erfahren zu haben. Im Übrigen lehne er ihn ohnehin ab.[40] In der österreichischen Hauptstadt entbrannten heftige Auseinandersetzungen zwischen Metternich und Clancarty auf der einen und Humboldt und Nesselrode auf der anderen Seite. Wenngleich es nicht zum Bruch der Koalition kam, keimten im Zaren »Wut, Bitterkeit und Verdruss«[41] auf, und er schöpfte aus der Aufdeckung einen neuerlichen Grund für seinen Hass gegen die Bourbonen.

Die Schockwelle pflanzte sich bis nach London fort, wo die Gegner Liverpools und Castlereaghs die Situation ausnutzten, um die Kriegsdebatte neu anzufachen. Doch der Außenminister behielt die Fäden in der Hand: Die Entscheidung, sich nicht mit Napoleons Rückkehr nach Frankreich abzufinden, wurde im Unterhaus mit 331 gegen 92 Stimmen angenommen. Um das Grummeln im Parlament endgültig zum Verstummen zu bringen, betonte Castlereagh, er werde die Rückkehr Ludwigs XVIII. nach dem Sieg über Napoleon nur unter bestimmten Bedingungen akzeptieren.[42]

Trotz alledem schien ein Krieg unvermeidbar, und so mussten also Vorkehrungen für die »Nachkriegszeit« getroffen werden. Die Ablehnung der Restauration Napoleons war nunmehr zu einem Zeugnis der Zugehörigkeit zum Europäischen Konzert geworden. Wann immer ein Brief des Kaisers oder Caulaincourts in die Hände eines Souveräns oder Gesandten der anderen

Mächte gelangte, wurde er noch versiegelt auf den Versammlungstisch des Achterkomitees gelegt und vor aller Augen geöffnet. Die an Marie-Louise gerichteten Schreiben ereilte dasselbe Schicksal. Auf die vom französischen Außenminister am 4. April versandten Briefe antwortete Castlereagh, ohne Napoleon zu zitieren, ebenso höflich wie offenherzig: »Ich muss Eure Exzellenz darüber in Kenntnis setzen, dass der Prinzregent die Annahme des an ihn gerichteten Briefes verweigert und mir zugleich den Auftrag erteilt hat, alle an mich adressierten Briefe nach Wien zu senden, um sie den verbündeten Souveränen und den auf dem Kongress versammelten Bevollmächtigten zur Kenntnisnahme und Berücksichtigung zu übergeben.«[43]

Ebenso überrascht es nicht, dass die Spitzfindigkeiten über die Gültigkeit der Erklärung vom 13. März auf die Staatsmänner ohne Wirkung blieben, wenngleich sie in der öffentlichen Meinung zumindest einen gewissen Eindruck machten. Der Kongress hatte sich auf eine Neuordnung des Kontinents geeinigt, mit einem gemaßregelten, befriedeten und friedlichen Frankreich. Trotz seiner Versprechungen bot Napoleon keinerlei Garantie, diese Prinzipien auch einzuhalten. Schlimmer noch: In einigen seiner Reden dachte er bereits laut über die Wiedereingliederung Belgiens und der linksrheinischen Gebiete in sein Reich nach.[44] Mit der Flucht von Elba hatte in den Augen der Alliierten nicht die Erklärung vom 13. März, sondern der Vertrag von Fontainebleau jede Rechtsgewalt verloren.

Dennoch pochten sie dezidiert auf ihre Position, nachdem sich einige wankelmütige Geister von der französischen Argumentationslinie hatten beeindrucken lassen. Also verfasste man eine Antwort auf Caulaincourts Briefe und die Mitteilung des Staatsrats und sandte diese nach Paris: »Die Ereignisse, die Napoleon nach Paris geführt haben und nach denen er für den Augenblick die oberste Macht zurückerlangt hat, haben ohne Zweifel die Position geändert, in der er sich bei seiner Rückkehr nach Frankreich befunden hat, doch konnten diese Ereignisse, die von kriminellen Geistern, militärischen Verschwörungen und empörendem Verrat begleitet waren, keinerlei Recht erwirken; aus rechtlicher Sicht sind sie vollkommen null und nichtig.« Das Versprechen des Kaisers, den Pariser Vertrag zu respektieren, änderte daran nichts. Zwar fügten die Verfasser hinzu, die Mächte hielten sich »nicht für autorisiert, Frankreich eine Regierung vorzuschreiben«, doch der entscheidende Punkt war damit benannt: Napoleon war und blieb der einzige »Friedensstörer«.[45]

In diesen seinen Angelegenheiten war Caulaincourt in der Tat der »Diplomat der Verzweiflung«, wie ihn der Historiker John Rooney nannte.[46] Trotz seines guten Willens, seiner Bemühungen und seines juristischen Einfallsreichtums würden nun also die Kanonen sprechen.

Der Zar und der preußische König verließen Wien am 26. Mai, um sich zu ihren Armeen zu begeben. Am nächsten Tag folgte ihnen der österreichische Kaiser und überließ die Wiener Bevölkerung nach der ersten, nunmehr ausgestandenen Bangnis ihren öffentlichen Stoßgebeten: »Die Kirchen sind voller Gläubiger, die sich zu Prozessionen aufmachen, um für den Erfolg der österreichischen Waffen zu beten«, notierte ein französischer Augenzeuge. »Die Straßen sind mehrere Stunden am Tag überfüllt von diesen nicht enden wollenden Prozessionen; an der Spitze die Mönche mit ihren Prozessionsfahnen, gefolgt von einer schier unfassbaren Menschenmenge [...]. Täglich verdoppelt sich der Eifer für diese Pilgerzüge.«[47]

Wellington befand sich bereits in Belgien, um die englischen und niederländischen Truppen anzuführen, unweit der Preußen unter Blücher. Die russischen Vorhuten hatten inzwischen Nürnberg erreicht. In einem Bericht an Napoleon vom 7. Juni schrieb Caulaincourt: »Heute noch an die Möglichkeit zu glauben, der Friede könne erhalten bleiben, käme einer gefährlichen Verblendung gleich. Wenn diese Hoffnung, die es vollständig fahren zu lassen gilt [...], Eure Majestät in ihrer Hauptstadt zu halten vermochte, so bestehen diese Gründe für einen Aufschub nicht mehr;

wir sind aller Seiten vom Krieg umgeben: Nur auf dem Schlachtfeld wird Frankreich den Frieden zurückerobern können.«[48]

Einige Tage später wurde das Parlament offiziell über die Lage informiert, und die Zeitungen öffneten dem letzten noch Blindgläubigen die Augen. Weitere zehn Tage später lag die französische Armee bei Waterloo vernichtet am Boden.

Murats politischer Selbstmord

DA SICH FÜR TALLEYRAND eine Teilnahme am Krieg gegen Frankreich ausschloss, wollte dieser den Aufruhr nutzen, den Napoleons Rückkehr ausgelöst hatte, um eine Lösung in der Frage Neapels zu erzielen.[49] Murats Irrsinnsentscheidungen und inopportune Aktionen machten ihm die Aufgabe leicht. Anstatt auf die Ratschläge seiner Entourage zu hören, die zur Umsicht gemahnte, sorgte Murat ein ums andere Mal für Unruhe auf dem Kongress. Der unübertroffene Kavallerie-Anführer war als Politiker alles andere als scharfsinnig. Es beliebte ihm, zu jeder Gelegenheit seinen Schwager nachzuäffen und sich in großen Gesten zu ergehen, und nicht selten täuschte er sich grundlegend über die Gemütslage der Mächte wie über seine eigenen Kräfte. Die Nachricht von Napoleons Flucht hatte ihm Flügel verliehen – welche ihm die Verbündeten rundheraus wieder stutzten.

Seit langem verdächtigte man Murat der Komplizenschaft mit seinem Schwager. In der ersten Zeit des Exils auf Elba hatte sich der Neapolitaner zwar bedeckt gehalten, jeden Handel mit Portoferraio untersagt und sogar die Nähe zu Ludwig XVIII. gesucht, dem er in einem Brief zur »glücklichen Rückkehr« in sein Königreich gratulierte,[50] doch währte seine Bedachtsamkeit nicht gerade lang. Enttäuscht darüber, dass seine territorialen Ansprüche in Frage gestellt wurden, und gekränkt über den Argwohn, mit dem man ihn bedachte, schlug er sich bereits im Spätsommer 1814 auf die Seite seines Schwagers. Nachdem die ersten Briefe

XIII. *Der gerettete Kongress*

Joachim Murat
(1767 – 1815)

ohne Antwort geblieben waren, da Napoleon ihm noch wegen seines Verrats im Jahr zuvor grollte, gelangten sie in die Hände von Spionen, die sie an die Verantwortlichen Englands, Österreichs und Frankreichs auf der Halbinsel weitergaben.

Ende Dezember 1814 bekam Tiberio Pacca, der Verwalter des römischen Hafens von Civitavecchia und ein Neffe des Kardinals, einige Briefe und Noten des Königs von Neapel an Napoleon, Pauline Bonaparte und Kardinal Fesch in die Hände. Während die Schreiben an den Souverän von Elba jedes politischen Inhalts entbehrten, enthielt ein Brief an Pauline einige Zweideutigkeiten: »Dem Kaiser schreibe ich nichts Geschäftliches, denn ungeachtet unserer gemeinsamen Geschäfte weiß ich, dass er immer noch verärgert ist. Er ist oft ungerecht gegen mich gewesen, aber sagen Sie ihm bitte, dass ich immer sein Freund und dankbarster Schüler gewesen bin und es auf immer bleiben werde [...]. Der Kongress kommt nicht voran. Meine Angelegenheiten hingegen haben in Italien eine glänzende Wendung genommen. Österreich scheint entschlossen, meine Allianz zu unterstützen. Die Zahl meiner Befürworter nimmt stetig zu.«[51] Wenn die Enthüllung einer solchen Korrespondenz Murat bereits erheblich schadete, welche Reaktion war dann auf sein Vorhaben zu erwarten, Italien unter seiner Flagge zu einen?

Denn trotz seiner Allianz mit Österreich sprach König *Gioacchino* weiterhin von einer Vereinigung der Halbinsel und erweckte zudem den Eindruck, er sei bereits im Begriff, diese vorzubereiten. Die neapolitanische Armee blieb in Habachtstellung und die revolutionären »italienischen« Bewegungen, die zu der Zeit noch eine Minderheit darstellten, brachten den ehemaligen Marschall des Empire in ihrer Propaganda in Stellung – was Murat schmeichelte, ihn aber gegenüber den Mächten in Misskredit brachte, deren Meinung für seine Zukunft sicher wichtiger war als die Wonnen befriedigter Eitelkeit. Man munkelte sogar, Murat und Napoleon würden Hand in Hand marschieren und der Umsturz in Italien durch die beiden Komplizen stehe unmittelbar bevor.

Wien beunruhigte, dass Graf Litta, ein ehemaliger Kammerherr des Königreichs Italien, im November 1814 in Portoferraio empfangen wurde. Obwohl kein weiterer Kontakt zu Napoleon nach diesem Treffen bekannt wurde, war damit der Gedanke in die Welt gesetzt, der Traum von der Einheit Italiens würde unter seiner Mitwirkung vollbracht. »Ich muss Ihnen gestehen, ich ergehe mich noch in der Vorstellung, dass die Zeit – gleich jenen seltsamen Erzeugnissen der Natur, die sich selbst zerstören, doch zugleich alles umstürzen, was sich ihnen widersetzt – sein ärgster Feind ist, und um es ganz unbefangen zu sagen, wird für Murat das glücklichste Ereignis sein, wenn er seine Armee zu beschäftigen wissen wird«, wagte Talleyrand Anfang 1815 einen Blick in die Zukunft.[52]

Ob wahr oder falsch, in jedem Fall beunruhigten die Gerüchte über das Vorhaben des Königs von Neapel die Souveräne und Diplomaten des Kongresses. Die Würfel waren im Grunde gefallen. Castlereagh war bereits unwiderruflich ins feindliche Lager übergewechselt, und Wellington hatte ein Geheimabkommen mit Ludwig XVIII. unterzeichnet, um der Rückkehr Ferdinands IV. nachzuhelfen. Ehe Castlereagh die Heimreise nach London antrat, gab er seinem Nachfolger auf dem Kongress den britischen Gesinnungswandel noch einmal schriftlich: »Es gibt keinerlei Meinungsverschiedenheit, was die Politik betrifft, Murat vom neapolitanischen Thron zu stoßen, sofern dies gerecht und möglich ist.«[53]

Als der britische Außenminister einige Tage darauf in den Tuilerien empfangen wurde, vertraute er dem französischen König an, er habe Metternich bereits mehr oder weniger davon überzeugt, seinen ehemaligen Verbündeten aufzugeben. Dieser Umschwung fand indes noch vor der Nachricht über Napoleons Rückkehr in einer Note Ausdruck, die Österreich an Campochiaro gesandt hatte: Wenn auch nur ein einziger neapolitanischer Soldat die päpstlichen Staaten, das Herzogtum Toskana oder das Königreich Lombardei betrete, werde es Krieg geben. Als Murats Abgesandter dies seinem Herrn meldete, war es jedoch bereits zu spät. Der König von Neapel, den Napoleon einige Wochen im Voraus über sein Vorhaben unterrichtet hatte, schickte schon Kriegsschiffe zur Unterstützung der napoleonischen Marine.[54] Obgleich diese nicht mehr rechtzeitig eintrafen, war die Komplizenschaft des Königs von Neapel damit ein für allemal bestätigt. Endgültig ausgeräumt waren alle Zweifel, als Murat seine Truppen ins Landesinnere ziehen ließ.

Eine Aktion, die nicht mehr rückgängig zu machen war. Napoleons Schwager war Opfer seines eigenen Temperaments geworden, denn obwohl der Kaiser ihn gebeten hatte, sich zurückzuhalten und seine Armee »in seinen Grenzen« zu belassen, war er »in Brand« geraten[55] und hatte mit lockerer Hand alle Ratschläge, Geduld zu bewahren, hinfortgewischt, sowohl die des Abgesandten Colonna d'Istria, den Napoleon ihm zur Seite gestellt hatte, als auch des österreichischen Gesandten Mier, der ihn noch zu retten versuchte. Selbst die Warnungen Campochiaros aus Wien und seiner Generäle, die Zweifel anmeldeten, ob seine Armee Österreich genug entgegenzusetzen habe, schlug er in den Wind. Als er erfuhr, dass die kleine napoleonische Armee Grenoble eingenommen hatte, beschloss er, in Richtung Po zu marschieren.[56] Seine Truppen drangen in die römischen Staaten ein, und Pius VII. sah sich am 21. März gezwungen, seine Hauptstadt zu verlassen und nach Genua zu flüchten. Am 27. März hielten die neapolitanischen Vorhuten Einzug in Pesaro, das bis dahin Österreich gehalten hatte. Zwei Tage später schickte Murat an die 35 000 Mann in Richtung Florenz. Als er am 30. März in Rimini einzog, veröffentlichte er eine berühmt gewordene Proklamation, die häufig als Ankündigung der italienischen Einheit gelesen wird, die aber in jedem Fall seinem unbedachten Heldenepos einigen romantischen Glanz verleiht: »Italiener, vereinigt euch, auf dass eine Regierung eurer Wahl und eine Verfassung, die diesem Jahrhundert und eurer selbst würdig ist, eure Freiheit und euer Eigen beschützen. Ich rufe alle mutigen Männer auf, an meiner Seite zu kämpfen; ich appelliere an alle, die sich Gedanken über die Interessen ihrer Heimat machen, eine Verfassung und Gesetze zu erarbeiten für ein endlich glückliches und unabhängiges Italien.«[57]

In diesem Punkt schließen wir uns gern der Einschätzung Eynards an: »Törichter als Murat hätte man nicht handeln können; mit diesem Angriff hat er sich als Politiker und als General diskreditiert.«[58] In der Tat, das war politischer Selbstmord.

Die Bourbonen von Neapel

IN WIEN HATTE SICH DER SOHN eines Gastwirts aus dem Département Lot, der sich nicht mehr damit begnügte, König zu sein, mit seinem Ansinnen endgültig alles verspielt. Immer inkonsequenter in seinem Handeln, zugleich erschrocken über seine eigene Kühnheit, versuchte er die Welt tatsächlich glauben zu machen, er wolle Italien durch die Übernahme territorialer Garantien in den päpstlichen Gebieten und der Toskana vor Napoleon schützen.[59] Angesichts einer solchen Aussage hätte man meinen können, er wäre eine Vorhut der Koalition gegen den »Störer des Weltfriedens«. Doch das waren natürlich Hirngespinste, denen niemand mehr Glauben schenkte.

Trotzdem versuchten Campochiaro und Cariati in einer Note vom 8. April, Metternich und Clancarty – der den in den Krieg gezogenen Wellington ersetzte – vom Gegenteil zu überzeugen.[60] Ein armseliger Versuch mit schwachen Argumenten, der ohne Erfolg blieb. Franz I. antwortete zwei Tage später mit einer Kriegserklärung.[61] Am 29. April unterzeichneten Metternich und Ruffo, einer der Gesandten Ferdinands, den Vertrag, der Murats Abenteuern zumindest in rechtlicher Hinsicht ein Ende bereitete: Die beiden Parteien versprachen einander gegenseitige Unterstützung, und der Bourbone erklärte sich bereit, »wieder Neapels Regierung zu übernehmen«.[62] Doch war diese Restauration an die Ausarbeitung einer liberalen Verfassung gebunden, auf Wunsch der Engländer, die damit in ihrem Parlament für Ruhe sorgen wollten. Doch dieses hübsche Versprechen war leider das Papier nicht wert, auf dem es stand. Ein Geheimabkommen zwischen Österreich und Sizilien machte es umgehend zunichte. Rache und Repression sollten nach Murats Sturz über das Königreich Neapel kommen.

Und Murats Sturz folgte prompt. Eynard hatte recht gehabt: Nachdem sich der reitende König als miserabler Politiker entblößt hatte, legte er nun auch Zeugnis von seiner militärischen Mittelmäßigkeit ab. Dabei hatte seine Offensive vielversprechend begonnen. Ravenna, Florenz und Bologna waren ihm schon am 2. April sehr rasch in die Hände gefallen. Doch waren diese Siege nur sein Schwanengesang. Die österreichische Gegenoffensive unter General Bianchi und General Neipperg, die einstweilig Marie-Louises Alkoven verlassen hatten, erwies sich als kampfentscheidend.⁶³ Es gelang ihnen, Murat den Weg nach Parma abzuschneiden, während die Zitadelle von Ferrara, die von Österreich gehalten wurde, dank ihres heftigen Widerstands ein starkes Bollwerk bildete und eine große Zahl an neapolitanischen Soldaten band. Auch an der Brücke von Occhiobello biss sich Murat die Zähne aus. Ohne den Po überqueren zu können, sah er sich mehr und mehr von Truppen bedrängt, die den seinen überlegen waren und von allen Seiten anrückten, so dass er sich sukzessive aus Modena, Florenz, Bologna, Rimini und am 28. April sogar aus Ancona zurückziehen musste, um seine Kräfte zu bündeln. Den entscheidenden Schlag erlitten die Neapolitaner in der Schlacht um Tolentino vom 2. bis 4. Mai 1815.

In den folgenden Tagen begann Murats Armee auseinanderzufallen, bis sie sich am Ende völlig aufgelöst zu haben schien. Der König verfügte nurmehr über einige wenige Bataillone und musste sich in seine Hauptstadt zurückziehen, die von der Royal Navy belagert wurde. Als er in Neapel eintraf, erfuhr er, dass seine Frau mit seinen Gegnern in Verhandlung getreten war. Die Engländer weigerten sich, mit ihm zu sprechen, so dass er sich gezwungen sah, Caroline die Regentschaft zu übertragen und Neapel wieder zu verlassen.

Die Herrschaft von Napoleons Schwester dauerte nur wenige Tage. Die Anhänger der Bourbonen hatten sich bereits in der gesamten Stadt breitgemacht und sorgten für einen derartigen Aufruhr, dass die schwachen loyalen Truppen die Sicherheit nicht mehr garantieren konnten. Nur wenige Stunden vor dem Einmarsch der Österreicher flüchtete sich die Regentin auf ein britisches Schiff, das am 25. Mai mit Kurs auf Triest ablegte. Dort wurde Caroline unter Missachtung einer Vereinbarung, die sie mit den englischen Kapitänen getroffen hatte, verhaftet – unter den Kapitänen war kein Geringerer als Neil Campbell, der sich zuvor vom »Mann von Elba« hatte foppen lassen.

Murat gelang zunächst die Flucht nach Ischia, wo er ein Schiff mietete, das unter englischer Flagge stand, um nach Cannes

XIII. Der gerettete Kongress

überzusetzen. Napoleon wies ihn an, in keinem Fall zu versuchen, zu ihm nach Paris zu stoßen. Stattdessen solle er sich in der Gegend zwischen Grenoble und Sisteron niederlassen.[64] Bis Mitte Juni blieb der gestürzte König an der Mittelmeerküste, dann zog es ihn weiter in Richtung Lyon. Auf dem Weg erfuhr er von der Niederlage von Waterloo und Napoleons neuerlicher Abdankung. Er machte auf dem Fuße kehrt und setzte nach Korsika über. Dort wollte er einige Monate verharren und dann seine eigene »Flucht von Elba« unternehmen, um in sein Königreich zurückzukehren. Doch fassten ihn die Schergen Ferdinands IV., so dass sein Abenteuer am 13. Oktober 1815 im Kugelhagel des Erschießungskommandos im kalabrischen Pizzo endete.

In Wien hatte Campochiaro bereits Anfang Juni die Fürsprache für seinen unhaltbaren König aufgegeben und war dank eines Gnadenakts Ferdinands nach Neapel zurückgekehrt. Damit hatten Ruffo und Serra-Capriola auf dem Kongress freie Bahn, stets nachdrücklich unterstützt durch die Franzosen, Spanier und nun auch Kardinal Consalvi.[65] Nur der Schwede Löwenhielm, der für seinen Kronprinzen Bernadotte eine »Lex Murat« befürchtete, bekannte noch Zweifel und wandte sich gegen einen Dynastiewechsel in Neapel, »aus dem Grunde und unter dem Vorwande [...], weil von der Krone beider Sizilien im Pariser Traktat von 1814 nichts vorkömmt und in Wien beim Kongreß 1815 nichts vorkommen konnte, wo nicht der Pariser Traktat schon die Initiative davon gegeben habe«.[66] Es hätte mehr bedurft, um den Verlauf der Ereignisse zu stoppen.

Am 7. Juni 1815 versammelten sich Metternich, Talleyrand, Clancarty, Nesselrode, Hardenberg und Humboldt zur sechsundvierzigsten Sitzung des Fünferkomitees. Darin bestimmten sie endgültig über das Schicksal des Herzogtums Bouillon und erarbeiteten am Ende der Sitzung ein Protokoll »zur Wiedereinsetzung Ferdinands IV. auf dem Thron des Vereinigten Königreichs beider Sizilien«. Dieser Text ging schließlich als Artikel 104 in die Schlussakte ein.[67]

XIV.
Letzte Verhandlungen

TROTZ DER TURBULENZEN um Frankreich und Neapel ging der Kongress weiter seiner – wenn man so sagen darf – »normalen« Arbeit nach: »Die Angelegenheiten, die noch zu behandeln sind, werden jetzt schnell zu ihrem Ende kommen [...]. Die für verschiedene besondere Fragen gebildeten Komitees haben die ihnen auferlegten Vorarbeiten so gut wie erledigt. Damit werden wir nun sicher sehr bald zu einem Abschluss kommen«, prophezeite Talleyrand am Tag vor der Verabschiedung der Erklärung vom 13. März 1815.[1] Metternich wiederum schrieb an Merveldt, den österreichischen Gesandten in London: »Wir sind übereingekommen, das Werk des Kongresses so zu beenden, als wäre in Frankreich nichts geschehen.«[2] Der Zar teilte der Kaiserinmutter Maria Fedorovna in Bezug auf Napoleons Rückkehr mit: »Dass der Kongress allzu lange gedauert hat, hatte aber auch den Vorteil, dass wir alle noch beisammen waren, als die ungeheuerliche Nachricht eintraf, und dass infolgedessen alle Maßnahmen gemeinsam getroffen werden konnten. Das Ereignis birgt aber noch einen zweiten Vorteil, nämlich den, dass der Kongress jetzt sehr schnell zu Ende gebracht werden wird.«[3]

In der Tat fuhren die verschiedenen Kommissionen, während der Krieg gegen Napoleon in Vorbereitung und derjenige gegen Murat bereits im vollen Gange war, mit ihren Sitzungen fort, um die noch offenen Fragen zu erörtern und die Texte zu redigieren, die alsdann als Vertragsvorlagen dienen sollten. Man tat beinahe so, als wäre nichts geschehen und als wäre der Sieg über Napoleon und Murat bereits ausgemachte Sache. So beschleunigte die letzte Krise des Kongresses sogar bestimmte Entscheidungen – und nicht die geringsten: die Inthronisierung Wilhelms von Oranien-Nassau in den Niederlanden am 16. März, die Geburtsurkunde des Königreichs Lombardo-Venetien am 7. April, die Einberufung der Konferenz zum Deutschen Bund am 23. Mai und deren entscheidende Fortschritte zur Neuordnung der deutschen Gebiete.

In den drei Monaten, die zwischen der Nachricht von Napoleons Rückkehr und der Unterzeichnung der Schlussakte lagen, gaben die Diplomaten ihrem Werk gewissermaßen den letzten Schliff. Ja, sie weiteten ihren Aktionsradius sogar noch auf weitere Themenfelder aus. So blieb es nicht bei der Neuverteilung von Territorien und Seelen, sondern der Kongress legte auch die Grundlage für ein neues Völkerrecht auf zwei ganz und gar nicht unwichtigen Gebieten: der diplomatischen Rangfolge und der freien Schifffahrt auf bestimmten Flüssen. Schließlich verabschiedete man dank der Beharrlichkeit der Repräsentanten Englands noch ein Abkommen über ein »moralisches« Sujet: die Abschaffung des Sklavenhandels.

Regelungen zum diplomatischen Rang: Vortritt und Präzedenz

IM DEZEMBER 1814 war eine »Kommission zur Regelung der diplomatischen Ränge und Vortritte« einberufen worden, um die Regeln und Praktiken zu modernisieren, die größtenteils noch vom Anfang des 16. Jahrhunderts datierten. Der Vorschlag, den Talleyrand eingebracht hatte, wurde vom Achterkomitee trotz Castlereaghs Einspruch angenommen, welcher das Thema »belanglos« nannte und dessen Erörterung »Zeitverschwendung«. Die Kommission bestand aus La Tour du Pin (Frankreich), Labrador (Spanien), Cathcart (England), Wessenberg (Österreich), Palmella (Portugal), Humboldt (Preußen), Löwenhielm (Schweden) und Stackelberg (Russland). Sie sollte Regeln vorschlagen, die »Ratlosigkeiten verhindern helfen sollten, die bereits des Häufigeren aufgetreten sind und auch in Zukunft aus

Regelungen zum diplomatischen Rang: Vortritt und Präzedenz

den Ansprüchen der verschiedenen diplomatischen Agenten auf Vortritt erwachsen könnten«.[4]

Dass eine solche Arbeitsgruppe von Nutzen wäre, hatte sich bereits zu Kongressbeginn gezeigt. Während man in den ersten Versammlungen des Achterkomitees, insbesondere für die Verabschiedung der Voraberklärung vom 8. Oktober 1814, übereingekommen war, die Unterzeichnung durch die Mächte in alphabetischer Reihenfolge vorzunehmen, waren bei den Sitzungen zur Neuordnung Deutschlands einige Schwierigkeiten aufgetreten, da sich die Repräsentanten Württembergs hartnäckig weigerten, hinter Hannover zu stehen, so dass mit dieser strittigen Frage des Vortritts alle weiteren Verhandlungen blockiert waren. Um einen Ausweg zu finden, war man zu den alten Regeln zurückgekehrt, nach denen Württemberg als Macht »zweiten Ranges« vor Hannover als Macht »dritten Ranges« stand. Fragen dieser Art waren im weiteren Verlauf des Kongresses in hübscher Regelmäßigkeit gestellt worden; man konnte ja nicht überall wie bei den Souveränen der Regel folgen, nach der das Alter der Bevollmächtigten bestimmend war.

Nunmehr war es dringend geboten, neue Normen zu ersinnen. Die Ad-hoc-Kommission entwickelte diese mittels Aktualisierung und Vereinfachung der drei Jahrhunderte zuvor, im Jahre 1504, aufgestellten Regeln. Der Papst hatte dort den ersten Rang inne, dem Prinzip nach gefolgt vom Kaiser von Deutschland, dem König von Frankreich und dem König von Spanien. Der König von England stand an siebter Stelle, noch hinter dem König von Portugal. Schlusslicht der Skala war der Herzog von Ferrara. Im Laufe der Geschichte hatte diese Klassifizierung immer wieder Zwischenfälle provoziert. Die mochten mitunter drollig sein, etwa als ein französischer Gesandter 1768 auf einem Hofball in London auf die Bänke gestiegen war, um den ihm zugewiesenen Platz zurückzufordern, den der Repräsentant des Zaren unberechtigterweise eingenommen hatte; beim anberaumten Duell trug der Russe glücklicherweise nur eine Verletzung davon. Bisweilen hatten sich aber auch handfeste Dramen ereignet: So war am 30. September 1161, wiederum in London, wegen der Frage nach dem Vorrang ihrer Kutschen zwischen den Leuten des spanischen und des französischen Gesandten ein Faustkampf entbrannt.

Die protokollarische Rangordnung der Mächte verfolgte aber einen anderen Zweck: Sie gestattete es, die Reihenfolge der Unterschriften zu bestimmen, so dass man nicht jedes Mal, wenn ein Dokument abgezeichnet oder unterzeichnet werden sollte, über diese Frage diskutieren musste. Um keine Empfindlichkeiten aufkommen zu lassen, war man zu der Usance gelangt, ebenso viele Exemplare zu erstellen, wie Bevollmächtigte beteiligt waren, so dass jeder eine Kopie zuoberst unterzeichnen konnte – ein deutliches Anzeichen, dass die alten Regeln überholt waren. Diese »Rotationsprinzip« genannte Vorgehensweise erschwerte den Sekretären ihre Aufgabe erheblich, »verschaffte aber jedem einzelnen Bevollmächtigten Genugtuung, daß wenigstens auf einem Exemplar sein Name den Ehrenplatz einnahm«.[5]

Zudem hatten diese Regeln aus vormaligen Zeiten nur noch wenig mit den aktuellen Verhältnissen in Europa gemein und erwiesen sich für einen Kongress dieses Ausmaßes als nicht gangbar. Die Französische Revolution und die folgende Expansion des Empire hatten zu derartigen Umwälzungen geführt, dass man die einstmals beschlossenen Vortritte nicht mehr zu Rate ziehen konnte. Es waren neue Staaten entstanden, andere waren verschwunden, und die Kräfteverhältnisse hatten sich von Grund auf geändert.

Die »Kommission zur Regelung der diplomatischen Ränge und Vortritte« hatte ihre Arbeit bereits so gut wie abgeschlossen, als die Nachricht von Napoleons Landung in Frankreich eintraf. Am 16. Januar 1815 hatte sie dem Achterkomitee einen ersten Bericht vorgelegt, den dieses für seine Sitzungen vom 20. Januar und 9. Februar auf die Tagesordnung setzte.[6] Castlereagh, der noch immer Zweifel am Sinn und Nutzen dieser Arbeit hegte, hatte sich dem Willen der Mehrheit gebeugt, verlangte aber einige Ausbesserungen, etwa die Abschaffung der Unterteilung der Staaten in Mächte ersten, zweiten und dritten Ranges. Der Text wurde an die Kommission zurückgegeben und die Überarbeitung Anfang März abgeschlossen. In ihrer Sitzung vom 19. März beschlossen die Acht dann die endgültige Regelung.[7] Deren sieben Artikel wurden als Anhang 17 in die Schlussakte des Wiener Kongresses aufgenommen.

Die drei wichtigsten Neuerungen betrafen folgende Punkte:

1. Die diplomatischen Akteure sollten nunmehr in drei Rangklassen unterteilt werden: Botschafter, Legaten und Nuntien; Gesandte, Minister und andere bei den Souveränen akkreditierte Diplomaten; und zuletzt die bei den Außenministerien akkreditierten Geschäftsträger. Dabei wurde allein der ersten Klasse »Repräsentativcharakter« zuerkannt, während die anderen Diplomaten nur für genau bestimmte und begrenzte Verhandlungsgegenstände akkreditiert waren. Die Regelung lud alle Höfe ein, für die diplomatischen Gesandten einer jeden Klasse ein einheitliches Empfangszeremoniell zu bestimmen. Diese Klassifizierung hat bis in die heutige Zeit Bestand und wurde etwa im Wiener Übereinkommen über diplomatische Beziehungen vom 18. April 1961 bestätigt. Dort wurde auch die vierte Diplomatenklasse der Residenten, die auf dem Aachener Kongress 1818 hinzugenommen worden war, wieder abgeschafft.

2. Die Abschaffung der »Ränge« zwischen den Mächten wurde bestätigt. Bei der Unterzeichnung der Verträge sollte in allen Fällen, in denen zuvor das »Rotationsprinzip« angewendet worden war, die Reihenfolge der Unterschriften durch die alphabetische Reihenfolge der Staaten bestimmt werden. Bei der Schlussakte des Wiener Kongresses erfolgte die Reihung der Unterzeichner nach dem französischen Alphabet, so dass die Reihenfolge lautete: Österreich,

Frankreich, Großbritannien, Portugal, Preußen, Russland, Schweden. Vervollständigt wurde die Reihung der Nationen durch eine protokollarische Einteilung der diplomatischen Gesandten nach ihrer jeweiligen Rangklasse sowie innerhalb dieser nach dem Datum der offiziellen Anmeldung ihrer Ankunft. Verwandtschaftsverhältnisse zwischen den Höfen oder politische Allianzen hatten keinen Einfluss auf diese Regel.

3. Nach langen Diskussionen und als Ausnahme des zuvor Gesagten wurde Kardinal Consalvi der Vortritt gewährt, den die Repräsentanten des Heiligen Stuhls weiterhin innehaben sollten; dies fand die Unterstützung der französischen, russischen und österreichischen Repräsentanten, wurde jedoch von Cathcart kritisiert, der geltend machte, der König von England habe ebenfalls den Vorsitz einer Kirche. Am Ende siegte die Tradition, was auch im Text festgeschrieben wurde. Interessant dabei ist, dass der orthodoxe Alexander I. in einer Debatte zu diesem Thema seine Zustimmung zum Vortritt der Nuntien erklärte, und zwar mit folgenden überraschenden Worten: »Aus religiöser Sicht ist der Papst der Vorsitzende der größten christlichen Gemeinde der Welt. Aus politischer Sicht ist er von Rechts wegen neutral. Wenn ich die Ehre hätte, ihm zu begegnen, so würde ich mir keinen anderen Präsidenten wünschen als den Heiligen Vater. Meine Gesandten werden für seine Nuntien tun, was ich mit Stolz für seine Person tun würde.«[8]

Dieser zarte Keim diplomatischen Rechts verdiente es gewiss, noch weiterentwickelt und ausformuliert zu werden. So schwieg er sich beispielsweise über die Immunität aus, deren Recht sich »in der Tiefe der Jahrhunderte«[9] verlor, was zu Rechtsunsicherheit führte und Quelle von Interpretationskonflikten war. Doch zumindest war hinsichtlich der Vorgehensweise während der Verhandlungen eine knappe und klare Regelung getroffen und eine neue Ära eingeläutet. Im Übrigen wurde das Recht in den nächsten Jahren fortlaufend modernisiert. So schaffte der Aachener Kongress von 1818 das Losverfahren ab, so dass fortan allein die Reihenfolge im französischen Alphabet ausschlaggebend war.

Diese Arbeit war alles andere als belanglos: Denn in der Tat nahmen diese Regeln allen Bevollmächtigten, die Missbrauch damit treiben wollten, die Möglichkeit, Blockaden zu errichten, die mit dem eigentlichen Inhalt der Angelegenheit nichts zu tun hatten. 1815 und 1818 verabschiedet, sollten diese Regeln ein ganzes Jahrhundert überdauern. Noch heute sind sie Grundlage allen diplomatischen Rechts, und der Internationale Gerichtshof erachtet sie als ein »juristisches Gebäude, das von der Menschheit im Laufe der Jahrhunderte geduldig errichtet worden ist und dessen Bewahrung unerlässlich ist für Wohl und Sicherheit [der internationalen Gemeinschaft].«[10]

Die großen Flüsse als Gemeingut der Europäer

EINE DER ERSTAUNLICHSTEN und langlebigsten Errungenschaften wird in den meisten Geschichten des Wiener Kongresses höchstens einmal am Rande kurz erwähnt: die Ausarbeitung von Normen zur freien Schifffahrt auf Flüssen mit mehreren Anrainerstaaten. Dieses Gebiet mag abwegig erscheinen und wenig geeignet für jene Wortgefechte, die das Salz dieser großen Versammlung ausmachten und bisweilen auch zur Legendenbildung beitrugen. In der Tat wurde die Frage trotz ihrer wirtschaftlichen und politischen Implikationen sehr »technisch« angegangen. Die dazu gebildete Ad-hoc-Kommission wurde im Dezember 1814 ins Leben gerufen, nahm ihre minutiöse Arbeit jedoch erst im Februar 1815 auf, nach der Lösung der Sachsenkrise – und der Übersiedelung Preußens auf die linke Rheinseite. Nach zwölf

Plenarsitzungen waren Ende März schließlich mehrere grundlegende Texte eines wichtigen Aspekts des modernen Völkerrechts erarbeitet.[11] Die Kommission bestand aus Vertretern Frankreichs (Dalberg), Preußens (Humboldt), Englands (Clancarty), Österreichs (Wessenberg), der Niederlande (van der Spaen), Bayerns (von Wrede), Badens (Marshall und Berckheim) und Württembergs (Linden). Zu den letzten Sitzungen wurden außerdem die Repräsentanten der Stadt Frankfurt (Danz) und Hessens (Turckheim und Keller) zur Arbeit hinzugebeten, die im Wesentlichen darin bestand, den gewerblichen Schiffsverkehr auf den großen Flüssen jederzeit und unter allen Umständen zu gewährleisten und aufrechtzuerhalten.

Üblicherweise machten im Falle einer Krise oder eines Krieges die kriegführenden Parteien ihren Teil des Wasserweges für ausländische Transporte dicht, und zwar auch für unbeteiligte Dritte. Die vorherrschende Meinung war, dass ein Fluss kein Gemeingut darstelle, sondern eine Grenze. Auf dem Wiener Kongress, der die revolutionären Ideen zwar zumeist ablehnte oder zu isolieren versuchte, gedachten die Diplomaten hingegen eine Regel anzuwenden, deren erster Erlass vom Exekutivrat der Französischen Republik stammte, der am 16. November 1792 verfügt hatte: »Der Verlauf der Flüsse ist ein unveräußerliches gemeinschaftliches Gut, das von allen Gegenden mit Wasser gespeist wird. Keine Nation könnte billigerweise verlangen, ausschließlich über die Rinne eines Flusses zu verfügen und Anrainern des Oberlaufes nicht dieselben Vorteile zuzubilligen.«

Ein erster großer Vertrag, der diese Idee verfocht, wurde im Mai 1795 zwischen Frankreich und der holländischen Republik unterzeichnet; darin wurde die freie Schifffahrt für beide Staaten auf Maas, Schelde und Rhein eingeführt. Napoleon richtete sogar administrative Strukturen ein, um die freie Fahrt auf zwei der für den Handel wichtigsten Flüsse seines Reiches zu gewährleisten: den »Rheinmagistrat« (1808) und den »Pomagistrat« (1811). Deren Aufgabe bestand darin, den Flussverkehr zu erleichtern, den Betrieb zu regulieren und die Einrichtung der beiden Wasserwege und der Ufer zu pflegen.¹²

Die Idee des freien Flussverkehrs fand sich bereits im Pariser Frieden vom 30. Mai 1814. Dort wurde angeordnet, auf dem Rhein dürfe die Schifffahrt »niemandem verboten« werden. Die praktische Umsetzung und Erweiterung dieses Prinzips auf andere Wasserwege wurde aber auf den allgemeinen Kongress vertagt: »Ebenso wird auf dem künftigen Kongress geprüft und entschieden werden, auf welche Weise die oben genannte Anordnung, um die Verständigung zwischen den Völkern zu erleichtern und sie einander immer weniger fremd werden zu lassen, auch auf alle anderen Flüsse angewendet werden kann, die mit ihrem schiffbaren Verlauf verschiedene Staaten voneinander trennen oder diese durchqueren.« Der geheime und vom Vertrag abgetrennte Artikel 3 sah vor, die Anordnungen betreffend den Rhein unverzüglich auf Schelde und Maas auszuweiten und dies als Bedingung für die Vereinigung Belgiens mit den Niederlanden zu nehmen.¹³ Bis zum Kongress wurde die Zollverwaltung des Rheins einem provisorischen internationalen Amt anvertraut, das von Preußen und Österreich gemeinsam geleitet wurde, obgleich die Alpenrepublik nicht einmal Anrainer war.

Die »Kommission für die freie Schifffahrt auf den Flüssen« hätte den Text des Pariser Friedens gern wortwörtlich übernommen. Doch dagegen stand der Einwand des Repräsentanten Hannovers, Münster, der alles verurteilte, was seinem Souverän, dem König von England, in dessen Wege- und Zollrechten an den Mündungen von Elbe, Weser und Aller nachteilig sein konnte. Trotz dieser Streitpunkte, die von Castlereagh und Wellington ausgeräumt wurden, und einiger kleinerer Kämpfe um Detailfragen gelangte man am Ende zu einem Beschluss, den die Schlussakte des Kongresses in zehn Artikeln bestätigte (Artikel 108 bis 117).

Damit sahen sich fortan alle Staaten, die von ein und demselben schiffbaren Fluss voneinander getrennt oder durchlaufen wurden, verpflichtet, alle den Schiffsverkehr betreffenden Fragen freundschaftlich zu lösen. Dazu sollten die Kommissionen dienen, die im kommenden halben Jahr nach Unterzeichnung der Schlussakte ins Leben gerufen wurden. Prinzipiell war nun der Schiffsverkehr auf allen Wasserwegen frei und durfte weder in Friedens- noch in Kriegszeiten untersagt werden. Der Text gab sogar vor, nicht einmal der Zoll dürfe ein Hindernis für den freien Schiffsverkehr darstellen. Infolgedessen mussten die Wahrnehmung der Schifffahrtsrechte und die Regelung dieser Wasserwege einheitlich und »möglichst unabhängig« (sic!) von der Natur der transportierten Güter verfasst sein. Die Unterhaltung der Treidelwege oblag den Anrainern des jeweiligen Ufers, und über Arbeiten, die von gemeinsamem Interesse waren – wie etwa Brücken, Schleusen oder die Schiffbarkeit im Allgemeinen –, sollten sich die Staaten untereinander verständigen. Zudem wurde am 24. März 1815 eine Sonderregelung zur Schifffahrt auf Rhein, Neckar, Main, Mosel, Maas und Schelde unterzeichnet und der Schlussakte angehängt.[14] Sie sollte als Vorlage für die allgemeine Liberalisierung des Flussverkehrs in Europa dienen. Der Rhein verfügte fortan über einen Sonderstatus mit internationaler Kommission, eigener Verwaltung, Aufsichtsbehörden und einem Verpachtungsverbot der Schifffahrtsrechte.[15] Der provisorische Verwalter, Friedrich Graf zu Solms-Laubach, sollte seine Befugnisse am 1. Juni 1815 der neuen Kommission übertreten; Napoleons Rückkehr verzögerte die Übergabe nur um einige Wochen. Damit war der Rhein zum Inbegriff eines internationalen Gewässers geworden.

Diese Entscheidung des Kongresses erleichterte den Handel, und damit auch den Frieden. Den Staaten wurde die Pflicht auferlegt, einen Kompromiss zur friedlichen Lösung ihrer Auseinandersetzungen zu suchen – und dies auf einem wichtigen Gebiet, das die zwischenstaatlichen Beziehungen über Jahrhunderte hinweg vergiftet hatte. Im Falle eines Krieges würde die Rheinverwaltung fortan keinen Beeinträchtigungen mehr unterliegen und

Die großen Flüsse als Gemeingut der Europäer

»Boote und Personen in Zolldiensten alle Privilegien der Neutralität« genießen. Dies sollte auch für alle anderen Flüsse gelten.

Im Prinzip sollten auf diesem keineswegs nebensächlichen Gebiet von nun an transnationale Interessen Vorrang vor egoistischen Interessen haben. Einer Konfiszierung dieser Kommunikationswege durch Eroberung war in gewisser Weise die Rechtsgrundlage entzogen worden. Die Unterhändler des Kongresses zogen unmittelbare Konsequenzen, indem sie Anordnungen zur freien Schifffahrt auf der Weichsel und den polnischen Flüssen in die beiden Sonderverträge zur vierten Teilung Polens aufnahmen, welche am 3. Mai 1815 zwischen Russland und Preußen einerseits und Russland und Österreich andererseits unterzeichnet wurden.

Einer der bedeutendsten Spezialisten für das internationale Völkerrecht, Charles Zorgbibe, ist der Ansicht, in Wien sei auf behutsame und symbolische Weise »die erste jener zwischenstaatlichen Organisationen, die hundert Jahre später in der klassischen Diplomatie gang und gäbe sein würden«, ins Leben gerufen worden.[16] Das neue Flussrecht, das durch die Mainzer Akte von 1831 und die Mannheimer Akte von 1868 noch gestärkt wurde, sollte bis zum Versailler Vertrag 1919 und einem am 20. April 1921 in Barcelona unterzeichneten Übereinkommen unverändert bleiben. Von 1831 an durfte die Zentralkommission für die Rheinschifffahrt sogar über Berufungen gegen Gerichtsurteile von Anrainerstaaten bei Verstößen gegen die gemeinsamen Regeln durch Nutzer des Flusses entscheiden. Diese Freizügigkeit und diese Form der Verwaltung wurden im Laufe des 19. Jahrhunderts auf etwa dreihundert weitere europäische Flüsse und Kanäle ausgeweitet, darunter Elbe (1821), Weser (1823) und Donau (1856 und 1865). Nach der Unterzeichnung der Kongoakte am 26. Februar 1885 auf der Berliner Konferenz wurde sie sogar auf die Flüsse Kongo und Niger angewandt.[17]

Der Einsatz der englischen Diplomatie gegen den Sklavenhandel

BEREITS ANFANG DER 1780ER JAHRE hatte die Bewegung, die die Sklaverei und den Sklavenhandel abschaffen wollte, durch Anstöße humanistischer Denker vor allem aus England und Frankreich Auftrieb bekommen. Innerhalb eines Vierteljahrhunderts war es ihr gegen die mächtigen Kolonial-Lobbys gelungen, einen Teil der aufgeklärten Öffentlichkeit und, wichtiger noch, die britische Regierung auf ihre Seite zu ziehen.[18] So proklamierte England per Gesetz vom 25. März 1807 die Abschaffung des Sklavenhandels; die Abschaffung der Sklaverei sollte allerdings erst später erfolgen, nach einer Übergangsphase, die den Kolonialgesellschaften als »Anpassungszeit« zugestanden wurde. Darüber hinaus erhob das englische Gesetz einen wenn nicht universellen, so doch zumindest »internationalen« Anspruch, da es ein Verbot des Sklavenhandels an allen afrikanischen Küsten vorsah.

Von nun an schrieb sich London den Abolitionismus auf die Fahnen seiner Außenpolitik: Ein Staat, der sich von England finanzielle Unterstützung oder Handelsverträge erhoffte, musste sich dafür zur Abschaffung der Sklaverei verpflichten und einem sofortigen Verbot des Sklavenhandels beistimmen. So musste etwa der Regent von Portugal, der künftige Johannes VI., der nach Brasilien geflüchtet war, dieses Prinzip bei der Aushandlung des Vertrags von Rio de Janeiro vom 19. Februar 1810 anerkennen. Wenngleich er sein Versprechen nicht sofort in die Tat umsetzte, bewiesen die Briten ihren festen Willen in der Sache: »Zwischen 1810 und 1905 gehörten Fragen des Sklavenhandels auf der Agenda der britischen Diplomatie zu den drei oder vier wichtigsten Verhandlungspunkten«, bemerkt der Spezialist Olivier Pétré-Grenouilleau.[19]

Die große Koalition gegen das napoleonische Frankreich und das Verlangen der Alliierten nach Zuschüssen beschleunigten diesen Prozess noch, trotz des Verdachts, die Briten hätten in dieser Frage vor allem ihre eigenen Interessen im Blick: »Unter dem vorgeschützten Vorwand, die Zivilisation in Afrika voranbringen zu wollen, sinnen die Engländer einzig und allein darauf, sich des gesamten Handels des Universums zu bemächtigen und damit alle anderen Nationen zu ruinieren«, war in einem Pamphlet der Zeit zu lesen.[20]

Das Londoner Kabinett verwahrte sich gegen derlei Kritik und rückte mitnichten von seinem Vorhaben ab. So wurde im Bündnisvertrag vom 13. März 1813 Schweden eine standhafte Verpflichtung zur Abschaffung des Sklavenhandels abgerungen. Dänemark musste sich bei der Unterzeichnung eines ähnlichen Vertrags, der am 14. Januar 1814 in Kiel unterzeichnet wurde, dem Prinzip ebenfalls beugen.[21] Wilhelm von Oranien-Nassau versprach, die Niederlande würden sich ab sofort nicht mehr am Handel mit Sklaven beteiligen. Damit fehlten nur noch die beiden größten Kolonialmächte Frankreich und Spanien, die der Bewegung bis dahin die kalte Schulter gezeigt hatten. Gemäß dem ersten Zusatzartikel des Pariser Friedens musste Frankreich den Sklavenhandel binnen fünf Jahren, das heißt bis spätestens 1819, aufgeben. Ludwig XVIII. gab seine feierliche Zustimmung und sicherte England am 15. Juni 1814 in dieser Sache die Unterstützung der französischen Delegation auf dem Kongress zu. Damit hatte Castlereagh einen Trumpf in der Hand, um auch Spanien zum Umlenken zu bewegen. Denn in Madrid herrschte noch die geringste Bereitschaft, den Sklavenhandel aufzugeben, da man dort die allgemeine Auflehnung der Kolonien gegen die Metropole als die brennendere Frage ansah.

Die Regierung Liverpool war jedoch nicht geneigt, in ihren Forderungen nachzugeben, was Wellington Ludwig XVIII. bei einer ihrer Unterredungen auch mitteilte. Man konnte durchaus als Erpressung verstehen, was der Gesandte noch hinzufügte: Da alle französischen Kolonien in Afrika in Händen der Briten waren und Portugal und Holland sich zur Abschaffung

XIV. Letzte Verhandlungen

des Sklavenhandels verpflichtet hatten, könnte man den Sklavenhandel unverzüglich auf dem gesamten Schwarzen Kontinent beenden, selbst wenn man Frankreich seine Besitztümer zurückgäbe. Mit anderen Worten: Ohne explizit an die Abschaffung des Sklavenhandels geknüpft zu sein, würde die Rückkehr der Kolonien in den französischen Schoß umso reibungsloser vonstattengehen, je eher dieser Aspekt des Pariser Friedens anerkannt würde.

Um die Ausweitung der Maßnahme zu garantieren, schlug Wellington vor, dass die Marine beider Länder ab sofort alle Schiffe kontrollieren und all jene konfiszieren könnte, die Sklaven transportierten.[22] Für die französische Regierung, die zunächst ihre Kolonien zurückerlangen wollte, bevor sie den Briten in dieser Sache nachgab, ging das alles viel zu schnell und viel zu weit. Talleyrand und Jaucourt ließen die Dinge schleifen, um möglichst keine Verpflichtungen eingehen zu müssen. Die Noten des englischen Gesandten blieben wochenlang liegen. Als sie sich schließlich doch zu einer Antwort bequemten, kündigten sie darin zusätzliche Studien und weitere Verzögerungen an. Ärger noch: Kurz nach der Restauration der Bourbonen veröffentlichte der französische Zoll einen Runderlass, der den Reedern mitteilte, dass »der Sklavenhandel unverzüglich wieder aufgenommen« werde.

Auch mit der Position des Heiligen Stuhls musste sich der hinkende Fürst arrangieren. Seinem Vorgänger Benedikt XIV. folgend, der in der Bulle *Immensa Pastorum* vom 27. Dezember 1741 den Sklavenhandel geächtet hatte, suchte Pius VII. auf den Allerchristlichsten König einzuwirken. So hatte er, um Ludwig XVIII. zur Raison zu bringen, diesem einen »apostolischen Brief« gesandt: »Zu den bedeutendsten Wohltaten, die das heiligste religiöse Gewissen auf dieser Erde bewirkt hat, zählt ohne Zweifel die von allen, oder doch den allermeisten, erwirkte Aufhebung der Sklaverei oder deren Ausübung in gemäßigter Form.« Die Kirche untersage »allen, Geistlichen und Laien, es zu wagen, den

Handel mit Schwarzen als rechtmäßig zu unterstützen, unter welchem Vorwand oder welcher Farbe auch immer dies geschehen mag«.[23] Mithin wies der Papst Consalvi an, sich auf dem Kongress für die Abolition einzusetzen.

Trotz des heftigen Drucks wurde Talleyrand per Weisung angehalten, die Abschaffung des Sklavenhandels nur unter den Bedingungen des Pariser Friedens zu akzeptieren – das heißt mit einer Übergangsfrist von fünf Jahren – beziehungsweise in dieser »bisher dem europäischen Völkerrecht fremd[en]«[24] Materie eine Fristverlängerung zu erwirken.

Bei Spanien verbuchte England auch keinen größeren Erfolg. Zwar pflichtete Ferdinand VII. in einem Zusatzartikel des Vertrags vom 5. Juli 1814 zwischen England und Spanien »den Empfindungen S. M. von England betreffend das Unrecht und die Unmenschlichkeit des Sklavenhandels in vollem Umfang«[25] bei, doch sah sich der Gesandte des Prinzregenten in Madrid, Henry Wellesley, denselben Schwierigkeiten ausgesetzt wie sein Bruder Wellington in Paris. Man entgegnete ihm, wenn die Engländer »zwanzig Jahre« für die Abschaffung des Sklavenhandels vorgesehen hätten, so wäre es nur gerecht, wenn auch Spanien die Zeit für einen reibungslosen Übergang zugestanden würde. Wenn er einen besonders schlechten Tag hatte, konnte sich der Herzog von San Carlos, der Staatssekretär Ferdinands VII., sogar über seinen mangelhaften »Vorrat« an Sklaven in den spanischen Gebieten erzürnen und auf Fristverlängerung sinnen, um sein Lager aufzufüllen.[26] Schließlich aber kündigte er im Oktober 1814 an, sein Land werde Englands Wünschen entsprechen – mit einer Frist von acht Jahren. Die Regierung Liverpool lehnte den Vorschlag und den ihn begleitenden Kreditantrag ab.

Mit Frankreich, Spanien und Portugal kämpften somit drei große Kontinentalmächte mit allen ihnen zur Verfügung stehenden Mitteln darum, einen Handel aufrechtzuerhalten, der, wenngleich er offiziell als verachtenswert und nicht mit der christlichen Moral vereinbar angesehen wurde, einen wirtschaftlichen Einfluss ausübte, den man irrigerweise für positiv erachtete.[27] Nun war es an Castlereagh, sie bei den Verhandlungen in Wien zur Vernunft zu bringen.

Ein Teilerfolg für Castlereagh

DER BRITISCHE AUSSENMINISTER war »von der Kraft des Abolitionismus überzeugt«.[28] Er tat alles, was in seiner Macht stand, um das Ende des Sklavenhandels zu einem Hauptverhandlungspunkt auf dem Kongress zu machen. In dieser Hinsicht ist es überraschend – wenngleich alles andere als enttäuschend –, dass sich dieser große Pragmatiker auf eine Ideologie stützte. Im Gegensatz zur damals vorherrschenden Meinung dachte Castlereagh nämlich nicht, dass der Kolonialhandel und der Reichtum der europäischen Nationen abhängig von der Arbeitskraft der Sklaven seien. Daher ging er auf die sklavenhaltenden Mächte zu, ohne diese indes zu brüskieren, da er deren Unterstützung auch in anderen Fragen benötigte. Um sie zu ködern, versprach er sogar, den Verdienstausfall der Siedler zu finanzieren, falls im Gegenzug ein rascherer Zeitplan erwirkt würde. Am 8. Oktober 1814 schrieb er an Talleyrand. Die Antwort des französischen Gesandten war ernüchternd: »Die Empfindungen des Königs zu dieser Art des Handels erregen in ihm den ernsten Wunsch, dass die sofortige Aufgabe des Sklavenhandels mit dem Interesse, dem er seine Beschlüsse zu unterwerfen, sowie mit dem Interesse seines Königreichs und seiner Kolonien vereinbar sei. Hingegen ist ihm der Zustand selbiger noch gar nicht bekannt. Mehr noch, einige von ihnen sind bislang nicht einmal in den Besitz Frankreichs zurückgekehrt. Ebenso verhält es sich mit verschiedenen Elementen, die, um sich in einer derart gewichtigen Materie eine Meinung bilden zu können, unerlässlich sind und teils gänzlich fehlen, teils noch in den Häfen und Städten des Handels eingeholt werden müssen, in die bereits im Vertrauen

Ein Teilerfolg für Castlereagh

auf den Vertrag vom 30. Mai einige Expeditionen entsandt oder vorbereitet wurden.«[29] Mit anderen Worten: Frankreich pochte auf die Rückgabe seiner Kolonien und wollte eine Verhandlung in der Hauptsache auf einen späteren Zeitpunkt verschieben – und zwar, wie Talleyrand schrieb: »nach Abschluss des Kongresses«.

Um den Unwillen der sklavenhaltenden Staaten zu unterlaufen, bat Castlereagh seine Verbündeten im Viererkomitee um Hilfe. Weder Österreich noch Preußen noch Russland betrieben Sklavenhandel und hatten dies auch gar nicht nötig. Daher unterstützten sie Englands Position, der Zar an vorderster Front. Doch versuchte Alexander auch Vorteil aus seinem Uneigennutz zu ziehen, indem er vorschlug, man könne doch ihm den Schutz der slawischen und orientalischen Christen gegen das Osmanische Reich übertragen, wo England sich als Schutzherr der Schwarzen geriere. Von Castlereagh und Metternich kam auf diesen Vorschlag keine Antwort, und es wurde nicht weiter darüber gesprochen.[30]

Als Talleyrand begriff, dass er in die Zange genommen werden sollte, entschied er sich für eine Scheinoffensive. Das Manöver gelang. Am 10. Dezember schlug der französische Gesandte vor, eine Arbeitsgruppe der Acht einzuberufen, damit »alle Mächte des Christentums« die Abschaffung des Sklavenhandels gemäß den Anordnungen des Pariser Friedens beschlössen. Damit eröffnete er Labrador für Spanien und Palmella für Portugal die Möglichkeit eines Verzögerungsmanövers: Da der Sklavenhandel ihrer Ansicht nach keine Angelegenheit des »Staatsrechts« sei, könnten allein die Kolonialmächte über diesen Punkt in Verhandlung treten, was bedeutete, dass Russland, Österreich, Preußen und Schweden auszuschließen seien. Am 14. Dezember wurde die Behandlung dieser Frage bis auf weiteres verschoben.[31]

Erst am 20. Januar 1815 konnte die »Sonderkonferenz zur Beratung über die Abschaffung des Sklavenhandels«, der Repräsentanten der Acht angehörten, ihre Arbeit aufnehmen. Um deren Bedeutung zu betonen, leitete Metternich die erste der insgesamt

XIV. Letzte Verhandlungen

vier Sitzungen persönlich. Er verknüpfte die Frage des Sklavenhandels mit der Frage nach der Handelsfreiheit: Der Handel mit den Schwarzen könne nur als Ausnahme dieser Handelsfreiheit verboten werden. Die Arbeit ging rasch voran, insbesondere da Castlereagh und Stewart keine über den Pariser Friedensvertrag hinausgehenden Forderungen stellten. Dem englischen Minister war sehr daran gelegen, zu einer Einigung zu kommen, ehe er nach London abreisen musste. Er wollte sich vor dem Parlament mit einem guten Ergebnis in dieser Frage präsentieren, um den Unmut über den Kompromiss betreffend Sachsen und Polen zu dämmen. Talleyrand, Labrador und Palmella schworen – die eine Hand auf dem Herzen, die andere auf den vormaligen Abkommen –, ihre Souveräne würden sich seinem Wunsch fügen, dem Sklavenhandel ein Ende zu bereiten. Talleyrand beugte sich sogar Castlereaghs Forderung, die Frist auf drei Jahre zu verkürzen, unter der Bedingung, dass es im offiziellen Text bei fünf Jahren bliebe. Labrador lavierte auf ähnliche Weise: Sein König könne den Sklavenhandel keinesfalls unverzüglich abschaffen, würde es jedoch in den kommenden Jahren tun, ganz sicher aber vor dem Ablauf von »acht Jahren«. Palmella erinnerte daran, dass sich Portugal bereits 1810 dafür eingesetzt habe, diesen fürchterlichen Handel zu beenden, und bestätigte dies in einem gesonderten Vertrag, den er am 22. Januar im Namen seines Landes mit England unterzeichnete. Gleichzeitig merkte er an, dass auch ihm eine gewisse Frist zuzustehen sei, bis ein vollständiges Verbot möglich sei: Acht Jahre »Anpassungszeit« schienen ihm das Mindeste.

Unter diesen Prämissen gebar die Konferenz am 8. Februar 1815 eine Erklärung, die unter Berücksichtigung der von den verschiedenen Seiten vorgebrachten Argumente nicht das sofortige Ende des »Negerhandels in Afrika« beschließen konnte, den Sklavenhandel aber doch mit deutlichen Worten verurteilte: »Die gerechten und aufgeklärten Menschen aller Zeiten erachten ihn als abscheulich gegenüber den Prinzipien der Humanität und der universellen Moral.« Aus diesem Grunde sollte er »so bald wie

Ein Teilerfolg für Castlereagh

möglich« verboten werden. Zu diesem Zweck verpflichteten sich die Kolonialmächte, Gesetze zu verabschieden, in die die »Verpflichtung und Notwendigkeit der Abschaffung« eingeschrieben war. Mithin erklärten die Acht »gegenüber Europa, dass die universelle Abschaffung des Negerhandels eine Maßnahme ist, die ihrer Achtung besonders würdig ist«.[32] Die Erklärung wurde als Anhang 15 in die Schlussakte aufgenommen. Dennoch war es Castlereagh nicht geglückt, eine diplomatische Revolution zu initiieren: durch ein Handelsverbot mit Staaten, die sich weigerten, den Sklavenhandel abzuschaffen. Die Einführung solcher wirtschaftlicher Sanktionen in Friedenszeiten wäre ein echtes Novum gewesen.[33]

Man könnte zu dem Schluss kommen, dass der Kongress kaum über den Stand vor seiner Eröffnung hinausgekommen war; wie Adolphe Thiers könnte man sogar die Ernsthaftigkeit der Diplomaten in dieser Sache in Frage stellen: »So hatten denn die Alliierten [...] eine Declaration ausgearbeitet, die zwar dem Inhalte nach wahr, doch rücksichtlich des Stils den declamatorischen Documenten mindestens gleichkam, die von der constituierenden Versammlung ausgegangen waren. Die H.H. von Nesselrode, von Metternich, de Talleyrand hatten hierbei den Lord Castlereagh unterstützt und eine Sprache geführt, worüber sie untereinander lächelten, denn die Weise, in welcher sie die Völker Europas unter sich theilten, bewieß genugsam den Wärmegrad, den sie der Freiheit der Schwarzen zu widmen vermochten.«[34]

Aber man muss Castlereagh auch zugestehen, dass er die sklavenhaltenden Länder festnagelte, indem er die Notwendigkeit der Abolition anerkennen und feierlich in die Obliegenheiten der Unterzeichner aufnehmen ließ. Oder, wie der Historiograf Gaëtan de Raxis de Flassan es ausdrückte: »Die Verhandlungen über die Abschaffung des Sklavenhandels, gleich denkwürdig durch die ausgesprochenen Grundsätze und durch die gefaßten Beschlüsse, zeigen einen der schönsten Triumphe der Vernunft und des Gefühls der Menschenwürde, wie auch immer die Farbe seyn möge, welche die Natur dem Angesichte aufgeprägt hat. Die Verhandlung wird einen Hauptabschnitt in der Geschichte der Philosophie, des Handels und der Politik des Menschengeschlechts ausmachen.«[35]

Gewiss hatte die Erklärung nichts wirklich Zwingendes, aber »der Text hatte den Vorteil, nun einmal in der Welt zu sein«.[36] Er würde England als Legitimation für sein unablässiges Beharren auf diesem Prinzip dienen, so auf der Londoner Konferenz von August bis November 1816, auf der ein permanenter Ausschuss eingerichtet wurde, um die Umsetzung des Textes vom 8. Februar 1815 zu überwachen. Im Jahr darauf akzeptierten Portugal und Spanien die Abschaffung des Sklavenhandels unter Wahrung einer Frist und gegen Hilfszahlungen. Der britische Schuldner zahlte insgesamt 700 000 Pfund Sterling, 400 000 an Spanien und 300 000 an Portugal. Umgehend kündigte Madrid an, den Sklavenhandel nördlich des Äquators am 30. Mai 1820 zu beenden. Andernorts sollte dieser allerdings noch bis Ende der 1840er Jahre betrieben werden, trotz des Vertrags vom 20. Dezember 1841, den die fünf Mächte unterzeichneten und der ein allgemeines Durchsuchungsrecht für verdächtige Schiffe auf offener See festschrieb. Unter der Hand kamen sogar noch nach 1850 neue Sklaven nach Brasilien.

Der Sklavenhandel der Franzosen hätte bereits unter Napoleon ein Ende finden können. Per Dekret vom 29. März 1815 erklärte der Kaiser diesen für abgeschafft, doch die zweite Restauration machte wieder einen Schritt zurück, da alle Urkunden des »Usurpators« für null und nichtig erklärt wurden, und damit auch dieser Erlass.[37] Sein tatsächliches Ende fand der Sklavenhandel in Frankreich erst unter der Julimonarchie.

Trotz der Erklärung vom 8. Februar 1815 wurden also weiterhin Hunderttausende Afrikaner Opfer des Sklavenhandels. Olivier Pétré-Grenouilleau schätzt die Zahl der Sklaven, die zwischen 1801 und 1867 in Afrika verschifft wurden, auf ca. 3,5 Millionen, bei einer Gesamtzahl von 11 Millionen zwischen dem 16. und 19. Jahrhundert. Ein nennenswerter Rückgang konnte erst nach den 1850er Jahren verzeichnet werden. Spanien und Portugal waren mit Abstand führend in diesem verachtenswerten Geschäft.[38] Die Spanier verstärkten ihre Aktivitäten sogar noch, um mehr Arbeitskräfte für Kuba zu gewinnen, das sie nach der Enttäuschung um Santo Domingo zur neuen »Perle der Antillen« machen wollten. Portugal baute seinerseits das unabhängige Brasilien mithilfe importierter Sklaven aus Angola auf.

EPILOG
Die Schlussakte und ihre Konsequenzen

ANFANG MAI 1815 übernahmen die Fünf noch resoluter die Führung des Kongresses. Sie trieben die Lösungen der noch offenen Fragen voran und sorgten für die Vorbereitung eines Vertrags, in dem die gefällten Entscheidungen gebündelt werden sollten. Wie nebenbei lösten sie noch einige letzte Probleme und nahmen ein paar neue Anordnungen in die Endredaktion auf, womit sie bei Labrador zum wiederholten Male einen Tobsuchtsanfall auslösten. Komplettiert werden sollte die »Schlussakte des Wiener Kongresses« durch einen Anhang mit weiteren Abkommen, die seit dem vorigen Herbst beschlossen worden waren und auf die sich der Haupttext bezog. Der feierliche Abschluss der großen Versammlung sollte in Form einer Unterzeichnungszeremonie vollzogen werden, an der indes nur die acht Unterzeichner des Pariser Friedens teilnehmen würden. Die anderen europäischen Mächte waren aber eingeladen, der Zeremonie beizuwohnen und im Anschluss dem Vertrag beizutreten.

Damit war man wieder zur Vorgehensweise zu Kongressbeginn zurückgekehrt: Die »Mächte ersten Ranges« hatten in der Neugestaltung Europas das Heft in der Hand behalten, trotz der acht Monate währenden Debatten, Zerwürfnisse und Anfechtungen. Auf Anordnung des Zaren und um zu vermeiden, dass Talleyrand den Vertrag im Namen Ludwigs XVIII. abzeichnete, versuchte Nesselrode in letzter Minute, die Zeremonie auf die Zeit nach Kriegsende zu verschieben. Doch Metternich und Clancarty ließen diesen neuerlichen Versuch der russischen Delegation zu »intriguieren«[1] scheitern: Ein jeder wusste um die möglicherweise desaströsen Auswirkungen, die eine solche Verzögerung nach sich ziehen würde, gerade da der Kongress zu wahrhaft handfesten Ergebnissen gekommen war. Die noch bestehenden Meinungsver-

EPILOG *Die Schlussakte und ihre Konsequenzen*

schiedenheiten, die in keinem Falle fundamental waren, würden ebenso gut später geklärt werden können, nach dem Sieg über Napoleon und der Klärung des Schicksals Frankreichs.

Die Beschleunigung der Beschlüsse sorgte für einigen Aufruhr und bei der Vertragsunterzeichnung für verschiedentliche Unmutsbekundungen. Nicht wenige Repräsentanten der kleinen und mittleren Mächte bemängelten, dass die »Großen« – sprich: die Fünf – mehr oder weniger ihr Werk taten, ohne sie zu konsultieren. Unter diesen Voraussetzungen war es eine gute und praktikable Lösung, die Unterzeichnung der Schlussakte auf die Acht zu beschränken. Hätte man alle Staaten unterzeichnen lassen, wären damit Vorbehalten[2] Tür und Tor geöffnet, womit die neue rechtliche Ordnung Europas unverständlich, wenn nicht gar ungewiss geworden wäre. Indem man aber die nicht unterzeichnenden Mächte zum *Beitritt* einlud, zwang man diese, die einzelnen Abkommen in Gänze zu akzeptieren; es gab, wenn man so sagen darf, nur ein »Entweder oder«. Unter diesen Umständen war die Gefahr gering, dass die mittleren Mächte sich für das »oder« entschieden, um sich nicht selbst ins Abseits zu stellen und sich womöglich späterhin genötigt zu sehen, unter noch schlechteren Bedingungen zu unterzeichnen.

Trotz des prinzipiellen und teils auch nur scheinbaren Unmuts stellte also niemand das vollbrachte Werk grundsätzlich in Frage. Die Wiener Polizei vermerkte, der Kongress sei »am Ende deswegen noch gut ausgegangen und Jedermann deswegen so ziemlich zufrieden gestellt worden, weil [...] jeder seines Orts [...] der allgemeinen Ruhe und Ausgleichung [...] gerne sein Opfer gebracht hat.«[3]

Die Unterzeichnung

UNTER GENTZ' FEDERFÜHRUNG war es der Redaktionskommission ein Leichtes, die meisten formalen Schwierigkeiten zu beseitigen, so dass die Ausarbeitung der Schlussakte rasch voranging. Heikle Fragen übergab die Kommission den Fünf, die in ihren Sitzungen darüber entschieden. So konnte der Zar bereits eine annähernd endgültige Fassung der verschiedenen Artikel lesen, ehe er Wien am 26. Mai 1815 verließ, um zu seinen Truppen zu stoßen. Auf einer der wenigen Arbeitssitzungen, die allen Teilnehmern offenstanden, wurde der Text am 29. Mai den versammelten Delegationen vorgetragen. Am 7. Juni schließlich war er bereit zur Unterzeichnung. Er war in französischer Sprache verfasst und enthielt einhunderteinundzwanzig Artikel.[4] Siebzehn Anhänge mit annähernd zweihundertfünfzig Artikeln waren angefügt. Laut Artikel 118 sollten sie »dieselbe Kraft und Gültigkeit haben, als wenn sie Wort für Wort in den Generaltractat aufgenommen wären.« Folgende Texte konnten im Anhang konsultiert werden:

1) Der »Tractat zwischen Rußland und Österreich vom 21. April / 3. Mai 1815« zur Regelung der polnischen Angelegenheiten, der insbesondere die Rückkehr Galiziens in den Schoß Österreichs vorsah (41 Artikel);

2) Der »Tractat zwischen Rußland und Preussen vom 21. April / 3. Mai 1815« zur Regelung der polnischen Angelegenheiten, in dem die preußischen Gebiete Polens zum »Großherzogtum Posen« erhoben wurden (43 Artikel);

3) Der »additionelle Tractat in Beziehung auf Krakau, zwischen Österreich, Preussen und Russland, vom 21. April/ 3. Mai 1815«, in dem die Grenzen, Rechte und Protektionen ausgeführt waren, die der neu gegründeten Republik zugestanden wurden (22 Artikel);

EPILOG *Die Schlussakte und ihre Konsequenzen*

4) Der »Tractat zwischen Preussen und Sachsen vom 18. Mai 1815«, in dem Friedrich August den Verlust eines Teils seiner Gebiete anerkannte (25 Artikel);

5) Die »Declaration des Königs von Sachsen über die Rechte des Hauses Schönburg, vom 18. Mai 1815«, ergänzt durch eine Erklärung der Fünf, die auf den 29. Mai datiert;

6) Der »Tractat zwischen Preussen und Hannover vom 29. Mai 1815«, in dem sich Friedrich Wilhelm III. und der Prinzregent von England über die Neuordnung ihrer jeweiligen Gebiete verständigten (13 Artikel);

7) Die »Convention zwischen Preussen und dem Großherzogthum Sachsen-Weimar vom 1. Juni 1815«, in der sich Friedrich Wilhelm bereiterklärte, 50 000 Seelen aus der »Masse seiner Staaten« abzugeben (5 Artikel);

8) Die »Convention zwischen Preussen und dem Herzoge und den Fürsten von Nassau vom 31. Mai 1815« zum Austausch von Gebieten (19 Artikel);

9) Die »deutsche Bundesacte vom 8. Juni 1815«, die zwei Tage vordatiert wurde, da das endgültige Abkommen erst am 10. Juni erwirkt wurde (20 Artikel);

10) Der »Tractat zwischen dem Könige der Niederlande, und Preussen, England, Österreich und Rußland, vom 31. Mai 1815«, der Einrichtung und Grenzen des Königreichs der Niederlande sowie die persönliche Souveränität des Prinzen von Oranien-Nassau über Luxemburg festlegte (10 Artikel);

Die Unterzeichnung

11) Die »Declaration der Mächte über die Angelegenheiten der Schweizer Conföderation, vom 20. März 1815« (10 Artikel) und die »Accessionsacte vom 27. Mai 1815« (3 Artikel);

12) Das »Protocoll über die Abtretungen des Königs von Sardinien an den Canton Genf vom 26. März 1815« (6 Artikel);

13) Der »Tractat zwischen dem Könige von Sardinien, Österreich, England, Rußland, Preussen und Frankreich, vom 20. Mai 1815«, in dem das Herrschaftsgebiet Viktor Emanuels I. bestimmt wurde (10 Artikel);

14) Die »Acte, genannt ›Bedingungen, welche als Basis zur Vereinigung der Staaten von Genua mit denen Sr. sardischen Majestät dienen sollen.‹«, die am 17. Dezember 1814 von den Genueser Delegierten bestätigt wurde;

15) Die »Declaration der Mächte über die Abschaffung des Negerhandels (sic!), vom 8. Februar 1815«;

16) Die »Reglements über die freie Schifffahrt« (9 Artikel);

17) Das »Reglement über den Rang zwischen den diplomatischen Agenten« (7 Artikel).

Neben der Schlussakte mit ihren Anhängen, die die Unterzeichner des Pariser Friedens und durch deren Beitritt auch die anderen europäischen Staaten in die Pflicht nahm, vervollständigten zahlreiche bilaterale und im Laufe des Frühjahrs unterzeichnete Abkommen über Abtretungen, Tausch und Neuordnung von Gebieten das auf dem Kongress erwirkte Geflecht, das die neue politische Landkarte Europas darstellte.

EPILOG *Die Schlussakte und ihre Konsequenzen*

Einige Tage vor der Unterzeichnungszeremonie kündigte Labrador an, er werde seine Unterschrift unter die Schlussakte verweigern. Die Fünf hätten zahlreiche Entscheidungen oktroyiert, ohne die anderen Partner des Pariser Friedens zu konsultieren, wozu sie laut ebendiesem Vertrag nicht berechtigt waren. In seiner schriftlichen Protestnote an Metternich sprach der spanische Gesandte sein Bedauern darüber aus, dass ihm diese Entscheidungen »aus reiner Höflichkeit« mitgeteilt worden seien. In der Sache widerlegte er gleich mehrere Anordnungen, zuvorderst den Artikel 105, in dem die Mächte seinem König die Rückgabe der Provinz Olivenza »aufs baldigste« anempfohlen, die Portugal 1801 nach einem kurzen Krieg zwischen den beiden Königreichen an Spanien abgetreten hatte. Labrador beteuerte – völlig zu Recht –, keiner solchen Verabredung zugestimmt zu haben.

Wieder einmal spielte also der Spanier, wie er es sich zur Gewohnheit gemacht hatte, die Rolle des empörten Hidalgo in Vollendung. So beliebte er sich in seiner Protestnote in die Bemerkung zu versteigen: »Diese Abtretung betreffend, haben sich die Herren Bevollmächtigten der vorbezeichneten Mächte [dieser Angelegenheit] ohne Zweifel irrtümlicherweise gewidmet, da es weder Aufgabe des Wiener Kongresses im Ganzen, geschweige denn irgendeiner Fraktion desselben ist, von diesem Punkte Kenntnis zu nehmen.« Ebenso wies er die Zusprechung Parmas an Marie-Louise und die »Rückgabe« der Toskana an Österreich zurück. Seiner Ansicht nach hätten diese Gebiete Infanten übergeben werden müssen, da die Bourbonen von Madrid zu diesem oder jenem Zeitpunkt in der jüngeren Geschichte Rechte daran gehabt hatten. Im Namen der Gleichheit, die unter allen Umständen zwischen den Unterzeichnern des Pariser Friedens hätte herrschen müssen, sehe sich Spanien, um sich seine Unabhängigkeit zu bewahren, zu der Schlussfolgerung gezwungen, dass Dinge, die anderswo erlaubt waren, »jenseits der Pyrenäen niemals« gestattet wären.[5]

Die Unterzeichnung

Bei einer unparteiischen Betrachtung der Lage ist Labrador durchaus zuzugestehen, dass er sowohl rechtlich als auch sachlich nicht ganz unrecht hatte. Mit denselben Argumenten hatte sich Talleyrand zu seiner Zeit in den auserwählten Kreis der Entscheidungsträger eingeschlichen – und zu diesem Ziel, wir erinnern uns, sogar seinen spanischen Kollegen instrumentalisiert. Zudem wäre es, da man nun einmal Regeln aufgestellt hatte, nur folgerichtig gewesen, sich auch daran zu halten. Doch mit seiner Prinzipienreiterei führte der Abgesandte Ferdinands VII. nurmehr ein Nachhutgefecht: Als Königreich im Niedergang, ohne militärische Macht oder größere geopolitische Interessen in Europa, und bald auch ohne Gewicht in Südamerika, war Spanien mittlerweile alles andere als eine – wie man ja nun nicht mehr sagen darf – »Macht ersten Ranges«.

Wenngleich Metternich und seine Kollegen auf den sofortigen Beitritt Spaniens verzichten konnten, unternahmen sie dennoch verschiedentliche Versuche, Labrador zum Umlenken zu bewegen. Doch alle Bemühungen waren vergebens. Am 11. Juli reiste der Spanier aus Wien ab. Dieser letzte Eklat wurde von den »Großen« harsch abgeurteilt, während die »Kleinen« größeres Verständnis zeigten, da sie sich ebenfalls verschiedentlich dem Diktat der Fünf hatten beugen müssen. So schrieb der Niederländer van den Spaen an den sardischen Gesandten Rossi: »Sie werden sicherlich auch die höchst bemerkenswerten Noten Labradors erhalten haben. Die Originalität, die Schärfe, der Nerv und in mehrerer Hinsicht auch die ihnen innewohnende Wahrheit machen sie in meinen Augen sehr interessant.«[6] Ferdinand VII. sollte die Gültigkeit des Wiener Vertrags erst zwei Jahre später, am 7. Mai 1817, anerkennen.

Am 9. Juni 1815 fand somit die Zeremonie im großen Empfangssaal der Hofburg statt, auf der sieben der acht Signatarmächte des Pariser Friedens in Gegenwart aller Delegationen die Schlussakte des Wiener Kongresses unterzeichneten. In alphabetischer Reihenfolge der Mächte setzten Signatur und Siegel:

EPILOG *Die Schlussakte und ihre Konsequenzen*

- Metternich und Wessenberg für Österreich;
- Talleyrand, Dalberg und Noailles für Frankreich;
- Clancarty, Cathcart und Stewart für Großbritannien;
- Palmella, Saldanha de Gamba und Lobo da Silveira für Portugal;
- Rasumowsky und Stackelberg für Russland;
- Hardenberg und Humboldt für Preußen;
- Löwenhielm für Schweden, mit Vorbehalten gegen die Artikel 101, 102 und 104 zur Neuordnung des Herzogtums Lucca und der Rückkehr Ferdinands IV. nach Neapel, was seiner Ansicht nach nicht zu den Verhandlungspunkten des Kongresses gehörte; doch war er nicht so weit wie Labrador gegangen, den Vertrag nicht zu unterzeichnen.

Ein kleineres Vorkommnis sorgte für einen Misston im Auftritt der russischen Delegation. Deren Anführer Nesselrode war am Vortag der Zeremonie aus Wien abgereist, um dem Zaren die letzte Textfassung zu überbringen, so dass der Gesandte Rasumowsky den Vertrag als russischer Bevollmächtigter unterzeichnete, was die Gattin des jungen Staatssekretärs in Rage versetzte: »Dieser Altadel steht da mit stolz geschwellter Brust, anstatt sich einzugestehen, dass er nicht mehr ist als ein bloßer Handlanger, der den Entwurf eines anderen unterzeichnet«,[7] schrieb sie ihrem Mann. Für die Geschichtsbücher sei hinzugefügt, dass Nesselrodes Unterschrift ebenfalls auf den offiziellen Exemplaren der Schlussakte zu finden ist, die zwecks Vervollständigung zwischen den verschiedenen Kanzleien hin- und hergeschickt wurden. Der Staatssekretär unterzeichnete den Vertrag am 26. Juni. Das Original der Schlussakte kehrte am 21. August 1815 nach Wien zurück, wo es sich bis heute befindet.[8]

Im Anschluss an die Zeremonie verlieh Franz I. in einem letzten Akt der Freigiebigkeit vierundzwanzig Ehrenzeichen an einige der wichtigsten Akteure des Kongresses, darunter das Großkreuz des k.u. Sankt Stephans-Ordens an Talleyrand, Nesselrode, Rasumowsky, Stackelberg und Stein sowie das Großkreuz des Österreichisch-kaiserlichen Leopold-Ordens an Anstett, Hardenberg, Capodistria und Humboldt.[9] Zugleich verbreitete sich die Kunde, dass Ferdinand IV. von Neapel Metternich zum Herzog von Portella ernannt hatte, mit einer jährlichen Rente von 60 000 Franc. Einige böse Zungen wollten den Titel des Kanzlers gern in »Herzog von Bordella« umbenennen.[10] Die Bonmots, die im Palais und in der Stadt kursierten, sollten den Kongress tatsächlich bis zu dessen endgültigem Ende begleiten.

Der Vertragsbeitritt in Europa

AM 11. JUNI 1815 wurde der Wiener Kongress offiziell beendet. Die Abenteurer und Schaulustigen verließen die Stadt ebenso wie die Diplomaten, von denen einige bereits zu ihren Souveränen und deren Armeen abgereist waren. Doch schon in Kürze würde man sich in Paris wiedersehen – zu neuerlichen Verhandlungen. Talleyrand machte sich ziemlich gemächlich auf den Weg nach Gent, wo ihn Ludwig XVIII. seit mehreren Wochen erwartete. Der französische Gesandte hatte sich dieser Emigration entwunden und es vorgezogen, in Wien zu bleiben, um sicherzustellen, dass die Unterzeichnung der Texte nicht auf den Sankt-Nimmerleins-Tag verschoben wurde.[11] Nun machte er zunächst noch Station in Frankfurt und Karlsbad, um erst nach Waterloo zu seinem König nach Nordfrankreich zu stoßen.

Der Empfang war kühl, und die Strafe folgte auf dem Fuße: Nachdem Ludwig XVIII. wieder fest auf dem Thron saß, entzog er Talleyrand das Portefeuille des Außenministeriums.

Als letzter Franzose reiste am 23. Juni Dalberg aus Wien ab. Der spanische Geschäftsträger Los Rios wurde bestimmt, um die Interessen des Allerchristlichsten Königs zu vertreten, bis ein neuer Gesandter akkreditiert war.

EPILOG *Die Schlussakte und ihre Konsequenzen*

Seitens der Engländer hatte sich Clancarty flugs auf den Weg nach Brüssel gemacht, um zu Wellingtons Armee hinzuzustoßen, während sich Charles Stewart zwei weitere Wochen in der habsburgischen Hauptstadt gönnte, um lange, friedfertige Spaziergänge und süße Momente des Glücks mit seiner Mätresse Wilhelmine von Sagan zu genießen, die er dem österreichischen Staatskanzler und dem Zaren aller Reußen entrissen hatte – die aber ohne sein Wissen noch eine Fernbeziehung mit seinem Kollegen Lamb unterhielt und den brieflichen Avancen Wellingtons, den zu verführen ihr ebenfalls gelungen war, mit einiger Minaudrie begegnete.

Die britische Diplomatie war in Wien nunmehr durch Robert Gordon vertreten, einen Gesandtschaftsrat, den Wellington im Gepäck gehabt hatte und der bis 1821 auf diesem Posten verblieb. Die zweite Heroine des Kongresses, die Fürstin Bagration, hatte sich zur Kur nach Baden angeschickt, um nicht nur gesundheitlich wieder auf die Beine zu kommen – sie hatte sich auf dem Kongress, wie wir wissen, nicht gerade geschont –, sondern auch um ihren Wiener Gläubigern zu entkommen, denen sie mittlerweile die phänomenale Summe von 550 000 Franc schuldete.[12]

Friedrich von Gentz gedachte sich eine Ruhezeit in Weinhaus vor den Toren Wiens zu gewähren, in seinem neuen Gutshaus, das er, wie gemunkelt wurde, aus den während des Kongresses entgegengenommenen »Annehmlichkeiten« finanziert habe.[13] Doch aus dem Aufenthalt wurde nichts, da Gentz zu Metternich und Kaiser Franz nach Paris reisen musste.

GEMÄSS DEM WORTLAUT des Artikels 121 der Schlussakte sollte das am 9. Juni 1815 unterzeichnete Exemplar »zu Wien in dem Hof- und Staatsarchiv Sr. kaiserl. königl. apostol. Majestät […] niedergelegt werden, um, wenn der eine oder der andere europäische Hof es für nöthig halten sollte, den Originaltext dieser Acte nachschlagen zu können.« Doch zuvor ging das Original auf eine mehrwöchige Reise durch die Kanzleien der Acht, damit alle Delegationsleiter es unterzeichnen, die Kanzleien originalgetreue Abschriften erstellen und die Souveräne das Ratifizierungsverfahren einleiten konnten. Anschließend musste nur noch der Beitritt der anderen europäischen Staaten offiziell bestätigt werden. Gegen den Widerspruch der Briten hatte Metternich durchgesetzt, dass der Schlussakte der Artikel 119 mit folgendem Wortlaut hinzugefügt wurde: »Alle Mächte, die auf dem Congresse versammelt gewesen, so wie auch die Fürsten und freien Städte, welche zu den genannten Arrangements oder zu den Acten, welche in diesem allgemeinen Tractat bestätigt worden, beigetragen haben, werden eingeladen, demselben beizutreten.« Gleich im Anschluss an die Unterzeichnungszeremonie waren sechsunddreißig Sekretäre darangegangen, Abschriften zu erstellen, die »expéditions«, Ausfertigungen, genannt wurden. Diese ließ man, ehe die Repräsentanten der Acht allesamt die Stadt verlassen hatten, auf einer kleinen Zeremonie am 18. Juni unterzeichnen. Talleyrand hatte Dalberg die Befugnis übertragen, den Vertrag für Frankreich zu unterschreiben. Anschließend wurden die Ausfertigungen in alle Himmelsrichtungen Europas versandt, so dass das Accessionsverfahren beginnen konnte. Die Sammlung der Unterschriften und Ratifizierungen sollte sich dann aber noch über mehrere Monate hinziehen.[14]

Bald wurde bekannt, dass der Heilige Stuhl nicht unterzeichnen würde. Schon am 14. Juni hatte Consalvi mehrere Protestnoten gegen den Landraub verfasst, dem die kleinen deutschen Kirchenstaaten zum Opfer gefallen waren, den der Heilige Stuhl selbst hatte erleiden müssen – vor allem das Comtat und Avignon – und der ihm noch zusätzlich auferlegt wurde, etwa durch die Besetzung Ferraras durch Österreich.[15] Aus diesen Gründen trat Rom der Schlussakte des Wiener Kongresses nicht bei, trotz der im Grunde guten Ergebnisse: Noch im Sommer 1814 war keinesfalls klar gewesen, ob der Pontifex maximus einen so großen Teil des Erbes des heiligen Petrus würde wiedererlangen können.

Consalvi tönte sogar, mit diesem Abkommen seien die römischen Staaten »florierender und sicherer, als sie es seit Karl dem Großen je gewesen sind«.[16] Dem konnte Pius VII. nicht widersprechen, und am 4. September 1815 erklärte er auf einem geheimen Konsistorium, dass er persönlich die Schriftsätze des Kongresses akzeptiere, ohne aber die Hoffnung aufzugeben, eines Tages Nachverhandlungen über die Verletzungen der überlieferten Rechte der Kirche zu führen. Weiters führte er aus: »Wir erklären all diesen Fürsten unsere Dankbarkeit und sind ihnen umso mehr verbunden, als wir uns dessen bewusst sind, dass ihr Ehrgeiz, den Heiligen Stuhl zu schützen, auch weit geringer hätte ausfallen können.«[17]

Noch eine weitere europäische Macht trat der Schlussakte nicht bei, obgleich sie darin eine gewisse rechtliche Verbindlichkeit sah: das Osmanische Reich.

Die Heilige Allianz und der Zweite Pariser Frieden

DER WIENER KONGRESS eröffnete ein Jahrhundert europäischer Diplomatie, die auf dem Konzept des Europäischen Konzerts beruhte. Dessen erste erfolgreiche Anwendung geschah noch vor Unterzeichnung der Schlussakte, indem sich die Mächte als eine Einheit gegen Napoleons Rückkehr stellten. Umgehend fühlte sich der französische Historiograf Gaëtan de Raxis de Flassan zu folgender Bemerkung veranlasst: »Nichts trug so viel zur glücklichen Endschaft seiner Arbeiten [des Kongresses] bei, als die Gegenwart mehrerer großen Monarchen, so, daß es eben sowohl ein Kongreß von Königen als von Ministern war. [...] Den Vorteil dieser Nähe spürte man besonders, als kräftige Maaßregeln gegen den Usurpator zu nehmen, neue Allianzen zu schließen, die große europäische Armee ins Feld zu stellen waren, und man sie in zusammenlaufenden Linien gegen den Feind richten mußte, der den Erfolg seiner militärischen und politischen Ent-

Die Heilige Allianz und der Zweite Pariser Frieden

würfe auf die Uneinigkeit und den Mangel an Einheit berechnete.«[18]

Die Bedeutung dieses Paktes für die Verteidigung des europäischen Gleichgewichts sollte sich in den kommenden Wochen bewahrheiten. Der restaurierte Kaiser war am 18. Juni 1815[19] in Waterloo niedergerungen worden und hatte vier Tage später abgedankt. Am 8. Juli war Ludwig XVIII. nach dem Intermezzo der provisorischen Regierung unter Fouché in seine Hauptstadt zurückgekehrt. Der Zar, der preußische König, der österreichische Kaiser, Metternich, Castlereagh, Nesselrode, Hardenberg und ihre wichtigsten Berater sollten bald dazustoßen. Diesmal konnte Talleyrand nicht dasselbe Spiel spielen wie noch 1814, und der englische Außenminister ließ sich nicht noch einmal von Alexander die Leitung der Verhandlungen aus der Hand nehmen.

Die einberufene Kommission der Vier kam fast täglich zusammen, um über das besetzte französische Gebiet zu beraten und einen zweiten Friedensvertrag auszuhandeln. Wie auch in Wien übernahm Gentz das Amt des Sekretärs dieses kleinen Kongresses, an dem Metternich, Rasumowsky, Nesselrode, Castlereagh, Wellington, Hardenberg und Humboldt teilnahmen. Frankreich wurde nicht hinzugebeten – beziehungsweise nur, um sich über die von den Siegern auferlegte Strafe unterrichten zu lassen.

Vor der Unterzeichnung des Zweiten Pariser Friedens mussten sich die Alliierten noch dazu durchringen, das Prinzip der »Heiligen Allianz« zu akzeptieren, das dem Zaren am Herzen lag. Die großen europäischen Mächte sollten sich den Grundsätzen des Christentums verpflichten und ihre Souveräne zu »Brüdern in Jesus Christus« machen. Wie nicht anders zu erwarten, hielt Friedrich Wilhelm dies für eine geniale Idee: Wenn dieses Vorhaben des Zaren umgesetzt würde, hätte der ewige Friede endlich ein festes Fundament und die Souveräne würden »den Herrn vor dem ganzen Universum loben«.[20] Castlereagh nannte die Idee im privaten Kreis »ein Stück sublimen Mystizismus und

EPILOG *Die Schlussakte und ihre Konsequenzen*

Unsinns«.[21] Metternich mokierte sich: »Was das sein soll, die Heilige Allianz? Ein großes, tönendes Nichts.«[22]

Doch zurück zum Ernst der Sache: Der Kanzler sollte sich letzten Endes dieses Textes bedienen, um eine neue Vorgehensweise zur Wahrung des Friedens durchzusetzen. Er ließ alles streichen, was den Anklang einer »Solidarität der Völker« haben konnte, um allein die Solidarität der Monarchen zu betonen. Sodann setzten der Katholik Franz von Österreich und der Protestant Friedrich Wilhelm von Preußen, nicht ohne mangelnde Überzeugung, aber letztlich um dem orthodoxen Zaren aller Reußen zu Gefallen zu sein, am 25. September 1815 ihre Unterschrift unter den aus einer Präambel und drei Artikeln bestehenden Vertrag. Die drei Souveräne versprachen einander eine »wahre und unauflösliche Brüderlichkeit«, ein »unveränderliches Wohlwollen« und ihre »gegenseitige Zuneigung«, um »Religion, Frieden und Gerechtigkeit zu schirmen«. Sie versicherten einander der Überlegenheit »Dessen, der im alleinigen Besitze der Macht ist, weil sich in ihm allein alle Schätze der Liebe, der Wissenschaft und der unendlichen Weisheit vereinen«, nämlich »Gott, [unser göttlicher] Erlöser Jesus Christus, das Wort des Allerhöchsten, das Wort des Lebens«.

Zuletzt luden sie alle Mächte, die dies wünschten, ein, dem Vertrag beizutreten. Der Aufforderung folgten Frankreich, das bereits am 19. November unterzeichnete, Spanien, Piemont, Neapel, die Niederlande, Dänemark, Portugal, Sachsen, die Schweiz, Bayern, Württemberg und ein Dutzend deutscher Staaten. Ohne konkrete Anordnungen oder verpflichtenden Charakter, war dieser Vertrag nurmehr eine Art »Manifest, das die souveräne Autorität der christlichen Moral«[23] sowie eine interessengesteuerte Solidarität unter den Dynastien proklamierte. Vor allem durch den Verweis auf diesen zweiten Aspekt sollte die Heilige Allianz in der Folge mehrfach angerufen werden, um zur Aufrechterhaltung der politischen Ordnung in Europa beizutragen. Metternich zufolge drückte sich darin weniger eine christliche Brüderlichkeit

Die Heilige Allianz und der Zweite Pariser Frieden

aus als die Tatsache, dass »die Revolutionen begraben«[24] waren. Darin lag ihr Hauptnutzen – denn die christliche Brüderlichkeit der Souveräne würde schwerlich als Fundament für das Europäische Konzert herangezogen werden können.

Neben dem Heiligen Stuhl und natürlich dem islamischen Osmanischen Reich verweigerte sich auch England dem Vertrag.[25] Während sich die britische Regierung mit den Prinzipien einverstanden erklärte, rechtfertigte sie ihre Absage mit der Begründung, es handle sich vor allem um ein persönliches Abkommen unter Souveränen; mithin könne der Prinzregent nicht stellvertretend für seinen Vater Georg III. unterzeichnen.

In den Monaten nach Waterloo zogen die Briten es vor, sich auf konkrete Maßnahmen zum Erhalt des europäischen Gleichgewichts zu konzentrieren. Das Risiko war groß, dass dieses Gleichgewicht, kaum hatte der Kongress es wiederhergestellt, schon wieder ins Wanken geriet. Trotz ihrer entschlossenen Haltung gegenüber der Regierung Ludwigs XVIII., in der alsbald Talleyrand durch Richelieu ersetzt werden sollte,[26] wandten sich Castlereagh und Wellington vehement gegen den Vorschlag Preußens, die Besiegten hart zu bestrafen, indem man sie im Osten und Norden weiterer Gebiete beraubte. Auf diese Weise schoben sie einer weiteren umfangreichen Verhandlung zur Geografie Europas einen Riegel vor; so auch, als Gagern den Vorschlag machte, Luxemburg an Preußen abzugeben, um sich im Gegenzug die Region um Lille einzuverleiben; oder als wieder das Vorhaben einer Annexion Elsass-Lothringens auf die Tagesordnung kam. Wenngleich sie zugeben mussten, dass das rückfällig gewordene Frankreich härtere Sanktionen würde erleiden müssen als im Jahr zuvor, konnten sie doch zumindest eine Verstümmelung des Reiches verhindern.

Die Verhandlung mündete in die Unterzeichnung des Zweiten Pariser Friedens vom 20. November 1815, laut dessen Präambel die Mächte anerkannten, dass »die den Mächten gebührende Schadloshaltung weder ausschließend durch Länder-Abtretung, noch ausschließend durch Geld geleistet werden konnte« und es »rathsamer gefunden worden [sei], beyde Wege zu vereinigen«. Infolgedessen verlor Frankreich Savoyen an Viktor Emanuel, seine Enklaven und Festungen in Belgien, die an die Niederlande gingen, sowie einige Ländereien in der Region um Genf. Mehr denn je eingekesselt zwischen seinen sie beäugenden Nachbarn, musste die Grande Nation zudem die Kunstwerke zurückgeben, die sie seit den Eroberungen der Revolutionskriege beschlagnahmt hatte, Ausgleichszahlungen in Höhe von 700 Mio. Franc leisten und fünf Jahre lang für den Unterhalt der 150 000 Mann starken Besatzungsarmee aufkommen. Die Besatzungszeit, die auf dem Aachener Kongress von 1818 auf drei Jahre herabgesetzt wurde, kostete Frankreich zusätzliche 328 Mio. Franc, zu denen noch 240 Mio. Franc für jene Personen hinzukamen, die laut Vertrag »vor 1814« erlittene Schädigungen geltend machen durften, was im Vorjahr noch ausdrücklich ausgeschlossen worden war. Die Gesamtsumme belief sich somit auf annähernd 1,3 Mrd. Franc, was dem Volumen des französischen Staatshaushalts für zwei ganze Jahre entsprach. Wie Pierre Branda schrieb, wurde Napoleons abenteuerliche Rückkehr ans Festland zu den »teuersten einhundert Tagen in der französischen Geschichte«.[27]

Wenngleich das in Wien ausgeklügelte Gleichgewicht nicht in Frage gestellt wurde, war Frankreich damit an den Rand gedrängt und wurde diesmal letztinstanzlich aus dem großen europäischen Spiel ausgeschlossen. In der Tat wurde noch am Tag der Unterzeichnung des Friedensvertrags die Quadrupelallianz erneuert und gestärkt. Gemäß Artikel 6 des neuen Vertrags sollten sich die Delegierten der Mächte von nun an regelmäßig treffen, um sich über die »heilsamsten« Maßnahmen »für die Ruhe und den Wohlstand der Nationen und den Erhalt des Friedens in Europa« zu beraten. Zudem sorgte dieser »Sicherheitsrat avant la lettre«[28] unverzüglich für eine direkte, tägliche Überwachung Frankreichs mittels einer Kommission, die bis November 1818 in Paris weilte und keinen geringen Einfluss auf die Entscheidungen der Regierung Ludwigs XVIII. nahm, nicht zuletzt in der Innenpolitik. Die vier von den Mächten bestimmten Gesandten waren Vincent für Österreich, Goltz für Preußen, Stewart für England und Pozzo di Borgo für Russland. Sie versammelten sich insgesamt dreihundertsieben Mal im Hôtel de Charost, dem ehemaligen Stadthaus von Pauline Bonaparte, das nunmehr dem englischen Gesandten als Residenz diente.[29]

Das Europäische Konzert

DAS EUROPÄISCHE KONZERT und sein »Kongresssystem« waren damit aus der Taufe gehoben. Es oblag den »Großmächten«, über die anderen Staaten zu wachen und vor allem einen möglichst allumfassenden Zustand des Friedens zu erhalten, wozu sie nötigenfalls auch gezielte Maßnahmen ergreifen sollten, um die in Wien hergestellte und durch die Pariser Verträge (Heilige Allianz und Quadrupelallianz) ergänzte Ordnung zu verteidigen. Zwar gab es damit noch keine politische Einheit in Europa, aber doch zumindest eine Einigkeit in der Zielsetzung, laut Albert Sorel die »Utopie eines dauerhaften Friedens zum größtmöglichen Nutzen der Souveräne«.[30] Der große Historiker hatte recht: Das Kongresssystem sollte auch in Zukunft dahingehend wirken, die wiedergefundene soziale Ordnung – wenngleich in modernisierter Form – unter der paternalistischen Fuchtel der durch das Völkerrecht legitimierten Monarchen aufrechtzuerhalten. Genau das meinte auch Gentz: »Nichts wird nun die Kabinette mehr davon abhalten, im Großen zu wirken; der soeben verabschiedete Vertrag hat den Boden zerstört, auf dem ein besseres Gesellschaftsgebäude hätte errichtet werden können.«[31]

In der Bewahrung der zwischenstaatlichen Ordnung spielte die Heilige Allianz in ihren Anfängen eine gewisse Rolle; auf ihr Antreiben hin fanden mehrere Versammlungen statt, und sie wies ihren Mitgliedern Mandate zu, um Monarchen zu Hilfe zu

EPILOG *Die Schlussakte und ihre Konsequenzen*

kommen, die innerhalb ihrer eigenen Grenzen in Bedrängnis geraten waren, wie etwa Österreich in Deutschland (1819) und in Italien (1820) oder Frankreich in Spanien (1823). Letztlich aber hatte die Quadrupelallianz doch die effektiveren Mittel: Als Frankreich definitiv in das »Direktorium der Großmächte« eingelassen wurde, konnte man nunmehr von einer »Pentarchie« sprechen, die sich den Erhalt des Friedens auf die Fahnen geschrieben hatte.[32]

In Aachen wurde die dominante Stellung der »Großen« ein wenig zurechtgerückt, indem zu den anstehenden Entscheidungen auch andere Mächte hinzugezogen wurden, sofern diese davon direkt betroffen waren, ein Prinzip, das auf dem Veroneser Kongress 1822 über Italien und auf der Londoner Konferenz von 1830 bis 1833 über Belgien mehr oder weniger strikte Anwendung fand. Auf diese Weise sicherten der Wiener Kongress und seine Folgekongresse trotz des Bruchs mit dem territorialen Status quo Europa ein Jahrhundert ohne allgemeinen Krieg: »Das Europäische Konzert verstand es, sich weiterzuentwickeln, Frankreich wieder einzubinden und sich auf die ersten großen Veränderungen in der 1815 etablierten europäischen Ordnung, die Unabhängigkeit Griechenlands und Belgiens, wie auch auf die wachsenden Probleme einzustellen, die aus dem Niedergang des Osmanischen Reiches resultierten«, so Georges-Henri Soutou. »Dank der beständigen Abstimmung zwischen den Großmächten gelang es ihm, den Kontinent zu führen und das Ausmaß der Krisen zu beschränken.«[33]

Der Kongress hatte de jure eine Unterscheidung getroffen zwischen Gebietserweiterungen durch Eroberung, die er als null und nichtig erklärte, und solchen, die durch Verträge erwirkt wurden. Unilaterale Änderungen an der internationalen Ordnung wurden fortan nicht mehr geduldet. Zwar waren dadurch Annexionen und Gebietskorrekturen nicht immer legitim, aber zumindest waren sie mit einer juristischen Norm verknüpft, die von jedermann akzeptiert wurde. Gewiss war man noch weit davon entfernt, Kriege und zwischenstaatliche Gewalt als Unrecht zu ächten – wobei sich die Frage stellt, ob das jemals geschehen wird –, doch hatte man den Weg für eine multilaterale, formale Einigung bei Grenzverschiebungen vorgezeichnet. Dank Talleyrands Intervention konnte man sogar erleben, wie sich das Recht der Sieger gegenüber dem Besiegten gewandelt hatte: Der Kriegsverlierer hatte nunmehr nicht nur das Recht auf einen gewissen Respekt, sondern auch auf Anhörung, ein erster Schritt zum »Sieg der Einigung« in internationalen Angelegenheiten. Diese Idee überlebte bis in die Zeit der Friedensverträge nach dem Ersten Weltkrieg und fand ihr spektakuläres Ende mit dem Versailler Vertrag, der Deutschland auferlegt wurde, ohne die Delegation des Besiegten anzuhören, ja ohne sie überhaupt zu empfangen.[34]

Dennoch hat sich der Wiener Kongress immer wieder harscher Kritik ausgesetzt gesehen, von Zeitgenossen, aber auch bis in die heutige Zeit. Bitter enttäuscht von den Kompromissen, die seinem Land auferlegt wurden, notierte der Schweizer Eynard in seinem Tagebuch: »Der Kongress hat bewiesen, dass es Europa an verdienstvollen Männern mangelt; die Könige und Minister sind höchst mittelmäßig; alle, die zu der Zeit in Wien residiert haben, werden das bestätigen, sofern sie verfolgt haben, was dort vor sich gegangen ist.«[35] Bis heute ist diese Art der Schwarzmalerei, auch in diesem harschen Ton, virulent geblieben – fälschlicherweise, da der Kongress gern mit der Heiligen Allianz gleichgesetzt wird. Diese ist von den »Laien«, die im Bereich der historischen Bewertung immer größeren Einfluss gewonnen haben, stets abgelehnt worden. Dabei war ihr Einfluss aber nur von kurzer Dauer, da sie nach dem Veroneser Kongress und Englands Einspruch gegen die französische Intervention gegen die Liberalen in Spanien bereits wieder in der Versenkung verschwand.[36]

In Frankreich war der Kongress »Gegenstand des Hasses und des Entsetzens für den französischen Patriotismus«.[37] Man könnte und hat darin einen neuerlichen »Landesverrat« Talleyrands gelesen – Preußen am Rhein! –, wie auch einen Vorwurf an die Schwäche der königlichen Diplomatie. Das hieße aber die Lage des besiegten Landes missachten. Wären die zwei Niederlagen 1814 und 1815, zwei gleichsam schwere Erschütterungen, zu einer späteren Zeit erfolgt, hätten sie unweigerlich zur Auflösung des Landes geführt, wie die Abkommen von 1918 über Österreich-Ungarn und von 1945 über Deutschland gezeigt haben.

Man hat sich über die Haltung des Zaren beklagt und über Preußens Brutalität, über den Stoizismus, ja Dilettantismus Metternichs und Castlereaghs Unkenntnis des Kontinents, über Talleyrands Käuflichkeit, die »Stümperei« Franz' I. und den Wankelmut Friedrich Wilhelms III., und man hat das ganze Treffen auf eine mondäne Veranstaltung heruntergebrochen, auf der am prallgedeckten Tisch über das Schicksal ganzer Nationen bestimmt wurde. Nimmt man außerdem hinzu, dass die damaligen Prinzipien, auf die die Diplomaten sich stützten – Legitimität, Seelenschacherei, Konservatismus etc. –, heute einhellig abgelehnt werden, ohne dass sie nebenbei gesagt tatsächlich vollständig aus den internationalen Beziehungen verschwunden wären, dann kann man den Kongress als etwas ansehen, was er nie gewesen ist: als einen für Europa schädlichen Wendepunkt.

Im Gegensatz zu dieser karikaturhaften Darstellung begründeten die Wiener Abkommen, verfochten »von Menschen, die den Krieg gelitten hatten und einen neuerlichen Krieg verhindern wollten«,[38] in Wirklichkeit eine neue politische Geografie des Kontinents, die nach fünfundzwanzig schrecklichen Jahren vor allem eines sein wollte und es tatsächlich auch war: stabilisierend und ausgewogen. Denn Russland war in Polen zufriedengestellt, aber im Westen durch den Deutschen Bund und im Süden durch Österreich blockiert; Preußen hatte an Ländereien gewonnen, wurde aber durch die Neuordnung Deutschlands gezügelt; der Unruhestifter Frankreich wurde nicht zerstört, sondern unter die Beaufsichtigung gestärkter Nachbarn gestellt; die mittleren Staaten (Niederlande, Piemont-Sardinien, Schweizerische Eidgenossenschaft) wurden gestärkt und durch eine allgemeine Verein-

Das Europäische Konzert

fachung der Landkarte überlebensfähig gemacht; die iberische Halbinsel wurde an das traditionelle Duo Spanien und Portugal zurückgegeben; das Osmanische Reich wurde im Prinzip erhalten, und damit auch der freie Verkehr in den Meerengen; Österreich genehmigte sich zugegebenermaßen den Löwenanteil, war aber nach wie vor – und im Grunde sogar mehr denn je – eine zwischen ihren deutschen, ungarischen und italienischen Anteilen zersplitterte Monarchie. Mithin war der große moralische, politische und ökonomische Sieger des Kongresses England: Ein Gleichgewicht war etabliert, der Frieden sorgte wieder für gute Geschäfte, und es gab keine Grundsatzdiskussionen über die Kolonien oder die Aneignung der strategischen Inseln, so dass England seine Dominanz auf dem Meer ausdehnen konnte.

Das bedeutete freilich nicht, »den gesamten Bereich der Weltmeere zu beherrschen, was physisch unmöglich und strategisch nicht notwendig ist, sondern die Kontrolle über die Seestraßen zu erlangen«.[39] Dank der von realistischen Diplomaten erzielten Ergebnisse und des folgenden wirtschaftlichen Booms konnte London seine Schulden, die annähernd 30 Mrd. Franc betrugen, innerhalb von nur etwas mehr als zehn Jahren zurückzahlen.[40] England sollte für lange Zeit die einzige »Supermacht« weltweit bleiben. In gewisser Weise waren die Wiener Abkommen eine *Pax britannica*, von der indes die Wirtschaft des gesamten Kontinents profitierte. Zudem sorgte London durch seine Interventionen und seine verschiedenen Allianzen über mehrere Jahrzehnte hinweg für den Erhalt des Friedens. Es gelang ihm sogar mehrmals, die Quadrupelallianz zu reaktivieren, etwa in der Affäre um Brüssel 1830 oder 1840 in Ägypten, als Frankreich erneut expansionistische Anwandlungen offenbarte. Bei Licht betrachtet, hatte Wien – wenngleich unter turbulenten Umständen – ein höchst intelligentes und raffiniertes geopolitisches Räderwerk errichtet.

Die neuen Gebietszuschneidungen und die Schaffung des Europäischen Konzerts sorgten bei einem Zeitgenossen für großen Optimismus: »Die Theorie der Rachebündnisse liegt jetzt in den Archiven aller Kabinette, und wird, nöthigen Falls, hervorgezogen werden gegen jedes erobernde Volk.«[41] Ebendies geschah. Waren punktuelle Konflikte nicht immer zu vermeiden, so konnte doch verhindert werden, dass sie sich zu einem allgemeinen Krieg auswuchsen.

Die Auseinandersetzungen zwischen Frankreich und Österreich 1859, Österreich und Preußen 1866 und Frankreich und Preußen 1870, ja selbst der Krimkrieg oder die Balkankriege in den 1910er Jahren arteten nicht in einen europäischen Flächenbrand aus. Um den Frieden zu erhalten beziehungsweise einen Krieg zu verhindern, setzte man auf Multilateralismus: 1856 in Paris, nach dem Sieg Frankreichs und Großbritanniens auf der Krim, 1878 in Berlin, um den russisch-türkischen Krieg zu beenden, und schließlich 1885, wiederum in Berlin, zur Aufteilung Westafrikas. Diese Versammlungen hatten nach dem Vorbild des Wiener Kongresses einen »politischen und normativen«[42] Charakter. Unter dem Direktorium der Großmächte, dem sich am Ausgang des 19. Jahrhunderts Piemont-Sardinien und später dann Italien zugesellte, wurde ein Völkerrecht geschaffen, das auch gegenüber den anderen Staaten wirksam war, selbst wenn diese nicht an den Verhandlungen teilnahmen oder den Abkommen zustimmten: »Die kleinen Mächte [mussten sich] dem übergeordneten Interesse Europas beugen, das von den großen Hauptstädten definiert wurde.«[43]

Gewiss kann man dagegen sagen, dass die Selbstbestimmung der kleineren Nationen damit »unterdrückt« wurde; doch muss man auch zugestehen, dass das Konzert eine starke Hand benötigte, sicher nicht weniger als unsere heutigen internationalen Organisationen, die Vereinten Nationen nicht ausgenommen. Das Osmanische Reich wurde 1856 sogar eingeladen, sich in das europäische Gleichgewicht einzugliedern; Artikel 7 des Dritten Pariser Friedens gestattete ihm, »an den Vorteilen des Völkerrechts und des Europäischen Konzerts Anteil zu haben«, forderte aber

Das Europäische Konzert

zugleich, »die Religionen und Rassen« auf seinem Gebiet zu respektieren.

Bereits in dieser Zeit verschob sich der Schwerpunkt der Auseinandersetzungen nach Südosten in Richtung Balkan, unter dem steigenden Druck des Nationalgedankens. Während die nationalen Spannungen im Norden Europas durch Verhandlungen gebändigt werden konnten (Belgien 1830, Norwegen 1905), gingen diese Krisen in den an Österreich und die Hohe Pforte angegliederten Gebieten oftmals mit Kriegen einher. Innerhalb nur eines Jahrhunderts bildeten sich Griechenland, Rumänien, Serbien, Bulgarien, Albanien und Montenegro, während Wien sich gezwungen sah, die Doppelmonarchie Österreich-Ungarn aus der Taufe zu heben.

Neben der Einrichtung des Kongresssystems sorgten der Kongress und dessen unmittelbare Folgen in der letzten Phase der napoleonischen Kriege für eine weitere Veränderung in den bilateralen Beziehungen zwischen den Staaten. Die Idee des »Völkerrechts«, die Talleyrand den preußischen Bevollmächtigten an den Kopf geworfen hatte, sollte sich immer mehr durchsetzen und immer mehr Gehalt bekommen: »Das wichtigste Ergebnis des Wiener Kongresses war, dass dieser in den internationalen Beziehungen zum ersten Mal die Grundlage für ein Konzept des ›Staatsrechts‹ legte, das als Basis für das ›Europäische Konzert‹ diente und mindestens während des gesamten 19. Jahrhunderts die Beziehungen zwischen den Großmächten bestimmen sollte«,[44] so die Einschätzung eines Völkerrechtshistorikers. Die Einhaltung bilateraler Abkommen wurde ebenfalls von den Großmächten überwacht, sofern sie zum globalen Gleichgewicht und zum Frieden auf dem Kontinent beitrug.

Angemerkt sei noch, dass der Kongress »dem Feld der zwischenstaatlichen Beziehungen entsprungen ist, und zwar durch Erörterung transnationaler Fragen«.[45] Er legte die Grundlage für einen »Völkerrechtsstaat«, der über institutionelle Fragen hinausreichte und dabei bestimmte Prinzipien als bindend erachtete: die

Abschaffung des Sklavenhandels, den freien Schiffsverkehr auf den Flüssen, das diplomatische Recht usw.

So ging man in Wien vom *Ius gentium*, dem »Recht aller Menschen«, einem »komplexen und verworrenen«[46] Begriff, zu den ersten Ansätzen eines modernen Völkerrechts über, das auf dem gemeinsamen Ziel beruhte, ein stabiles Gleichgewicht zu erhalten.[47] Für die Zeitgenossen war das kein geringer Fortschritt, und es wurde oft angemerkt, dass mit ihm der Aufruf an die Souveräne einherging, in ihrem jeweiligen Land ein Staatsrecht einzuführen, beruhend auf »Verfassungen, die der Ausübung legitimer Rechte günstig sind«.[48] Formal war dies der Fall in Deutschland und Polen, selbst im Königreich Piemont-Sardinien, theoretisch aber auch in allen anderen Ländern. Anders gesagt: Die Souveräne konnten nicht einfach so tun, als hätte es die Französische Revolution nie gegeben.

So sagte Metternich, man müsse, nachdem die politischen Fragen geklärt seien, die gesellschaftlichen Forderungen in die richtigen Bahnen lenken, was er als eine ungleich heiklere Aufgabe ansah, die für ihn aber von höchster Bedeutung war. In einem Bericht an Ludwig XVIII. fasste Talleyrand den allgemeinen Eindruck treffend zusammen: »Seit die Mächte ihre Befangenheit abgelegt und erkannt haben, dass zu einer soliden Ordnung der Dinge jeder Staat alle Vorteile darin finden muss, zu denen er sich berechtigt sehen darf, hat man aufrichtig daran gearbeitet, einem jeden das zuzugestehen, was keinem anderen einen Schaden zufügte. Dies war ein unermessliches Unterfangen. Es musste wiederaufgebaut werden, was durch zwanzig Jahre der Verwüstung zerstört worden war, gegensätzliche Interessen mussten durch ausgewogene Verabredungen, Nachteile durch anderweitige Vorteile ausgeglichen werden, und es musste sogar die Idee einer Vollkommenheit in den politischen Institutionen und der Verteilung der Kräfte der Errichtung eines dauerhaften Friedens untergeordnet werden.«[49] Dieser Frieden sollte sich als derart stabil erweisen, dass man zu Beginn des 20. Jahrhunderts die

Gefahr eines weiteren »Großen Krieges«, wie man die Auseinandersetzungen zwischen 1792 und 1815 getauft hatte, tatsächlich gebannt glaubte.

Das Ende des »Wiener Systems«

ANGESICHTS DER KOMPLEXITÄT der Fragen, der Gelüste hüben wie drüben und nicht zu vergessen der dramatischen Wendung durch Napoleons Rückkehr gelang den Diplomaten in Wien der bestmögliche Kompromiss. Sie straften alle Pessimisten Lügen, die sagten: »Es wird enden wie beim Frieden von Amiens. Man wird unter Freunden auseinandergehen und schon den nächsten Krieg im Kopfe planen.«[50] Es sei hier einmal schlicht und einfach gesagt: Die Diplomaten leisteten allen Hürden und Schwierigkeiten zum Trotz gute Arbeit, und natürlich kann man aus der komfortablen Perspektive, zu wissen, was danach geschah, einige Kritik äußern.

Der Hauptkritikpunkt ist sicher die Art und Weise, in der auf dem Kongress das Konzept der Legitimität interpretiert wurde: »Die Verträge von 1815, die von einer Versammlung von Reaktionären, von bornierten, starrköpfigen Männern entworfen und ausgearbeitet wurden, Männern, die verärgert waren über die zahlreichen Niederlagen, die sie hatten einstecken müssen, die wütend und empört waren über die legitimen Ansprüche ihrer Völker, die überzeugt waren, dass das Volk allein zum Vorteile seines Souveräns zu existieren hatte, sind nichts anderes als eine langdauernde Amtsverletzung, ein Verbrechen gegen die eigene Nation«,[51] scheute sich ein französischer Historiker am Ende des Zweiten Kaiserreichs nicht zu sagen, zu einem Zeitpunkt, da der Aufstieg Preußens fast wie eine Verschwörung Europas und der Welt gegen Frankreich angesehen wurde. Insofern kann man einer derart übertriebenen Äußerung gewiss nicht blindlings folgen.

EPILOG *Die Schlussakte und ihre Konsequenzen*

Über die politische und juristische Theorie hinaus hatte sich Talleyrand zugegebenermaßen vor allem des Prinzips der Legitimität bedient, um eine Rückkehr Frankreichs unter den Bourbonen in die europäischen Angelegenheiten zu ermöglichen: »Wir legen unsere ganze Kraft in das Prinzip der Legitimität, das wir auf keinen Fall aufgeben dürfen«,⁵² rief er Jaucourt ins Gedächtnis, während die Sachsenkrise ihrem Höhepunkt entgegensteuerte. Doch konnte dieses Prinzip in seinen Augen wie auch nach Ansicht seiner Kollegen nur herangezogen werden, um jene Dynastien zu stärken, die die revolutionären und napoleonischen Erdbeben überlebt hatten. Mithin befürwortete er einen *relativen* Sieg der reaktionären Kräfte über die Auswüchse der Französischen Revolution in Bezug auf die Souveränität und die gesellschaftliche Ordnung.

»Wer hat gewonnen?«, fragte Jean-Baptiste Duroselle und gab sich selbst die Antwort: Wenngleich sich die »Männer des Alten Europa« die Hände reiben konnten, triumphierten sie nicht auf ganzer Linie: »Die klügsten Befürworter des Alten Europa [wussten], dass man Kompromisse eingehen musste und dass einige Errungenschaften der Revolution, die der Kaiser auf seinen Eroberungszügen verbreitet hatte, nicht mehr rückgängig zu machen« waren.⁵³ Zwar sollte man den Umfang, in dem das Rad zurückgedreht wurde, wiederum nicht übertreiben, doch war dies für die Diplomaten in Wien auch ein Mittel, um die Zentrifugalkräfte des aufkommenden Nationalstaatsprinzips zu zügeln: »Der große Schwachpunkt der Legitimität«, erklärt ein Historiker, »lag darin, das Recht jener Völker zu opfern, die durch keine Dynastie geschützt waren.« Dennoch sah er einen »beachtlichen Fortschritt gegenüber dem Recht des Stärkeren, wie Napoleon es praktiziert hatte, als er die Staaten per Erlass zur Versammlung einberief«.⁵⁴ In diesem Sinne hatte der Wiener Kongress ein stabiles System entwickelt, in dem »die Anführer um die dynastischen wie ideologischen Interessen [wussten], die sie trotz ihrer divergierenden nationalen Interessen [einten]. Die Homogenität des Systems begünstigte die Einschränkung von Gewalt. Solange sich die Männer, die in den im Konflikt stehenden Staaten an der Macht waren, ihrer Solidarität bewusst blieben, [waren] sie auch geneigt, einander zu schonen. Die Revolutionäre [waren] der gemeinsame Feind aller Regenten [...]. Würden die Revolutionäre in einem der Staaten siegen, würden die Regime der anderen Staaten dadurch ebenfalls ins Wanken geraten.«[55]

So wurde das System von Wien zum Synonym für Konservatismus, ja für politischen und gesellschaftlichen Stillstand. Sein Fahnenträger Metternich sollte sich noch über dreißig Jahre an der Macht halten. Die Revolutionen von 1830 und 1848 markierten in dieser Hinsicht einen Wendepunkt, an dem die auf dem Kongress etablierten gesellschaftlichen Prinzipien fundamental in Frage gestellt wurden und womöglich sogar dessen geopolitische Errungenschaften zunichtegemacht werden sollten.

Denn mit dem allmählichen Umbruch in der Grundlage der internationalen Legitimität und der Thronbesteigung neuer Machthaber, die aus Wahlen hervorgingen und nicht mehr aus einem erstarrten und elitären diplomatischen Zirkel, wurde das »Wiener System« weniger für die Mechanismen missbilligt, die es in Gang gesetzt hatte, denn für seine Unfähigkeit, Kräfte zu bändigen, für deren Aufkommen es gar nicht konzipiert war. Es geriet nun in der Erfüllung seiner Aufgabe, Ordnung und Grenzen aufrechtzuerhalten, immer mehr ins Stocken, bis diese schließlich ganz zum Erliegen kam; allein der Marsch der Italiener und der Deutschen zur nationalen Einheit ließ dieses »Scheitern« bereits erahnen. Noch schwerer wog, dass sich Großbritannien langsam, aber sicher aus den Konflikten zurückzog und seine kontinentalen Interessen auf die Niederlande, Belgien und Luxemburg beschränkte, als erachte es die anderen Staaten einer Berücksichtigung nicht würdig. Allenfalls rüstete sich England noch für die Verteidigung der Meerengen, doch verabschiedete es sich im Namen einer realistischen Politik zugleich von dem Vorhaben, das Osmanische Reich um jeden Preis zu erhalten. Bei der

EPILOG *Die Schlussakte und ihre Konsequenzen*

Beilegung der Konflikte auf dem Balkan nahm England die allmähliche Zerpflückung des gesamten Gebietes in Kauf, die mit der Unabhängigkeit Bulgariens, Rumäniens und Serbiens begann. Der »Nationalismus«, der wie in Deutschland und Italien zunächst ein Mittel der Vereinigung gewesen war, wurde nun in Österreich-Ungarn und im Osmanischen Reich zu einer das geopolitische System von Wien zerstörenden Kraft, der etwas entgegenzusetzen London nicht mehr der Überlegung wert hielt.

Zum letzten Mal zeigten die Mechanismen des Europäischen Konzerts 1912 und 1913 eine gewisse Wirkmacht, als auf der Londoner Konferenz verhindert werden konnte, dass die Kriege zwischen der Türkei und ihren Nachbarn auf den gesamten Kontinent überschlugen. Doch bereits zwei Jahre später half alles nichts mehr: Der auf dem Balkan entzündete Funke legte das Feuer ans Pulverfass, und das Spiel der automatischen Allianzen tat das Seinige. Und so hatte der Rückzug der Supermacht aus den Angelegenheiten auf dem Festland dramatische Konsequenzen.

Nachdem die *Lösungen* und *Theorien* des Kongresses von 1815 bereits seit langem ad acta gelegt waren, endeten die in Wien etablierte *Organisation* und das *System* endgültig am 28. Juni 1914 in Sarajewo. Vier Jahre und zehn Millionen Tote später war mit der Ausdehnung des Konfliktes auf den gesamten Erdball, dem unaufhaltsamen Aufstieg der militärischen, wirtschaftlichen und moralischen Macht der Vereinigten Staaten und dem Ende der europäischen Hegemonie als Folge dieses Krieges das *Europäische Konzert* zu einem *globalen* Konzert geworden – das es allerdings erst noch zu konstruieren galt.

POSTSKRIPTUM
1919. Der letzte Auftritt des Wiener Kongresses

DER WIENER KONGRESS kehrte in die Tagespolitik zurück, als sich die Sieger des Ersten Weltkriegs Gedanken über die Organisation der Friedenskonferenz machten.

Auf englischer Seite bestellte das *Foreign Office* bereits im Mai 1918 bei Charles Webster, einem zur damaligen Zeit im Kriegsministerium angestellten Historiker, einen Bericht über Organisation und Ablauf des Kongresses von 1814/15. Dieser Bericht wurde im August fertiggestellt und im Dezember zur Publikation freigegeben: Das schmale Bändchen *The Congress of Vienna. 1814 – 1815* wird auch in diesem Buch das eine oder andere Mal zitiert. In der ersten Auflage war eine vertrauliche Note an die britischen Bevollmächtigten getilgt worden (*General Observations on the Congress of Vienna and the Applicability of its History to the Present Time*), die in einer späteren Auflage von 1934 abgedruckt ist. Webster selbst erklärte, seine Veröffentlichung habe nur wenig Einfluss auf die Unterhändler gehabt, da »die Unterschiede zwischen der damaligen und heutigen Zeit so groß sind, dass dieser Präzedenzfall dadurch erheblich an Wert verliert«. In der Tat hatte sich die Welt seit 1815 tiefgreifend verändert.

Die Friedenskonferenz wurde vornehmlich im Palast des Außenministeriums am Pariser Quai d'Orsay abgehalten und begann am 18. Januar 1919. Seitens der Sieger reisten siebenundzwanzig Delegationen aus Europa, Nord- und Südamerika, Asien und Ozeanien an (eintausend Delegierte, aber nur siebzig akkreditierte Bevollmächtigte). Fünf Länder erachtete man noch als – wenngleich die Bezeichnung natürlich längst abgeschafft war – »Mächte ersten Ranges«: Frankreich, Großbritannien, Italien, die USA und Japan. Ebenso viele Länder, nämlich Belgien, Griechenland, Portugal, Rumänien und Serbien, wurden als »Mächte zweiten Ranges« regelmäßig zu den Verhandlungen hinzugezogen. Die anderen, darunter die britischen Dominions, aber auch China und die Staaten Lateinamerikas, wurden zwar empfangen, aber nur selten angehört. Das in Revolutionswirren befindliche Russland war nicht eingeladen, mit der Begründung, es habe seinen Frieden mit den Mittelmächten bereits in Brest-Litowsk ausgehandelt.

Um zu verhindern, dass die Besiegten wie einst Talleyrand in Wien die Arbeit der Großmächte störten, wurde beschlossen, die Kriegsverlierer von 1918 erst zur Konferenz einzuberufen, nachdem die Verträge ausgehandelt waren. Damit konnten die Siegermächte über alle Gebietsänderungen und Reparationszahlungen allein bestimmen – was allerdings keinesfalls bedeutete, dass dies ohne verbissene Diskussionen und zähe Kämpfe vor sich ging.

In der Organisation war die Konferenz ein genaues Abbild des Wiener Kongresses: Clemenceau fungierte als Präsident, und ein »Rat der Zehn«, in den jede Hauptmacht zwei Delegierte entsandte, beriet über die von siebzig Unterkommissionen vorbereiteten Fragen. Nach einigen Wochen wurde entschieden, den »Rat der Zehn« durch einen »Rat der Vier« zu ergänzen, der zuweilen auch die »großen Vier« genannt wurde und Ersteren schließlich ganz ersetzte. Darin tagten der Präsident der Vereinigten Staaten Woodrow Wilson, der britische Premierminister David Lloyd George, der französische Regierungschef Georges Clemenceau und dessen italienisches Pendant Vittorio Emanuele Orlando. Die Repräsentanten Japans wurden zu allen sie betreffenden Fragen hinzugezogen. Nachdem die italienischen Bevollmächtigten erzürnt abgereist waren, bestand der Rat der Vier nurmehr aus drei Personen.

Zum ersten Mal entschied man sich bei einer derart wichtigen Versammlung, Englisch als dem Französischen gleichgestellte Arbeitssprache anzuerkennen – Lloyd George sprach mehr schlecht als recht die Sprache Voltaires, Wilson gar nicht, Cle-

POSTSCRIPTUM 1919. Der letzte Auftritt des Wiener Kongresses

menceau dagegen war zweisprachig. In der Form wurde, dem Beispiel Wiens folgend, Wert auf Verschriftlichung gelegt, obwohl die Anführer der Delegationen sich sehr häufig trafen. Aus diesem Grund gab es auch keine mündlichen Versammlungen mit den Besiegten. Clemenceau verweigerte dies rigoros, um sich kein »deutsches Gequassel« anzuhören: »Die Welt wird in einen unerträglichen Zustand geraten, wenn wir uns hier nur auf Kompromisse einigen; auf dieser Friedenskonferenz darf es keinen Kompromiss alter Schule geben.« Die Unterzeichnung des Vertrags über Deutschland, die auf den 28. Juni 1919 datiert, wurde bekanntermaßen auf Wunsch der Franzosen nach Versailles verlegt, um die Besiegten noch mehr zu demütigen. Die Zeremonie sollte an ebenjenem Ort vollzogen werden, an dem 1871 das Deutsche Reich ausgerufen worden war.

Sodann wurden aus den in Paris erarbeiteten Prinzipien weitere Verträge formuliert, teils ergänzt durch Sonderverhandlungen: der Vertrag von Saint-Germain mit Österreich (19. September), der Vertrag von Neuilly-sur-Seine mit Bulgarien (27. November), der Vertrag von Trianon mit Ungarn (2. Juni 1920) und der Vertrag von Sèvres mit der Türkei (10. August 1920). Da es mehrere Kriegsverlierer gab, deren Lage eine unabhängige Beurteilung erforderte, wurde kein allgemeiner Vertrag verfasst. Im Gegensatz zur Schlussakte des Wiener Kongresses, die die neun Monate währenden Verhandlungen krönte und im Anhang zahllose zusätzliche Abkommen enthielt, versuchten diese Texte gar nicht erst den Anschein zu erwecken, alle Fragen restlos zu klären. Damit war Nachverhandlungen Tür und Tor geöffnet. Der Umsetzung des Vertrags von Sèvres kam im Übrigen die türkische Revolution zuvor: Die vor allem von Frankreich und Großbritannien betriebene Aufspaltung des Osmanischen Reichs wurde nicht aus dem Recht, sondern durch die Schaffung von Fakten erwirkt. Von den grundsätzlichen Unterschieden abgesehen, war Versailles also auch formal alles andere als ein zweites Wien.

Dank

ICH MÖCHTE DEN HERZLICHSTEN DANK einigen Freunden aussprechen, die mir in vielerlei Hinsicht die Arbeit erleichtert oder diese durch ihre Verbesserungsvorschläge bereichert haben: Robert Ouvrard, meinem Wiener Kollegen, einem faktenreichen Kenner der bibliografischen Quellen, der die Stadt wie seine Westentasche kennt und mir die Atmosphäre der Orte nahebrachte und, nicht zu vergessen, sich als fachkundiger Gourmet erwies und mich die berühmte Sachertorte kosten ließ; Isabelle Ouvrard, seiner Tochter, die so freundlich war, Aufnahmen von einigen Schauplätzen des Wiener Kongresses zu machen; Françoise Aubret-Ehnert, einer Kennerin der Bibliografie in deutscher Sprache, die mir einige für meine Arbeit wertvolle Bände angezeigt und beschafft hat; meinen Deutschlehrern, die überrascht sein werden, dass ich nicht alles vergessen habe, was sie mir einst beigebracht haben; Pierre Branda, mit dem ich über viele Monate hinweg lange Gespräche über die Jahre 1814/15 geführt habe, die er selbst in seinem nächsten Werk über Napoleons Herrschaft auf Elba näher beleuchten wird; Marie-Pierre Rey, die das Manuskript gegengelesen, mit mir über die verschiedensten Themen debattiert, ein wichtiges russisches Memorandum für mich übersetzt und mir einige nützliche Verbesserungsvorschläge unterbreitet hat; Jacques Jourquin, meinem erprobten und wie immer höchst effizienten ersten Leser; Emmanuel de Waresquiel, der mir sein Wissen, nicht nur über Talleyrand, zur Verfügung gestellt hat; Chantal Prévot, der Bibliothekarin der Fondation Napoléon, die mir freundlicherweise gestattet hat, eine gewisse Unordnung in ihren Regalen zu hinterlassen; Peter Hicks, dem Verantwortlichen für internationale Angelegenheiten der Fondation Napoléon, der mich auf einige gute Bücher in englischer

Sprache hingewiesen hat (und natürlich gilt mein Dank auch meinen Englischlehrern, allen voran Thomas Smith). Außerdem danke ich herzlich Céline Gautier, meiner letzten Leserin vor der Veröffentlichung des Buches, die mutig und heldenhaft lange Sitzungen mit mir durchstanden hat, in denen ich laut aus dem Buch vorgelesen habe, Irène Delage, unserem Kartografen Jean-Paul Pirat, Pierre Combaluzier, Victor-André Masséna und natürlich meinem Verleger und Freund Laurent Theis.

Anmerkungen

PROLOG Nach vollendetem Sieg

1 *Souvenirs de Pierre Foucher*, Paris 1929, S. 154.
2 Alexandre Grigoriantz, »31 mars 1814. Je suis entré dans Paris avec le tsar«, in: *Historia*, Januar-Februar 2001, S. I – V.
3 Der Einfachheit halber verwenden wir hier den Begriff des »Zaren«. Peter der Große hatte diesen Titel 1721 abgelegt, um sich fortan »Imperator von Russland« zu nennen, eine Bezeichnung, die von allen anderen Höfen anerkannt wurde.
4 *Mémoires du chancelier Pasquier*, Paris 1893, Band 2, S. 255.
5 Victorine de Chastenay, *Mémoires. 1771 – 1855*, Paris 2009 [1897], S. 619.
6 *Journal des débats*, 1. April 1814.
7 Zu dieser Proklamation, die am 1. April 1814 im *Journal des débats* veröffentlicht wurde, siehe Marie-Pierre Rey, *Alexandre Ier*, Paris 2009, S. 344.
8 Maurice Guerrini, *Napoléon et Paris*, Paris 1967, S. 469.
9 Metternich an Wilhelmine von Sagan, 7. April 1814, in: *Clemens Metternich, Wilhelmine von Sagan. Ein Briefwechsel. 1813 – 1815*, Graz 1966, Nr. 37.
10 Castlereagh an Liverpool, 13. April 1814, Charles Webster, *British Diplomacy, 1813 – 1815*, London 1921, S. 176.
11 Die Abdankung war bereits am 6. April vorbereitet. Der Vertrag wurde am 11. April fertiggestellt und von Napoleon in der Nacht vom 12. auf den 13. April ratifiziert. Beide Texte wurden auf den 11. April rückdatiert. Napoleons Besitztümer, die Kronjuwelen und die angehäuften Schätze wurden Frankreich belassen, mit Ausnahme eines Kapitals von zwei Millionen Franc, die zum Dank an einige seiner Getreuen ausgegeben wurden. Auch versprach man Napoleon Unterhaltszahlungen für seine Geschwister; diese wurden ebenfalls in das Grand Livre de France eingetragen.
12 Metternich an Wilhelmine von Sagan, 13. April 1814, in: *Briefwechsel*, Nr. 37. Der Kanzler benannte seinen Einwand gegen Elba auch in seinen Memorien.
13 Der Prinz von Wales war seit 1811 Regent des Vereinigten Königreichs Großbritannien und Irland. Den Thron bestieg er im Januar 1820 unter dem Namen Georg IV.
14 François Guizot, *Mémoires pour server à l'histoire de mon temps*, Paris 2002 [1858 – 67], Band 1, S. 35.

15 Talleyrand an Lebrun, 3. April 1814, *Archive der Nachkommen des Herzogs von Piacenza*.
16 In der Präambel der *Charte constitutionnelle*.
17 Évelyne Lever, *Louis XVIII.*, Paris 1988, S. 211ff.
18 Memorandum vom 12. April 1777.
19 Emmanuel de Waresquiel, *Talleyrand. Le prince immobile*, Paris 2003, S. 464.
20 In Wahrheit gab es insgesamt vier in Paris unterzeichnete Verträge: zwischen Frankreich und Russland, zwischen Frankreich und Österreich, zwischen Frankreich und Preußen und zwischen Frankreich und England. In Deklarationen oder Sonderverträgen erklärten weitere Mächte ihre Zustimmung: Schweden am 8. Juni, Portugal am 12. Juni und Spanien am 20. Juli. Insofern war der Pariser Frieden nicht »multilateral«, sondern eine Ansammlung bilateraler Abkommen. Die Verträge der Jahre 1814/15 sind publiziert in: Michel Kerautret, *Les Grands Traités de l'Empire (1810–1815)*, Paris 2004. Sofern nicht anders angegeben, beziehen wir uns hier auf diesen Band. Eine Übersicht über die wichtigsten europäischen Verträge zwischen 1813 und 1815 findet sich in: Thierry Lentz, *Nouvelle histoire du Premier Empire. IV. Les Cent-Jours (1815)*, Paris 2010, S. 553–556.
21 Darüber hinaus wurde beschlossen, dass Spanien den östlichen Teil von Santo Domingo wieder an sich nehmen durfte.
22 *Mémoires et correspondances du prince de Talleyrand*, Paris 2007, S. 435ff.
23 François de Chateaubriand, *Mémoires d'outre-tombe*, Paris 1997 [1848], S. 1357.
24 Castlereagh an den Kriegsminister Bathurst, zitiert in: Antoine d'Arjuzon, *Castlereagh ou le Défi à l'Europe de Napoléon*, Paris 1995, S. 304.
25 *Mémoires, documents et écrits divers laissés par le prince Metternich*, Paris 1881, Band I, S. 200.
26 Charles Webster, *The Foreign Policy of Castlereagh, 1812–1815*, London 1931, S. 276.
27 Gabriel Bonnot de Mably, *Principes des négociations pour servir d'introduction au droit public de l'Europe*, Paris 2001 [1757], S. 138.
28 Die Weisungen an den Gesandten »geben ihm die Gesamtheit seiner Aufgaben vor und sollen ihm als Leitfaden für sein Vorgehen dienen«, so der *Guide diplomatique* von Martens (1832).
29 Indes verabschiedete sich Richelieu nach dem »Tag der Geprellten«, dem 11. November 1630.
30 Zitiert in: Françoise Hildesheimer, *Richelieu*, Paris 2004, S. 229.
31 Am Ende dieses Kongresses stand die feierliche Unterzeichnung zweier Verträge am 24. Oktober 1648 in Osnabrück und Münster.
32 Zu diesen Kongressen und deren Kontext siehe Lucien Bély, *Les Relations internationales en Europe. XVIIe–XVIIIe siècle*, Paris 1991.

33 Charlotte heiratete schließlich 1816 Leopold von Sachsen-Coburg-Saalfeld, den künftigen König von Belgien. Im selben Jahr ehelichte Wilhelm von Oranien-Nassau die Großfürstin Anna Pawlowna.
34 Der Ausspruch wird Lord Grey zugeschrieben, zitiert in: Rey, *Alexandre*, S. 356.
35 *Souvenirs diplomatiques de lord Holland*, Paris 1851, S. 138.
36 Bernstorff an Rosenkrantz, 1. August 1814, in: Maurice-Henri Weil, *Les Dessous du congrès de Vienne, d'après les documents originaux des archives du ministère de l'Intérieur à Vienne* [im Folgenden: *Les Dessous du congrès de Vienne*], Paris 1917, Nr. 79.
37 Charles Zorgbibe, *Metternich. Le séducteur diplomate*, Paris 2009, S. 187.
38 Metternich an Wilhelmine von Sagan, 21. Januar 1814, in: *Briefwechsel*, Nr. 10.
39 Maurice Paléologue, *Alexandre Ier. Un tsar énigmatique*, Paris 1937, S. 204f.
40 Rede vom 29. Juni 1814, zitiert in: Arjuzon, *Castlereagh*, S. 318.

1. Wien, Gastgeber der Welt

1 Johann Pezzl, *Neueste Beschreibung von Wien*, Wien 1823, S. 54f.
2 Henry Bogdan, *Histoire des Habsbourg des origines à nos jours*, Paris 2002, S. 256.
3 Zitiert bei Viktor Bibl, *François II. Le beau-père de Napoléon (1768–1835)*, Paris 1936, S. 188.
4 Napoléon an Champagny vom 21. September 1809, in: *Correspondance de Napoléon Ier publiée par ordre de l'empereur Napoléon III*, Nr. 15832.
5 Jean Bérenger, »François II«, in: *Dictionnaire Napoléon*, Paris 1999, Band 1, S. 833, und *Histoire de l'empire des Habsbourg (1273–1918)*, Paris 1990, S. 542.
6 Metternich war gebürtig aus Koblenz und damit ursprünglich Untertan des Erzbischofs von Trier.
7 Constantin de Grunwald, *La Vie de Metternich*, Paris 1938, S. 75.
8 Das österreichische Korps unter Schwarzenbergs Kommando umfasste 30 900 Mann, gemäß einem am 14. März 1812 unterzeichneten Vertrag. Es nahm an mehreren Schlachten teil, in denen es zu Napoleons höchster Zufriedenheit sehr erfolgreich war. Zu diesem Korps: François Houdecek, *La Grande Armée de 1812. Organisation à l'entrée en campagne*, Paris 2012, S. 44f.
9 Jean des Cars, *La Saga des Habsbourg. Du Saint Empire à l'Union européenne*, Paris 2010, S. 332.
10 Seine erste Gemahlin, Elisabeth von Württemberg, war 1790 im Kindbett gestorben und hatte ihm eine Tochter geboren, die nur ein Jahr alt wurde. Maria-Theresa von Neapel-Sizilien, seine zweite Frau, hatte ihm dreizehn

Kinder geboren, darunter Marie-Louise, und war 1807 verstorben. Im Jahr darauf hatte er Maria Ludovika Beatrix von Modena geheiratet. Nach deren Tod 1816 ging Franz noch eine vierte Ehe mit Karoline Auguste von Bayern ein.

11 Charles-Otto Zieseniss, *Le Congrès de Vienne et l'Europe des princes*, Paris 1984, S. 48.
12 Caroline Pichler, *Denkwürdigkeiten aus meinem Leben*, München 1914, Band 2, S. 22.
13 E. Zöllner et al., *150 Jahre Wiener Kongress*, o.O. 1965, S. 199ff. Das berühmteste dieser Gemälde stammt von Johann Peter Krafft und zeigt die Rückkehr Franz' I. nach Wien. 1828 fertiggestellt, hing es in der Hofburg als Wanddekoration.
14 Adam Zamoyski, *Rites of Peace. The Fall of Napoleon and the Congress of Vienna*, London 2007, S. 314.
15 Jean-Pierre Bardet und Jacques Dupâquier (Hg.), *Histoire des populations de l'Europe*, Paris 1998, Band 2, S. 211. Obwohl Wien die größte Stadt im deutschsprachigen Raum war, verfügte es für eine Herrschaft über Deutschland nicht über die günstigste geografische Lage. St. Petersburg, die politische Hauptstadt Russlands, zählte zu der Zeit übrigens ca. 230 000 Einwohner.
16 Paul Bonneval, »À Vienne pendant le congrès. Lettres du marquis de Custine à sa mère«, *Revue bleue*, 20. August 1910, S. 227.
17 Ebd., S. 228.
18 Napoleon hatte 1809 die Zerstörung der Bastionen befohlen, jedoch Mauern und größere Tore stehen gelassen. Indes hatten die Festungen ohnehin seit langem keine militärische Bedeutung mehr.
19 Nachdem er zunächst bei einem Privatier namens Wielman eine möblierte Wohnung mit vier Zimmern gemietet hatte, siedelte Hardenberg, der Anführer der Delegation, zu Friedrich Wilhelm III. in die Hofburg über.
20 Dieser Teil des Palais wird heute die »Alte Hofburg« genannt, im Gegensatz zur »Neuen Burg«, die im 19. Jahrhundert unter Franz Joseph angebaut wurde.
21 In dem 1767 an der Stelle eines ehemaligen Ballhauses – daher der Name – errichteten Gebäude, das unweit des riesigen Kaiserpalais der Hofburg gelegen ist, befindet sich heute das österreichische Bundeskanzleramt. Seine Empfänge richtete Metternich in seiner »Villa« aus, die in Wahrheit ein Palais war und am Rande des Stadtzentrums lag.
22 Guillaume de Bertier de Sauvigny, *Metternich. Staatsmann und Diplomat für Österreich und den Frieden*, Gernsbach 1988, S. 239ff.
23 *Au congrès de Vienne. Journal de Jean-Gabriel Eynard*, Paris 1914, S. 3.
24 *Journal des débats*, 21. Oktober 1814.

Anmerkungen Seite 39 bis 42

25 Auguste de La Garde-Chambonas, *Souvenirs du congrès de Vienne. 1814–1815*, Paris 1901, S. 7.
26 Rapport an den Polizeiminister Hager, 26. September 1814, in: *Les Dessous du congrès de Vienne*, Nr. 173.
27 Anonyme Rapporte an den Polizeiminister Hager, 22. und 23. September 1814, in: *Les Dessous du congrès de Vienne*, Nr.116 und 118. Wenngleich Castlereaghs Geldreserven die Millionenmarke nicht ganz erreichten, waren sie allemal beträchtlich, was Napoleon auf St. Helena zu der abfälligen Bemerkung veranlasste, Castlereagh könne sich damit »den Genuss gönnen, auf Kosten seiner Nation den hohen Herrn zu spielen«.
28 *Mémoires de Barras*, Paris 1896, Band 4, S. 261. Ohne dies zu belegen, behauptete der französische General Anne-Jean-Marie-René Savary in Band 8 seiner *Memoiren*, die Abgesandten Murats – zu dessen erbittertsten Gegnern Talleyrand zählte – hätten diesem 300 000 Dukaten zugesteckt, damit er ihren Herrn verschone.
29 Grunwald, *Metternich*, S. 142. Angesichts ihrer Meinungsverschiedenheiten und Zwistigkeiten in den Diskussionen erscheint uns diese Anschuldigung zweifelhaft.
30 Philip Mansel, *Le Prince de Ligne*, Paris 1992, S. 267.
31 *Tagebücher von Friedrich von Gentz*, Leipzig 1873, S. 371, 377. Als Resümee notierte Gentz: »Meine Geschäfte waren in jeder Hinsicht glänzend.« (S. 344).
32 Rapporte an Hager, in: *Les Dessous du congrès de Vienne*, Nr. 187, 248, 1501, 1504, u.a.
73 Das Schwarze Cabinet bestand aus einer zentralen Dienststelle mit mehreren Außenstellen – den sogenannten Logen – in Linz, Triest, Prag, Graz und Brünn. Jedes Jahr wurden ca. 15 000 Briefe geöffnet.
34 Siber war 1793 im Alter von 22 Jahren zur Wiener Polizei gekommen und hatte 1810 deren Leitung übernommen. Zum Ende des Kongresses wurde er von Franz I. in den Ritterstand erhoben.
35 Es gibt zwei Bände mit Polizeiberichten, gesammelt von Hager und seinen Mitarbeitern, die Maurice-Henri Weil im bereits genannten Band *Les Dessous du congrès de Vienne* zusammengestellt hat. Diese wenngleich unvollständige Sammlung ist umso wertvoller, als 1927 ein Teil des österreichischen Staatsarchivs bei einem Brand vernichtet wurde. Diese und andere Texte waren 1913 von August Fournier in dem Band *Die Geheimpolizei auf dem Wiener Kongress* zugänglich gemacht worden [im Folgenden zitiert als *Geheimpolizei*].
36 Pezzl, *Beschreibung von Wien*, S. 156ff.
37 Der Ausdruck stammt von Emmanuel de Waresquiel, *Talleyrand. Dernières nouvelles du Diable*, Paris 2011, S. 150.

38 Der Dieb, einer von Wrnas Domestiken, wurde umgehend verhaftet und die Beute ihrem Besitzer zurückgegeben.
39 Ferdinand Bac, *Vienne au temps de Napoléon*, Paris 1933, S. 215.
40 La Garde-Chambonas, *Souvenirs*, S. 6.
41 John Bramsen, *Promenade d'un voyageur prussien en diverses parties de l'Europe, de l'Asie et de l'Afrique*, o.O. 1818, S. 84.
42 Johann Pezzl, *Nouveau guide des voyageurs à Vienne*, Wien 1821, S. 105.
43 Zum Titel des Kaisers von Österreich gesellte Franz I. mehrere Königstitel: Er war König von Ungarn, Böhmen, Kroatien, Slawonien, Galizien, Lodomerien und Jerusalem. Außerdem war er Herzog der Steiermark, von Kärnten, von Krain, Fürst von Schwaben u.a. Nach dem Ende des Heiligen Römischen Reiches 1806 war mit diesen Titeln jedoch keine Herrschaft mehr über die besagten Gebiete verbunden. Zu diesen Titeln: Roger Dufraisse, »Napoléon et l'Empereur«, *Études napoléoniennes*, Paris 1994, Band 4, Nr. 31–34, S. 39–48.
44 Die Notenpresse war auf Hochtouren gelaufen, um den Krieg zu finanzieren. Als der Kongress zusammenkam, arbeitete gerade eine Kommission an einer Währungsreform für Österreich. In diese Kommission wurden auch ausländische Ökonomen berufen, die zu der großen diplomatischen Versammlung angereist waren, etwa der Schweizer (und englische Sir) Francis d'Ivernois.
45 *Mémoires, documents et écrits divers laissés par le prince Metternich*, Band 1, S. 202.
46 Thomas Nipperdey, *Deutsche Geschichte 1800–1866. Bürgerwelt und starker Staat*, München, S. 81f.
47 Zitiert nach John Bew, *Castlereagh. Enlightenment, War and Tyranny*, London 2011, S. 373.
48 Rapport vom 3. Oktober 1814, in: *Les Dessous de congrès de Vienne*, Nr. 235. Am Ende des Kongresses verfügte die österreichische Regierung, dass kein neues öffentliches Papiergeld mehr hergestellt werden sollte, und erarbeitete einen Plan, um mittels schrittweisen Rückkaufs der Banknoten durch eine »Noten-, Diskont- und Hypothekenbank« zum Hartgeld zurückzukehren. Dieses private Geldinstitut erhielt für seine Arbeit Staatsanleihen in Höhe von 2 %, die vor allem aus den Kriegsentschädigungen stammten, die nach Waterloo im Zweiten Pariser Frieden ausgehandelt worden waren.
49 Jean-Pierre Bois, *La Paix. Histoire politique et militaire*, Paris 2012, S. 483.
50 Aus den Erinnerungen der Gräfin Bernstorff, zitiert nach Friedrich Freksa (Hg.), *Der Wiener Kongress. Nach Aufzeichnungen von Teilnehmern und Mitarbeitern*, Stuttgart 1914, S. 4.
51 Jean Bérenger et Charles Kecskeméti, »La monarchie des Habsbourg«, *Histoire de l'humanité. VI. 1789–1914*, Paris 2008, S. 813.

11. Die Frage des europäischen Gleichgewichts

1 Leibniz, *Observations sur le projet de paix perpétuelle de M. l'abbé de Saint-Pierre*.
2 Rousseau, *Jugement sur le projet de paix perpétuelle de l'abbé de Saint-Pierre*; Bentham, *A Plan for a Universal and Perpetual Peace*; Kant, *Zum ewigen Frieden*.
3 In dem Essay *On the Balance of Power* entwickelte Hume außerdem die historischen Aspekte des Konzepts des Gleichgewichts, das bereits Thukydides in seinen Schriften erörtert hatte.
4 Grotius, *De jure belli ac pacis* (1625).
5 1. Buch, 3. Kapitel, Stuttgart 1994.
6 Marc Belissa, *Repenser l'ordre européen (1795 – 1802)*, Paris 2006, S. 46.
7 G. Livet, »Le XVIIIe siècle et l'esprit des Lumières«, in: Philippe Dollinger, *Histoire de l'Alsace*, Toulouse 2001, S. 339.
8 François de Callières, *De la manière de négocier avec les souverains, de l'utilité des négociations, du choix des ambassadeurs et des envoyés pour réussir dans ces emplois*, Amsterdam 1716.
9 Raymond Aron, *Paix et guerre entre les nations*, Paris 1984, S. 81f. [*Frieden und Krieg. Eine Theorie der Staatenwelt*, Frankfurt 1986]
10 Siehe Jacques-Alain de Sédouy, *Le Concert européen. Aux origines de l'Europe. 1814 – 1914*, Paris 2009, S. 14.
11 M. de Saint-L…, *Adresse au congrès de Vienne*, o.O. 1815, S. 4.
12 Daniel Ramée, *Le Congrès de Vienne. 1814 et 1815*, Paris 1866, S. 23.
13 Adam Czartoryski, *Essai sur la diplomatie*, Paris 2011 [1864], S. 75.
14 Charles Coote, *Histoire d'Angleterre*, Paris 1841, Band 3, S. 173. [*The history of England: from the earliest dawn of record to the peace of MDCCLXXXIII*]
15 Rapport an Hager, 18. November 1814, in: *Les Dessous du congrès de Vienne*, Nr. 810.
16 Nipperdey, *Deutsche Geschichte*, S. 90.
17 Adolphe Thiers, *Histoire du Consulat et de l'Empire*, Paris 1859, Band 18, S. 424f.
18 Siehe John Robert Seeley, *Life and Times of Stein, or Germany and Prussia in the Napoleonic Age*, Cambridge 1878, Band 3, S. 326 – 349.
19 Jane Burbank und Frederick Cooper, *Imperien der Weltgeschichte. Das Repertoire der Macht vom alten Rom und China bis heute*, Frankfurt 2012.
20 Alexandre Arkhanguelski, *Alexandre Ier, le feu follet*, Paris 2000, S. 258.
21 Alexander I. an Friedrich Wilhelm III., zitiert in: Marie-Pierre Rey, »Le projet européen d'Alexandre Ier«, in: Thierry Lentz (Hg.), *Napoléon et l'Europe*, Paris 2005, S. 305.
22 Claude-François de Méneval, *Napoléon und Marie-Louise*, Berlin 1909, Band 1.

23 *Souvenirs et mélanges par M. le comte d'Haussonville*, Paris 1878, S. 189.
24 Brief von John Petrie an Barthélemy Hubert, 12. November 1792, in: Georges Pallain (Hg.), *La Mission de Talleyrand à Londres en 1792*, Paris 1889, S. 469.
25 Im Krieg der Augsburger Liga (1688 – 1697), dem Spanischen Erbfolgekrieg (1701 – 1714), dem Siebenjährigen Krieg (1756 – 1763), der Amerikanischen Revolution (1778 – 1783) und der Französischen Revolution (seit 1793).
26 Englands umfassende Aktivitäten in seinen Kolonien und auf hoher See konnten bisweilen darüber hinwegtäuschen, dass der Handel mit dem Kontinent für die Briten von entscheidender Bedeutung war. Damit erklärt sich auch die Bestimmtheit, mit der sie forderten, die Seewege in Ostsee und Mittelmeer offen zu halten. Zu dieser Forderung siehe Paul Kennedy, *Aufstieg und Fall der großen Mächte. Ökonomischer Wandel und militärischer Konflikt von 1500 bis 2000*, Frankfurt 1989.
27 Czartoryski, *Essai sur la diplomatie*, S. 77.
28 *Mémoires de la comtesse de Boigne*, Paris 1999 [1867], Band 1, S. 586.
29 Henry Kissinger, *Les Chemins de la paix*, Paris 1972, S. 50.
30 John M. Sherwig, *Guineas and Gunpowder. British Foreign Aid in the Wars with France, 1793 – 1815*, Cambridge 1969, S. 328.
31 Castlereagh an Cathcart, 14. Juli 1813, zitiert in: François Laurent, *Histoire du droit des gens*, Paris 1869, S. 486.
32 Charles Petrie, *Diplomatic History. 1713 – 1933*, London 1947, S. 116.
33 Vertrag zwischen England und Spanien vom 4. Juli 1814, in dem sich Ferdinand VII. verpflichtete, »mit Frankreich keinerlei Vertrag oder Verpflichtung jener Art einzugehen, die unter der Bezeichnung des Familienpakts bekannt ist.«
34 Der Wiener Kongress stimmte der Schaffung eines Königreichs Brasilien zu, dem Portugal in gewisser Weise angegliedert werden sollte. Der Regent blieb bis zur liberalen Revolution im August 1820 in Südamerika. Als er aufgefordert wurde, sich zwischen Brasilien und Portugal zu entscheiden, kehrte er schließlich im Juli 1821 nach Lissabon zurück und überließ seinem Sohn die Regentschaft über sein südamerikanisches Königreich. Dieser wurde im Jahr darauf Kaiser von Brasilien.
35 Sauvigny, *Metternich*, S. 268.
36 Brief von Steinlein an den König von Bayern, August 1814, in: *Les Dessous du congrès de Vienne*, Nr. 58.
37 Der Zar strebte eine Heirat zwischen dem Herzog von Berry, einem Sohn des Grafen von Artois, und der Großherzogin Anne an. Diese Verbindung scheiterte jedoch an der Frage der Religionszugehörigkeit, da Alexander einer Konvertierung seiner orthodoxen Schwester zum römisch-katholischen Glauben die Zustimmung verweigerte. Friedrich Wilhelm schlug

eine Heirat Berrys mit einer Verwandten seiner Seite vor. Ludwig XVIII. hingegen unternahm nichts, um diese Pläne mit Dynastien, die er für zweitrangig hielt, zum Erfolg zu führen. Der Herzog von Berry ehelichte schließlich Marie Caroline von Bourbon-Sizilien. Die Großherzogin Anne sollte 1816 König Wilhelm I. der Niederlande heiraten.

38 Vergennes an den König, 12. April 1777, zitiert in: Jean-Francois Labourdette, »La politique d'équilibre européen de Vergennes«, in: Jean Bérenger (Hg.), *L' ordre européen du XVIe au XXe siècle*, Paris 1998, S. 101.
39 Depesche vom 9. Juli 1814, in: *Les Dessous du congrès de Vienne*, Nr. 24.
40 Seeley, *Life and Times of Stein*, S. 246.
41 Abel-François Villemain, *Souvenirs contemporains d'histoire et de littérature*, Paris 1855, Band 2, S. 248. Derartige Ausdrücke waren zur damaligen Zeit gebräuchlich als Bezeichnung für die Vorhaben der Russen, welche gemeinhin – selbst in diplomatischen Kreisen – die »Barbaren des Nordens« genannt wurden.
42 Das Terrain war allerdings bereits von Wellington, dem damaligen Gesandten in Paris, bereitet worden (siehe dessen Bericht an Castlereagh, 18. August 1814, in: Webster, *British Diplomacy*, S.191).

III. Ein Treffen unter Europäern

1 Über die Verhandlungen in Westfalen gibt es unzählige Studien, zuletzt Lucien Bély, *L'Europe des traités de Westphalie. Esprit de la diplomatie et diplomatie de l'esprit*, Paris 2000; Claire Gantet, *La Paix de Westphalie, une histoire sociale*, Paris 2001; Arnaud Blin, *1648. La paix de Westphalie ou la naissance de l'Europe politique moderne*, Paris 2006.
2 Blin, *1648*, S. 148.
3 Gaétan de Raxis de Flassan, *Der Wiener Congreß*, Leipzig 1830, Band 1, S. 70.
4 Charles de Mazade, *Un chancelier d'Ancien Régime. Metternich*, Paris 1889, S. 162.
5 Egon Radvany, *Metternich's Projects for Reform in Austria*, Den Haag 1971, S. 30ff.
6 Lucien Bély, *L'Art de la paix en Europe. Naissance de la diplomatie moderne. XVIe – XVIIIe siècle*, Paris 2007, S. 226.
7 Brief von Steinlein an den König von Bayern, 6. August 1814, in: *Les Dessous du congrès de Vienne*, Nr. 58.
8 Der König, der Staatsminister Wintzingerode, die Adjutanten von Dillen, Lièvreville und von Thurn und Taxis, der Chef des Militärkabinetts Hohenlohe, der Stallmeister von Breuning, der Legationsrat von Kohlhaas, die Sekretäre von Pfeifer und von Bitzer, der Kammerherr Degen, ein Arzt,

vier Bediente des Königs, die Bedienten der anderen wichtigen Herren, zwei Amtsdiener, zehn gewöhnliche Domestiken.

9 Der König, der Fürst von Holstein-Beck, der Staatsminister von Rosenkrantz, der Hofmarschall von Hauch, der Generalmajor von Bülow, zwei Adjutanten, mehrere Kammerherren, ein Chirurg, der Kanzleisekretär von Christiani, der Legationssekretär von Berg, mehrere Attachés und Sekretäre sowie eine umfassende Zahl an Domestiken.

10 Bei den Verhandlungen zum Westfälischen Frieden (1643 – 1648) umfasste die französische Delegation annähernd vierhundert Personen, die Delegation des Kaisers kaum weniger, für Spanien und Schweden waren es jeweils einhundertfünfzig Personen.

11 Dieser Sekretär namens Schlegel war von Hagers Polizei schon vor Kongressbeginn enttarnt worden; man ließ ihn gewähren, überwachte ihn jedoch auf Schritt und Tritt (*Les Dessous du congrès de Vienne*, Nr. 83, 213).

12 *Guide des étrangers pendant le Congrès*, o.O. 1814, S. 4.

13 Die neapolitanische Delegation zählte vierzehn, die sizilianische elf Personen.

14 Er hatte ein Mandat von Ney, Mortier, Suchet, Davout und den Witwen Duroc und Bessières.

15 Ebenfalls nicht offiziell auf dem Wiener Kongress vertreten waren die Vereinigten Staaten. Einer der Unterhändler des Friedens von Gent zwischen Amerika und England, William Shaler, hätte eigentlich nach Wien reisen sollen, hatte dies aber unterlassen. Der Geschäftsmann Erich Bollmann versuchte auf eigene Faust einige Vorteile in Handelsfragen für sich und sein Land herauszuschlagen. Ab Januar 1815 traf er sich einige Male mit Metternich und versuchte, ein Freihandelsabkommen zwischen Österreich und den Vereinigten Staaten zu erwirken. Erst fünfzehn Jahre später, am 27. August 1829, sollte ein solcher Vertrag in New York unterzeichnet werden. (Siehe Paul Sweet, »Erich Bollmann at Vienna in 1815«, *The American Historical Review* 46, 1941, S. 580 – 587.)

16 Er blieb dort bis 1821 im Amt und übernahm es erneut von 1832 bis 1841.

17 Brief vom 19. Februar 1815, in: *Geheimpolizei*, S. 411.

18 Yves Ternon, *Empire ottoman. Le déclin, la chute, l'effacement*, Paris 2005, S. 120.

19 Rapport an Hager, 30. November 1814, in: *Les Dessous du congrès de Vienne*, Nr. 937.

20 In jüngerer Zeit hatten die beiden Länder von 1770 bis 1774, von 1787 bis 1792 und von 1806 bis 1812 gegeneinander Krieg geführt. Der Friede von Bukarest war just in dem Moment unterzeichnet worden, als Napoleon in Russland einfiel, und hatte damit umfassende russische Streitkräfte freigesetzt.

21 Die Walachei liegt im heutigen Staatsgebiet Rumäniens. Bessarabien gehört teils zum heutigen Moldawien, teils zur Ukraine.
22 Dieses Arrangement war bereits vor Kongressbeginn erwirkt worden, da die Royal Navy die Kontrolle über die Inseln übernommen hatte (Korfu, Paxos, Ithaka, Cephalonia, Lefkada, Zakynthos und Kythira). Der Schutz der Ionischen Inseln durch England wurde in den Pariser Friedensvertrag vom 5. November 1815 aufgenommen. Das Osmanische Reich erkannte den Beschluss am 24. April 1819 an. 1864 wurden die »Vereinigten Staaten der sieben Inseln« griechisches Staatsgebiet.
23 Dieser Punkt stieß in der russischen Delegation auf heftige Ablehnung, sie weigerte sich, das entsprechende Protokoll zu unterzeichnen. Zu einem Abkommen kam es erst mit dem Zweiten Pariser Frieden im November 1815.
24 Brief vom 14. Februar 1815, in: Webster, *British Diplomacy*, S. 306.
25 Rapport an Hager, 30. November 1814, in: *Geheimpolizei*, S. 288.
26 In Wien war es üblich, das »Diner« um zwei Uhr nachmittags zu servieren und das »Souper« um zehn Uhr abends.
27 Der fünfundvierzig Jahre alte Karl von Löwenhielm wurde von seinem jüngeren Bruder sowie den Diplomaten von Bildt, von Brandel, Hegard und Wahrendorf nach Wien begleitet.
28 La Garde-Chambonas, *Souvenirs*, S. 6.
29 Matthias Franz Perth, *Wiener Kongresstagebuch*, Wien/München 1981, S. 37ff.
30 Brief Wilhelm von Humboldts an seine Frau vom 17. Januar 1815, in: *Wilhelm und Caroline von Humboldt in ihren Briefen, Vierter Band: Federn und Schwerter in den Freiheitskriegen. Briefe von 1812–1815*, Berlin 1910, S. 457.
31 Bericht über den Einzug der Souveräne in *Le Moniteur* vom 19. Oktober 1814. Die Uraufführung von *Fidelio* hatte am 23. Mai 1814 stattgefunden. Der Franzose Didelot war ein berühmter Choreograf und Tänzer. 1801 war er nach Russland emigriert, wo er eine exzellente Ballettschule betrieb, die Mutter der berühmten »Ballets Russes«. *Zephyr* war eine Kreation aus dem Jahre 1796 und das meistgespielte und beliebteste Ballett seiner Zeit.
32 Perth, *Wiener Kongresstagebuch*, S. 56.
33 In diesem Palast befindet sich heute die italienische Botschaft (Hinweis von Robert Ouvrard).
34 Rapport an Hager, 20. Oktober 1814, in: *Les Dessous du congrès de Vienne*, Nr. 457. Als der Gesandte Rasumowsky, der nicht am Hofe residierte, die Bemerkung seines Souveräns hörte, antwortete er mit folgender – vermutlich nicht sonderlich goutierten – humorigen Replik: »Wohlan! Es behagt mir, dies zu hören. Ich werde, um Eurer Majestät zu Gefallen zu sein, eine Kompanie ihres Regiments auf einen Ball in mein Haus einladen.«

35 Rapport an Hager, 20. Oktober 1814, in: *Les Dessous du congrès de Vienne*, Nr. 459.

IV. Die »großen« Vier

1 Hervorhebung TL.
2 Zitiert nach: Arjuzon, *Castlereagh*, S. 337.
3 Frédéric Ramel, *Philosophie des relations internationales*, Paris 2011, S. 315 bis 324.
4 Die Bezeichnung »Gospodar«, die übersetzt so viel wie »Gutsherr« bedeutet, trugen die slawischen Vasallen des Sultans.
5 Die Rede, die Stadion am Tag seines Eintritts in das österreichische Finanzministerium hielt, war von Gentz verfasst worden.
6 Albert Sorel, »Un confident du prince de Metternich«, *Revue des Deux Mondes*, Band 18, 1876, S. 806. Für eine Biografie von Gentz siehe Robinet de Cléry, *Un diplomate d'il y a cent ans*, Paris 1917. Die Tagebücher von Friedrich von Gentz sind 1861 veröffentlicht worden.
7 Gentz und Humboldt zitiert nach Viktor Bibl, *Metternich. Der Dämon Österreichs*, Leipzig/Wien 1936, S. 146, 147.
8 *Mémoires, documents et écrits divers laissés par le prince Metternich*, Band 1, S. 221.
9 *Mémoires de Fouché*, Paris 1945 [1823], S. 394.
10 La Garde-Chambonas, *Souvenirs*, S. 343.
11 Castlereagh an Liverpool, 25. Februar 1814, in: Webster, *British Diplomacy*, S. 218.
12 Harold Nicolson, *Der Wiener Kongress. Über die Einigkeit unter Verbündeten 1812–1822*, Zürich 1946, S. 60.
13 *Aus Metternich's nachgelassenen Papieren*, hg. von Richard Metternich-Winneburg, Wien 1880, S. 316f.
14 Aus dem Tagebuch des Erzherzogs Johann, in: Freksa, *Wiener Kongress*, S. 211.
15 Diese Situation währte bis 1837, als das in Hannover geltende Salische Gesetz die Thronbesteigung Victorias verhinderte. An ihrer Stelle regierte Ernst August, der jüngere Bruder des verstorbenen Wilhelm IV., bis 1851. Sein Nachfolger, der blinde Wilhelm V., war bis zur Annexion Hannovers durch Preußen 1866 auf dem Thron.
16 Heute bezeichnet ein Schild mit der Aufschrift »Palais Liechtenstein« das Gebäude, in dem die englische Delegation untergebracht war und das von der Kanzlei nur durch eine Gasse getrennt war, damals Kreuzgasse geheißen, heute Metastasiogasse. Dank an Robert Ouvrard für diese Informationen.

17 Clive-Herbert hat ein Tagebuch über seinen Aufenthalt in Wien hinterlassen (*Lord Clive's Journal. 1814–1815*), das er offenbar mit zu Tische nahm, zu Besuchen, auf die Jagd und auch auf die Abendvergnügungen und Spaziergänge, auf die er Mr. und Mrs. Castlereagh begleitete. Allerdings ist seine Zeugenschaft von keinerlei politischem Wert, und auch der Rest gibt wenig her. So ist beispielsweise zur Zeit der schweren Krise im Januar 1815 mehrfach zu lesen: »Heute hat sich nichts Besonderes ereignet.« Nicht jeder konnte ein Eynard oder ein La Garde-Chambonas sein. Die Chroniken der Zeit bezeugen außerdem mehr oder weniger längere Aufenthalte der Chevaliers Cooke, Heard, Jackson, Mandeville, Montagut, Strangways, Temple und Waletort sowie von Lord Percy, dem Duke of Argyll und seiner Gattin u. a.

18 Siehe das Porträt des sehr jungen Diplomaten in Bew, *Castlereagh*, S. 372.

19 Hans Christoph von Gagern, *Mein Antheil an der Politik, II. Nach Napoleons Fall. Der Congress zu Wien*, Stuttgart 1826, S. 125.

20 Richard Bright, *Travels from Vienna through Lower Hungary*, Edinburgh 1818, S. 26.

21 *Souvenirs et mélanges par M. le comte d'Haussonville*, S. 190.

22 Webster, *Foreign Policy of Castlereagh*, S. 329.

23 So urteilt jedenfalls Charles Stewart, zitiert nach Nicolson, *Wiener Kongress*, S. 154.

24 Rapport von Hager an Franz I. vom 1. November 1814, in: *Les Dessous du congrès de Vienne*, Nr. 620.

25 Louis-J. Arrigon, »Talleyrand au congrès de Vienne«, *Revue des Deux Mondes* 78, 1943, S. 23

26 Neville Thompson, *Earl Bathurst and the British Empire*, Barnsley 1999, S. 87. Zu Stewarts Eskapaden siehe Bew, *Castlereagh*, S. 374f.

27 Talleyrand an Jaucourt, 3. März 1815, in: *Correspondance du comte de Jaucourt avec le prince de Talleyrand pendant le congrès de Vienne*, Paris 1905, S. 218.

28 Arjuzon, *Castlereagh*, S. 324.

29 *Au congrès de Vienne. Journal de Jean-Gabriel Eynard*, S. 67f. und 163.

30 Metternich an Wilhelmine von Sagan am 19. Januar 1814, in: *Briefwechsel*, Nr. 10.

31 Brief an Wellington vom 25. Oktober 1814, *Supplementary Despatches, Correspondance and Memoranda of Field Marshal Arthur, Duke of Wellington*, London 1860, Band 9, S. 372.

32 *Souvenirs du duc de Broglie*, Paris 1886, Bans 1, S. 273.

33 Pictet de Rochemont an seine Tochter, 18. Februar 1815, *Lettres écrites à sa famille pendant ses missions diplomatiques*, S. 93, abzurufen auf der Website www.archivesfamillepictet.ch.

34 Nesselrode blieb bis 1856 Außenminister und übernahm von 1845 an zudem das Portefeuille des Kanzlers, was er bis zu seinem Tod am 23. März 1862 innehatte.
35 *Souvenirs de la baronne Du Montet*, Paris 1914, S. 249. Die Baronin Du Montet war Französin und mit einem Kammerherrn des Kaisers Franz I. von Österreich verheiratet.
36 Dominic Lieven, *La Russie contre Napoléon*, Paris 2012, S. 99.
37 Gräfin Lulu Thürheim, *Mein Leben. Erinnerungen aus Österreichs großer Welt, 1788–1819*, Band 2, München 1913, S. 92f.
38 Brief von Talleyrand an die Herzogin von Kurland vom 17. November 1814, in: *Le Miroir de Talleyrand. Lettres inédites à la duchesse de Courlande pendant le congrès de Vienne*, Paris 1976, Nr. 16.
39 Brief von Talleyrand an die Herzogin von Kurland vom 7. Dezember 1814, in: *Le Miroir de Talleyrand. Lettres inédites à la duchesse de Courlande pendant le congrès de Vienne*, Nr. 19.
40 Er hatte sich am Ende des Kongresses mit dem Zaren überworfen und blieb in Wien, wo ihn Kaiser Franz zu einem österreichischen Fürsten machte.
41 Czartoryski war selbst umgeben von einer »polnischen« Entourage, zu der sein Sekretär Gross sowie drei Hauptberater, Lubomirski, Matuszewicz und Szanyawcki, gehörten.
42 Tagebuch von Mihailovski-Danilevski, zitiert nach Rey, *Alexandre*, S. 361.
43 Rapport vom 28. Oktober 1814, in: *Geheimpolizei*, S. 209.
44 Rapport an Hager vom 7. Oktober 1814, in: *Geheimpolizei*, S., 162. (Im Original frz.)
45 Zu den Mitgliedern der russischen Delegation gehörten außerdem: der Conseiller von Wittie, General Zwilliniev, Graf Pancratieff, Generalleutnant Jomini, die Conseillers Kamenski und Bühler u. a.
46 Siehe beispielsweise Alexandre Tchoudinov, »Russian-Prussian Relations in the Beginning of the French Revolution«, in: Conrad Grau u.a. (Hg.), *Deutsch-russische Beziehungen im 18. Jahrhundert*, Wiesbaden 1997, S. 39–48.
47 Robert Wilson, *Narrative of Events During the Invasion of Russia by Napoleon Bonaparte*, London 1860, S. 234
48 A. I. Mihailovski-Danilevski, *Memuary, 1814–1815*, Sankt Petersburg 2001, S. 130.
49 Zitiert nach Paléologue, *Alexandre*, S. 211.
50 Brief an Pozzo di Borgo vom 27. September 1814, in: *Correspondance diplomatique du comte Pozzo di Borgo, ambassadeur de Russie en France, et du comte de Nesselrode, depuis la Restauration des Bourbons jusqu'au congrès d'Aix-la-Chapelle. 1814–1818*, Paris 1890.
51 Brief vom 15. Oktober 1814, in: Gaston Palewski, *Le Miroir de Talleyrand.*

Lettres inédites à la duchesse de Courlande pendant le congrès de Vienne, Paris 1976, S. 56.

52 Zitiert nach Guillaume de Bertier de Sauvigny, *La Sainte-Alliance*, Pars 1972, S. 68.
53 Gentz am 12. Februar 1815, in: *Mémoires, documents et écrits divers laissés par le prince Metternich*, Band 2, S. 475.
54 *Souvenirs du chevalier de Cussy*, Paris 1909, S. 220.
55 *Souvenirs et mélanges par M. le comte d'Haussonville*, S. 201f.
56 Gentz am 12. Februar 1815, in: *Mémoires, documents et écrits divers laissés par le prince Metternich*, Band 2, S. 478.
57 Godefroy Cavaignac, *La Formation de la Prusse contemporaine*, Paris 1898, Band 2, S. 25.
58 *Souvenirs du duc de Broglie*, S. 273.
59 Dieses 20 000 Mann umfassende Korps, das zunächst der recht frankophile Offizier Julius von Grawert befehligte und später dann Yorck, der ein Verfechter des Rachegedankens war, war in den Russlandfeldzug kaum involviert. Es erhob erst im Augenblick der Niederlage der Grande Armée die Waffen gegen Napoleon, was Friedrich Wilhelm zu einem vorzeitigen Eintritt in die Koalition zwang.
60 Brief von Talleyrand an Ludwig XVIII. vom 13. Oktober 1814, in: *Memoiren des Fürsten Talleyrand*, Köln 1891, Band 2, S. 275.
61 Von Ense war in Begleitung seiner Frau, Rahel Levin, die zunächst in Berlin und von 1810 an in Paris einen hochgelobten literarischen Salon führte, eine preußische Muse, die sich persönlich für die Kriegsversehrten einsetzte, sie behandelte und Spenden für sie sammelte.
62 Wie alle Delegationen erhielt auch Preußen häufig Besuch aus der Heimat. Genannt sei hier insbesondere der Arzt und Schriftsteller David (nach seiner Taufe Johannes) Koreff, der ein Freund Humboldts war und auf dessen Empfehlung Hardenbergs Leibarzt wurde. Dieser besorgte ihm später eine Professur an der Berliner Universität.
63 Rapport an Hager vom 26. November 1814, in: *Les Dessous du congrès de Vienne*, Nr. 900.
64 Brief von Humboldt an seine Frau vom 5. Mai 1815, in: *Wilhelm und Caroline von Humboldt in ihren Briefen*.
65 Depesche vom 27. September 1814, in: *Dépêches inédites du chevalier de Gentz aux hospodars de Valachie*, Paris 1876, Band 1, S. 97.
66 Humboldt, »Projet d'organisation du congrès«, September 1814, zitiert nach: G. Peterson, »Political inequality at the Congress of Vienna«, *Political Studies Quarterly* 60, 1945, S. 536ff.
67 «Protocole séparé d'une conférence tenue le 22 septembre 1814 par les plénipotentiaires de l'Autriche, de la Grande-Bretagne, de la Prusse et de la

Russie, sur la forme et l'ordre des discussions du congrès de Vienne«, in: *Le Congrès de Vienne et les traités de 1815, précédé et suivi des actes diplomatiques qui s'y rattachent*, Paris 1863, S. 249 – 251. Castlereagh unterzeichnete das Dokument erst, nachdem seine auf den 23. September 1814 datierte abweichende Ansicht aufgenommen worden war.

68 »Projet de déclaration sur la forme et la marche à suivre dans les délibérations du congrès, communiqué au prince de Talleyrand à Vienne, le 30 septembre 1814«, in: *Le Congrès de Vienne et les traités de 1815*, S. 252f.

V. Talleyrands Aufbegehren

1 Jean Orieux, *Talleyrand ou le sphinx incompris*, Paris 1970, S. 595.
2 Paul Léon, *La Guerre pour la paix. 1740 – 1940*, Paris 1950, S. 241.
3 Zitiert nach Louis Madelin, *Histoire du Consulat et de l'Empire*, Band 4, Paris 2003 [1937 – 54], S. 689.
4 »Instruktionen für die Gesandten des Königs beim Kongress«, in: *Memoiren des Fürsten Talleyrand*, Band 2, S. 164ff. Eine eingehende Analyse dieser Weisungen findet sich im mittlerweile klassischen Werk von Waresquiel, *Talleyrand, le prince immobile*, S. 470 – 473. Ergänzend dazu die Überlegungen von Alexandra von Ilsemann, *Die Politik Frankreichs auf dem Wiener Kongress*, Hamburg 1996, S. 110 – 123, und Charles Zorgbibe, *Talleyrand et l'invention de la diplomatie française*, Paris 2012, S. 155 – 162.
5 Guglielmo Ferrero, *Wiederaufbau. Talleyrand in Wien (1814 – 1815)*, München 1950, S. 86.
6 Albert Pingaud, »Le congrès de Vienne et la politique de Talleyrand«, *Revue historique LXX*, 1899, S. 4.
7 *Souvenirs et mélanges par M. le comte d'Haussonville*, S. 214.
8 Dieses Bild wurde nicht in die französische Fassung des Buchs von Duff Cooper übernommen (*Talleyrand. Un seul maître: la France*, Paris 2002 [1932]), findet sich aber im englischen Original, zitiert nach Nicolson, *Wiener Kongress*, S. 170.
9 Die Korrespondenz zwischen Talleyrand und Jaucourt wurde veröffentlicht in: *Correspondance du comte de Jaucourt, ministre intérimaire des Affaires étrangères, avec le prince Talleyrand pendant le congrès de Vienne*, Paris 1905. Die Berichte und wöchentlichen Bulletins von Reinhard sind in den Archiven des Außenministeriums erhalten (AMAE): MD France 681, correspondance du prince de Talleyrand et divers.
10 Brief an Ludwig XVIII. vom 25. September 1814, in: *Memoiren des Fürsten Talleyrand*, Band 2, S. 234.
11 La Tour du Pin, der einige Tage vor seinem Herrn in Wien angekommen war, hatte alle notwendigen Vorbereitungen getroffen. Insbesondere muss-

ten neue Matratzen in das alte Gemäuer geschafft werden, da die alten gänzlich von Motten zerfressen waren (Arrigon, »Talleyrand au congrès«, S. 23). Mehrere Mitglieder der französischen Delegation logierten nicht im Palais, sondern in angemieteten Appartements.

12 Zu diesem Zeitpunkt war Talleyrand Mitglied folgender Orden: der Ehrenlegion, des Ordens vom Heiligen Geist (Frankreich), des Leopold-Ordens (Österreich), des Schwarzen Adlerordens (Preußen), des Andreas-Ordens (Russland) und des Sonnenordens (Persien). Hingegen kann man sicher sein, dass er den Orden der Eisernen Krone (napoleonisches Italien) und den Orden der Wiedervereinigung (französisches Kaiserreich) in Wien nicht am Revers trug. Siehe Thierry Lentz, »Les décorations françaises et étrangères, partie intégrante de la »dotation honorifique« des ministres de Napoléon«, La Phalère. Revue européenne d'histoire des ordres et décorations 2, 2001, S. 65–71.

13 Zitiert aus den Tagebüchern von Czartoryski, in: Andrzey Nieuwazny und Christophe Laforest, De tout temps amis. Cinq siècles de relations franco-polonaises, Paris 2004, S. 218. Czartoryskis Bemerkung über Talleyrands tiefe und feste Stimme, die sich auch bei anderen Zeitgenossen findet, steht gegen die Interpretation von Sacha Guitry (in dessen Film Le Diable boiteux), die sich in vielen Köpfen festgesetzt hat. Erwähnt sei noch, dass Talleyrand von mittlerem Wuchs war und mit 1,69 m dieselbe Körpergröße hatte wie Napoleon.

14 Brief eines unbekannten Kongressteilnehmers vom 19. Oktober 1814, AMAE, MD France 680.

15 Marquis de Custine, Souvenirs et portraits, Monaco 1956, S. 87.

16 Talleyrand, Éloge de M. le comte Reinhart, Paris 1838, S. 14f.

17 Für eine ausführlichere Übersicht siehe das Kapitel »Une ambassade extraordinaire à Vienne« in: Waresquiel, Talleyrand. Dernières nouvelles du diable, S. 149–158.

18 Seine Einbürgerungsurkunde erhielt Dalberg allerdings erst im Dezember 1815.

19 Mémoires de la comtesse Potocka (1794–1820), Paris 1897, S. 142.

20 Dixit Herzogin Abrantès, zitiert nach Émile Dard, »Un ami de Talleyrand. Le duc de Dalberg«, Revue de Paris, 15. August 1936, S. 807.

21 »Ich nehme Dalberg mit, um all jene Geheimnisse zu verbreiten, von denen ich möchte, dass alle Welt sie kennt«, soll Talleyrand gesagt haben.

22 Die »Kongregation der Unbefleckten Empfängnis«, die 1802 in Lyon gegründet worden war, um die »älteste Tochter der Kirche« ins Christentum zurückzuführen, hatte sich nach und nach gegen das Kaiserreich gewandt. Die Besatzung Roms, die Inhaftierung Pius' VII. und der Kirchenbann des Kaisers hatten ihr einigen Auftrieb gegeben, insbesondere durch die Ver-

breitung ihrer *Correspondance authentique de la cour de Rome*, die die Bannbulle enthielt. Die Behörden waren nicht wenig alarmiert, vor allem da die sich die Gegner des Kaisers – mit breitem Gesäß – auf das Thema setzten.

23 Die Gesellschaft der Glaubensritter, die von Ferdinand und Bénigne de Bertier begründet worden war, war eine Versammlung royalistischer Verschwörer in einer von den Freimaurern inspirierten Geheimorganisation.

24 Er war Präfekt von Dyle (1808) und Somme (1813) gewesen. Talleyrand, der Großkammerherr war, hatte ihn zum Kammerherrn ernannt. 1759 geboren, hatte er in den Vereinigten Staaten im französischen Kontingent an der Seite der Aufständischen gekämpft.

25 Marquise de La Tour du Pin, *Journal d'une femme de 50 ans, 1778–1815*, Paris 1951, S. 344.

26 Rapport an Hager vom 30. Oktober 1814, in: *Les Dessous du congrès de Vienne*, Nr. 618. Die Damen Bertrand und La Tour du Pin hießen mit Mädchennamen Dillon.

27 Der *Guide des étrangers* gibt außerdem an, dass ein gewisser Bertrand d'Hubert, angeblich ein ehemaliger Minister, in der Entourage der französischen Delegation kreiste. Unsere Recherchen konnten dies nicht bestätigen. Am plausibelsten scheint die Vermutung, dass es sich um einen Sekretär des Außenministeriums handelte, der seit Beginn der Französischen Revolution im Amt war.

28 Diese Eigenschaften schreibt ihm jedenfalls Humboldt zu, in: *Wilhelm und Caroline von Humboldt in ihren Briefen*, Band 4, S. 551.

29 Sitz des Außenministeriums seit dem Direktorium.

30 Flassan hatte in Paris ein flammendes Plädoyer für die Rechte Ferdinands VII. auf den spanischen Thron veröffentlicht. Talleyrand bat ihn, dieses auf dem Kongress nicht zu verteilen, woran sich Flassan offenbar nicht allzu strikt hielt, da einem Korrespondenten Hagers ein von ihm mit Widmung versehenes Exemplar in die Hände fiel. Seine Aufgabe in Wien war es, Notizen zu machen und eine Geschichte des Kongresses zu schreiben. Diese wurde letztlich jedoch nicht gedruckt, sondern nur in die diplomatischen Archive aufgenommen, wo sie sich auch heute noch befindet (AMAE, MD France 688). Hingegen publizierte Flassan 1829 drei wertvolle inoffizielle Bände, für die er zahlreiche seiner Notizen (AMAE, MD France 685) und sein erstes Manuskript verwertete.

31 de Custine, *Souvenirs et portraits*, S. 86.

32 Der *Guide des étrangers* gibt an, dass im Palais Kaunitz ein Hauptmann d'Illeman, ein Leutnant Krahanke und ein gewisser de Cavis, der »Mamlukenleutnant« sei, logierten. Dieser mit heißer Nadel gestrickte Führer irrt verschiedentlich in der Schreibweise der Namen, so dass es uns nicht ge-

Anmerkungen Seite 117 bis 118

lungen ist, diese Offiziere zu identifizieren. Der Mamlukenoffizier könnte möglicherweise Ange-Théophile Sourdis d'Escoubleau sein, der Sohn einer Freundin Talleyrands und Vertrauter des Ministers, der von 1807 bis 1814 in den Mamluken der kaiserlichen Garde gedient hatte. Zudem nennt der Führer weitere französische Offiziere, die sich in Wien aufgehalten haben sollen und von denen wir nicht wissen, ob sie im Auftrag oder nur zufällig dort waren, so etwa der »adjudant« de Bataille (möglicherweise ein Tancarville de Bataille) oder der Oberst Charles-Philippe Malivoire, ein ehemaliger Militärattaché in Konstantinopel.

33 Arrigon, »Talleyrand au congrès«, S. 25.
34 Rapport an Hager vom 17. Oktober 1814, in: *Geheimpolizei*, S. 191. In diesem Rapport findet sich auch eine Liste der Besucher, die Talleyrand innerhalb von zwei Tagen empfangen hat: insgesamt dreiundzwanzig Personen, darunter der Spanier Labrador, der Engländer Stewart, der Niederländer von Gagern, der Schweizer d'Ivernois, der Sachse Schulenburg u.a.
35 Rapport von Siber an Hager vom 26. September 1814, in: *Les Dessous du congrès de Vienne*, Nr. 140.
36 Vor Neukomm gehörte der 1812 verstorbene Dussek zu Talleyrands Gefolge. Neukomm, der 1856 starb, hat fast zweitausend Kompositionen hinterlassen.
37 Talleyrand hatte Isabey spätestens 1789 kennengelernt, als sie gemeinsam die Freimaurerloge der Vereinigten Freunde besuchten. Ein erstes Porträt des hinkenden Fürsten hatte Isabey 1791 angefertigt. Nach Wien reiste er gemeinsam mit Marie-Louise an, die von einer Kur in Aix-en-Provence zurückkehrte. Talleyrand beschloss, ihn unter seine Fittiche – und in seine Dienste – zu nehmen.
38 Nicht ein Memoirenschreiber erwähnt Carêmes Anwesenheit in Wien; bisweilen wird jedoch behauptet, er habe in Diensten des Engländers Stewart gestanden. Auch die heutigen Biografen des großen Cuisiniers sagen nichts von einem Aufenthalt in Wien während des Kongresses, so dass wir mittlerweile der Überzeugung sind, er habe sich tatsächlich nicht dort aufgehalten. Wahrscheinlich befand er sich bereits in London in Diensten des Prinzregenten (Georges Bernier, *Antonin Carême, 1783–1833*, Paris 1989; Philippe Alexandre/Béatrix de L'Aulnoit, *Le Roi Carême*, Paris 2003).
39 Waresquiel, *Talleyrand. Dernières nouvelles du diable*, S. 73.
40 Den Titel, den der Zar ihm »verliehen« hatte, trug Talleyrand mit einigem Stolz.
41 Madame de Boigne war zugegen, als Talleyrand seine Gattin, von der er mehr oder weniger getrennt lebte, davon in Kenntnis setzte, sie nicht mit nach Wien zu nehmen. Sie schrieb: »Madame de Talleyrand wusste genau um die Bedeutung dieser so geheim vorbereiteten Versammlung; sie konnte

ihre Betrübnis nicht verbergen und war sehr niedergeschlagen« (*Mémoires de la comtesse de Boigne*, Band 1, S. 409).

42 Alphonse de Lamartine, *Histoire de la Restauration*, Paris 1861, Band 2, S. 217.

43 Die vier Schwestern waren Töchter des Herzogs Peter von Biron und seiner Frau Anna Charlotte Dorothea von Medem. Ihr Liebes- und Eheleben wäre allein Stoff für einen ganzen Roman. Die Literatur zu ihnen ist jedoch enttäuschend; zu erwähnen seien zumindest: Rosalynd Pfaum, *Les Trois Grâces de Courlande*, Paris 1986: Françoise de Bernardy, *Le Dernier Amour de Talleyrand*, Paris 1965; Micheline Duput, *La Duchesse de Dino. Égérie de Talleyrand, princesse de Courlande*, Paris 2002; Françoise Kermina, *Les Dames de Courlande. Égéries russes au XIXe siècle*, Paris 2012; Françoise Aubret-Ehnert, »Les femmes au congrès de Vienne«, abrufbar unter: www.dames-courlande.fr.

44 *Louis* François Bausset, *Mémoires anecdotiques sur l'intérieur du palais*, Paris 1828, Band 3, S. 69.

45 La Garde-Chambonas, *Souvenirs*, S. 60. Dorothée de Périgord, die während des Kongresses erkrankte, wurde vorübergehend ersetzt durch die Gattin des dänischen Gesandten, Gräfin von Bernstorff (siehe dazu ihre Erinnerungen in: Freksa, *Wiener Kongress*, S. 20f.).

46 François de Callières, *De la manière de négocier avec les souverains, de l'utilité des négociations, du choix des ambassadeurs et des envoyés pour réussir dans ces emplois*, Paris 1716, S. 25.

47 Die spanische Delegation wurde am Minoritenplatz, unweit der Engländer untergebracht. Sie bestand aus sechs Diplomaten: Bustillo, Castro, Labrador, Machado, Los Rios und Goegel.

48 *Memoiren des Fürsten Talleyrand*, Band 2, S. 245.

49 *Tagebücher von Friedrich von Gentz*, S. 320.

50 Dieser Einwand findet sich nicht in Talleyrands Bericht, sondern in einem Rapport an Hager vom 2. Oktober 1814, in: *Geheimpolizei*, S. 149.

51 »Projet de déclaration sur la forme et la marche à suivre dans les délibérations du Congrès«, in: *Le Congrès de Vienne et les traités de 1815*, S. 252–253

52 Bericht im Brief Talleyrands an Ludwig XVIII. vom 9. Oktober 1814, in: *Memoiren des Fürsten Talleyrand*, Band 2, S. 261ff.

53 Eine Verbalnote ist »ein sehr informeller Kommunikationstyp, eine unpersönliche, inoffizielle Mitteilung, die nicht unterschrieben wird« (Jean-Paul Pancracio, *Dictionnaire de la diplomatie*, Paris 1998).

54 *Memoiren des Fürsten Talleyrand*, Band 2, S. 254.

55 *Tagebücher von Friedrich von Gentz*, S. 322

56 Löwenhielm sei »mit Leib und Seele russisch gesinnt«, schrieb Talleyrand an Ludwig XVIII, in: *Memoiren des Fürsten Talleyrand*, Band 2, S. 272.

57 Bericht im Brief Talleyrands an Ludwig XVIII. vom 9. Oktober 1814, in: *Memoiren des Fürsten Talleyrand*, Band 2, S. 261ff.
58 Aus dem Tagebuch des Erzherzogs Johann, in: Freksa, *Wiener Kongress*, S. 206.
59 »Déclaration pour ajourner l'ouverture formelle du congrès de Vienne au 1er novembre 1814«, 8 octobre 1814, in: *Le Congrès de Vienne et les traités de 1815*, Band 12, S. 272.
60 Villemain, *Souvenirs contemporains d'histoire et de littérature*, Band 2, S. 60.
61 Thiers, *Histoire du Consulat*, S. 466.
62 Ferrero, *Wiederaufbau*, S. 171f.
63 Rapport an Hager vom 9. Oktober 1814, in: *Les Dessous du congrès de Vienne*, Nr. 325.
64 Brief von Ludwig XVIII. vom 14. Oktober 1814, *Correspondance inédite du prince de Talleyrand et du roi Louis XVIII pendant le congrès de Vienne*, S. 48.
65 Brief vom 9. Oktober 1814, *Supplementary Despatches, Correspondance and Memoranda of Field Marshal Arthur, Duke of Wellington*, London 1860, Band 9, S. 323.
66 Sauvigny, *Metternich*, S. 255.
67 Brief an Wilhelm von Oranien-Nassau vom 11. Oktober 1914, in: Gagern, *Mein Antheil*, S. 50. (Original auf Französisch)
68 Rapport von Hager an Franz I. vom 13. Oktober 1814, in: *Les Dessous du congrès de Vienne*, Nr. 344.
69 Rapport an Hager vom 15. Oktober 1814, in: *Les Dessous du congrès de Vienne*, Nr. 380.

VI. Die Organisation des Kongresses

1 »Réponse de la France à la déclaration du 8 octobre pour l'ajournement du congrès de Vienne«, in: *Le Congrès de Vienne et les traités de 1815*, S. 315 – 316.
2 Brief vom 5. November 1814, in: *Les Dessous du congrès de Vienne*, Nr. 683.
3 Ein Memorandum ist »ein Dokument, das von einer Partei vor der Verhandlung eingebracht wird [...], um die wichtigsten faktischen und rechtlichen Elemente, die das Treffen zum Gegenstand haben wird, sowie ihre eigenen Argumente darzustellen« (Pancracio, *Dictionnaire de la diplomatie*).
4 Kissinger, *Les Chemins de la paix*, S. 194.
5 Charles Webster, *The Congress of Vienna*, London 1963, S. 92.
6 Siehe Peterson, »Political inequality«, S. 544ff.
7 Dies äußerte er am 18. September 1814 gegenüber einem Agenten des Barons Hager, in: *Les Dessous du congrès de Vienne*, Nr. 105.
8 Zitiert nach Zorgbibe, *Metternich*, S. 269.
9 Die Historiker des Wiener Kongresses verwechseln nicht selten diese

beiden Kommissionen und setzen infolgedessen die Zahl der großen Ausschüsse auf zehn fest. Die beiden Arbeitsgruppen zu Deutschland unterschieden sich jedoch sowohl in der Namensgebung als auch in Zusammensetzung und Auftrag.

10 »Premier protocole du comité institué pour les affaires d'Allemagne«, 14. Oktober 1814, in: *Le Congrès de Vienne et les traités de 1815*, S. 289.

11 Münster wurde unterstützt von Graf Ernst August von Hardenberg, einem Hannoveraner Diplomaten und Verwandten des preußischen Kanzlers.

12 Am 23. Oktober wurde eine Unterkommission gebildet, die den Namen »Komitee der deutschen militärischen Angelegenheiten« trug und Fragen nach der Verteilung der Wehranlagen in den Grenzgebieten behandelte. Ihr gehörten von Wrede, der österreichische General Radetzky, der preußische General Knesebeck sowie je ein Repräsentant Württembergs und Hannovers an.

13 Er wurde unterstützt von Jean de Montenach und Johann Heinrich Wieland, dem Baseler Bürgermeister.

14 »Troisième protocole de la séance du 13 novembre 1814 des plénipotentiaires des huit puissances signataires du traité de Paris«, in: *Le Congrès de Vienne et les traités de 1815*, S. 424.

15 »Quatrième protocole de la séance du 9 décembre 1814 des plénipotentiaires des huit puissances signataires du traité de Paris«, in: *Le Congrès de Vienne et les traités de 1815*, S. 500f.

16 Auf dem Kongress wurde Elisa von Antonio Aldini repräsentiert, dem ehemaligen Staatssekretär des Königreichs Italien. Der Titel der »Großherzogin« der Toskana verlieh ihr in Wahrheit jedoch keinerlei souveränes Recht, sondern war ein Würdentitel des Kaiserreichs, ebenso wie die Titel des Erzkanzlers, des Erzkämmerers, des Wahlmanns u.a. Die toskanischen Départements waren integraler Bestandteil des französischen Kaiserreichs und einer »allgemeinen Regierung« unterstellt, um die Verwaltung zu erleichtern. Die höchste Funktion hatte Napoleons Schwester inne, womit sie nebenbei gesagt die erste hochrangige Beamtin in der französischen Geschichte war.

17 Zu dieser Forderung siehe den Rapport an Hager vom 12. Oktober 1814, in: *Les Dessous du congrès de Vienne*, Nr. 365.

18 Die komplizierte Akte zur Frage Bouillons ist in den Archiven des Außenministeriums erhalten, MD France 688, congrès de Vienne (1814–1815), réclamations et protestations.

19 »Instructions proposées par le prince de Metternich pour les plenipotentiaries de la commission statistique et adoptées par ceux des autres puissances«, 24. Dezember 1814, in: *Le Congrès de Vienne et les traits de 1815*, S. 561.

20 Charles Seignobos, *1815–1915. Du congrès de Vienne à la guerre de 1914*, Paris 1915, S. 5f.
21 Aus dem Tagebuch des Erzherzogs Johann, in: Freksa, *Wiener Kongress*, S. 214.
22 Zitiert nach Bibl, *Metternich*, S. 165f.
23 »Déclaration de MM. les commissaires prussiens«, 28. Dezember 1814, in: *Le Congrès de Vienne et les traités de 1815*, S. 576.
24 Brief vom 28. Dezember 1814, in: *Correspondance inédite du prince de Talleyrand et du roi Louis XVIII pendant le Congrès de Vienne*, Nr. 18.
25 »Cinquième protocole de la séance du 10 décembre 1814 des plenipotentiaries des huit puissances signataires du traité de Paris«, in: *Le Congrès de Vienne et les traités de 1815*, S. 503.
26 Hessen und die Stadt Frankfurt wurden nur zur abschließenden Sitzung geladen. Keller ließ seinen Einwand vor seiner Unterzeichnung ins Protokoll aufnehmen.
27 »Procès-verbal de la première conférence de la Commission relative à la libre circulation des rivières«, 2. Februar 1815, in: *Le Congrès de Vienne et les traités de 1815*, S. 693.
28 »Cinquième protocole de la séance du 10 décembre 1814 des plenipotentiaries des huit puissances signataires du traité de Paris«, in: *Le Congrès de Vienne et les traités de 1815*, S. 501.
29 »Cinquième protocole de la séance du 8 février 1815 des plénipotentiaires des cinq puissances« in: *Le Congrès de Vienne et les traités de 1815*, S. 707.
30 »Onzième protocole de la séance du 6 mars 1815 des plenipotentiaries des cinq puissances«, in: *Le Congrès de Vienne et les traités de 1815*, S. 896.
31 *Mémoires, documents et écrits divers laissés par le prince de Metternich*, Band 1, S. 203.
32 Charles-Frédéric Sirtema de Grovestins, *Le Congrès de Vienne, en 1814 et 1815, et le Congrès de Paris, en 1856*, Paris 1856, S. 82.
33 C. Downer Hazen, »Le Congrès de Vienne (1814–1815)«, *Revue des études napoléoniennes*, Januar–Juni 1919, S. 67.
34 Nicolson, *Wiener Kongress*, S. 73.

VII. Vergnügungen und Festivitäten

1 Es wird kolportiert, der Zar soll fuchsteufelswild geworden sein und vom alten Feldmarschall eine Entschuldigung verlangt und auch erhalten haben.
2 Zitiert nach Downer Hazen, »Le Congrès de Vienne«, S. 59.
3 *Souvenirs de la baronne Du Montet*, S. 114.
4 Brief vom 3. November 1814, in: Bonneval, »À Vienne«, S. 227.
5 Polizeirapport vom 24. Oktober 1814, in: *Geheimpolizei*, S. 200.

6 Perth, *Wiener Kongresstagebuch*, S. 62.
7 André Fugier, *Histoire des relations internationales*. IV. *La Révolution française et l'Empire napoléonien*, Paris 1954, S. 305.
8 La Garde-Chambonas, *Souvenirs*, S. 232.
9 Jacques-Alain de Sédouy, *Le Congrès de Vienne. L'Europe contre la France. 1812–1815*, 2003, S. 182.
10 La Garde-Chambonas, *Souvenirs*, S. 105 und 113. Maria Ludovika war die Enkeltochter von Maria Theresia von Österreich. Sie hatte Kaiser Franz am 6. Januar 1808 geheiratet. Ihre Rolle als Herrscherin und ihre habsburgische Herkunft ernst nehmend, stritt sie unerbittlich gegen die österreichische Allianz mit Frankreich. Den Kongress, der das endgültige Ende der »jakobinischen« Ideen und Napoleons bedeutete, erlebte sie als persönlichen Triumph.
11 *Mémoires de la comtesse Potocka*, S. 371.
12 Siehe Lucien Bély, »Souveraineté et souverains: la question du ceremonial dans les relations internationales à l'époque moderne«, *Annuaire de la société de l'histoire de France*, Paris 1994, S. 27–43.
13 Zu dieser Schule siehe Zorgbibe, *Metternich*, S. 18–23.
14 Waresquiel, *Talleyrand, le prince immobile*, S. 478.
15 Ferrero, *Wiederaufbau*, S. 189.
16 Flassan, *Der Wiener Congreß*, Band 1, S. 166.
17 Ferrero, *Wiederaufbau*, S. 191.
18 *Journal des débats* vom 16. Oktober 1814.
19 Am 22. Oktober ernannte Franz I. Zar Alexander zum Befehlshaber des Infanterieregiments Hiller. Friedrich Wilhelm von Preußen und Kronprinz Friedrich von Württemberg erhielten Befehlsgewalt über je ein Husarenregiment, Maximilian I. Joseph von Bayern wurde Honoraroberst eines Dragonerregiments. (Perth, *Wiener Kongresstagebuch*, S. 62) Darüber hinaus wurden einige ehemalige Regimenter der österreichischen Armee nach wichtigen Kongressteilnehmern benannt: So hieß ein Eliteregiment fortan Kaiser-Alexander-Regiment. Dessen Fahne soll von Zarin Elisabeth persönlich gestickt worden sein.
20 Zwei Gerüchte, die sich hartnäckig hielten, betrafen die angebliche Heirat Schwarzenbergs mit der Großherzogin Katharina, der Witwe des Herzogs Georg von Oldenburg, die letzten Endes jedoch Wilhelm I. von Württemberg ehelichen sollte, und – noch famoser – eine Hochzeit Friedrich Wilhelms III. mit Marie-Louise.
21 Bramsen, *Promenade*, S. 96.
22 Aus dem Tagebuch des Erzherzogs Johann, in: Freksa, *Wiener Kongress*, S. 214.
23 Mihailovski-Danilevski, *Memuary*, S. 97.

24 Bright, *Travels from Vienna*, S. 9ff.
25 Brief an seine Kinder vom 10. Oktober 1814, C. Pictet de Rochemont, *Lettres écrites a sa famille pendant ses missions diplomatiques*, S. 51, abrufbar auf der Website www.archivesfamillepictet.ch.
26 John W. Derry, *Castlereagh*, London 1976, S. 168.
27 Rapport an Hager vom 28. Oktober 1814, in: *Les Dessous du congrès de Vienne*, Nr. 599.
28 Charles Webster, »Castlereagh et le système des congrès (1814 – 1822), *Revue des études napoléoniennes*, Januar – Juni 1919, S. 71.
29 La Garde-Chambonas, *Souvenirs*, S. 32.
30 *Journal des débats* vom 12. Dezember 1814.
31 Reproduktionen mehrerer seiner Karikaturen finden sich in Klaus Günzel, *Der Wiener Kongress. Geschichte und Geschichten eines Welttheaters*, München 1995.
32 Siehe Emmanuel de Waresquiel (Hg.), *Talleyrand ou le Miroir trompeur*, Paris 2005, S. 18. Nach Napoleons Rückkehr gab es in Frankreich eine Welle von Karikaturen gegen den Wiener Kongress. Eine Darstellung zeigt etwa die Souveräne, wie sie auf einem großen Gelage Europa untereinander aufteilen, während ein teuflischer denn je dreinblickender Talleyrand unter dem Tisch sitzt und ihnen ihre Entscheidungen einflüstert.
33 Reinhard an Talleyrand, 5. November 1814, AMAE, MD France 681, correspondance du prince de Talleyrand et divers.
34 Zöllner, *150 Jahre Wiener Kongress*, S. 153. In diesem Katalog finden sich ebenfalls zahlreiche Abbildungen von Gedenkmedaillen, die »die drei Alliierten« feiern: Der Prinzregent ist selbstredend nicht unter ihnen. Außerdem wurden auch den Diplomaten Medaillen überreicht, auf denen aber Talleyrand, Metternich, Hardenberg und Castlereagh allein abgebildet waren.
35 C. Lécosse, *Jean-Baptiste Isabey (1767 – 1855): l'artiste et son temps*, Doktorarbeit, Lyon II, 2012, S. 451. Isabeys Werk diente offenbar seinerseits als Inspirationsquelle für das Ölgemälde *Congrès de Paris* (1856) von Édouard Louis Dubufe, auf dem Alexandre Walewski, ein unehelicher Sohn Napoleons, den Platz einnahm, den Talleyrand auf dem Bild von 1815 innehatte.
36 So etwa die spanischen und portugiesischen Gesandten, deren Besuch bei Isabey in einem Rapport an Hager vom 30. Dezember 1814 angezeigt wird, in: *Les Dessous du congrès de Vienne*, Nr. 1204. Sogar Humboldt, der sich beharrliche weigerte, ein Porträt von sich erstellen zu lassen, weil er sich zu hässlich fand, akzeptierte schließlich, Modell zu sitzen. Später scherzte er: »Ich habe nichts für mein Porträt bezahlt. Isabey wollte sich wohl rächen: Es ähnelt mir.«
37 Diese Vorarbeiten befinden sich heute im Louvre.

38 Siehe den Ausstellungskatalog *Jean-Baptiste Isabey (1767–1855), portraitiste de l'Europe* (2005), zu der von François Pupil kuratierten Ausstellung in Paris und Nancy. Isabey erstellte insbesondere Porträts von Prinz August von Preußen, Eugène de Beauharnais, dem Herzog Albert von Sachsen-Teschen, Talleyrand, der Herzogin von Weimar, der Fürstin Bagration u.a. Talleyrand schrieb, der Maler sei ihm »von großer Hilfe« gewesen. Seine Bitte, diesen in die Ehrenlegion aufzunehmen, wurde positiv beschieden: Am 31. Januar 1815 wurde Isabey zum Ritter geschlagen, am selben Tag wie Saint-Mars, Damour, Rouen, Sers, Formond, der Maler und Architekt Charles Moreau und die Musiker Neukomm und Salieri.

39 La Garde-Chambonas, *Souvenirs*, S. 386.

40 Isabey hatte auf dem Salon von 1789 mit einer großformatigen Zeichnung mit dem Titel *Isabey und seine Familie, von ihm selbst gezeichnet* einen Triumph gefeiert. Das Werk ist heute besser bekannt unter dem Namen *Die Barke* und befindet sich im Louvre. Zu den berühmtesten Zeichnungen, die aus der Zeit vor dem Wiener Kongress stammen, zählen die *Revue in den Tuilerien* (1800) und die *Begegnung zwischen Napoleon und Marie-Louise* (1810).

41 Das Plakat, das für die Subskription gedruckt wurde, kündigt 31 anstelle von 23 Porträts an und ergänzt, Schnitt und Punktierung der Druckplatte würden von Jean Godefroy ausgeführt. Der Subskriptionspreis betrug 120 Franc, der Preis ohne Subskription 240 Franc.

42 Godefroy war ein Zeichner und Graveur für Tiefdruck und wie Isabey Schüler Davids. Einen Namen gemacht hatte er sich durch den 1790 von Dejabin herausgegebenen Band *Collection des portraits de MM. les députés a l'Assemblée nationale*.

43 Isabey, der bei Napoleons Rückkehr in die Tuilerien in Paris weilte, wurde am 21. März vom Kaiser zu sich gerufen und mit Fragen über die Gemütsverfassung Marie-Louises bedrängt. Er erhielt den Auftrag, unverzüglich eines der in Wien angefertigten Porträts des Königs von Rom drucken zu lassen (Lécosse, *Jean-Baptiste Isabey*, S. 458).

44 Die Vorzeichnung befindet sich heute im Louvre, die Originalzeichnung der Gravur in den britischen königlichen Sammlungen.

45 Dieser Ausspruch wird bisweilen dem Fürsten von Ligne zugesprochen, von La Garde-Chambonas (*Souvenirs*, S. 112) hingegen Potocki zugeordnet.

46 Der Film *Amadeus* von Miloš Forman hatte sogar Einfluss auf Salieris Biografen, vgl. Volkmar Braunbehrens, *Salieri. Ein Musiker im Schatten Mozarts?*, München 1989.

47 Der damals siebzehnjährige Schubert hatte bereits mehrere Lieder, zwei Sinfonien und eine Oper komponiert. Hüttenbrenner, der heute ein wenig

in Vergessenheit geraten ist, komponierte im Laufe seiner Karriere Hunderte von Werken für Chor, Orchester, Klavier, Quartette u. a.
48 Der Taufname des gebürtigen Braunschweigers lautete Ludewig und wurde von ihm selbst später französiert.
49 Zahlreiche deutsche Komponisten waren nach Wien angereist, um ihre Werke zu präsentieren, wie zum Beispiel Weber, Hermstedt oder Freksa. Louis Spohr hat in einer Autobiografie (1860/61) von seinen Erlebnissen auf dem Kongress berichtet.
50 Jean Mongrédien, *La Musique en France des Lumieres au romantisme. 1789–1830*, Paris 1986, S. 311.
51 Jean et Brigitte Massin, *Ludwig van Beethoven*, Paris 1967, S. 276–281.
52 Perth, *Wiener Kongresstagebuch*, S. 44.
53 Arrigon, »Talleyrand au congrès«, S. 29.
54 Rémi Hess, *La Valse. Un romantisme révolutionnaire*, Paris 2003, S. 63ff.; G. Blanquis, *La Vie quotidienne en Allemagne a l'époque romantique*, Paris 1958, S. 33–34.
55 Mihailovski-Danilevski, *Memuary*, S. 137. Gemäß den damals herrschenden Sitten wurden derlei Darbietungen keinesfalls als lächerlich angesehen. Auch scheuten sich Damen wie Herren nicht, in der Öffentlichkeit zu singen – eine schöne Stimme selbstredend vorausgesetzt.
56 La Garde-Chambonas, *Souvenirs*, S. 140f.
57 Die offiziellen Quellen und die Website des Hotel Sacher widerlegen diese Legende. Das berühmte Hotel und Restaurant wurde 1876 von den Ahnen des berühmten Erfinders der Sachertorte gegründet.
58 Das Haus des russischen Gesandten in Wien bot genügend Platz – allein im Erdgeschoss gab es fünfzehn große Salons –, um dem Zaren einmal zu ermöglichen, dreihundert Oberoffiziere der alliierten Armeen zu einem Bankett einzuladen, auf dem nota bene Ananas aus den kaiserlichen Gewächshäusern in St. Petersburg serviert wurden.
59 Arrigon, »Talleyrand au congrès«, S. 28.
60 François Bonneau, *Talleyrand a table*, Paris 2003, S. 84–85.
61 Bramsen, *Promenade*, S. 79.
62 Otto Karmin, *Sir Francis d'Ivernois, sa vie, son oeuvre et son temps*, Genf 1920, S. 585.
63 La Garde-Chambonas, *Souvenirs*, S. 38f.
64 Flassan, *Der Wiener Congreß*, Band 1, S. 166.
65 *Mémoires de la comtesse Potocka*, S. 372.
66 *Souvenirs et mélanges par M. le comte d'Haussonville*, S. 184.
67 La Garde-Chambonas, *Souvenirs*, S. 88.
68 Siehe beispielsweise einen Rapport an Hager vom 16. Oktober 1814, in: *Les Dessous du congrès de Vienne*, Nr. 416.

69 Siehe die einigen Damen des Kongresses gewidmete Studie von Maurice-Henri Weil, »Autour du congrès de Vienne. La princesse Bagration, la duchesse de Sagan et la police secrete de l'Autriche«, *Revue de Paris*, 1913, S. 623. Die Fürstin Bagration hatte bereits lange vor Kongresseröffnung in Wien Quartier bezogen. Selbst als sie noch verheiratet war, hielt sie sich nur selten in Russland auf. Später lebte sie in Paris, wo sie unter dem Zweiten Kaiserreich 1856 verstarb.

70 Die beiden waren gewiss mehr als nur Freunde. Als Dorothea Wien verließ, um sich auf ihre preußischen Güter zu begeben, nahm sie, während Talleyrand sich auf den Weg nach Gent machte, Clam als Begleitung mit.

71 Sie heiratete 1819 in zweiter Ehe Carl Rudolf von Schulenburg, von dem sie sich aber natürlich bald wieder trennte. Da sie ihren ehemaligen Ehegatten Unterhalt zahlte, sagte sie gern: »Ich ruiniere mich mit Ehemännern.«

72 Billett vom 9. Oktober 1814, in: *Briefwechsel*, S. 276.

73 Billett vom 9. November 1814, in: *Briefwechsel*, S. 270.

74 Wilhelmine hatte Metternich in ihrer Korrespondenz mehrmals gebeten, beim Zaren zu intervenieren, damit dieser seinen Finanzminister anwies, die beträchtlichen Summen auszuzahlen, die er der Herzogin von Kurland schuldete.

75 Metternich an Wilhelmine von Sagan, 31. Oktober 1814, in: *Briefwechsel*, S. 269.

76 Siehe *Tagebücher von Friedrich von Gentz*, 380ff. Um das Maß vollzumachen, war Wilhelmine auch noch die Mätresse des Fürsten zu Windisch-Graetz.

77 Lamb war 1813 zum Geschäftsträger in Wien ernannt worden. Ihre Korrespondenz aus den Jahren 1814 und 1815 wurde von der tschechischen Historikerin Děvana Pavlíková veröffentlicht (*Má drahá, hříšná lásko*, 2010). Wir danken Frau Françoise Aubret-Ehnert, die uns auf diese Publikation hingewiesen und eine von Frau Jeanine Vieuille angefertigte Übersetzung zur Verfügung gestellt hat.

78 Brief an die Fürstin von Lieven, zitiert nach Louis-J. Arrigon, *Une amie de Talleyrand. La duchesse de Courlande. 1761–1821*, Paris 1945, S. 175.

79 Wilhelmine von Sagan an Lamb, 13. März 1815, in: Pavlíková, *Má drahá*, Nr. 13.

80 Paléologue, *Alexandre*, S. 216. Der österreichischen Polizei zufolge soll Alexander unter einer Geschlechtskrankheit gelitten haben, was offenbar nicht korrekt ist.

81 Mansel, *Le Prince de Ligne*, S. 263.

82 Comtesse de Choiseul-Gouffier, *Réminiscences sur l'empereur Alexandre Ier et sur l'empereur Napoléon Ier*, Paris 1862, S. 200.

83 Elisabeth von Baden war im Alter von zwölf Jahren mit Alexander verhei-

ratet worden, musste aber schon sehr bald der großen Liebe seines Lebens, der Fürstin Maria Naryschkina, weichen. Zum Trost nahm sich die Kaiserin mehrere Geliebte, darunter den Stabschef Ochotnikow, der auf Befehl des Großfürsten Konstantin am Tag, als Elisabeth ein Kind von ihm gebar, ermordet wurde.

84 Zu den Einzelheiten dieser Affäre siehe Rey, *Alexandre*, S. 359f.
85 Die dreißig Jahre alte Émilie Bigottini war der, wenngleich bereits leicht alternde, Star der Pariser Oper. Die Tänzerin war zu Aufführungen nach Wien eingeladen worden. Doch begnügte sie sich nicht damit, sich auf der Bühne zu präsentieren, sondern war auch ein gern gesehener Gast in den prestigeträchtigsten Alkoven. Sie soll im Übrigen auch Napoleons Mätresse gewesen sein, was durchaus möglich ist. Ganz sicher indes ist, dass sie zwei Kinder hatte: eine Tochter vom Großmarschall des Palais Duroc und eine Tochter vom italienischen Fürsten Armando Pignatelli.
86 *Souvenirs de la baronne Du Montet*, S. 116.
87 Rapport an Hager vom 20. Januar 1815, in: *Geheimpolizei*, S. 345. (Im Original frz.)
88 Rapport an Hager vom 30. November 1814, in: *Geheimpolizei*, S. 288.
89 *Souvenirs de la baronne Du Montet*, S. 134.
90 Der gebürtige Elsässer und Non-Juror hatte sich 1791 in Wien niedergelassen.
91 Talleyrand hatte sogar Marie-Louise eingeladen, die aber höflich ablehnte (*Les Dessous du congrès de Vienne*, Nr. 1346).
92 *Le Moniteur* vom 30. Januar 1815. Der Artikel stammte aus Custines Feder. Mein Freund Robert Ouvrard berichtete mir, die *Wiener Zeitung* vom 23. Januar habe der Zeremonie eine ganze Seite gewidmet.
93 Brief an Ludwig XVIII. vom 21. Januar 1815, in: *Memoiren des Fürsten Talleyrand*, Band 3, S. 18.
94 *Au congrès de Vienne. Journal de Jean-Gabriel Eynard*, Band 1, S. 286.

VIII. Am Rande des Krieges

1 *Au congrès de Vienne. Journal de Jean-Gabriel Eynard*, Band 1, S. 125.
2 *Les Dessous du congrès de Vienne*, Nr. 540.
3 Villemain, *Souvenirs contemporains d'histoire et de littérature*, Band 2, S. 64.
4 Siehe Ilsemann, *Die Politik Frankreichs*, S. 176 – 182.
5 Jerzy Lukowski et Hubert Zawadzki, *Histoire de la Pologne*, Paris 2010, S. 172.
6 Kościuszko kam Ende Mai 1815 nach Wien, zu spät, um dort noch eine Rolle zu spielen.
7 Daniel Beauvois, »L'espace de la république polono-lituanienne aux XVIIIe

8 Weisung Liverpools an Castlereagh vom 25. November 1814, in: Klaus Müller, *Quellen zur Geschichte des Wiener Kongresses 1814/1815*, Darmstadt 1986, S. 244.
9 »Mémorandum de lord Castlereagh, au sujet des traités entre alliés relatifs au duché de Varsovie«, in: *Le Congrès de Vienne et les traités de 1815*, S. 265 bis 270.
10 Bericht von Castlereagh an Liverpool vom 9. Oktober 1814, zitiert nach Webster, *British Diplomacy*, S. 203.
11 *Le Congrès de Vienne et les traités de 1815*, S. 250 – 358.
12 Tagebuch des Freiherrn von Stein, in: Freksa, *Wiener Kongress*, S. 317.
13 Alexander I. an Castlereagh, 30. Oktober 1814, AMAE, MD France 685, congrès de Vienne (1814 – 1815).
14 Talleyrand an Ludwig XVIII., 31. Oktober 1814, in: *Memoiren des Fürsten Talleyrand*, Band 2, S. 325. Es sei darauf hingewiesen, dass wir uns mitten in der Affäre um die Herzogin befinden.
15 Note Metternichs an Hardenberg vom 2. November 1814, in: Müller, *Quellen zur Geschichte des Wiener Kongresses*, S. 235.
16 Gagern, *Mein Antheil*, S. 70. Hacke war einer von Talleyrands wichtigsten Informanten über die Gemütsverfassung der deutschen Delegationen. Zu den Reaktionen der deutschen Staaten: Olivier Podevins, *La France et la Tierce Allemagne a l'exemple de la Saxe entre 1814 et 1866*, Friedberg 2001, S. 33ff.
17 Eine entsprechende Proklamation begannen die Russen am 8. November 1814 zu verteilen.
18 *Tagebücher von Friedrich von Gentz*, S. 336.
19 Rapport an Hager vom 3. November 1814, in: *Geheimpolizei*, S. 68.
20 Salmour stammte ursprünglich aus Savoyen und war Mitglied in Napoleons gesetzgebender Körperschaft gewesen. Später trat er in die Dienste des Königreichs Piemont-Sardinien und wurde Gouverneur von Savoyen.
21 Einem Rapport an Hager zufolge soll Castlereagh auf einem Treffen im Palais Kaunitz alle Anwesenden in Erstaunen versetzt haben, indem er zugab, er wisse nicht, dass Leipzig in Sachsen liegt (*Les Dessous du congrès de Vienne*, Nr. 1500). Diese Anekdote erinnert uns an einen Ausspruch des Kanzlers Kaunitz: »Verrückt, was die Engländer alles nicht wissen.«
22 15. Oktober 1814, *Tagebücher von Friedrich von Gentz*, S. 327
23 »Protestation du roi de Saxe annonçant qu'il ne consentira jamais à la cession de ses États, et qu'il n'acceptera aucun dédommagement ou équivalent«, 4 novembre 1814, in: *Le Congrès de Vienne et les traits de 1815*, S. 401 bis 403.

24 Nicolson, *Wiener Kongress*, S. 180.
25 Talleyrand an Jaucourt, 6. November 1814, in: *Memoiren des Fürsten Talleyrand*, Band 2, S. 333.
26 Pingaud, »Le congrès de Vienne«, S. 12.
27 Zitiert nach Albert Sorel, *L'Europe et la Révolution française*, Paris 2003, Band 8, S. 395.
28 Rapport vom 27. Dezember 1814, in: *Les Dessous du congrès de Vienne*, Nr. 1169.
29 Waresquiel, *Talleyrand, le prince immobile*, S. 484.
30 *Journal des débats* vom 12. Dezember 1814.
31 Liverpool an Wellington, 2. Dezember 1814, in: *Supplementary Despatches, Correspondance and Memoranda of Field Marshal Arthur, Duke of Wellington*, Band 9, S. 498.
32 *Dépeches inédites du chevalier de Gentz aux hospodars de Valachie*, Paris 1877, Band 1, S. 129.
33 *Au congrès de Vienne. Journal de Jean-Gabriel Eynard*, Band 1, S. 200.
34 An die Herzogin von Kurland, 17. November 1814, in: Palewski, *Le Miroir de Talleyrand*, Nr. 16.
35 Talleyrand an Ludwig XVIII., 20. Dezember 1814, in: *Memoiren des Fürsten Talleyrand*, Band 2, S. 405.
36 Webster, *Foreign Policy of Castlereagh*, S. 361.
37 *Supplementary Despatches, Correspondance and Memoranda of Field Marshal Arthur, Duke of Wellington*, Band 9, S. 494.
38 Rapport an Hager vom 29. Dezember 1814, in: *Les Dessous du congrès de Vienne*, Nr. 1187.
39 Brief von Talleyrand an die Herzogin von Kurland vom 4. Oktober 1814, in: Palewski, *Le Miroir de Talleyrand*, Nr. 6.
40 Rapport an Hager vom 2. Januar 1814, in: *Les Dessous du congrès de Vienne*, Nr. 1222.
41 Brief vom 3. Januar 1815, in: *Les Dessous du congrès de Vienne*, Nr. 1322. Friedrich hatte den Kongress, erzürnt über die Forderungen des Adels des Heiligen Römischen Reiches, Ende November verlassen.
42 *Les Dessous du congrès de Vienne*, Nr. 1288.
43 Bew, *Castlereagh*, S. 385.
44 Zitiert nach Émile Bourgoing, *Manuel historique de politique étrangere. XV. Les Révolutions (1789 – 1830)*, Paris 1898, S. 564.
45 Gagern, *Mein Antheil*, S. 89.
46 Es wurde unverzüglich ein Brief nach Paris gesandt. Ludwig XVIII. ratifizierte das Abkommen, der Ratifizierungsakt traf am 12. Januar in Wien ein.
47 Erster Artikel des Vertrags vom 3. Januar 1815.

48 Albert Sorel, »Talleyrand au congrès de Vienne«, in: Ders., *Essais d'histoire et de critique*, Paris 1930, S. 81.
49 Bericht Talleyrands an Ludwig XVIII. vom 4. Januar 1815, in: Müller, *Quellen zur Geschichte des Wiener Kongresses*, S. 281.
50 Flassan, *Der Wiener Congreß*, Band 1, S. 164.
51 Kissinger, *Les Chemins de la paix*, S. 215.
52 »Ich muss Ihnen nicht erläutern, dass Großbritannien auf keinen Fall in einen Konflikt über eine der bis dato in Wien diskutierten Fragen hineingezogen werden darf«, hatte Bathurst Castlereagh am 22. November 1814 geschrieben (Webster, *British Diplomacy*, S. 247). Am 5. Dezember gab Liverpool eine weniger strikte Weisung aus, die aber in dieselbe Richtung ging: Er hege »die schlimmsten Befürchtungen«, dass ein weiterer Krieg ausbrechen könne, und bat seinen Minister, »sich zu bemühen, […] ein derartiges Unglück zu verhindern« (*Supplementary Despatches, Correspondance and Memoranda of Field Marshal Arthur, Duke of Wellington*, Band 9, S. 462).
53 Thompson, *Earl Bathurst and the British Empire*, S. 87.
54 Henry Houssaye (Hg.), *1815*, Paris 1905, S. 107.
55 Grovestins, *Le Congrès de Vienne*, S. 107. Es sei darauf hingewiesen, dass General Ricard nach seinem Aufenthalt in Wien zu Ludwig XVIII. nach Gent reiste.
56 Bausset, *Mémoires anecdotiques sur l'intérieur du palais*, Band 3, S. 89.
57 Rapport an Hager vom 2. Januar 1815, in: *Les Dessous du congrès de Vienne*, Nr. 1225.
58 Rapport an Hager vom 4. Januar 1815, in: *Les Dessous du congrès de Vienne*, Nr. 1235.
59 Tagebuch des Freiherrn von Stein, in: Freksa, *Wiener Kongress*, S. 327. Diese geheime Korrespondenz fand weite Verbreitung, so sind auch Kopien in den französischen Akten erhalten (in den diplomatischen Archiven, AMAE, MD France 685).
60 Brief vom 12. Februar 1815, in: Freksa, *Wiener Kongress*, S. 159f.
61 Rapport an Hager vom 6. Januar 1815, in: *Les Dessous du congrès de Vienne*, Nr. 1252.
62 Brief an Wilhelm von Oranien-Nassau, in: Gagern, *Mein Antheil*, Band 2, S. 101.
63 Rapport an Hager vom 30. Dezember 1814, in: *Les Dessous du congrès de Vienne*, Nr. 1202.
64 Rapport an Hager vom 7. Februar 1815, in: *Les Dessous du congrès de Vienne*, Nr. 1532.
65 Castlereagh an Liverpool, 5. Januar 1815, in: Webster, *British Diplomacy*, S. 282.

66 Rapport an Hager vom 7. Januar 1815, in: *Les Dessous du congrès de Vienne*, Nr. 1272.
67 Rapport an Hager vom 10. Januar 1815, in: *Les Dessous du congrès de Vienne*, Nr. 1285.

IX. Die deutsche Frage

1 Rapport an Hager vom 10. Januar 1815, in: *Geheimpolizei*, S. 337.
2 *Au congrès de Vienne. Journal de Jean-Gabriel Eynard*, Band 1, S. 251.
3 Rapport an Hager vom 29. Januar 1815, in: *Les Dessous du congrès de Vienne*, Nr. 1443.
4 Dabei handelte es sich jedoch keineswegs um ein »Opfer«, da Hannover im Gegenzug einige Gebiete des ehemaligen Westfalens erhielt, die in Hessen-Kassel lagen, sowie einen Teil des ehemaligen Bistums Münster.
5 »Note du prince de Metternich«, in: *Le Congrès de Vienne et les traités de 1815*, S. 677–683.
6 Castlereagh an Liverpool, 30. Januar 1815, in: Webster, *British Diplomacy*, S. 300.
7 Zitiert nach Fugier, *Histoire des relations internationales*, S. 308.
8 Flassan, *Der Wiener Congreß*, Band 1, S. 165.
9 »Mémoire du prince de Hardenberg«, in: *Le Congrès de Vienne et les traités de 1815*, S. 707–724.
10 Siehe Michel Kerautret, *Histoire de la Prusse*, Paris 2005, S. 321.
11 Villemain, *Souvenirs contemporains d'histoire et de littérature*, Band 2, S. 72.
12 Wilhelmine von Sagan an Lamb, 13. März 1815, in: Pavlíková, *Má drahá*, Nr. 13.
13 Zwei Verträge vom 3. Mai, die zwischen Österreich und Russland sowie zwischen Preußen und Russland abgeschlossen wurden, regelten alle Fragen der Gebietsaufteilung. Diese beiden Verträge wurden der Schlussakte des Kongresses angehängt.
14 Krakau war bei der Teilung von 1795 an Österreich gefallen und 1809 in das Herzogtum Warschau eingegliedert worden. Metternich akzeptierte den Kompromiss von 1815 nur schweren Herzens. Im November 1846 annektierte Österreich die Republik Krakau.
15 1. Artikel der Haupturkunde des Wiener
16 *Memoiren des Fürsten Talleyrand*, Band 3, S. 73.
17 Czartoryski, *Essai sur la diplomatie*, S. 81.
18 Villemain, *Souvenirs contemporains d'histoire et de littérature*, Band 2, S. 71.
19 La Garde-Chambonas, *Souvenirs du Congrès de Vienne*, S. 334.
20 Rapport an Hager vom 5. Februar 1815, in: *Les Dessous du congrès de Vienne*, Nr. 1512.

21 Talleyrand an die Herzogin von Kurland, 3. Januar 1815, in: Palewski, *Le Miroir de Talleyrand*, Nr. 22.

22 Die Neuordnung der deutschen Gebiete war in der Hauptsache eine Folge der Verträge von Basel (1795), Campofiormo und Rastatt (1797), des Abschlussprotokolls von Ratisbon (1803), des Vertrags von Tilsit (1807), in dem Westfalen geschaffen wurde, und der französischen Annexionen von 1810.

23 Thomas Nipperdey, *Nachdenken über die deutsche Geschichte*, München 1986.

24 Zitiert nach Christopher Clark, *Preußen. Aufstieg und Niedergang 1600–1947*, München 2008, S. 446.

25 Brief vom 5. September 1814, in: *Les Dessous du congrès de Vienne*, Nr. 112.

26 Joseph Rovan, *Geschichte der Deutschen. Von ihren Ursprüngen bis heute*, München 1995, S. 406.

27 Nipperdey, *Deutsche Geschichte*, S. 97. Innerhalb der preußischen Delegation gab es aber auch Anhänger Steins, beispielsweise den Hofrat Müller, der im Tugendbund kämpfte. Dieser Geheimbund, der für die Einheit Deutschlands eintrat, hatte in Wien sein eigenes Netzwerk, das Hagers Polizei mit größter Wachsamkeit beäugte (siehe *Les Dessous du congrès de Vienne*, Nr. 581–591).

28 Heinrich August Winkler, *Der lange Weg nach Westen. Band 1: Deutsche Geschichte vom Ende des Alten Reiches bis zum Untergang der Weimarer Republik*, München 2000, S. 72. Siehe auch Castlereaghs Anmerkungen zu diesem Punkt, in: *Supplementary Despatches, Correspondance and Memoranda of Field Marshal Arthur, Duke of Wellington*, Band 9, S. 310ff.

29 Wie aus von Arndt formulierten Thesen hervorgeht, hatten die Fürsten in den Augen dieser Denker die deutsche Nation verraten. Allein der Hass gegen die Franzosen, so Arndt, könne zur Einheit führen.

30 Zitiert nach André Robert, *L'Idée nationale autrichienne et les guerres de Napoléon*, Paris 1933, S. 293.

31 Paul Schroeder, *The Transformation of European Politics. 1763–1848*, Oxford 1996, S. 544.

32 Nicolson, *Wiener Kongress*, S. 228.

33 Diese Souveräne waren zudem damit beschäftigt, ihre eigene Autorität zurückzuerlangen, um die schwere wirtschaftliche und gesellschaftliche Krise in den Griff zu bekommen: Ihre 1813 verheerten Länder mussten wiederaufgebaut werden; die im »Befreiungskrieg« frei gewordenen Kräfte mussten mit mindestens ebenso harter Hand angegangen werden wie die Ideen, die die Französische Revolution ins Land gebracht hatte; die Industrie musste sich von der zehn Jahre währenden Dominanz der französischen Wirtschaft erholen und sich nun darüber hinaus gegen die vergleichsweise billigen englischen Waren behaupten.

34 Brief an Gräfin Orlow vom 5. Februar 1815, in: *Les Dessous du congrès de Vienne*, Nr. 1514.
35 Zitiert nach Jacques Bainville, *Histoire de deux peuples*, Paris 1915, S. 104.
36 Winkler, *Der lange Weg nach Westen*, Band 1, S. 70.
37 *Le Congrès de Vienne et les traits de 1815*, S. 91–100.
38 Die norwegische Bevölkerung hatte die im Vertrag von Kiel vereinbarte Annexion durch Schweden nie akzeptiert. Ermutigt durch den dänischen Gouverneur, Herzog Christian Friedrich, kam es zu einem Volksaufstand. Auf einer Versammlung wurde Christian Friedrich, der ein Cousin Friedrichs VI. war, zum König von Norwegen ernannt. Bernadotte beendete mit seinem Einschreiten diese norwegische »Unabhängigkeit«.
39 Im Detail erläutert worden ist diese komplexe Affäre in Torvald T. Höjer, *Bernadotte, maréchal de France, roi de Suede*, Paris 1971, Band 2, S. 211–269.
40 Das Herzogtum Lauenburg hatte Preußen Hannover abgekauft und als Ausgleich für den Verlust Schwedisch-Pommerns an Dänemark rückübertragen.
41 Die Insel, die heute den Namen Helgoland (engl. Heligoland) trägt, wurde 1890 von England an Deutschland im Tausch gegen Sansibar übergeben.
42 Rapport an Hager vom 28. Oktober 1815, in: *Les Dessous du congrès de Vienne*, Nr. 596.
43 Sowohl Österreich als auch Preußen suchte die Unterstützung der mediatisierten Fürsten. Als Beleg lässt sich beispielsweise die Note vom 4. Februar 1815 sehen, die Hardenberg an Metternich schrieb, um deren Beteiligung an den gefällten Entscheidungen einzufordern, in: *Le Congrès de Vienne et les traits de 1815*, S. 703f.
44 Unterzeichner waren Österreich, Preußen, Dänemark, Bayern, Sachsen, die Niederlande, England (Hannover), Hessen, Hessen-Darmstadt, Sachsen-Weimar, Sachsen-Gotha, Sachsen-Coburg-Meiningen, Sachsen-Coburg-Saalfeld, Sachsen-Hildburghausen, Braunschweig-Wolfenbüttel, Holstein-Oldenburg, Mecklenburg-Schwerin, Mecklenburg-Strelitz, Anhalt-Dessau, die Fürsten von Hohenzollern-Hechingen, Hohenzollern-Sigmaringen, Nassau, Liechtenstein, Schwarzburg-Sondershausen, Schwarzburg-Rudolstadt, die freien Städte Lübeck, Frankfurt, Bremen, Hamburg und das Fürstentum Lippe. Württemberg trat dem Vertrag zwei Tage später bei, Baden am 26. Juli. Hessen-Homburg wurde 1817 als neununddreißigster Staat hinzugelassen.
45 Deutsche Bundesakte, Artikel 2.
46 Flassan, *Der Wiener Congreß*, Band 2, S. 131.
47 Deutsche Bundesakte, Artikel 11.
48 Siehe den Rapport an Hager vom 5. und 7. Februar 1815, in: *Les Dessous du congrès de Vienne*, Nr. 1506 und 1535.

Anmerkungen Seite 217 bis 222

49 Wilhelm von Oranien-Nassau hatte das Fürstentum Nassau seinem Cousin Friedrich August von Nassau-Usingen überlassen. Sein Herrschaftsgebiet war in Absprache mit Preußen in weiten Teilen neugeordnet worden.
50 Bei einer Verhandlung zu Gebietsverteilungen, die im Juli 1819 in Frankfurt anberaumt worden war, übergab Österreich dieses Gebiet im Tausch für die Vogtei Wertheim an Baden.
51 Endgültig festgelegt wurden die österreichischen und preußischen Gebiete, die zum Deutschen Bund gehören sollten, erst in zwei Erklärungen vom 6. April 1818 (Österreich) und vom 4. Mai 1818 (Preußen).
52 Volker Sellin, *Die geraubte Revolution. Der Sturz Napoleons und die Restauration in Europa*, Göttingen 2001, S. 300ff.
53 Ernsest Weibel, *Mille ans d'Allemagne. Histoire et géopolitique du monde germanique*, Paris 2007, S. 483.
54 Nipperdey, *Nachdenken über die deutsche Geschichte*, S. 69.
55 Eine »Militärverfassung« wurde am 9. April 1821 auf dem Bundestag in Frankfurt verabschiedet. Sie sah die Schaffung einer 500 000 Mann starken Armee für den Deutschen Bund vor.
56 Jean Picq, *Histoire et droit des États*, Paris 2005, S. 283.
57 Kerautret, *Histoire de la Prusse*, S. 325f.

X. Die Wachtposten in Nord und Ost

1 In einigen Werken der Literatur heißt es, um seine Teilnahme an der Fünferkommission auf Augenhöhe zu erwirken, habe Talleyrand eine Änderung am Sitzungssaal gefordert. Bis dahin war jeder Bevollmächtigte der Vier durch eine eigene Tür in den Saal getreten. Der Franzose soll darauf gepocht haben, dass ein fünfter Zugang in die Wand geschlagen wurde, um seine eigene Eingangstür benutzen zu können. In der Tat verfügt der Kongresssaal des Ballhausplatzes heute über fünf Türen, von denen eine ganz offensichtlich nachträglich hinzugefügt wurde. Der Legendenbildung muss aber leider trotzdem entgegengesetzt werden, dass diese Tür erst Ende 1820 eingebaut wurde.
2 Orieux, *Talleyrand ou le sphinx incompris*, S. 605. Es sei hinzugefügt, dass vor, während und nach dem Kongress mehrmals die Rede davon war, Frankreich die Souveränität über das Elsass und Lothringen zu entziehen. Einige Preußen wollten die Gebiete Bayern oder gar ihrem eigenen König zusprechen.
3 Ramée, *Le Congrès de Vienne*, S. 47.
4 Émile Ollivier (Hg.), *L'Empire libéral. Études, récits, souvenirs*, Paris 1895, Band 1, S. 70.
5 Houssaye, *1815*, S. 145.

6 Sédouy, Le Congrès de Vienne, S. 221. In dasselbe Horn bläst Jean Tulard, »Le congrès de Vienne«, in Bérenger, L'Ordre européen du XVIe au XXe siecle, S. 113–116. Dieser Position entspricht Emmanuel de Waresquiel in seiner Talleyrand-Biografie natürlich ganz und gar nicht.
7 Siehe Léon, La Guerre pour la paix, S. 246. Zu Pitts Ideen hinsichtlich eines europäischen Gleichgewichts, insbesondere zu seinem »Memorandum für die Freiheit und Sicherheit in Europa« vom 21. Januar 1804, siehe: William Hague, William Pitt the Younger, London 2004, S. 542–543
8 Les Dessous du congrès de Vienne, Nr. 184.
9 Zitiert nach Laurent, Histoire du droit des gens; S. 309; zum selben Thema siehe Pingaud, »Le congrès de Vienne«, S. 45.
10 Supplementary Despatches, Correspondance and Memoranda of Field Marshal Arthur, Duke of Wellington, Band 9, S. 530.
11 Clark, Preußen, S. 451.
12 Eine interessante Entwicklung der demografischen Faktoren, in: Rovan, Geschichte der Deutschen, S. 476ff.
13 Dufour de Pradt, Du Congrès de Vienne, Paris 1818, S. 134.
14 Flassan, Der Wiener Congreß, Band 2, S. 126.
15 Rapport an Hager vom 15. Februar 1815, in: Les Dessous du congrès de Vienne, Nr. 1622.
16 Lucien Febvre, Le Rhin, Paris 1997, S. 229.
17 Sorel, »Talleyrand au congrès de Vienne«, S. 88f.
18 Jacques Droz, Histoire diplomatique de 1648 a 1919, Paris 1982, S. 279.
19 Maurice Escoffier, »Les instructions de lord Castlereagh, plénipotentiaire britannique au congrès de Châtillon (1813)«, Revue des études napoléoniennes, Januar–Juni 1914, S. 91.
20 Michael Broers, Europe under Napoleon. 1799–1815, London 1996, S. 253.
21 Diese Entscheidung wurde am 29. März 1814 von einer Versammlung hochrangiger Herrschaften anerkannt.
22 Wilhelm war mit Prinzessin Wilhelmine von Preußen, der Schwester des Königs, verheiratet.
23 Eine umfassende Übersicht über die holländischen Angelegenheiten findet sich in: Gustaaf J. Renier, Great Britain and the Establishment of the Netherlands. 1813–1815, London 1930, insbesondere auf den Seiten 66–85.
24 Sorel, L'Europe et la Révolution française, Band 3, S. 276.
25 Laurent, Histoire du droit des gens; S. 498.
26 Sorel, L'Europe et la Révolution française, Band 3, S. 49.
27 Anonyme Broschüre, Guillaume-Frédéric d'Orange-Nassau avant son avenement au trône des Pays-Bas, Brüssel 1827, S. 108.
28 Mansel, Le Prince de Ligne, S. 268.
29 Webster, Foreign Policy of Castlereagh, S. 304f.

30 Die Erklärung von van den Spaen findet sich in einem Rapport an Hager vom 1. Oktober 1814, in: *Les Dessous du congrès de Vienne*, Nr. 226.
31 Gagern, *Mein Antheil*, S. 70.
32 Zu den Einzelheiten der Gebietsaufteilung: Yves Tissier, *Dictionnaire de l'Europe. États d'hier et d'aujourd'hui, de 1789 a nos jours*, Paris 2004, S. 405f.
33 Zu Napoleons Zeiten stammten drei Viertel der Stahlproduktion des Kaiserreichs aus Belgien.
34 Das Großherzogtum wurde 1817 in eine ordentliche Provinz umgewandelt und schließlich in einem Vertrag von 1831 zweigeteilt: in einen holländischen und einen belgischen Teil. Erst im Londoner Vertrag vom 11. Mai 1867 wurde es wiedervereint und für unabhängig und neutral erklärt. Endgültig wurde diese Entscheidung 1890 mit der Thronbesteigung Adolphs von Nassau. 1817 war die Stadt Luxemburg Bundesfestung des Deutschen Bundes geworden, deren Garnison hauptsächlich von Preußen gestellt wurde (Tissier, *Dictionnaire de l'Europe*, S. 408).
35 *Mémoires, documents et écrits divers laissés par le prince Metternich*, Band 1, S. 180.
36 Dieser Ausspruch La Harpes findet sich in einem Rapport an Hager vom 12. Oktober 1814, in: *Les Dessous du congrès de Vienne*, Nr. 534.
37 Bern, Zürich, das Waadtland, St. Gallen, Aargau, Graubünden, Tessin, Luzern, Thurgau, Fribourg, Appenzell, Solothurn, Basel, Schwyz, Glarus, Schaffhausen, Unterwalden, Zug, Uri. Dieser Vertrag ist veröffentlicht in: *Le Congrès de Vienne et les traits de 1815*, S. 238–243.
38 Rapport an Hager vom 29. Dezember 1814, in: *Les Dessous du congrès de Vienne*, Nr. 1190.
39 Webster, *Foreign Policy of Castlereagh*, S. 394.
40 »Déclaration des puissances au congrès de Vienne au sujet de la Suisse«, 20. März 1815, in: *Le Congrès de Vienne et les traités de 1815*, S. 934–939.
41 Frédéric-César de La Harpe wurde 1754 in Rolle im Waadtland geboren.
42 André Palluel-Guillard, »La Suisse, de l'assoupissement au réveil (1810–1815)«, in Jean Tulard (Hg.), *L'Europe de Napoléon*, Paris 1989, S. 528.
43 Es trat nur das Dappental ab, das zwischen Les Rousses und Gex liegt. Die Schweiz gab dieses 1862 an Frankreich zurück.
44 Karmin, *Sir Francis d'Ivernois*, S. 579–583.
45 Von den neunzehn ursprünglichen Kantonen sowie von Genf, Neuenburg und dem Wallis.
46 Johannes Wieland, *De la neutralité de la Suisse et des moyens de la maintenir*, Genf 1823, S. 2.

Anmerkungen Seite 239 bis 243

XI. Ein neues Italien

1 Die Départements dieser drei Gebiete waren wie im alten Frankreich strukturiert, mit Präfekten, Unterpräfekten und Bürgermeistern, die den Départements, Arrondissements und Kommunen vorstanden. Um die Einbindung ins Kaiserreich zu erleichtern und die französische Gesetzgebung zu etablieren, wurden sie jedoch in drei »allgemeine Regierungen« gegliedert, deren Vorsitz Camille Borghese (Départements jenseits der Alpen), General Miollis (Rom und Trasimeno) und Elisa Bonaparte (Toskana) innehatten. Siehe die Einträge zu diesen Institutionen in: Thierry Lentz (Hg.), *Quand Napoléon inventait la France. Dictionnaire des institutions politiques, administratives et de cour du Consulat et de l'Empire*, Paris 2008.
2 Die Fürstin von Lucca und Piombino war Elisa Bonaparte, der Fürst von Benevent war Talleyrand. Nachdem das Fürstentum Pontecorvo zunächst an Bernadotte übergeben worden war, wurde es am 5. Dezember 1812 per kaiserlichem Dekret dem jüngeren Sohn des Königs von Neapel, Napoléon Lucien Charles Murat, zugesprochen.
3 Seit 1720 waren die Herzoge von Savoyen zugleich König von Sardinien und wurden mit ihrem Königstitel angeredet.
4 Vor der Französischen Revolution bestand Italien aus den Herzogtümern Mailand, Mantua, Parma, Toskana und Modena, den Republiken Venedig, Genua, Lucca und San Marino, dem Fürstentum Piombino, den römischen Staaten und dem Königreich Neapel.
5 Zum Ende des Königreichs Italien siehe: Thierry Lentz, *Nouvelle histoire du Premier Empire. II. L'Effondrement du systeme napoléonien*, Paris 2004, S. 485–488 und 549–550.
6 In den Verabredungen nach dem Spanischen Erbfolgekrieg (1701–1714) wurden die Herzogtümer Mailand und Mantua, die seit zweihundert Jahren spanisch waren, dem Erzherzog von Österreich übertragen. Die altehrwürdige, im 10. Jahrhundert gegründete Republik Venedig war im Frieden von Campo Fiormo unter österreichische Herrschaft gestellt und nach Austerlitz, im Vertrag von Pressburg, 1805 an Frankreich übergeben worden.
7 Im Protokoll der Sitzung der Acht vom 13. November 1814.
8 Flassan, *Der Wiener Congress*, Band 1.
9 »Baron Humboldt's project for the regulations of the Congress, September 1814«, in: Webster, *The Congress of Vienna*, S. 179. Die preußische Delegation versuchte dennoch, Österreichs Hinzugewinn an Einwohnern in Italien in die Seelenzählung aufzunehmen. Diesem Wunsch wurde nicht nachgegeben.
10 Nach dem hübschen Ausspruch von Joseph Valynseele, *Les Prétendants aux trônes d'Europe*, Paris 1967, S. 254.

Anmerkungen Seite 243 bis 252

11 Territoriale Einzelheiten in: Tissier, *Dictionnaire de l'Europe*.
12 Als Begleiter besonders zu erwähnen ist sein Adjutant, der Oberst Pierre Claude Louis Robert Tascher de La Pagerie.
13 Siehe den Brief von Eugène de Beauharnais an seine Frau vom 15. Februar 1815, in: *Mémoires et correspondance politique et militaire du prince Eugene*, Paris 1860, Band 10, S. 259.
14 Patentbriefe des Königs von Bayern vom 15. November 1817. Die Ausgleichszahlung leistete Ferdinand IV. von Neapel, der als Ferdinand I. den Thron bestiegen und dafür Pontecorvo abgetreten hatte.
15 »Patente de S. M. l'empereur d'Autriche par laquelle il déclare la formation du royaume lombardo-vénitien et sa réunion à l'Empire, 7. April 1815, in: *Le Congrès de Vienne et les traités de 1815*, S. 1045–1046.
16 Eine Gesamtübersicht ist zu finden in Pierre Milza, *Histoire de l'Italie. Des origines a nos jours*, Paris 2005.
17 Pradt, *Du Congrès de Vienne*, S. 171.
18 Aus dem Tagebuch des Erzherzogs Johann, in: Freksa, *Wiener Kongress*, S. 212.
19 Proklamation vom 26. April 1814. Vor der Französischen Revolution trug die Genueser Republik den Beinamen »La Superba« (»die Herrliche«), Venedig wurde »La Serenissima« (»die Erlauchteste«) geheißen.
20 Nicolson, *Wiener Kongress*, S. 216.
21 AMAE, MD France 865, et *Gazette de France*, 26. Januar 1815.
22 Zu den territorialen Einzelheiten siehe Tissier, *Dictionnaire de l'Europe*.
23 Dieses Herzogtum war Anfang des 18. Jahrhunderts von der berühmten Familie Pico della Mirandolla eingenommen und 1718 Modena einverleibt worden.
24 Méneval, *Napoléon und Marie-Louise*, Band 2, S. 234.
25 Die Herzogin von Brignole war die Mutter des Genueser Delegierten in Wien. Einige Tage später verlor dieser zu allem Überdruss auch noch eine Tochter. Brignole war eine Freundin Talleyrands gewesen, der am 23. März 1815 eine weitere Freundin, Madame de Brionne, zu betrauern hatte. Der französische Gesandte hatte ihr während des Kongresses zweimal einen Besuch in ihrer Residenz in Pressburg abgestattet.
26 Méneval, *Napoléon und Marie-Louise*, Band 2, S. 238.
27 Marie-Louise an Napoleon, in: *Marie-Louise et Napoléon. 1813–1814. Lettres inédites*, Paris 1955, Nr. 201.
28 Diese den Papieren Ménevals entnommene Auskunft findet sich in Jean de Bourgoing, *Das Herz der Kaiserin*, Essen 1937. Neipperg war verheiratet und Vater von vier Kindern.
29 Zitiert nach Irmgard Schiel, *Marie Louise. Eine Habsburgerin für Napoleon*, München 1983.

30 Bausset, *Mémoires anecdotiques sur l'intérieur du palais*, Band 3, S. 81.
31 *Au congrès de Vienne. Journal de Jean-Gabriel Eynard*, Band 1, S. 33.
32 Mihailovski-Danilevski, *Memuary*, S. 98.
33 Rapport an Hager vom 24. Oktober 1814, in: *Les Dessous du congrès de Vienne*, Nr. 499.
34 *Marie-Louise et Napoléon. 1813–1814. Lettres inédites*, Nr. 206.
35 Rapport an Hager vom 23. Januar 1815, in: *Les Dessous du congrès de Vienne*, Nr. 1376. Der Spion war ein gewisser Weyland. Ihm war die Bekämpfung des Schlossbrands angetragen worden, so dass er freien Zugang zu allen Appartements hatte.
36 »Traité entre l'Autriche, l'Espagne, la France, la Grande-Bretagne, la Prusse et la Russie pour déterminer [...] la réversion des duchés de Parme, Plaisance et Guastalla«, Paris 10. Juni 1817, in: *Le Congrès de Vienne et les traités de 1815*, Band 2, S. 1727–1730.
37 Brief vom 28. Mai 1814, *Mémoires et papiers de Lebzeltern*, Paris 1949, S. 322–323. Lebzeltern hatte einige Tage zuvor die Räumung der Stadt durch neapolitanische Truppen erwirkt.
38 Das Dekor des Palastes hatten die Franzosen umgestaltet, um dort eines Tages den König von Rom zu empfangen.
39 Philippe Boutry, »Traditions et trahisons. Le retour de Pie VII à Rome (19 mars – 24 mai 1814)«, in: Yves-Marie Bercé (Hg.), *La Fin de l'Europe napoléonienne. 1814: la vacance du pouvoir*, Paris 1990, S. 203–218.
40 In der päpstlichen Verwaltung gab es drei Arten von Bezirken: erstens Rom, zweitens die von einem Legaten, zumeist einem Kardinal, geleiteten Legationen und drittens die von einem Vizelegaten geleiteten Delegationen. Vor 1789 war die Grafschaft Avignon beispielsweise eine Legation, die Grafschaft Venaissin hingegen eine Delegation (auch Vizelegation genannt).
41 Rapport an Hager vom 27. Dezember 1814, in: *Les Dessous du congrès de Vienne*, Nr. 1172.
42 Bernard Plongeron, *Des résistances religieuses à Napoléon (1799–1813)*, Paris 2006, S. 129.
43 Fernand Mourret, *Histoire générale de l'Église. VII. L'Église et la Révolution (1775–1823)*, Paris 1913, S. 298.
44 Bericht an den Kaiser vom 4. Februar 1810, zitiert nach Geoffroy de Grandmaison, *Napoléon et les cardinaux noirs*, Paris 1895, S. 240.
45 Sie datieren vom 13. Oktober 1814. Siehe Gaetana Intorcia, *Il Cardinale Pacca da Benevento*, Rom 1999, S. 137ff.
46 Die Grafschaft Venaissin war seit Ende der Kreuzfahrt der Albigenser im 13. Jahrhundert in päpstlichem Besitz. Die Grafschaft Avignon war 1308 den provenzalischen Grafen abgekauft worden: Hier befand sich von 1308

bis 1377 der Apostolische Stuhl. Der Heilige Stuhl hatte die Annexion der beiden Grafschaften durch den Vertrag von Tolentino anerkannt.

47 Nach Ansicht des Heiligen Stuhls war das Patriarchat seit dem Tod des Monsignore Gamboni 1808 vakant. Der von Napoleon einberufene Titular, Bonsignori, der nicht vom Papst eingesetzt worden war, hatte 1811 abgedankt. Da Venedig nunmehr zu Österreich gehörte, musste ein Bischof erwählt werden, der von Wien akzeptiert wurde. Erst 1816 konnten sich alle Parteien auf Monsignore Milesi einigen.

48 Am 7. August 1814 nahm Pius VII. die Jesuiten feierlich wieder auf.

49 Jacques Crétineau-Joly in seiner Einleitung zu den *Mémoires du cardinal Consalvi*, Paris 1864, Band 1, S. 32.

50 Webster, *Foreign Policy of Castlereagh*, S. 319.

51 Zur Gruppe seiner Unterhändler zählten insbesondere die Herren Fava und Squarzoni, die sich mit den Legationen befassten. Die beiden Gehilfen Caselli und Gordini leiteten die Büros. Chiffreur war der wohlgewählte Evangelisti. Der sechsundfünfzigjährige Severoli war seit 1787 Bischof von Fano. 1801 war er nach Petra (Jordanien) berufen und zur gleichen Zeit zum Nuntius in Wien ernannt worden. Am 8. März 1816 machte ihn Pius VII. zum Kardinal.

52 Unterhaltung der päpstlichen Diplomaten Fava und Squarzoni mit Franz I. vom 21. Dezember 1814, in: *Les Dessous du congrès de Vienne*, Nr. 1109.

53 Rapport an Hager vom 18. Februar 1815, in: *Les Dessous du congrès de Vienne*, Nr. 1664.

54 Rapport an Hager vom 3. Oktober 1814, in: *Les Dessous du congrès de Vienne*, Nr. 249.

55 Rapport an Hager vom 9. Oktober 1814, in: *Les Dessous du congrès de Vienne*, Nr. 323.

56 Zitiert nach Giuseppe Gallavresi, »Le prince de Talleyrand et le cardinal Consalvi. Une page peu connue de l'histoire du congrès de Vienne«, *Revue des questions historiques*, 1905, S. 10.

57 Notiz Consalvis über den Kongress, *Mémoires du cardinal Consalvi*; Band 1, S. 20 (diese Memoiren enden 1812, doch Crétineau hat in den Archiven des Kardinals eine lange Notiz gefunden und in seiner Einleitung veröffentlicht).

58 Der Titel, den ihm Ferdinand IV. im November 1815 übertragen hatte, ging 1818 an Edmond de Talleyrand-Périgord, Dorotheas Mann. Sein Sekretär Perrey fuhr nach Neapel, um Talleyrands Geld zu holen. Lacour-Gayet spricht von sechs Millionen Franc (*Talleyrand*, Paris 1934, Band 3, S. 14).

59 Léon Noël, *Enigmatique Talleyrand*, Paris 1975 und Waresquiel, *Talleyrand. Dernières nouvelles du diable*, S. 159–167.

60 Rapport an Hager vom 14. Juni 1815, in: *Geheimpolizei*, S. 488.
61 »Note d'envoi aux ministres des huit puissances [...] de la protestation du cardinal Consalvi«,14. Juni 1815, in: *Le Congrès de Vienne et les traités de 1815*, S. 1453–1456.

XII. Eine letzte Krise

1 Rapport vom 2. März 1815, in: *Les Dessous du congrès de Vienne*, Nr. 1772.
2 Siehe André Espitalier, *Napoléon et le roi Murat. 1808–1815*, 1910, S. 320ff.
3 Zitiert nach Maurice-Henri Weil, *Joachim Murat, roi de Naples. La derniere année du regne (mai 1814–novembre 1815)*, 1909, Band 2, S. 16. Wie zuvor Metternich, war nun auch Mier der Geliebte der Königin Caroline.
4 Zur Delegation zählten außerdem Fürst Aliano, der Herzog von Rocca Romana, Baron Farina und der General Filangieri.
5 *Souvenirs de la baronne Du Montet*, S. 109–110. Neben Maria Karolina und dem Fürsten von Ligne waren auf dem Kongress noch weitere Verstorbene zu betrauern. Am 17. Dezember 1814 wurde der Gesandte Österreichs beim König von Württemberg tot in seinem Bett aufgefunden. Er war erst neunundfünfzig Jahre alt und hatte sich vermutlich, aus einem allerdings nicht geklärten Grund, das Leben genommen.
6 Abgefangener Brief von Gentz an Karadja vom 14. September 1814, in: *Les Dessous du congrès de Vienne*, Nr. 93.
7 Rapport an Hager vom 11. Oktober 1814, in: *Les Dessous du congrès de Vienne*, Nr. 339.
8 Rapport an Hager vom 26. September 1814, in: *Les Dessous du congrès de Vienne*, Nr. 141. Murats Vater war Gastwirt in der Gemeinde Labastide-Fortunière (Département Lot), die 1852 in Labastide-Murat umbenannt wurde.
9 Jean Tulard, *Murat*, Paris 1999, S. 358.
10 Rapport vom 25. September 1814, in: *Les Dessous du congrès de Vienne*, Nr. 127.
11 Rapport an Hager vom 8. Oktober 1814, in: *Les Dessous du congrès de Vienne*, Nr. 312.
12 Talleyrand an Castlereagh, 13. Dezember 1814, AMAE, MD France 681, correspondance du prince de Talleyrand et divers.
13 Liverpool an Castlereagh, 23. Dezember 1814, in: *Supplementary Despatches, Correspondance and Memoranda of Field Marshal Arthur, Duke of Wellington*, Band 9, S. 497.
14 Talleyrand an Jaucourt, 27. Februar 1815, in: *Correspondance du comte de Jaucourt avec le prince de Talleyrand pendant le Congrès de Vienne*, S. 213.
15 Madelin, *Histoire du Consulat*, Band 4, S. 715. In Paris ging Blacas parallel

zu Werke: Er schickte Hyde de Neuville nach Turin, um Viktor Emanuel zu einem Marinefeldzug zu überreden, auf dem zunächst Napoleon entführt und alsdann Murat vom Thron gestürzt werden sollte. Der König von Sardinien lehnte ab (siehe Michel Lacour-Gayet, *Joachim et Caroline Murat*, Paris 1996, S. 276).

16 Talleyrand an die Herzogin von Kurland, 13. Februar 1815, in: Palewski, *Le Miroir de Talleyrand*, Nr. 30.

17 Talleyrand holte sogar einen Bericht La Besnardières hervor, in dem dieser Auskunft gab, was er zu seiner Zeit im kaiserlichen Außenministerium bei den verschiedentlichen Verhandlungen und Auseinandersetzungen zwischen Napoleon und dessen Schwager gehört und gesehen hatte (La Besnardière an Talleyrand, 5. Februar 1815, AMAE, MD France 685, congrès de Vienne).

18 Gentz hatte die österreichische Position in einem Memorandum vom 12. Februar 1815 zusammengefasst und vorgeschlagen, zunächst Zeit zu gewinnen, *Mémoires, documents et écrits divers laissés par le prince Metternich*, Band 1, S. 501.

19 Siehe Webster, *Foreign Policy of Castlereagh*, S. 399–404.

20 Rapport an Hager vom 3. Februar 1815, in: *Les Dessous du congrès de Vienne*, Nr. 1482.

21 Campbell an Castlereagh, Depesche Nr. 34, Neil Campbell, *Napoleon on Elba*, Welwyn Garden City 2004, S. 140.

22 Brief an Ludwig XVIII. vom 13. Oktober 1814, in: *Memoiren des Fürsten Talleyrand*, Band 2, S. 276. Der Satz zu Metternich fehlt in der deutschen Übersetzung.

23 Jaucourt an Talleyrand, 24. Oktober 1814, in: *Correspondance du comte de Jaucourt avec le prince de Talleyrand*, S. 49. Der 1805 gegründete *Monte Milano* (ehemals *Monte Napoleone*) war ein Finanzinstitut, das dem Zweck diente, die italienischen Schulden zu liquidieren und zu konsolidieren. Österreich hatte es übernommen und zahlte auch weiterhin die zugehörigen Renten, Pensionen und Verbindlichkeiten aus.

24 Talleyrand an Jaucourt, 15. Februar 1815, in: *Mémoires et correspondances de Talleyrand*, S. 651.

25 Guy Godlewski, *Napoléon a l'île d'Elbe. 300 jours d'exil*, Paris 2003, S. 186.

26 *Souvenirs diplomatiques de lord Holland*, S. 154.

27 Bericht vom 19. November 1814, in: Eugène Welvert, *Napoléon et sa police sous la Premiere Restauration*, Paris 1913.

28 Weil, *Joachim Murat*, Band 2, S. 211.

29 Siehe Marie-Hélène Baylac, *Napoléon, empereur de l'île d'Elbe*, Paris 2011, S. 201ff.

30 *Au congrès de Vienne. Journal de Jean-Gabriel Eynard*, Band 1, S. 325f.

31 Méneval, *Napoléon und Marie-Louise*, Band 2, S. 292.
32 Napoleon an Drouot, 28. Dezember 1814, in: Napoléon Bonaparte, *Correspondance générale publiée par la Fondation Napoléon*, Paris 2004ff., Nr. 21556 und 21660.
33 Talleyrand an Jaucourt, 19. Februar 1815, in: *Correspondance du comte de Jaucourt avec le prince de Talleyrand pendant le Congrès de Vienne*, S. 203.
34 In seinen Memoiren (Band 1, S. 205) schreibt Metternich, die Nachricht sei aus Genua gekommen. In diesem Punkt irrte der Kanzler, wie Sauvigny in *Metternich* richtigstellt.
35 Rapport an Hager vom 9. März 1815, in: *Les Dessous du congrès de Vienne*, Nr. 1853.
36 *Souvenirs de la baronne Du Montet*, S. 137.
37 Maurice-Henri Weil, *Autour du Congrès de Vienne. Le vol de l'Aigle*, Paris 1915, S. 6.
38 Rapport an Hager vom 8. März 1815, in: *Les Dessous du congrès de Vienne*, Nr. 1825.
39 François-Nicolas Mollien, *Mémoires d'un ministre du Trésor public*, Paris 1898, Band 3, S. 422.
40 Gaspard Gourgaud, *Journal de Sainte-Hélène. 1815–1818*, Paris 1944, Band 2, S. 7.
41 Am Abend des 7. März boten die »Amateure« eine Theateraufführung in der Hofburg dar. Dorothea von Sagan soll hinreißend gewesen sein. Auf dem Programm standen *Der Barbier von Sevilla* und eine Posse, die laut La Garde-Chambonas *La Danse interrompue* (»Der unterbrochene Tanz«) geheißen haben soll, was unserer Meinung nach zu schön ist, um wahr zu sein – wenngleich es tatsächlich ein Vaudeville von Barré und Ourry dieses Namens gibt.
42 Zitiert nach Henry Vallotton, *Metternich*, Paris 1965, S. 136.
43 Ziesemiss, *Le Congrès de Vienne*, S. 217.
44 Zitiert nach Bibl, *Metternich*, S. 157.
45 Rapport an Hager vom 11. März 1815, in: *Les Dessous du congrès de Vienne*, Nr. 1861.
46 Rapport an Hager vom 11. März 1815, in: *Les Dessous du congrès de Vienne*, Nr. 1862.
47 Abgefangener Brief vom 8. März 1815, in: *Les Dessous du congrès de Vienne*, Nr. 1859.
48 Aus den Erinnerungen der Gräfin Bernstorff, in: Freksa, *Wiener Kongress*, S. 30.
49 Rapport an Hager vom 12. März 1815, in: *Les Dessous du congrès de Vienne*, Nr. 1864
50 Rapport an Hager vom 9. März 1815, in: *Geheimpolizei*, S. 421.

51 Méneval, *Napoléon und Marie-Louise*, Band 2, S. 313.
52 Rapport an Hager vom 9. März 1815, in: *Geheimpolizei*, S. 421.
53 Brief vom 11. März 1815, veröffentlicht in Jean de Bourgoing, *Le Roi de Rome, prince de Parme, duc de Reichstadt*, Paris 1934, S. 33.
54 Madame de Montesquiou wurde in ihrer Funktion als Gouvernante des Königs von Rom durch Madame Mitrowski ersetzt. Der Kaiser von Österreich hatte seinem Entlassungsbrief ein sehr wertvolles Collier beigelegt, das Madame de Montesquiou nicht hatte ablehnen können. Es handelte sich um ein Stück, das Metternich (ohne Schatulle) Wilhelmine von Sagan abgekauft hatte.
55 Zitiert nach Imbert de Saint-Amand, *Marie-Louise, l'île d'Elbe et les Cent-Jours*, Paris 1885, S. 128. Ende April begab sich Marie-Louise zur Kur nach Baden. Dort erfuhr sie auch von Napoleons Niederlage in Waterloo.
56 Rapport an Hager vom 8. März 1815, in: in: *Les Dessous du congrès de Vienne*, Nr. 1828.
57 Rapport an Hager vom 12. März 1815, in: *Les Dessous du congrès de Vienne*, Nr. 1870.
58 Rapport an Hager vom 13. und 14. März 1815, in: *Les Dessous du congrès de Vienne*, Nr. 1887 und 1896.
59 Rapport an Hager vom 24. März 1815, in: *Les Dessous du congrès de Vienne*, Nr. 2005.
60 Gagern, *Mein Antheil*, S. 152.
61 *Tagebücher von Friedrich von Gentz*, S. 339.
62 Undatierter Rapport an Hager, in: *Les Dessous du congrès de Vienne*, Nr. 1950.
63 Brief vom 10. April 1815, in: Pavlíková, *Má drahá*, Nr. 33.
64 Von Beginn an war Metternich überzeugt davon, dass Napoleon bis nach Paris ziehen werde. In einem Brief an Wilhelmine von Sagan wagte er sogar die Prognose, dies werde um den 21. März herum geschehen, womit er sich um nur einen Tag irrte (*Briefwechsel*, S. 280).
65 Guillaume de Bertier de Sauvigny, *Metternich et la France apres le Congrès de Vienne. I. De Napoléon a Decazes. 1815–1821*, Paris 1968, S. 18.
66 Louis Madelin, *Fouché*, Paris 1903, S. 370–373.
67 Waresquiel, *Talleyrand, le prince immobile*, S. 494.
68 Talleyrand an den König, 13. April 1815, in: *Memoiren des Fürsten Talleyrand*, Band 3, S. 129.
69 Zitiert nach Sauvigny, *Metternich et la France*, S. 21.
70 Guizot, *Mémoires pour server à l'histoire de mon temps*, S. 70.
71 *Au congrès de Vienne. Journal de Jean-Gabriel Eynard*, Band 1, S. 7–9.
72 »Wie konnten Sie es nur zulassen, dass er von seiner Insel verschwindet?«, hatte der Zar Wellington an den Kopf geworfen, woraufhin dieser entgeg-

XIII. Der gerettete Kongress

1 La Garde-Chambonas, *Souvenirs*, S. 440.
2 Gentz am 10. März 1815, *Dépeches inédites du chevalier de Gentz aux hospodars de Valachie*, Paris 1876, Band 1, S. 145.
3 Aus dem Tagebuch des Erzherzogs Johann, in: Freksa, *Wiener Kongress*, S. 235.
4 Rapport an Hager vom 20. März 1815, in: *Geheimpolizei*, S. 430. (Im Original frz.)
5 Pradt, *Du Congrès de Vienne*, S. 173.
6 Georges Clemenceau, *Grandeurs et miseres d'une victoire*, Paris 1930.
7 Talleyrand an Ludwig XVIII., 7. März 1815, in: *Memoiren des Fürsten Talleyrand*, Band 3, S. 78. Talleyrands Brief überschnitt sich mit einem Brief Jaucourts vom 8. März, in dem dieser ihm die Absicht des Königs mitteilte, Napoleon »aus dem allgemeinen Recht Europas zu verbannen«.
8 Gagern, *Mein Antheil*, S. 155.
9 *Tagebücher von Friedrich von Gentz*, S. 364. Wilhelmine von Sagan bestätigte Lamb in einem Brief vom 15. März 1815, dass das Verfassen der Erklärung große Schwierigkeiten bereite (Pavlíková, *Má drahá*, Nr. 15).
10 »Déclaration des puissances signataires du traité de Paris au sujet de l'évasion de Napoléon de l'île d'Elbe«, in: *Le Congrès de Vienne et les traités de 1815*, S. 912–913.
11 Zitiert nach Françoise Kermina, *Les Dames de Courlande. Égéries russes au XIXe siecle*, Paris 2012, S. 120.
12 *Le Moniteur* vom 16. März 1815, nach den »besonderen Briefen«, die aus Wien kamen. Die Erklärung des Kongresses, die am 18. März in Paris eintraf, wurde vom nächsten Tag an in allen größeren Städten gedruckt und ausgehängt. Der König erhielt sie in der Nacht vom 19. auf den 20. März, als er sich gerade anschickte, die Tuilerien zu verlassen (Émile Le Gallo, *Les Cent-Jours. Essai sur l'histoire intérieure de la France depuis le retour de l'île d'Elbe jusqu'à la nouvelle de Waterloo*, Paris 1924, S. 113–117).
13 Talleyrand an Ludwig XVIII., 15. März 1815, in: *Correspondance inedited du prince de Talleyrand et du roi Louis XVIII pendant le Congrès de Vienne*, Nr. 36.
14 Rapport an Hager vom 19. März 1815, in: *Geheimpolizei*, S. 429.
15 Bourgoing, *Manuel historique*, S. 569.
16 Rapport an Hager vom 31. März 1815, in: *Geheimpolizei*, S. 439. (Im Original frz.)

17 *Correspondance diplomatique du comte Pozzo di Borgo et du comte Nesselrode*, Band 2, S. 128–134.
18 Sauvigny, *Metternich*, S. 265ff.
19 Zitiert nach Alexis Brialmont, *Histoire du duc de Wellington*, Paris 1857, Band 2, S. 371.
20 Zu diesen Debatten siehe: G. Cornewall Lewis, *Histoire gouvernementale de l'Angleterre depuis 1770 jusqu'a 1830*, Paris 1867, S. 335–339.
21 Ratifikationen des Vertrags vom 21. März 1815, in: *Le Congrès de Vienne et les traités de 1815*, S. 974–976.
22 Brief vom 17. März 1815, in: *Supplementary Despatches, Correspondance and Memoranda of Field Marshal Arthur, Duke of Wellington*, 1860, Band 9, S. 285.
23 Siehe Lentz, *Nouvelle histoire du Premier Empire*, Band 2, S. 543f.
24 »Seizième protocole de la séance du 25 mars 1815 des plénipotentiaires des cinq puissances«, in: *Le Congrès de Vienne et les traits de 1815*, S. 969–970.
25 »Traité d'alliance entre la Grande-Bretagne, l'Autriche, la Prusse et la Russie, conclu le 25 mars 1815«, in: *Le Congrès de Vienne et les traits de 1815*, S. 971–973.
26 »Note de Talleyrand, 27 mars 1815«, in: *Le Congrès de Vienne et les traits de 1815*, S. 984.
27 Emmanuel de Waresquiel, *Cent Jours, la tentation de l'impossible, mars-juillet 1815*, Paris 2008, S. 166.
28 Rapport an Hager vom 19. März 1815, in: *Les Dessous du congrès de Vienne*, Nr. 1934.
29 Arrigon, »Talleyrand au congrès«, S. 36.
30 Das Sekretariat dieser Kommission übernahm der Preuße Friedrich August von Staegemann. Zu der Zahl von einer Million Soldaten siehe das »Memorandum« von Dalberg an Stewart vom 1. April 1815, in: *Les Dessous du congrès de Vienne*, Nr. 2075.
31 In seinem Zeitzeugenbericht erklärt sich von Gagern über diesen Punkt enttäuscht (*Mein Antheil*, S. 155).
32 Eine ausführliche Darstellung findet sich in Lentz, *Nouvelle histoire du Premier Empire*, Band 4.
33 Siehe dazu die Darstellung über Caulaincourts Tagesgeschäft in: Antoine d'Arjuzon, *Caulaincourt. Le confident de Napoléon*, Paris 2012.
34 Mit Ausnahme der Schweiz, des Osmanischen Reichs und des Heiligen Stuhls.
35 »Rapport du Conseil d'État sur la déclaration du congrès de Vienne du 13 mars 1815«, in: *Le Congrès de Vienne et les traités de 1815*, S. 1004–1012.
36 »Lettre de Napoléon aux souverains étrangers, datée de Paris, le 4 avril 1815«, in: *Le Congrès de Vienne et les traités de 1815*, S. 1016–1017. Franz I.

erhielt einen gesonderten Brief, in dem die Rückkehr der Kaiserin und des Königs von Rom nach Paris gefordert wurde (Napoleon an Franz I., 1. April 1815, Napoléon Bonaparte, *Correspondance*, Nr. 21753).

37 Tagebuch des Freiherrn von Stein, in: Freksa, *Wiener Kongress*, S. 362.
38 Napoleon an Caulaincourt, 23. März 1815, A. N., AF IV 907.
39 Napoleon an Caulaincourt, 28. März 1815, A. N., AF IV 907.
40 Brief von Pozzo di Borgo an Nesselrode vom 11. Mai 1815, in: *Correspondance diplomatique du comte Pozzo di Borgo et du comte Nesselrode*, Band 2, S. 116.
41 Rey, *Alexandre*, S. 366.
42 Arjuzon, *Castlereagh*, S. 380ff.
43 Castlereagh an Caulaincourt, 8. April 1815, in: Philippe Joseph-Benjamin Duchez et Prosper Charles. Roux, *Histoire parlementaire de la Révolution française ou Journal des Assemblées nationales depuis 1789 jusqu'en 1815*, Paris 1888, Band 39, S. 182.
44 Bei seiner Rede auf dem Champ de Mai konnte Napoleon nicht umhin zu erklären, sein Reich müsse seine »natürliche Integrität« zurückerlangen, eine ungelenke Anspielung auf das Prinzip der »natürlichen Grenzen« Frankreichs.
45 »Quinzième protocole de la séance du 12 mai 1815 des plénipotentiaires des huit puissances«, in: *Le Congrès de Vienne et les traités de 1815*, S. 1181–1188.
46 John W. Rooney, »Le marquis de Caulaincourt et la politique étrangère française pendant les Cent-Jours: une diplomatie du désespoir«, *Revue de l'Institut Napoléon* 149, 1987, S. 38–56.
47 Anatole de Montesquiou, *Souvenirs sur la Révolution, l'Empire, la Restauration et le regne de Louis-Philippe*, Paris 1961, S. 410.
48 Zitiert nach Louis-Pierre-Edouard Bignon, *Histoire de France sous Napoléon*, Paris 1850, Band 14, S. 394.
49 Talleyrands Vorgehen gegen Murat ist, mit Dokumenten belegt, minutiös und von Tag zu Tag nachgezeichnet in: Harold F. Blinn, »New light on Talleyrand at the Congress of Vienna «, *The Pacific Historical Review*. 4, 1935, S. 143–160. Über Österreichs zögerliche Haltung gibt es eine Darstellung in: Weil, *Joachim Murat*, Band 2, S. 200ff.
50 Murat an Ludwig XVIII., 21. Mai 1814, in: Tulard, *Murat*, S. 360.
51 Murat an Pauline, 26. Dezember 1814, in: Weil, *Joachim Murat*, Band 2, S. 583f.
52 Brief von Jaucourt an Talleyrand vom 5. Januar 1815, in: *Correspondance du comte de Jaucourt avec le prince de Talleyrand pendant le Congrès de Vienne*, S. 148.
53 Castlereagh an Liverpool, 11. Januar 1815, *Supplementary Despatches [...] of Field Marshal Arthur, Duke of Wellington*, Band 9, S. 533.

54 Napoleon an Murat, 17. Februar 1815, aus den Archiven Colonna-Walewskis. Dieser Brief ist veröffentlicht in: *Souvenirs d'enfance de la comtesse Rasponi, fille de Joachim Murat*, Paris 1929, S. 215. In der Tat liefen zwei neapolitanische Schiffe aus, um Napoleon bei seiner Flucht zu helfen. Lange Zeit glaubte man, dies sei auf eine unzeitige Initiative Murats geschehen. In Wirklichkeit hatte Napoleon in einer verschlüsselten Depesche – die sich in den vor kurzem in die Nationalarchive aufgenommenen Archiven Murats befindet (31 AP 25) – um Unterstützung gebeten: »Der Wind frischt seit drei Tagen auf und hat die englische Flotte gezwungen, sich von der Küste zu entfernen. Sie kann aber jeden Moment zurückkehren, und mein Zweimaster ist nicht in der Lage, es mit ihr aufzunehmen. Mit einem eurer Schiffe wäre es mir möglich, am helllichten Tage abzulegen und alles zu versenken, was sich mir in den Weg stellte.« Die neapolitanischen Schiffe kamen jedoch zu spät, um Napoleon noch bei seiner Flucht decken oder unterstützen zu können. Man war Murat gegenüber derart misstrauisch, dass in Wien sogar das Gerücht umging, der Kaiser habe an Bord eines neapolitanischen Schiffs von Portoferraio nach Golfe-Juan übergesetzt. In dem 2013 erschienenen Werk *La guerre secrète de Napoléon* (»Napoleons geheimer Krieg«) erbringt Pierre Branda neue Beweise für Murats Komplizenschaft. Ich danke ihm dafür, dass er mir diese Einsichten bereits vor Erscheinen seines Buches zur Verfügung gestellt hat.

55 Den Ausspruch »en combustion« (wörtlich übersetzt: »in Verbrennung«) soll Caroline Bonaparte selbst getan haben, siehe dazu: Lacour-Gayet, *Joachim et Caroline Murat*, S. 281.

56 Murat an Napoleon, 14. März 1815, in: Espitalier, *Napoléon et le roi Murat*, S. 486.

57 Eine Reproduktion dieser Proklamation findet sich in Tulard, *Murat*, S. 363f.

58 *Au congrès de Vienne. Journal de Jean-Gabriel Eynard*, Band 1, S. 166 (Eintrag vom 4. Juni 1815).

59 Briefe von Wellington und dem Chevalier Tocco an Castlereagh vom 22. und 24. März 1815, in: *Supplementary Despatches [...] of Field Marshal Arthur, Duke of Wellington*, Band 9, S. 605 und 610.

60 »Note du duc de Campochiaro et du prince de Cariati, plenipotentiaries napolitains, au vicomte Clancarty, pour lui communiquer la note du même jour adressée au prince de Metternich«, in: *Le Congrès de Vienne et les traités de 1815*, S. 1051–1052.

61 »Réponse du prince de Metternich à la note des plénipotentiaires napolitains«, in: *Le Congrès de Vienne et les traités de 1815*, S. 1061–1062.

62 »Traité d'alliance entre l'empereur d'Autriche et Ferdinand IV, roi des Deux-Siciles«, in: *Le Congrès de Vienne et les traités de 1815*, S. 1126–1128.

63 Neipperg erfuhr zu diesem Zeitpunkt vom Tode seiner Gemahlin (23. April). Er schien jedoch nicht allzu sehr erdrückt von Kummer; seine Beziehung zur ehemaligen Kaiserin der Franzosen hatte sich in der Tat gefestigt.
64 Napoleon an Caulaincourt, [Anfang Juni] 1815, Napoléon Bonaparte, *Correspondance*, Nr. 21826. Dort wird die Note fälschlicherweise auf den 19. April datiert.
65 Eine Zeitlang wurden die beiden Abgesandten Ferdinands auch vor Ort von Prinz Leopold von Sizilien unterstützt.
66 Rapport an Hager vom 14. Juni 1815, in: *Geheimpolizei*, S. 487.
67 Quarante-sixième protocole de la séance du 7 juin des plénipotentiaires des cinq puissances«, in: *Le Congrès de Vienne et les traités de 1815*, 1863, S. 1352 bis 1353.

XIV. Letzte Verhandlungen

1 Talleyrand an Jaucourt, 12. März 1815, in: *Correspondance du comte de Jaucourt avec le prince de Talleyrand pendant le Congrès de Vienne*, S. 232.
2 Zitiert nach Sauvigny, *Metternich et la France*, S. 26.
3 Zitiert nach Rey, *Alexandre*, S. 366.
4 »Rapport de la commission nommée pour proposer des principes à établir pour régler le rang entre les ministres des couronnes«, in: *Le Congrès de Vienne et les traits de 1815*, S. 933–934.
5 Nicolson, *Wiener Kongress*, S. 251.
6 »Neuvième protocole de la séance du 9 février 1815 des plénipotentiaires des huit puissances signataires du traité de Paris«, in: *Le Congrès de Vienne et les traités de 1815*, S. 735–736.
7 »Douzième protocole de la séance du 19 mars 1815 des plénipotentiaires des huit puissances signataires du traité de Paris« und »Rapport de la commission nommée pour proposer des principes à établir pour régler le rang entre les ministres des couronnes«, in: *Le Congrès de Vienne et les traités de 1815*, S. 932–935.
8 Zitiert nach Ernest Daudet, *Le Cardinal Consalvi (1800–1824)*, Paris 1866, S. 189.
9 Yves Bruley, »Le droit de l'ambassade au XIXe siècle. La question des immunités diplomatiques dans les traités et manuels de droit des gens«, *Mélanges de l'École française de Rome* 119-1, 2007, S. 52.
10 Affäre um das diplomatische und konsularische Personal der USA in Teheran, 1980, zitiert nach Maxime Lefebvre, *Le Jeu du droit et de la puissance*, Paris 2007, S. 83.
11 In der Zwischenzeit hatten die Fünf die Kompetenzen der Arbeitsgruppe auf die Frage der Entmilitarisierung des Antwerpener Hafens ausgeweitet,

die in Artikel 15 des Pariser Friedens vorgesehen war. Clancarty hätte sich gewünscht, Hafen und Zeughaus schlicht und einfach dem Erdboden gleichzumachen. Nachdem Wellington in Wien eingetroffen war, untersagte er ihm, weiter in diese Richtung zu verhandeln. Die Entscheidungen über Antwerpen wurden auf die Zeit nach dem Kongress vertagt. Dazu sei angemerkt, dass Wellington vorgehabt hatte, seine Truppen über Antwerpen abzuziehen, falls Napoleon Brüssel einnehmen sollte – entgegen seinem Versprechen, Preußen in keinem Fall im Stich zu lassen.

12 Die offiziellen Bezeichnungen dieser beiden »Magistrate« (hier zu verstehen als eine Institution, die Konflikte regelt) lauteten: Kommission für die Arbeiten am Rhein und Zentrale Kommission des Po.

13 Seit 1648 waren die Niederlande formal berechtigt, die Schelde unter bestimmten Bedingungen zu schließen.

14 »Règlements concernant la libre navigation des rivières. Annexe n° 16 à l'Acte final du congrès de Vienne« (9 Artikel) und «Articles concernant la navigation sur le Rhin« (32 Artikel), in: *Le Congrès de Vienne et les traités de 1815*, S. 957 – 969. Die Rheinkommission existiert bis heute.

15 »Note du baron Humboldt aux membres de la commission pour la libre circulation des rivières«, in: *Le Congrès de Vienne et les traités de 1815*, S. 1042 bis 1043.

16 Zorgbibe, *Metternich*, S. 266.

17 Diese Konferenz versammelte vierzehn europäische Staaten und die USA. Neben der freien Schifffahrt auf den Flüssen Niger und Kongo verdanken wir ihr die Schaffung des Staates Kongo, in Personalunion mit dem belgischen König Leopold II.

18 Für Frankreich sei hier Condorcets einflussreicher Essay *Réflexion sur l'esclavage des Negres* genannt, der 1781 in Neuchâtel und sieben Jahre später in Paris veröffentlicht wurde. In England hatte die abolitionistische Bewegung dem Abgeordneten William Wilberforce viel zu verdanken.

19 Olivier Pétré-Grenouilleau, *Traites négrieres. Essai d'histoire globale*, Paris 2006, S. 307. Zahlreiche Fakten, die im Abschnitt über den Sklavenhandel genannt werden, sind dem *Dictionnaire des esclavages* entnommen, das 2010 vom selben Autor herausgegeben wurde.

20 *Considérations importantes sur l'abolition de la traite des negres [...], par un Portugais*, Paris, September 1814, S. 16.

21 Die dänische Regierung hatte 1792 beschlossen, die Sklaverei in ihren Kolonien 1803 zu beenden. Die Entscheidung wurde jedoch nicht umgesetzt.

22 Diese Position wurde Ludwig XVIII. in einem Brief des Prinzregenten zur Kenntnis gebracht, den Wellington eigenhändig übergab.

23 Pius VII. an Ludwig XVIII., 20. September 1814, zitiert nach J. Mpisi, *Les Papes et l'esclavage*, Paris 2008, S. 61.

24 Memoiren des Fürsten Talleyrand, Band 2, S. 181.
25 »Trois articles additionnels au traité anglo-espagnol, signés à Madrid le 28 août 1814«, in: Le Congrès de Vienne et les traités de 1815, S. 205.
26 Zitiert nach Webster, Foreign Policy of Castlereagh, S. 415.
27 In Frankreich gab es eine Kontroverse zwischen den Ökonomen Sismondi und Say. Sismondi konnte seinen Kontrahenten letztlich davon überzeugen, dass der Sklavenhandel und das daraus resultierende Exklusivrecht (Monopol des Mutterlands zum Kauf von Kolonialwaren) die Waren für den Verbraucher nicht billiger machten, und zwar vor allem aufgrund der Entfernung, der geringeren Arbeitskraft der Sklaven und fehlender Konkurrenz.
28 Derry, Castlereagh, S. 182.
29 »Réponse du prince de Talleyrand à la note du 8 octobre de lord Castlereagh, relative à l'abolition de la traite des nègres«, 5. November 1814, in: Le Congrès de Vienne et les traités de 1815, S. 403.
30 Bourgoing, Manuel historique, S. 586.
31 Fünftes und sechstes Protokoll vom 10. und 14. Dezember zu den Sitzungen der Bevollmächtigten der acht Signatarmächte des Pariser Friedens, in: Le Congrès de Vienne et les traités de 1815, S. 503 und 527.
32 »Déclaration des plénipotentiaires des puissances qui ont signé le traité de Paris du 30 mai 1814, relative à l'abolition de la traite des nègres d'Afrique ou du commerce des esclaves«, 8. Februar 1815, in: Le Congrès de Vienne et les traités de 1815, S. 726f.
33 Nicholson, Der Wiener Kongress, S. 247.
34 Adolphe Thiers, Geschichte des Consulats und des Kaiserthums, Band 18, Leipzig 1861, S. 539.
35 Flassan, Der Wiener Congreß, Band 1, S. 254.
36 Pétré-Grenouilleau, Traites négrieres, S. 320.
37 Zu Position und Verhalten Napoleons siehe Pierre Branda und Thierry Lentz, Napoléon, l'esclavage et les colonies, Paris 2006.
38 Während der Sklavenhandel 1833 von England und 1848 von Frankreich abgeschafft worden war, wurde er in Kuba noch bis 1855 und in Brasilien bis 1888 fortgeführt.

EPILOG Die Schlussakte und ihre Folgen

1 Talleyrand an Ludwig XVIII., 27. Mai 1815, in: Memoiren des Fürsten Talleyrand, Band 3, S. 153.
2 Ein »Vorbehalt« bedeutet im Völkerrecht, dass die Vertragsbestimmungen für eine der Parteien auszuschließen sind.
3 Rapport an Hager vom 14. Juni 1815, in: Geheimpolizei, S. 488.

4 Artikel 120: »Da die französische Sprache in allen Abschriften des gegenwärtigen Vertrages ausschließlich gebraucht worden ist, so ist von den Mächten, welche dazu mitgewirkt haben, anerkannt worden, daß aus der Anwendung dieser Sprache für die Zukunft keine Folgerung gezogen werden soll, dergestalt, daß jede Macht in ihren künftigen Unterhandlungen diejenige Sprache gebrauchen mag, deren sie sich bisher in ihren diplomatischen Verhältnissen bedient hat, ohne daß der gegenwärtige Vertrag als ein die bestehenden Gebräuche beschränkendes Beispiel angeführt werden darf.« Zur Zeit des Kongresses und noch bis zur Pariser Friedenskonferenz 1918 wurde Französisch, ohne die »offizielle« Sprache der Diplomatie zu sein, als die »Sprache des Hofes« angesehen. Es fand häufige Verwendung, die aber nicht obligatorisch war. Seit 1800 verfassten die Briten ihre diplomatischen Briefe in englischer Sprache. Die Amerikaner taten es ihnen gleich. Die deutsche Sprache wurde vom deutschen Reichstag für dessen internationale Kommunikation verwendet (siehe Martens, *Guide diplomatique*, Band 2, S. 6).
5 »Protestation de M. de Labrador, plénipotentiaire d'Espagne«, 5. Juni 1815, in: *Le Congrès de Vienne et les traités de 1815*, S. 1341–1342.
6 Brief vom 14. Juni, von der Polizei abgeschrieben, in: *Les Dessous du congrès de Vienne*, Nr. 2586.
7 Frau von Nesselrode an ihren Mann, 16. Juni 1815, in: *Lettres et papiers du chancelier comte de Nesselrode. V. 1815–1818*, Paris 1907, S. 208.
8 Perth, *Wiener Kongresstagebuch*, Notiz von Franz Patzer (Nr. 460), S. 210.
9 *Wiener Zeitung* vom 13. Juni 1815.
10 Einige Zeit später erhielt der österreichische Kanzler von Ferdinand VII., der seinen Groll mittlerweile vergessen hatte, die Würde des »spanischen Granden erster Klasse«.
11 Siehe seine Briefe an die Herzogin von Kurland vom 5., 7. und 8. Juni 1815, in: *Lettres inédites a la duchesse de Courlande*, Parsi 1976, Nr. 61–64. Auf einer der letzten Soireen, auf der er zugegen war, soll der Fürst von einer etwas dümmlichen Dame gefragt worden sein, was er denn auf dem Kongress so gemacht habe: »Ich habe gehinkt«, lautete angeblich seine unterkühlte Antwort.
12 Rapport an Hager vom 14. Juni 1815, in: *Les Dessous du congrès de Vienne*, Nr. 2584.
13 Dazu ist zu sagen, dass Gentz gewiss von einigen »Annehmlichkeiten« profitierte, vor allem aber seine Bezüge verachtfachte, da ihn jede einzelne Signatarmacht des Pariser Friedens für sein Amt als Sekretär entlohnte.
14 Zu dieser Vorgehensweise siehe Richard Blaas, »Der Wiener Kongress in Dokumenten«, in: Zöllner, *150 Jahre Wiener Kongress*, S. 113–116.
15 »Protestation du cardinal légat Consalvi au nom de Sa Sainteté et du Saint-

Siège apostolique contre les dispositions du congrès de Vienne contraires à ses droits« und »Protestation du cardinal Consalvi«, 14. Juni 1815, in: *Le Congrès de Vienne et les traits de 1815*, S. 1450 – 1452

16 Artaud de Montor, *Histoire du pape Pie VII*, Paris 1839, Band 3, S. 129.
17 Montor, *Histoire du pape Pie VII*, Band 3, S. 134.
18 Flassan, *Der Wiener Congreß*, Band 2, S. 174.
19 Franz von Österreich, Friedrich Wilhelm von Preußen und Alexander von Russland erfuhren am 21. Juni in Heidelberg von Wellingtons Sieg, wo sie sich gemeinsam mit ihren wichtigsten Ministern aufhielten.
20 Zitiert nach Paléologue, *Alexandre*, S. 235.
21 Zitiert nach Rey, *Alexandre*, S. 371.
22 Zitiert nach Paléologue, *Alexandre*, S. 235.
23 Maurice Bourquin, *Histoire de la Sainte-Alliance*, Genf 1954, S. 85.
24 Kissinger, *Les Chemins de la paix*, S. 239.
25 Dagegen ist anzumerken, dass noch bis 1919 alle internationalen europäischen Verträge mit der Formulierung »Im Namen Gottes des Allmächtigen« begannen.
26 Siehe Emmanuel de Waresquiel, *Le Duc de Richelieu (1766 – 1822)*, Paris 1990, S. 205f.
27 Pierre Branda, *Le Prix de la gloire. Napoléon et l'argent*, Paris 2007, S. 487.
28 Sédouy, *Le Concert européen*, S. 60. Ein unverzichtbares Werk zu einem Dreivierteljahrhundert europäischer Diplomatie.
29 Das Gebäude in der Rue du Faubourg-Saint-Honoré war im Oktober 1814 von der britischen Regierung als Unterkunft für Wellington gekauft worden. Es ist noch heute Sitz der englischen Botschaft.
30 Sorel, »Un confident du prince de Metternich«, S. 828.
31 Zitiert nach: Sorel, »Un confident du prince de Metternich«, S. 828.
32 Antonio Truyol y Serra, *Histoire du droit international public*, Paris 1995, S. 100.
33 Georges-Henri Soutou, *L'Europe de 1815 a nos jours*, Paris 2007, S. 30.
34 Siehe diesbezüglich die Überlegungen von J.-M. Ritter, »Remarques sur les modifications violentes de l'ordre international«, *Annuaire français de droit international*, 1961, S. 67 – 105, sowie unser Postskriptum zum Versailler Vertrag.
35 *Au congrès de Vienne. Journal de Jean-Gabriel Eynard*, Band 1, S. 325.
36 Soutou, *L'Europe de 1815 a nos jours*, S. 30.
37 Bainville, *Histoire de deux peuples*, S. 100.
38 Seignobos, *1815 – 1915*, S. 7.
39 Paul Butel, *Histoire de l'Atlantique*, Paris 2012, S. 358.
40 Englands Anteil an der weltweiten industriellen Produktion stieg zwischen 1800 und 1830 von 3,2 auf 9,5 Prozent (zum Vergleich: Frankreich verzeich-

nete im selben Zeitraum einen Anstieg von 4,2 auf 5,2 Prozent). Das Industrialisierungsniveau pro Einwohner (100 = Großbritannien im Jahr 1900) stieg zwischen 1800 und 1830 von 16 auf 25 (Frankreich: von 9 auf 12). Mit einer Bevölkerung, deren Anteil nur zwei Prozent an der Weltbevölkerung ausmachte, stellte Großbritannien zur Mitte des Jahrhunderts 40 Prozent des weltweiten industriellen Potenzials (die Zahlen stammen aus Kennedy, *Aufstieg und Fall*).

41 Flassan, *Der Wiener Congreß*, Band 2, S. 175. Wenngleich das Ende des »Wiener Systems« zumeist auf den Ersten Weltkrieg datiert wird, könnte man Flassans Ansicht durchaus auf die Verkettung anwenden, die zur allgemeinen Ausbreitung dieses Konflikts geführt hat.

42 Marie-Hélène Renaut, *Histoire du droit international public*, Paris 2007, S. 137.

43 Georges-Henri Soutou, »Le système européen au XIXe siècle«, in: *Le Congrès de Paris (1856). Un événement fondateur*, Brüssel 2009, S. 16.

44 Robert Rie, «The Origins of Public Law and the Congress of Vienna, *Transactions* 36, 1950, S. 227.

45 Zorgbibe, *Metternich*, S. 266.

46 Jean-Yves Guiomar, *L'Invention de la guerre totale*, Paris 2004, S. 14.

47 Allerdings verwendete man noch nicht den Begriff »Völkerrecht«. Nach Meinung der Juristen der Zeit erlaubte der Kongress den Übergang von einem »natürlichen Menschenrecht« zu einem »positiven Menschenrecht« (Martens, *Guide diplomatique*, Band 1, S. 5).

48 Flassan, *Der Wiener Congreß*, Band 2, S. 173.

49 »Congrès de Vienne«, Talleyrand an Ludwig XVIII., *Correspondance inédite du prince de Talleyrand et du roi Louis XVIII pendant le Congrès de Vienne*, S. 456.

50 Rapport an Hager vom 28. Oktober 1814, in: *Les Dessous du congrès de Vienne*, Nr. 599.

51 Ramée, *Le Congrès de Vienne*, S. 80.

52 Talleyrand an Jaucourt, 6. Januar 1815, *Correspondance du comte de Jaucourt avec le prince de Talleyrand pendant le Congrès de Vienne*, S. 141.

53 Jean-Baptiste Duroselle, *L'Europe. Histoire de ses peuples*, Paris 2000, S. 466.

54 Marquis de Roux, *La Restauration*, Paris 1930, S. 109.

55 Aron, *Paix et guerre entre les nations*, S. 108f.

Register

Acerenza, Johanna von 118, 165, 169

Alexander I., Kaiser von Russland 13ff., *14*, 22, 26ff., 28, 52ff., 59, 73, 76f., 87, 94ff., 123, 152, 154, 156, 168, 170, 172f., 177ff., 188, 194, 197, 199, 203f., 233, 269, 271, 280, 285, 292, 316, 327, 345

Anstett, Jean-Protais von 95, 140, 288, 341

Arndt, Ernst Moritz 53, 206, 208

Artois, Charles-Philippe de Bourbon, Graf von 16, 20, 115, 117, 274

Auckland, George 88

Auersperg, Gabrielle Fürstin von 172

Auvergne, Philippe d' 138

Bagration, Katharina Fürstin 163, *167*, 167ff., 342

Barras, Paul de 40

Bartholdy, Jakob Salomon 102

Bathurst, Henry Lord 89, 192

Bausset, Louis François Joseph de 193, 251ff.

Beauharnais, Eugène de 70, 162, 166, 168, 173, 183, 239, 247f., 283

Beauharnais, Hortense de 162, 244

Beauharnais, Joséphine de 243, 254

Beethoven, Ludwig van 44, 67, 76, 157ff., 174

Bellegarde, Heinrich Johann de 86, 245

Benedikt XIV. (Papst), Prospero Lambertini 324

Bentham, Jeremy 47

Bentinck, William 246f.

Berckheim, Karl-Christian von 143, 318

Beresford, William Carr Vicomte 60

Bernadotte, Jean-Baptiste Jules 75f., 115, 211ff., 310

Bernstorff, Christian Günter 27, 135

Bernstorff, Elisa von Dernath Fürstin 46

Berry, Charles Ferdinand de Bourbon Herzog von 274

Berthier, Alexandre 233f.

Bertrand, Henri Gatien 116

Bigottini, Émilie 173

Billieux, Conrad de 235

Binder von Krieglstein, Franz 81, 142

Blücher, Gebhard Leberecht von Wahlstatt 206, 302

Boigne, Éléonore-Adèle de 58

Boilly, Louis Léopold 154

Bonaparte, Élisa 70, 137, 249

Bonaparte, Joseph 239, 257, 261, 267

Bonaparte, Letizia 256

Bonaparte, Pauline 304, 349

Boyen, Hermann von 102f.

Register

Bresson de Valensole, Louis 70, 281
Brignole Sale, Anna Pieri de 114, 251
Brignole-Sale, Antoine de 40, 70, 137, 246f.
Broglie, Achille Léonce Victor Charles, Herzog von 101
Bruges, Alphonse de 117
Bruslart, Louis-Guérin de 274
Bülow, Hans von 102
Burghersh, John Fane Graf 275
Callières, François de 49, 119
Cambronne, Pierre Jacques Étienne 271
Campbell, Neil 270f., 275, 309
Campochiaro, Herzog von 70, 266ff., 306ff.
Capodistria, Ioannis 204, 247, 341
Carême, Antonin 118
Cariati, Fürst von 70, 266, 308
Casanova 148
Castlereagh, Emily 45, 90f.
Castlereagh, Robert Stewart Vicomte 16, 18, 22, 26ff., 39f., 54, 57ff., 62, 64f., 71ff., 75, 79, 87ff., 92, 98, 104ff., 110, 120ff., 127, 131, 139ff., 147, 153, 154ff., 163f., 177, 180ff., 197ff., 203, 212, 223f., 226ff., 246ff., 261, 268, 271ff., 293f., 300f., 306f., 312, 314, 319, 323, 326ff., 345ff., 352
Cathcart, William Shaw Graf 143, 288, 312, 316, 340
Caulaincourt, Armand Louis Augustin de 17, 297, 299ff.
Charlotte Augusta von Wales 228
Chastenay, Victoire de 14

Chateaubriand, François René de 22
Clam-Martinitz, Karl von 169
Clancarty, Richard Le Poer Trench Graf 87f., 93, 137, 140ff., 230, 247, 277, 283, 288, 291, 300, 308, 310, 318, 333, 340, 342
Clanwilliam, Richard Meade Lord 88
Clemenceau, Georges 287, 362f.
Clive-Herbert, Edward 88
Consalvi, Ercole 39, 69, 75, 163, 174, 255ff., 259, 267, 310, 316, 325, 343f.
Cooke, Edward 88f.
Corvisart, Jean Nicolas 251
Cotta, Johann Friedrich 70
Custine, Astolphe de 37, 113, 117, 147
Czartoryski, Adam 41, 51, 98, 113, 172f., 179f., 187, 203
Dalberg, Emmerich Josef Wolfgang von 41, 114, 117, 121, 136f., 140, 143, 165, 173, 178, 186, 195, 235, 247, 280, 289, 318, 340, 343
Deléfils, Melchior 235
Diabelli, Anton 161
Didelot, Charles Louis 77
Dittersdorf, Karl Ditters von 161
Drouot, Antoine 271
Du Montet, Marie Prévost du Frisson 168, 266, 276
Dufour de Pradt, Dominique Georges 287
Dufresne de Saint-Léon, Alexandre 281ff.
Élisabeth, Kaiserin von Russland 38, 96, 160, 172f.

Ense, Karl August Varnhagen von 102

Esterhàzy, Paul 166

Esterhàzy-Roisin, Thérèse 172

Eybler, Joseph Léopold 161

Eynard, Jean-Gabriel 39, 90, 165, 175, 177, 187, 197, 273, 284, 307f., 351

Ferdinand III. von Habsburg-Toskana, Großherzog der Toskana 248f.

Ferdinand IV., König von Neapel 110, 239, 261, 266, 268, 306, 310, 340f.

Ferdinand VII., Spanien 119, 133, 156, 325, 339

Fesch, Joseph 304

Fichte, Johann Gottlieb 206, 208

Flahaut, Charles de 298

Flassan, Gaëtan Raxis de 116, 166, 199, 225, 242, 329, 344

Fleury de Chaboulon, Édouard 282

Fouché, Joseph 86, 239, 281ff., 345

Franchet d'Espèrey, François 117

Franz I., Kaiser von Österreich 16, 18, 26, 31ff., 33, 46, 61, 68, 85, 156, 159, 175, 188, 194, 212, 216, 229, 245, 248f., 252, 275, 278f., 287, 308, 340, 352

Franz IV. von Österreich-Este, Herzog von Modena 250

Friedrich August III., König von Sachsen 62, 124, 178, 182, 184f., 187f., 197ff., 221f., 259, 336

Friedrich I., König von Württemberg 38, 75, 77, 189, 207, 214, 236

Friedrich II., König von Preußen 53

Friedrich VI., König von Dänemark 38f., 75, 77, 151f., 173, 212f.

Friedrich Wilhelm III., König von Preußen 13, 18, 26, 28, 38, 52f, 55, 61, 76f., 87, 99ff., 151, 154, 156, 168, 177, 182f., 194, 198ff., 206f., 220, 222, 225, 228, 336, 345f., 352

Friedrich Wilhelm von Württemberg 39, 168

Fuchs-Gallenberg, Laura von 165

Gaertner, Franz von 69

Gagern, Hans Christoph Ernst von 88, 107, 124, 131, 135, 194, 223, 230f., 280, 347

Gail, Sophie 157

Gentz, Friedrich von 41, 81ff., 82, 89, 98, 101, 104, 116, 118, 120, 124f., 144, 150, 156, 166, 169f., 183f., 187f., 259, 266, 273, 280, 287f., 335, 342, 345, 349

Georg III., König von England 18, 58, 347

Georg-August, Prinzregent von England 18, 26ff., 93, 99, 154, 156, 192, 235, 258, 298f., 301, 336, 347

Gneisenau, August Neidhart von 53, 206

Godefroy, Jean 156

Goethe, Johann Wolfgang von 101

Grotius, Hugo de Groot 48

Guizot, François 283

Gustav IV. Adolf, von Schweden 90, 212

Habeneck, François-Antoine 158

Hacke, Karl 182

Hager zu Allensteig, Franz von 42, 96, 114, 117, 127, 129, 166, 168, 170, 172, 174, 189, 193, 195, 197f., 225, 254, 259f., 263, 267, 270, 276, 279ff., 291

Händel, Georg-Friedrich 77

Hardenberg, Karl August von 16, 28, 41, 53f., 65, 75, 99ff., 100, 120ff., 134f., 141, 173, 181, 183, 187, 190, 193ff., 197ff., 207ff., 229, 275, 288, 310, 341, 345

Haussonville, Jean Othenin Bernard de Cléron d' 110

Haydn, Joseph 44, 118, 157, 161

Hegardt, Christian-Bernard 63

Heinrich IV., König von Frankreich 155

Hessen-Darmstadt, Ludwig von 173

Hitler, Adolf 222

Hohenzollern-Hechingen, Pauline von 118

Holland, Henry Richard Vassal, Lord 27

Hudelist, Joseph von 81, 144

Humboldt, Wilhelm von 76, 83, 101ff., 120, 122, 125, 134ff., 142ff., 187f., 194f., 206, 243, 247, 274, 280, 287f., 300, 310, 312, 318, 340f., 345

Hume, David 47

Hüttenbrenner, Anselm 157

Isabey, Jean-Baptiste 118, 154ff., 175

Ivernois, Francis d' 88, 165, 235ff.

Jahn, Friedrich Ludwig 208

Jaucourt, François de 14, 178, 192, 269f., 274, 299, 324, 358

Jefferson, Thomas 140

Johann VI., von Portugal 60, 156, 313

Joseph II., Kaiser HHR 33

Kant, Emmanuel 47, 51, 81f.

Karadja, Johann, Gospodar der Walachei 83

Karl August, Herzog von Sachsen-Weimar 199, 217, 336

Karl Ludwig Friedrich, Großherzog von Baden 39, 41, 168, 173

Karl Ludwig, Großherzog von Mecklenburg-Strelitz 199

Karl VI., Kaiser HRR 36

Karl von Bayern 168

Karl XIII., Schweden 156

Katharina II., Kaiserin von Russland, »die Große« 54, 72, 149, 167

Kaunitz, Wenzel Anton 77, 156

Knesebeck, Karl Friedrich von dem 33, 102, 294

Koch, Christoph-Wilhelm 49

Konstantin, Großfürst von Russland 13, 96, 173, 183, 189, 203

Kościuszko, Tadeus 179

Kurland, Anna Dorothée, Herzogin von 118, 165, 169f.

La Besnardière, Jean-Baptiste de Gouey de 116f., 144

La Garde-Chambonas, Auguste de 155, 162f., 165, 167, 204

La Harpe, César-Frédéric de 95, 233ff., 290

La Tour d'Auvergne, Jacques Léopold Godefroy de 138

La Tour du Pin-Gouvernet, Frédéric Séraphin 115, 127, 143, 163, 289, 312

Labrador, Pedro Gomez Havelo, Marquis von 75, 119ff., 133, 137, 142f., 156, 163, 247ff., 264, 267, 288, 312, 327f., 333, 338ff.

Register

Lamb, Frederick 171, 173, 281, 342
Lambert, Séraphine 173
Leibniz, Gottfried 47
Léopold II, Kaiser HRR 32, 249
Ligne, Charles Joseph de 127, 147f., 152, 160
Linden, Franz von 135, 143, 318
Liston, Robert 71, 74
Liverpool, Robert Banks Jenkinson, Lord 110, 140, 180, 187f., 192, 194, 223, 243, 248, 269, 300, 323, 325
Los Rios, Carlos José Gutierrez de 163, 341
Löwenhielm, Karl von 41, 76, 124, 130, 142f., 155, 173, 211, 288, 310, 312, 346
Ludwig I., König von Etrurien 249
Ludwig II., König von Etrurien 249, 251
Ludwig XIII., König von Frankreich 24
Ludwig XIV., König von Frankreich 49, 118
Ludwig XVI., König von Frankreich 13, 19f., 34, 63, 174f., 228
Ludwig XVIII., König von Frankreich 18ff., 24, 30, 55, 62ff., 91, 107, 110, 112ff., 120, 125, 127, 136, 141, 156, 175, 178, 185, 187, 191ff., 203f., 226, 229, 242, 247, 252, 268ff., 274f., 282f., 287f., 290ff., 295, 299f., 303, 306, 323f., 333, 341, 345, 347, 349, 356
Mably, Gabriel Bonnot de 23
Mahmud II., Sultan von Konstantinopel 71
Maria Fedorovna, Kaiserin von Russland 311

Maria Karolina von Habsburg, Königin von Neapel 266
Maria Ludovika, Kaiserin von Österreich 149, 162
Maria Theresia, Kaiserin von Österreich 38, 156f.
Marie-Antoinette, Königin von Frankreich 34, 266
Marie-Louise von Österreich 16, 18f., 114, 155, 241, 251f., 254ff., 270, 273, 278f., 291, 301, 308, 338
Marmont, Auguste Frédéric Louis Viesse de 18
Mavrojeni 71ff.
Maximilian I. Joseph, König von Bayern 38, 75, 77, 111, 241, 217, 244, 253, 277
Méneval, Claude François 251, 254, 273, 279
Merveldt, Maximilian 311
Metternich, Klemens Wenzel Lothar, Fürst von 16, 18, 22, 26, 28ff., 40f., 44, 46, 49, 54, 61ff., 73, 77, 81ff., 85, 91, 93, 99, 101, 103ff., 118, 120, 122ff., 130f., 134f., 139f., 142, 144, 147, 149ff., 155, 159, 161, 164ff., 177, 180ff., 197f., 200, 203, 208f., 212, 214ff., 229, 233, 242, 244, 246, 249, 251f., 260, 264, 269ff., 279, 281ff., 287ff., 300, 306, 308, 310f., 327, 329, 333, 338ff., 352, 356, 359
Miollis, Sextius Alexandre François 256
Montebello, Louise Antoinette Lannes von 251f.
Montenach, Johann von 235
Montesquieu, Charles de Secondat, Baron von 48

Montgelas, Maximilian Josef von 111f.

Montrond, François Philibert Casimir de 281f.

Moreau, Charles 175

Moreau, Sigismond 235

Morel, Joséphine 173

Mozart, Wolfgang Amadeus 44, 157, 161

Münster, Ernst Friedrich Hubert zu 87f., 134f., 140, 144, 319

Murat, Caroline 309

Murat, Joachim 23, 60, 63f., 70, 86, 110, 124, 136, 163, 211, 239, 241ff., 247, 256f., 260f., 263ff., 273f., 303ff., 304, 308ff.

Napoléon I. 13ff., 21, 23, 25, 31, 34, 50ff., 55, 57, 59f., 62f., 66, 70, 76, 79, 82, 86, 93, 97, 100, 102f., 112, 114f., 121, 133, 135, 139f., 144, 149, 156, 159, 162, 175, 179ff., 188, 201, 206, 210, 212, 215, 229, 231, 241, 243f., 249, 252ff., 257, 263ff., 277, 287ff., 311f., 314, 318, 320, 330, 334, 344, 348, 357f.

Napoléon II. 19, 155, 251, 255

Napoléon III. 222, 232

Naryschkin, Alexandre 96

Naryschkina, Maria 172

Neipperg, Adam Albert von 252ff., 308

Nesselrode, Charles Robert von 65, 93ff., 94, 104ff., 120, 123, 127, 137, 141f., 164, 183, 197, 212, 229, 269, 282f., 288, 299f., 310, 329, 333, 340f., 345

Neukomm, Sigismond von 118, 174

Noailles, Alexis de 114ff., 137, 155, 163, 279, 289, 340

Nostitz, Karl von 84

Nowosiltsew, Nikolas 95

Ollivier, Émile 222

Orléans, Louis-Philippe, Herzog von 19, 282, 284, 291

Ottenfels, Franz Xaver von 281ff.

Pacca, Bartolomeo 255ff.

Palmella, Pierre de Souza Holstein, Graf von 142f., 156, 236, 288, 312, 327f., 340

Paul I., Kaiser von Russland 93

Pawlowna, Anna 27, 228

Perceval, Spencer 58

Périgord, Dorothée de 118

Peter I., Kaiser von Russland 54

Pictet de Rochemont, Charles 152, 235

Pilat, Josef 81

Pitt, William 58, 91, 223

Pius VII. (Papst), Barnabé Chiaramonti 241, 256ff., 265, 307, 324, 344

Planta, Joseph 88

Potocka, Anna 114, 149

Potocki, Severin 96, 156, 162f.

Pozzo di Borgo, Charles André 96, 163, 194, 300, 349

Rasumowsky, André 88, 95, 150, 158, 164, 190, 195, 340f., 345

Reinhard, Charles-Fréderic 111, 154, 300

Reinhard, Hans von 136, 235

Repnin, Nicolas 179, 183

Ricard, Étienne Pierre Silvestre 192f.

Register

Richelieu, Armand Emmanuel du Plessis de Chinon, Herzog von 96, 347

Richelieu, Kardinal 24

Rohan-Montbazon de Guémené, Charles Alain Gabriel de 138

Rossi, Joachim Alessandro 246, 339

Rousseau, Jean-Jacques 47, 148

Rudolf I., Kaiser HRR 36

Rudolf, Graf von Pappenheim 199

Ruffo, Alvaro 70, 266, 308, 310

Sagan, Wilhelmine von 83, 91, 118, 165, 169ff., 171, 201, 280, 342

Saint-Marsan, Philippe Antoine Marie Asinari de 137, 163, 246, 260

Saldanha de Gama, Antonio de 142, 288, 340

Salieri, Antonio 157, 159, 174

Salis-Sils, Vincent de 235

Salmour, Joseph Chrétien Gabaléon de 184

Sanson, Charles-Henri 13

Savary, René 239

Schiller, Friedrich 101

Schindler, Anton 160

Schubert, Franz 157

Schulenburg, Friedrich Albert von 69, 135, 168, 184

Schwarzenberg, Karl von 13, 31, 193, 283, 294

Serra-Capriola, Antoine Maresca Donnorso von 70, 266, 310

Severoli, Antonio 69, 235, 254, 258

Siber, Franz 42

Sidney Smith, William 88, 90, 162, 212, 274

Spaen, Gérard Charles van den 143, 230, 318, 339

Spohr, Louis 158

Stackelberg, Gustave von 95, 143, 156, 288, 312, 340f.

Stadion, Hans Philipp Karl von 34, 68, 170, 193

Staegemann, Friedrich August von 102

Stassart, Gosswin-Joseph-Augustin 282f.

Stein, Heinrich Friedrich Karl vom und zum 53, 63, 96, 99, 101, 187, 206ff., 235, 299, 341

Stewart, Charles, Baron von Londonderry 40, 87, 89, 103, 136, 140, 142, 163, 171, 174, 278, 288, 296, 328, 340, 342, 349

Széchenyi, Fürstin von 172

Talleyrand-Périgord, Catherine de 260

Talleyrand-Périgord, Charles Maurice de 18ff., 28, 30, 40, 52, 54, 62ff., 65, 75, 90, 95, 98, 102, 106, 107ff., 111, 129ff., 133, 139ff., 147, 154, 156, 162ff., 169, 174, 178, 182ff., 197f., 200ff., 212, 221ff., 234, 237, 247, 256f., 260f., 264, 267ff., 282ff., 287ff., 305, 340ff., 324ff., 333, 339ff., 345, 347, 351f., 355f., 358, 362

Thürheim, Ludovika »Lulu« von 94

Vergennes, Charles Gravier von 20, 63

Viktor Emmanuel I., König von Sardinien und Herzog von Savoyen 70, 137, 239, 241ff., 246ff., 265, 337, 348

Voltaire 148, 362

Walewska, Maria 254
Walmoden-Gimborn, Louis-Georges von 165
Weith, Johann Emmanuel 67
Wellington, Arthur Wellesley, Fürst von 92ff., 127, 133, 154f., 159, 164, 195, 199f., 224, 269f., 275, 279, 285, 288, 294f., 300, 302, 306, 308, 319, 323ff., 342, 344, 347
Wessenberg-Ampringen, Johann Philipp Freiherr von 81
Wieland, Jean-Henri 235, 237
Wilhelm Tell 234
Wilhelm von Oranien-Nassau 27, 59, 115, 138, 217, 223, 227ff., 311, 323
Wilhelm von Württemberg 168
Wilhelm, Herzog von Oldenburg 96, 199
Wilson, Robert 97
Wilson, Woodrow 362
Wintzingerode, Heinrich Karl Friedrich Levin 135, 163, 189, 207
Wohlleben, Stephan von 41
Wolkonski, Pierre 151f., 294
Wrede, Carl Philipp, Fürst von 134, 143, 147, 192, 244, 318
Wrna, Rudolf von 43
Württemberg, Ferdinand Friedrich August von 42
Yorck, Johann David Ludwig 206
York, Friedrich August, Herzog von 229
Ypsilanti, Alexander 70
Zaignelins, Georges Joseph 174f.
Zajaczek, Joseph 203
Zichy, Julie 165, 168, 172

Bildnachweis

AKG-images, Berlin: 33, 82, 100, 111, 153, 304 (N.N.), 92 (Laurent Lecat), 94 (Ria Nowosti)

BPK, Berlin: 85

Picture Alliance, Frankfurt: 259

Wikipedia, gemeinfrei: 14 (Gemälde von Franz Krüger 1812, gemeinfrei), 167 (Gérard Blot/RMN), 171, 277 (Gemälde von Joseph Beaume, 1836/RMN)